天津体育学院“十二五”规划教材

现代体育管理

（第三版）

肖林鹏　编著

北京体育大学出版社

策划编辑 木　凡
责任编辑 李志诚
责任校对 吴光远
版式设计 小　小

图书在版编目（CIP）数据

现代体育管理/肖林鹏编著．—3版．—北京：北京体育大学出版社，2015.11（2024.7重印）
ISBN 978-7-5644-2129-8

Ⅰ．①现… Ⅱ．①肖… Ⅲ．①体育-管理学 Ⅳ．①G80-05

中国版本图书馆CIP数据核字（2015）第287747号

现代体育管理（第三版）
XIANDAI TIYU GUANLI（DISANBAN）
肖林鹏　编著

出版发行：北京体育大学出版社
地　　址：北京市海淀区农大南路1号院2号楼2层办公B-212
邮　　编：100084
网　　址：http：//cbs.bsu.edu.cn
发 行 部：010-62989320
邮 购 部：北京体育大学出版社读者服务部010-62989432
印　　刷：三河市龙大印装有限公司
开　　本：710mm×1000mm　1/16
成品尺寸：170mm×240mm
印　　张：27.5
字　　数：455千字
版　　次：2015年12月第3版
印　　次：2024年7月第3次印刷
定　　价：68.00元

编者的话

体育管理学是一门运用现代管理理论方法解决体育领域管理问题的新兴学科，作为一门年轻的学科，它不仅自身需要发展和完善，人们对它的认识和掌握也需要一个渐进的过程。当前，处于社会转型期的我国体育管理实践不断迎来新的机遇与挑战，同时也不断面临新的问题与考验。因之，不断吸纳管理学母体的精华，总结整理我国体育管理实践的基本经验，研究创建具有我国本土特色的体育管理学，已成为广大体育管理界同人的普遍共识。

自体育管理学在我国诞生之日起，我国体育管理学的始创者们对中国体育管理学的学科建设与发展起到了巨大地推动作用。迄今，体育管理学学术组织已脱离体育科学学术组织实现独立发展，体育管理学教材、论述大量涌现，体育管理学人才培养体系业已发挥作用，大批体育管理专门人才在诸多实践领域发挥积极作用，这表明我国体育管理学已初步形成了自己的学科体系，体育管理学正步入快速发展期。

随着我国体育管理实践的日益丰富与繁复，加之各地体育院校培养人才规格的不同特点与要求，对编写符合各地、各领域实际需要的体育管理学教材提出了新的期待与要求。当前，针对于一般普及及专业提高，我国体育管理教学通常使用“规划”“通用”“统编”“专用”等不同版本教材，即便这样，相对于我国丰富的体育管理人才培养需求实际而言，在教材的选用上依然有大量的空间亟待填补，尤其是在体育管理基本理论知识的普及上仍需合适的教材问世。基于一般体育管理理论与知识普及的目的，2005 年，编者不揣冒昧，编写了《现代体育管理》教材，并于 2009 年修订出版《现代体育管理》（第二版），在该教材使用历时 5 年之际，根据实践发展需要再次修订新教材，于是诞生了《现代体育管理》（第三版）。

本教材承袭了 2005 年首版教材的编排框架，吸收了近年学界大量共识的新成果、新认识。在体系框架上力求保持完整，在内容选介上尽量涵盖广泛，大中专院校体育管理及相关专业本专科学生、研究生以及成人教育均可选用。

本教材得到北京体育大学秦椿林教授、武汉体育学院孙汉超教授、天津体育学院李宗浩教授的悉心指导与帮助。原北美体育管理学会（NAASM）主席李明（Ming Li）教授为本书英文词条进行了校正，在此谨致谢忱！

本教材使用期间，得到诸多专家、学者、同人及学生的建议及意见。我的研究生张溪娟、孙瑞敏在文献资料查阅、插图制作等方面提供了很大帮助，在此一并表示感谢！

本教材参考了国内外同人的大量研究成果，在成果引用过程中难免挂一漏万，如有疏漏，绝非故意，企望谅解！欢迎批评指正，以便再版时更正。

鉴于体育管理学是一门迅速发展的学科，加之作者水平有限，书中难免有不妥或错讹之处，敬请广大读者不吝指教。

作者

2014 年 12 月

内容提要

本教材是在2005、2009年版《现代体育管理》教材基础上修订而成。全书共分9章，分别从管理主体、管理中介、管理客体、管理组织，以及选取具体体育管理实践领域对现代体育管理的基本内容进行了介绍。

第一章，导论，主要介绍管理、现代体育管理以及体育管理学概述，本章内容旨在帮助读者了解现代管理学的基本特征及基本问题、理解现代体育与现代体育管理的基本关系、了解现代体育管理学的学科体系；第二章，体育组织，主要介绍体育组织概述、体育组织结构、体育组织变革与发展等问题；第三章，体育管理主体，主要介绍体育管理中的人性假设，体育管理者的角色与能力，体育管理创新以及体育管理的基本原理等内容；第四章，体育管理中介，主要介绍体育管理的基本职能与基本方法，包括现代体育管理的计划、组织、控制职能，行政方法、经济方法、法律方法和宣传教育方法以及各方法在体育管理实践中的应用；第五章，体育管理客体，主要介绍体育人力资源、财力资源、物力资源、科技资源和信息资源管理，以及不同形式资源在体育管理实践中的运行机制；第六章至第九章，按不同的领域分别介绍学校体育、社会体育、竞技体育和体育产业管理，内容主要涉及各管理实践领域的基本概念、管理体制及运行机制等问题。

本教材参考借鉴了近年来国内外体育管理学方面的有关著述，并博采众家之长，力求为读者提供全面、系统的前沿知识。

本教材适用于全国普通高等体育院校、高师体育院（系）研究生、本专科学生使用，亦可作为体育专业成教人员及体育干部培训教材，同时也可作为体育教师的教学以及体育行政管理人员的工作参考用书。

目　录
CONTENTS

第一章　导　论 ……………………………………………………………… (1)

第一节　管理概述 ……………………………………………………………… (1)

第二节　现代体育管理概述 …………………………………………………… (15)

第三节　体育管理学概述 ……………………………………………………… (36)

第二章　体育组织 …………………………………………………………… (48)

第一节　体育组织概述 ………………………………………………………… (48)

第二节　体育组织结构 ………………………………………………………… (59)

第三节　体育组织变革与发展 ………………………………………………… (70)

第三章　体育管理主体 ……………………………………………………… (75)

第一节　体育管理的人性假设 ………………………………………………… (75)

第二节　体育管理者的角色与能力 …………………………………………… (80)

第三节　体育管理创新 ………………………………………………………… (83)

第四节　体育管理的基本原理 ………………………………………………… (91)

第四章　体育管理中介 ……………………………………………………… (102)

第一节　体育管理的基本职能 ………………………………………………… (102)

第二节　体育管理的基本方法 ………………………………………………… (122)

第五章　体育管理客体 ……………………………………………………… (131)

第一节　体育人力资源管理 …………………………………………………… (131)

第二节　体育财力资源管理 …………………………………………………… (144)

第三节　体育物力资源管理 …………………………………………………… (156)

第四节　体育科技资源管理 …………………………………………………… (170)

第五节　体育信息资源管理 …………………………………………………………（179）
第六章　学校体育管理 ……………………………………………………………（188）
第一节　学校体育管理概述 …………………………………………………………（188）
第二节　学校体育管理的基本内容 ………………………………………………（198）
第三节　学校体育管理评估 …………………………………………………………（219）
第七章　社会体育管理 ……………………………………………………………（227）
第一节　社会体育管理概述 …………………………………………………………（227）
第二节　社区体育管理 ………………………………………………………………（258）
第三节　职工体育管理 ………………………………………………………………（268）
第四节　农村体育管理 ………………………………………………………………（277）
第五节　商业型健身俱乐部管理 …………………………………………………（288）
第八章　竞技体育管理 ……………………………………………………………（306）
第一节　运动训练管理 ………………………………………………………………（306）
第二节　运动竞赛管理 ………………………………………………………………（331）
第九章　体育产业管理 ……………………………………………………………（349）
第一节　体育产业管理概述 …………………………………………………………（349）
第二节　职业体育俱乐部管理 ………………………………………………………（368）
第三节　体育赛事管理 ………………………………………………………………（380）
第四节　体育经纪人管理 ……………………………………………………………（402）
参考文献 …………………………………………………………………………（427）

第一章 导 论

管理是人类历史上极为重要的社会实践。体育管理学根源于体育管理实践，旨在研究如何把握体育管理实践的客观规律，以更好达成体育组织之目标。管理与体育管理的概念是研究现代体育管理的逻辑出发点。我国体育管理学科是随着我国管理科学、科学技术以及体育事业的迅速发展而逐步形成的。本章对管理与体育管理的基本问题，以及现代体育管理的学科体系等内容进行了介绍。

第一节 管理概述

管理是人类社会的重要社会实践活动。管理活动的载体是组织，管理的本质在于通过整合资源，以促使组织目标的顺利实现。管理活动可以从系统的观点来理解，管理系统要素主要包括管理主体、中介、客体、目标和环境五大部分。随着社会生产力的发展，人们认知水平的不断提高，各种管理思想不断升华，最终形成管理理论。

一、管理的概念

（一）管理的产生

管理是什么？这是所有进入管理领域的人面临的第一个问题。从古至今，人类的社会活动，包括经济、政治、军事、宗教以及其他一切社会活动都离不开管理，甚至可以毫不夸张地这样认为，从时间上看，管理是无时不有的；从空间上看，管理是无处不在的。

从人类认识发展的规律来看，总是先有实践再有认识。一般来说，我们总是先认识事物的外延，然后按照一定的逻辑在经验感受的基础上进行抽象思维，最终才能确定事物的内涵。管理也不例外，人类进行了大量的管理实践，然后才从这些活动中逐渐发现了管理活动的基本规律，掌握了管理的本质。

只要有人群的地方，便有管理活动。管理活动是社会组织的管理者为实现本组织的既定目标对其管辖范围内的人、财、物、信息等资源进行组织、计划、协调、控制的行为过程。这种严格意义的管理活动始于古代社会，是同社会组织相伴而生的（2001）。最初，人类在面对大自然、面对自身生存发展等诸多难题时，单个个体几乎无法应付，于是人们不得不形成一个个群体来对抗大自然的威胁，以谋求个人无法获得或实现的生存与发展的机会、条件及目标。后来人类在实践中逐渐发现，许多人在一起工作能够完成个人所无法完成的目标，于是慢慢地产生了各种社会组织。在组织内为了解决意见分歧，协调每个人的行动，使大家共同服从于组织目标，就产生了管理的客观需要。可以说，管理是人类特有的一种实践活动，它不仅贯穿和渗透于人类的生产实践、科学实验实践和阶级斗争实践三大基本实践活动中，而且贯穿和渗透于人类生活领域的各个方面。

人类的管理活动几乎是与人类文明曙光同时出现的，世界上所有的文明古国如巴比伦、罗马等都早在几千年前就对自己的国家进行了有效的管理，并且建立了庞大严密的组织，完成了许多今天来看仍是十分巨大的建筑工程。中国的长城和兵马俑、埃及的金字塔都可证明。在2000年前人类已能够组织、指挥、协调数万乃至数十万人的劳动，历时许多年去完成经过周密计划的宏大工程，其管理才能不能不令人折服。在古希腊的哲学家苏格拉底、柏拉图和亚里士多德等人的著作中也可以找到有关管理规律的一些论述，而公元前5世纪的《孙子兵法》则因为探索战略的一般规律被认为是最早、最系统的战略管理学著作（黄群慧，2005）。现代意义上的管理活动产生于18世纪下半叶的产业革命，当时技术进步形成了取代家庭生产、手工业作坊制度的工厂制度，用更好的方法管理组织，使人们对个人利益的追求同实现组织目标有机结合起来。二战后，在全世界燃起了“管理热”，各国均在全社会范围内掀起了一股重视管理、加强管理的思想热潮。管理热使发展中国家的经济发展速度大大加快，巴西、墨西哥、哥伦比亚、伊朗等国以及亚洲“四小龙”的新加坡、韩国和香港、台湾地区，由于抓住了管理这个经济发展的增效因素，经济发展突飞猛进，日新月异。随着二战后国际局势的整体稳定，世界各国集中精力抓经济建设，科学技术突飞猛进地发展。这既给管理工作提出了更高要求，又给管理科学的发展提供了极好机遇。经济发展与科技进步的双重刺激，促使现代管理得以产生，现代管理无论从思想、观念还是方法、技术等方面与传统管理比较起来，均发生了本质上的变化。

尽管今日的人类已掌握了强大的科学技术，在自然界、社会文化等方面的知识也已经积累的相当丰富，在谋求自己的生存与发展方面也具备了相当大的能力，甚至可以“克隆”人类自己，但这并不意味着人群组织可以解散。事实上，工业化带来的社会分工可以提高生产效率的理念已深入人类社会的各个领域。筹划未来、协调社会成员的行为、挑战新问题等已成为人类社会的必要环节。为了求生存、谋发展，各种社会组织必须制定并不断完善适应环境急剧变动、减少风险的组织方式及技术手段，这些更离不开管理，这种管理活动的普遍性正是推动管理成为一门科学而发展的动源（芮明杰，2005）。

（二）管理的定义

1. 管理在西方的含义

管理（Management）自古有之，由于管理活动日趋复杂、管理环境和不同组织的管理目标千差万别，以及研究管理活动的诸多学者所处的文化背景、时间、立场和采用方法的不同，人类对管理的认识差异较大。人们给管理下过许多不同的含义，不同的学者从不同的角度来解释管理，原因就在于它的内涵与外延随着社会的进步与发展而逐渐丰富与扩大。正如黑格尔所说，对于名词不断深入的含义过程就是概念的建立过程。[1]

西方科学管理之父泰勒（Frederick Winslow Taylor，1856—1915 年）认为：“管理就是确切地了解你希望工人干些什么，然后设法使他们用最好、最节约的方法完成它。”在泰勒的眼里，管理就是指挥他人能用最好的工作方法去工作，所以他在其名著《科学管理原理》（The Principles of Scientific Management，1911）中就曾提出：第一，员工如何能寻找和掌握最好的工作方法以提高效率？第二，管理者如何激励员工努力地工作以获得最大的工作业绩？

〔1〕 徐子健．管理学［M］．北京：对外经贸大学出版社，2008.

行为科学的代表人物梅奥（Elton Mayo，1880—1949）认为，管理就是做人的工作，其主要内容先从研究人的心理、生理和社会环境的相互影响为中心，激励员工的行为动机，调动人的积极性。

诺贝尔经济学奖获得者西蒙（Herbert A. Simon，1916—）对管理的著名断语则是："管理就是决策。"在西蒙教授看来，管理者所作的一切工作归根结底是在面对现实与未来、面对环境与员工时不断地做出各种决策，使组织的一切都可以不断运行下去，直到获得满意的结果，实现令人满意的工作目标。

管理过程理论的代表人物孔茨（Harold Koontz，1908—1984）认为："管理就是设计和保持一种良好的环境，使人在群体里高效率地完成既定目标。"它强调了管理的服务功能，说明管理是为有效地实现组织目标而服务的过程。

管理大师德鲁克（Peter F. Drucker，1909—2005）认为，管理就是界定企业的使命，并激励与组织人力资源去实现这个使命。界定使命是企业家的任务，而激励与组织人力资源是领导力的范畴，二者的结合就是管理。

唐纳利（James H. Donnelly）认为，管理就是由一个或者更多的人来协调他人的活动，以便收到个人单独活动所不能收到的效果而进行的活动。

雷恩（Daniel A. Wren）认为，管理就是发挥某些职能，以便有效地获取、分配和利用人的努力和物质资源，来实现某个目标。

穆尼（James D. Mooney）则更简洁的声明："管理就是领导。"

……

对管理的含义有重大影响的是法国人亨利·法约尔（Henri Fayol，1841—1925），自从其在《工业管理和一般管理》（Administration Industrielle Et Générale）中提出管理就是实行计划、组织、指挥、协调和控制的解释后，这种管理概念就产生了一个世纪的影响。在以法约尔为代表的强调管理职能的学者们认为，管理就是通过别人来使事情做成的一种职能。强调从职能角度定义管理的学派尽管对职能内容的描述不尽相同，但就其管理的含义而言，均落在管理的职能上。

针对这种认识，日本著名经营管理学者占部都美认为："法约尔关于管理的含义仅说出了管理是由计划、组织、指挥、协调和控制五项要素构成，而并未给管理确定统一的概念。"（占部都美，1984）乌尔里希则干脆认为，法约尔没有确立一定的决定什么是管理、什么是组织的准则（乌尔里希，1990）。事实确也如此，但是如果简单地把管理理解为计划、组织、指挥、协调和控制这些活动的总称的话，那么管理就成了一项项具体的活动而失去了它统一的实质。管理的含义应该反映客观管理活动的一般的、本质的规律及特征。

以“协调”视角认识管理的学者认为，管理就是由一个或多个人来协调他人的活动，以便收到个人单独活动所不能收到的效果。美国学者西斯克（Henley L. Sisqo）认为：“管理是通过计划工作、组织工作、领导工作和控制工作的诸过程来协调所有的资源，以便达到既定的目标。”上述这些观点特别注重指导、管制、协调等职能的作用，认为在社会中人们之所以形成各种各样的组织和集团，完全是因为集体劳动所能取得的效果是个人劳动无法取得的，或者仅能在很小的规模上花费很长的时间才能取得。由此，人们必须结合在一起形成组织去进行社会性的活动。但是，要真正收到这种结合后的“群体效应”，必须具有一个先决条件，即群体成员的活动必须协调一致，为此就需要一种专门协调群体内各成员之间关系的活动，这种活动就是管理。

科学管理奠基人泰勒（Frederick W. Taylor）曾经郑重声明：“管理不是一种理论，而是一种发展。”唐纳利（James H. Donnelly）等也强调：“管理的含义随着时间的推移而有所变化，将来也将继续变化。”被称为“现代管理学之父”的美国管理学者德鲁克（Peter F. Drucker）提出，管理就是实践而不是实施。管理不是了解而是行为。美国著名管理学家孔茨（Harold Koontz）给管理下的含义则是：“管理就是设计并保持一种良好环境，使人在群体里高效率地完成既定目标的过程。”

2. 管理在我国的含义

中国的方块字，每一个字都有它的字义，都有它的内涵和外延。所以，任何一个词语，都可视为相关字的一种合理外延结构。正因如此，任何一个中国词语，其意义的本源，几乎都可以追溯到构成该词语的有关文字的内涵意义上去，并由此可以更为准确地理解该词语的深刻词义或语义。“管理”一词也是如此。“管”，我国古代指钥匙。《左传·僖公三十二年》记云：“郑人使我掌其北门之管，若潜师以来，国可得也。”后来被引伸为管辖、管制之意，体现着权力的归属。“理”，本意是治玉。《韩非子·和氏》云：“王乃使玉人理其璞，而得宝焉，遂命曰：‘和氏之璧’。”后来被引伸为整理或处理。“管”“理”二字连用，即表示在权力的范围内，对事物的管束和处理过程。另外，“管”在词典中的诠释主要是指“过问”“负责”

的意义。“理”在词典中的诠释主要是指“纹理”“整齐”“秩序”“处治”的意义。这样看来，“管理”的涵义，就是“负责处治”：首先是负责，明确责任、目标、任务，其次是如何负责，即负责的表现就是处治得有秩序、稳定、有条不紊。

近年来，国内众多学者也对管理下了不同的含义。长期以来，我国学界也多从管理职能的角度定义管理。随着对管理认识的不断加深，“职能论”认识逐渐演化为“协调论”，职能逐渐从管理的“本质”回归到“手段”的地位上来。我国学界比较典型的关于管理定义的表述如下。

杨文士教授等（2004）认为，管理是指一定组织中的管理者，通过实施计划、组织、领导、控制等职能来协调他人的活动，使别人同自己一起实现既定目标的活动过程。

芮明杰教授（2005）认为：管理是对组织的资源进行有效整合以达成组织既定目标与责任的动态创造性活动。

喻旦辉、孙曼林等（2006）认为，管理就是在特定的环境下，一定组织中的管理者，通过计划、组织、领导、控制等职能来协调组织资源和职能活动，有效地实现预期目标的活动过程。

林根祥（2006）认为，管理是通过计划、组织、领导和控制等环节，通过协调组织内外的人、财、物、信息、时间等资源，达到有效实现组织目标的过程。

曾旗（2006）认为，管理是管理者按照客观规律的要求，为了实现特定的目标，对组织所拥有的资源进行计划、组织、领导和控制等活动的过程。

谈留芳（2006）认为，管理是通过计划、组织、领导和控制，协调以人为中心的组织资源与职能活动，以有效地实现目标的社会活动。

吴亚平（2007）认为，管理是在特定的环境下，对组织所拥有的资源进行有效地计划、组织、领导、控制，以期高效率地达到组织目标的过程。

……

对于管理的概念，国内学界还有一些其他的见解，如认为“管理是一种文化”“管理是一门艺术”等等。这种管理概念认识上的“百家争鸣”现象集中反映了由于社会发展所造成的管理实践本身的复杂性。但值得注意的是这些对管理认识的不同见解都有其共同的一面。因此，把这些带有共性的内容揭示出来，可以为我们认识管理的概念提供帮助。在以上的管理概念中，我们可以发现管理概念的诸多共性，如管理存在于一定组织中、管理需要借助于一定的方法手段、管理的对象是资源、管理是为达成一定目的的行为过程等。

3. 本书的管理定义

管理概念的多样化，反映了人们对管理的多种理解以及各管理学派的研究重点与特色。但是，也应看到，不同的含义只是观察角度和侧重点不同，在总体上对管理实质的认识还是有共通之处。为了对管理进行比较广泛的研究，而不局限于某个侧面，本书采用如下定义。

管理是指通过一定方式整合资源，以促使组织目标实现的过程。理解与把握管理的这一定义，需注意以下几点。

（1）管理的“载体”是“组织”，管理总是存在于一定的组织之中。“组织”与“管理”是相互依存、不可分割的两个概念。组织是完成管理活动的有力工具，是管理活动的实体，是管理活动实现的场所。缺少了组织，管理就缺少了“用武之地”；缺少了管理，组织就失去了生存和发展的内在机制，就会消亡。

（2）管理的对象是资源。资源包括人、财、物、时间、信息以及社会关系和组织声誉等，其中对人力资源的管理是现代管理活动的核心。组织所需的资源不仅包括属于组织所拥有的各种组织内部资源，还包括不属于组织所有但可以为组织所调动的其他组织资源或组织外部资源。

（3）管理的方式多种多样。计划、组织、控制等“职能”是整合资源的必要方式，但它们本身并不是管理。管理的方式不仅包括计划、组织、控制等属于管理职能的内容，还包括各种管理的方法、手段、知识、技能、工具等（本书将其归结为管理中介范畴，具体内容参见本书相关章节）。

（4）管理离不开对资源的整合。为了使有限的资源发挥最大的效用，以最大限度地满足实现组织目标的需要，需要通过合理方式来对各种资源进行培育、开发、配置及利用，本书称这一过程为资源整合。

（5）目标是管理活动的出发点和最终归宿。制定不同层次的管理目标是为了最终实现组织的既定目标。任何群体或组织都有社会赋予的既定目的，而既定目的的达成，均需建立在一系列目标体系实现的基础之上，每个子目标的实现均需资源的保障。管理目标的制定，管理资源的获取、协调及合理利用，正是管理工作的根本任务。

（三）管理的特性

1. 目的性

目的是人的主观意志，是行为所要达到的结果，而这种结果在行为之前就以理性的概念产生于人的头脑之中。管理就是这种有明确目的的社会组织行为。管理的目的是实现组织的既定目标，不同组织的目标依据其存续理由是不一样的。同时，在实现组织既定目标的过程中，也需经由不同管理目的的活动予以实现。

2. 协调性

管理是在特定的环境下，由管理者通过计划、组织、控制等职能来协调组织资源的活动过程，是实现依靠多人才能圆满完成工作任务的基本要求。在这一过程中，管理者与被管理者、不同层次的管理者、管理者与其他组织的管理者，以及被管理者与其他组织的被管理者之间往往需要经过各种各样的协调活动，正因管理过程中的协调活动如此频繁，出现以“协调”作为管理本质的看法就不足为怪了。

3. 过程性

管理是一个过程，一个由不同管理职能组成的循环过程。管理的这几个阶段既有相对独立性，又有紧密的连续性，自始至终围绕着如何实现目标进行，并且总是按照固定的次序，连接成一个周而复始的封闭循环过程。

4. 动态性

管理活动需要在变动的环境与组织本身的变动调整中进行，由于管理对象的不同环境、不同状态等条件导致了对每一具体管理对象的管理没有一个唯一的完全有章可循的模式，特别对那些非程序性的、全新的管理对象更是如此，对每一个具体的管理对象而言，根本没有一种唯一的完全有章可循的模式可以参照，每个组织中的管理活动都充满了动态性。

5. 成本性

管理需要付出成本，需要消耗资源，管理者总是试图以最小的代价获取最大的回报。这不仅反映在资源利用的机会成本上，管理者选择一种管理模式是以放弃另一种管理模式的代价而取得的。管理的成本性还反映在管理方法手段选择上的成本比较，由于不同管理方法手段所需成本不同，故如何选择就存在成本上的考虑。

二、管理的基本内容与方法

（一）管理的基本内容

管理是人类社会组织与生俱来的一种活动，管理的内容非常丰富，凡是涉及组织活动的内容均可纳入管理的范畴。一般而言，任何一种组织都需要通过决策、计划、组织、控制、领导、控制、协调、监督、整合等活动，对组织的人力资源、财力资源、物力资源、信息资源、组织结构、内部事务、对外经营等实施管理。由于社会组织的性质、类型、目标不同，使得管理的内容更加丰富多样。

虽然在现代市场经济中工商企业类组织的管理最为常见，但管理的内容不仅仅指工商管理。依据不同的分类标准，可以划分为不同的管理内容，如依据组织的不同划分可分为行政组织管理、事业组织管理、企业组织管理、社会组织管理等；依社会领域不同可分为行政管理、经济管理、社会管理、工商管理等；以管理实施的地点不同可以分为城市管理、乡镇管理、社区管理等；依管理的要素不同可分为人力资源管理、财务管理、场地设施管理、信息情报管理、制度管理等；依单位性质不同可分为科技管理、教育管理、文化管理、卫生管理、体育管理等。实际上，上述这些管理内容还可以进一步划分得更细，如工商管理可以划为人力资源管理、财务管理、生产管理、物控管理、营销管理、成本管理、研发管理等。而人力资源管理又可以进一步划分为人力资源规划、招聘与配置、培训与开发、绩效管理、薪酬福利管理、劳动关系管理等。

（二）管理的基本方法

管理要达到既定的组织目标，实现组织资源的合理配置，必须使用特定的管理方法。管理方法（Managerial Methods）是实现管理目标而运用的手段、方式、途径和程序等的总称。管理方法不是一成不变的，随着社会经济的发展和科学技术的进步，新的、效率更高的管理方法层出不穷。

目前，应用于管理领域的方法有许多，本书将这些方法归纳为两大类，即任何管理活动都适用的一般方法和适用于具体管理问题的特殊方法。前者一般包括行政方法、经济方法、法律方法、宣传教育方法，后者常常与某些特定的技术相联系，因此，又可称之为管理的技术方法。应用于管理领域的现代技术方法包括定性方法和定量方法两大类，而以定量分析方法居多。这些方法往往是以系统论、控制论、信息论为基础的现代化管理方法，如价值工程、网络技术、线性规划、滚动计划法、管理信息系统等。

三、管理的基本职能与过程

（一）管理的基本职能

“职能”一般指人、事物或机构具有的作用和功能。所谓管理职能，是指管理自身所固有的、根据社会分工和管理活动专业化过程划分的作用和功能性活动（高雪峰，等，2009）。20 世纪初期，法国管理学家亨利·法约尔首先提出了在管理过程中要履行五种职能：计划、组织、指挥、协调和控制。其后，又有许多管理学者提出了有关管理过程中管理职能的不同看法（徐子健，2008）。很多学者也提出了不同的观点，有二职能，三职能、四职能，甚至六职能、七职能说等，尽管对管理职能划分不尽相同，但计划、组织、控制是各管理学派公认的职能（表 1－1）。

表 1－1　国外学者对管理职能的划分（徐子健，2008）

年份	职能 人名	计划 ①	组织	指挥 ②	协调	控制 ③	激励 ④	人事	调集 资源	沟通 ⑤	决策	创新
1916	法约尔	△	△	△	△	△						
1934	戴维斯	△	△			△						
1937	古利克	△	△	△	△	△		△		△		
1947	布朗	△	△	△		△			△			
1947	布雷克	△			△	△	△					
1949	厄威克	△	△			△						
1951	纽曼	△	△	△		△			△			
1955	孔茨和奥唐纳	△	△	△		△		△				
1964	艾伦	△	△			△						
1964	梅西	△	△				△		△			△
1964	米	△	△				△	△			△	△
1966	希克斯	△	△			△	△			△		△
1970	海曼和斯科特	△	△			△	△	△				
1972	特里	△	△			△	△					

注：①计划包括预测；②指挥包括命令、指导；③控制包括预算；④激励包括鼓励、促进；⑤沟通包括报告。

任何管理工作都是从计划开始的。既然组织是为了实现某个目标而存在的，首先就要确定目标，计划表现的形式就是如何建立目标，制订实现目标的方案。计划是一座桥梁，它给组织提供了通向未来目标的明确道路，给组织和控制等一系列管理工作提供了基础。

组织是为了有效地实现计划所确定的目标而在组织中进行部门划分、权利分配和工作协调的过程。它是计划工作的自然延伸，是实现管理目标的重要保证。管理人员一旦确定了基本目标和方向，制订了明确的实施计划和步骤之后，就必须通过组织设计为决策和计划的有效实施创造条件。

控制是保证组织目标能按计划实现所必不可少的，任何组织为了保证有效地实现目标，都要对当前的实际工作是否符合计划进行测定，以及对组织成员和组织活动加以控制，并促使组织目标实现。

管理的职能之间是相互联系的，管理正是通过计划、组织、控制等职能来实施的。

（二）管理的基本过程

美国质量管理专家沃特·阿曼德·休哈特（Walter A. Shewhart）于 20 世纪 20 年代引入了“计划－执行－检查（Plan－Do－See）”的雏形，后来戴明（W·Edwards·Deming）将休哈特的 PDS 循环进一步完善，发展成为“计划－执行－检查－处理（PDCA）”，包括持续改进与不断学习的四个循环反复的步骤，后人称之为戴明循环或戴明环（Deming Cycle），即计划（Plan）、执行（Do）、检查（Check）、处理（Act）。

依据 PDCA 循环模型，P（计划）包括方针和目标的确定以及活动计划的制定；D（执行），具体运作，实现计划中的内容；C（检查），总结执行计划的结果，分清哪些对了，哪些错了，明确效果，找出问题；A（处理），对检查的结果进行处理，对成功的经验加以肯定，并予以标准化；对于失败的教训也要总结，引起重现。对于没有解决的问题，应提交给下一个 PDCA 循环中去解决。根据这一理论，管理全过程又可进一步划分为 8 个阶段（图 1－1）。

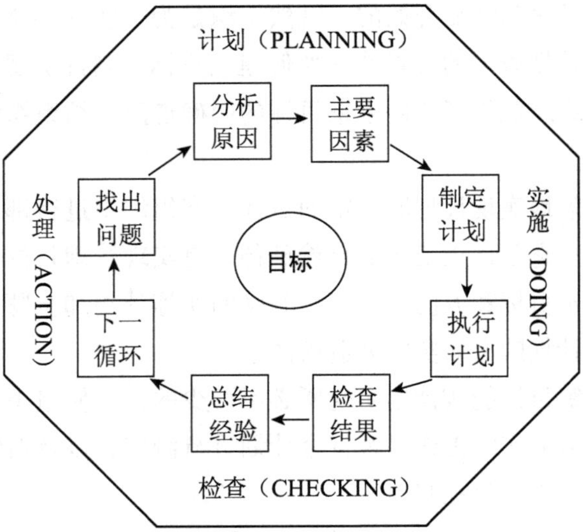

图1－1　管理过程示意图[1]

四、管理系统概述

（一）管理系统的含义

所谓系统（System），是指由相互联系、相互作用的要素构成的有机整体。系统是普遍存在的，在宇宙间，从基本粒子到河外星系、从人类社会到人的思维、从无机界到有机界、从自然科学到社会科学，系统无所不在。系统具有整体性、层次性、目的性特征。系统是由若干要素（部分）组成的，但系统具有其各个组成部分所没有的新的性质和功能，并不断与外部环境相互交换能量。一个系统是由许多相互关联又相互作用的部分所组成的不可分割的整体，较复杂的系统可进一步划分成更小、更简单的次系统，许多系统可组织成更复杂的超系统。一个系统是其构成要素的集合，这些要素相互联系、相互制约，具有一定的功能，或者说系统有一定的目的性。系统的功能是系统与外部环境相互联系和相互作用中表现出来的性质、能力、和功能。

管理系统（Management System）是指由相互联系、相互作用的管理要素构成的

〔1〕 高雪峰，刘青．2009.

有机整体。依据系统的特征，对管理系统概念的理解，也应注意这样几个方面：首先，在管理系统中，任何一个要素或子系统都是为实现管理的整体功效和目标而服务的，管理系统的整体是由相对独立的不同部分组成的，因此我们可以按人、财、物、信息、时间等划分，也可以根据管理的职能或部门设置来划分，要看到组成管理系统整体的各个组成部分，从系统的观念出发，整体地观察、分析和解决管理问题；其次，管理系统在结构上是分层次的，系统内划分为若干个子系统，而管理系统又从属于更大的社会系统；最后，管理系统得以持续的理由在于目的性，即任何管理系统均是为完成一定的功能或目标。

（二）管理系统的要素

任何一种管理活动都必须由一定的要素组成。李福海（2002）认为，从哲学的角度来看，管理由管理主体、管理中介、管理客体三要素构成。喻旦辉等（2006）则认为管理要素包括管理主体、管理客体、管理目标、管理职能和管理手段等五大基本要素。依据系统论的观点，本书认为，管理可以由五个基本要素构成，即：管理主体，回答由谁管的问题；管理客体，回答管什么的问题；管理中介，回答通过什么来管的问题；管理目标，回答为何而管的问题；管理环境，回答在什么情况下管的问题。这些要素相互作用、相互影响，共同组成了管理的系统。

1. 管理主体

管理主体是指管理活动的支配者（管理者）。管理的主体是人，因为只有人才可能有目的的去整合资源以达成组织的目的。管理者包括作为个体的人和作为集团的人。按管理者所负责的组织活动范围分类，可分为直线管理者、职能管理者；按管理者在组织中所处的层次分类，可分为高层管理人员（决策性工作）、中层管理人员（执行性工作）、基层管理人员（作业性工作）。管理主体的基本任务是制订目标和组织资源。虽然社会给每个组织规定了基本目的，但是基本目的是由一系列清晰可见的组织目标的达成来实现的。组织目标制订之后，如何整合人、财、物、信息和时间等各种资源，确保目标的实现就成为管理工作的另一基本任务。如果说目标制定体现了管理者的战略管理能力的话，那么整合资源就体现了管理者的战术及战术管理能力，又表现为对稀缺资源的获取和对各种资源的合理利用两个方面。管理主体需通过有效的行动、高超的方法促使各种资源得以最大程度的开发利用，以顺利达成组织的目标。

2. 管理客体

管理客体是管理主体所支配的对象，即管理的收受者，或曰组织的资源。人、财、物、信息、时间等均可视为管理的资源。任何一个组织若要维持自己的生存发展，首先需要拥有一定的资源，其次是要能够对有限的资源进行合理整合以达到最佳的使用效果。任何一个组织尽管其存续的目的不同、形态不同，但都必须拥有一些资源，否则就无法维持组织的存续。组织所使用的资源并非单指具有组织所有权的各种资源，还包括其他组织的资源。组织的发展壮大，需要源源不断地资源支持。因此，管理者需要不断研究如何培育新的资源、如何开发现有资源的潜力、如何合理配置资源以及如何高效利用资源等问题。

3. 管理中介

管理中介是对实现管理目标的方式、方法、手段，以及途径、工具、举措等的总称。管理工具系统可分为软件系统与硬件系统。软件系统指管理方法、管理程序等，硬件系统指管理的物质性工具和设施。管理的手段方法是随社会经济发展的变化而变化的，采用不同的管理手段与方法，可以导致不同的管理效果。本书将体育管理中介分为体育管理职能和体育管理方法两大部分内容进行介绍。

4. 管理目标

探究目标是研究管理工作的首要问题，因为目标是一个组织通过决策和行动争取达到的意想目的，以及验证其决策行动同其意想目的相符程度的衡量指标。作为任何一项具体的体育管理活动或工作，一定有一个欲达成的具体目标，而管理活动的具体达成目标又一定是组织总体目标规定下的产物。这是因为，任何一个组织的存在一定有其目的性，否则组织就不会存续。组织既定目标是其存续目的性的一个阶段性的表现。因此，任何体育组织的管理目标就是要实现组织既定的目标（芮明杰，2005）。如图1－2示，组织既定目标可以被分解成各类管理活动的具体目标，这些具体管理目标的逐步实现将最终帮助实现组织的既定目标。以不同的分类标准，体育管理目标可分为不同类型，如按目标性质可划分为战略目标和战术目标；按时间可划分为长期目标、中期目标、短期目标；按层次可划分为的高层次目标、低层次的目标等。

5. 管理环境

组织是一个开放系统，组织内部各层级、部门之间和组织与组织之间，每时每刻都在交流信息。任何组织都处于一定的环境中，并与环境发生着物质、能量或信息交换关系，脱离一定环境的组织是不存在的。管理环境既包括由人力、物力、财力资源以及组织文化等形成的内部环境，又包括政治、经济、文化、法律、自然，以及资源供应、服务对象、竞争对手、主管部门等外部环境。内部环境随着组织的诞生而产生，对组织的管理活动产生影响。内部环境决定了管理活动的可选择的方式方法，而且在很大程度上影响到组织管理的成功与失败。管理的外部环境决定着管理主体、管理客体以及管理目标的性质，也决定着管理方式的具体采用。

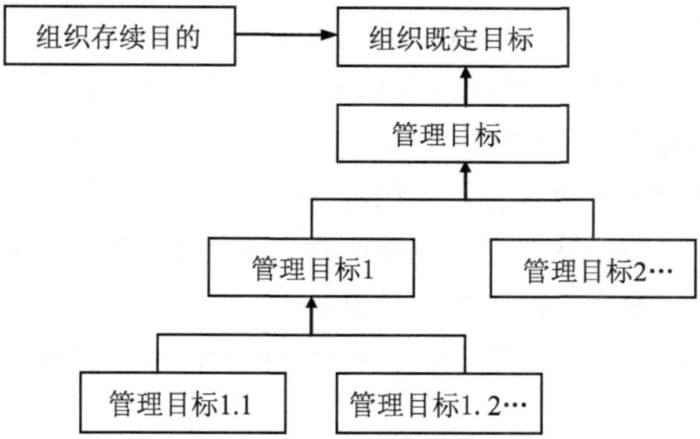

图 1－2 组织目标与管理目标关系〔1〕

第二节 现代体育管理概述

现代体育作为城市社会工业文明时代的大众文化，是在市场经济发展过程中，从社会下层以自下而上的方式自发地朝着覆盖全社会的方向发展、成长起来的，目前已成为整个社会的一种自觉地、大规模地实践。现代体育的飞速发展客观上是社会以各种管理形式干预和利用、领导和组织体育的结果。

〔1〕 芮明杰．管理学：现代的观点［M］．上海：上海人民出版社，2005.

一、现代体育概述

（一）现代体育的概念

体育的历史相当久远，作为一种文化现象，它可以追溯到远古的原始社会时期，但是“体育”这个术语的出现却晚于体育本身。也就是说，古代并无现代这样明确而完整的“体育”概念，无论中国还是外国概莫能外。据考证，直到18世纪60年代，“体育”一词才在法国出现（杨文轩，陈琦，2013）。

在近代以前，人类社会的体育还是以分散、自发、小规模的状态而存在的。近代以来，由于工业革命、生产的社会化、工业城市的兴起、人口的集中，造成人们对包括体育在内的各种需要的集中和增长。体育开始进入现代发展阶段，并日渐成为以集中、自觉、大规模状态存在为特征的“现代体育”。我们今日所闻、所见、所论的中国体育，从根本上说乃是19世纪末叶不断传入中国的西方体育与中国本土文化培育的那些可以称为体育的身体运动文化现象经过冲突和融合而发展起来的体育（袁旦，1998）。

辩证唯物主义把人的需要分为生存、享受和发展三个层次。现代社会生产的不断发展，在很大程度上已经可以满足人类的生存需要。人类还有相当多的物质能力，有充裕的闲暇时间来满足和丰富人类本身的精神、文化、娱乐和休闲等方面的生活需要。当人和社会的基础层次需要得到一定程度的满足后，必然要向更高层次的需要递进。体育即是属于人类为满足自身享受和发展需要而创造的一类实践，体育本质上乃是人们为娱乐享受和促进身心健全发展而创造的，人们以自觉意识支配下的身体运动作为主要手段，对自己的身心进行改造使之臻于完善的实践。“体育”自其产生后，一切时代体育的共同本质，是一切时代的体育之为体育的根据，所以是体育的最一般、最抽象的本质（袁旦，1998）。一切时代所谓的“体育”，如果失去了这种本质规定性就不再是真正意义的体育。而且这种本质是在个体的人这一层面上所论的体育的本质。

如何对体育进行定义，一直是体育理论界讨论的热点问题，国内外众多专家学者都从不同角度对体育进行了定义，阐释了各自对体育的理解和认识。现在看来，这些定义都不同程度地存在一定的局限性，纠其原因，无外乎是由于体育的普遍性和一般性，给把握体育的矛盾特殊性造成了极大困难，使人们很难准确地揭示出体育的本质。袁旦教授认为体育是指人们为满足娱乐享受和促进身心健全发展而创造的，以自觉意识支配的身体运动作为主要手段，对自己的身心进行改造并使之臻于完善的实践（袁旦，1998）。李宗浩教授认为，体育能够区别于一切非体育事物的根本标志不是别的，就是其“手段（身体‘的’运动）亦目的（身体‘进行了’运动）”这一特殊性。体育的本质特征主要有：一是体育的手段是身体（的）运动；二是体育的目的依然是身体运动（身体进行了运动）。因此，可以将体育定义为，人们以身体运动为手段，达到身体运动这一目的的实践活动（李宗浩，2012）。

国外并无严格的体育分类标准，对体育的划分往往取决于时实践的需要。例如，在澳大利亚，基于实际管理的需要，体育被分为三个类型：公共体育（Public sport）、非营利体育（Non – profit sport）和职业体育（Professional sport），此三类体育也并非严格独立，而是具有某种重叠性（Russell Hoye，Matthew Nicholson，Aaron C. T. Smith. Bob Steward，Hans Westerbeek. Sport manegement. Butterworth – Heinenmann. 2012. P7）。我国对体育分类也存在同样问题，体育被习惯地划分为竞技体育、学校体育、群众体育（或社会体育、大众体育），这种实用主义的划分标准背离了概念科学分类的基本原则。结合袁旦教授、李宗浩教授的相关观点，本书对体育进行如下划分：按照开展体育的目的不同，可以将体育分为体育教育、体育锻炼、体育游戏、体育运动训练和体育竞赛等；按照开展体育的范围不同，可以将体育分为学校体育、社区体育、俱乐部体育、军队体育等；按照参加体育的群体不同，可以将体育分为妇女体育、农民体育、市民体育、残疾人体育、老年人体育、青少年体育等。

（二）现代体育的特征

现代体育具有不同于传统体育的特征及发展趋势[1]，以下方面可以作为区分现代体育与传统体育的基本特征，同时这些特征也是对体育进行管理的客观理由。

---

〔1〕 传统体育不同于现代以竞技为代表的奥林匹克运动体系，而是民族特有的、传统的诸如祛病、健身、习武和娱乐活动项目，如我国的导引、太极拳、武术，印度的瑜伽，日本的相扑，韩国的跆拳道等。

1. 组织化

现代体育的组织化特征主要表现为两方面：其一是各种类型的现代体育组织日益完善，许多非正式的、民间的体育组织蓬勃发展，有的已发展成为高度专业的体育组织，其内部的组织化程度也不断增强；其二是不同组织往往以各种管理活动干预、领导和组织体育的发展。在一些市场经济发达国家，体育迅速成长并以不同的体育产业部门形式出现，体育组织遍及体育产品和服务部门的各个领域。

2. 社会化

现代体育正以一种国际通用符号的形式成为一项全球化的人类社会活动，体育项目规则不断完善、比赛规模日益扩大，已突破各种隔阂而迅速在全世界流行。重视体育，注重在社会上大力推广、发展体育项目，已成为几乎所有国家的基本做法。传统体育对参与者的社会地位、性别等方面有严格的要求，而现代体育的参与机会相等，竞赛条件相同，每一个社会人均有接触体育的机会。体育还渗透到学校教育中，通过日益普及的学校教育而普及。

3. 生活化

体育不断遍及人们的生活，社会民众愈加关注体育，现代体育正成为人们生活方式中的重要内容。体育运动所具有的实践性和观赏性使现代体育极易作为人们生活方式的基本内容。现代体育通过满足人们的健身、健美、观赏、社交甚至刺激等各种各样的需求，而获得供给及售卖的价值，满足了人们参与现代体育的期待和利益。总之，体育的生活化使体育日益成为人们生活中的一个组成部分。

4. 产业化

在人们体育消费需求的导向和刺激下，体育日益成为人们文化娱乐消费结构中的稳定成份。现代经济介入体育深度和广度不断增强，促使现代体育的内部日益分化，社会上开始出现专门为人们提供“体育产品”的生产部门，出现了专门提供竞赛表演服务为生的职业体育者，专门提供健身指导咨询的培训指导者，以及专门提供场地设施服务的运动设施场馆经营者，等等。体育产品的提供者和消费者共同组成了体育市场，这为体育产业的发展提供了充足的空间。

5. 规范化

现代体育的规范化主要体现在这样几个方面：（1）较之以往，公民参与体育愈加规范，民主参与体育的权利获得了法律法规的保障和依据；（2）体育的发展也被纳入到经济社会发展的大系统之中，在政府的干预下，制定制度与政策，建立规则，引导并规范体育的发展成为现代社会的普遍做法；（3）各种合法的、简单的、口头的、惯例的体育规则已逐渐被完整的、正式的体育规则所替代。标准化的体育规则替代了非标准化的、地方性的体育规则，体育活动的空间、时间和人员等都被较为准确地确定下来。

6. 科学化

现代科学技术对体育的影响越来越广泛和深刻，现代体育已发展到了“科技体育”时代。从技术层面讲，在竞技体育领域，运动员借助于科技的手段方法，不断取得竞技成绩的新突破。在大众体育领域，人们参与体育以及享受体育产品与服务的过程也往往借助于科技的作用而得以最大程度的满足；从管理层面讲，体育管理水平的提高，必须借助一定的科技手段。运用科学的管理理论方法以及科技手段对现代体育实施组织与管理已成为现实。

（三）现代体育的功能

功能是事物或方法所发挥的有利作用、效能（《辞海》）。任何事物发挥其功能均取决于两个因素：该事物的本质属性和社会需要。可见，功能是由事物的本质所决定的，而也只有在满足不同主体需要时才能发挥其作用。综合学界对体育功能的认识，体育功能大致包括健身、娱乐、教育、促进个体社会化、社会情感、政治，以及促进心理健康发展、自我实现、审美享受功能等等。事实上，根据国家、社会、家庭及个体等不同主体的需要，体育发挥的作用是多种多样的，因而体育功能永远是一个开放体系。

一般而言，事物的功能可以分为本质功能和衍生功能两个层次。1917 年 4 月毛泽东在《体育之研究》中曾指出：“体育者，人类自养其生之道，使身体平均发达，而有规则次序之可言者也。”“体育之 效，至于强筋骨，因而增知识，因而调感情，因而强意志。”可见，体育之本在于“体”，只有在身体之动的基础上，才会衍生出知识、感情、意志之类的效果。袁旦教授认为：“体育本质上乃是人们为娱乐享受和促进身心健全发展而创造的，人们以自觉意识支配下的身体运动作为主要手段，对自己的身心进行改造使之臻于完善的实践。”（袁旦，1998）

结合上述认识，本书认为，体育的本质功能在于健身、娱乐和教育。体育只有在实现个人健身、娱乐、教育功能的前提下，才能发挥出对他人、对群体、对组织、对社会、对国家等不同主体的非本质功能——衍生功能。正是由于不同社会主体、国家主体出于自身需要，对体育的本质功能进行开发利用，才产生了体育的经济、政治、文化等不同功能。在当代社会，体育对维护政治稳定、促进经济繁荣、增强人民体质、培养意志品质、丰富文化生活、振奋民族精神、增进对外交往等多方面起着越来越重要甚至是不可替代的独特作用，而且随着经济发展和社会进步，体育被不同主体的需要的程度越发突出，其作用也就越发显著。

（四）现代体育的目的

目的是人们在实践过程中对预期活动先期赋予的一种理想化期望。任何社会行为均有一定的目的。理解体育的目的对于管理工作而言至关重要，因为体育是一种典型的人类社会化行为，体育目的是规定体育要实现的结果或要达到的标准，是体育活动的出发点和依据，也是体育活动的归宿。它决定体育的方向，规定体育发展的进程，以期获得最佳效果。在当代社会，体育作为满足广大人民群众发展需要的一个重要手段，确定其目的对我国体育事业的发展具有极大的指导和激励作用，对广大群众参与体育活动也具有较强的动员作用。体育管理正是在这种目的靶向作用下而存在的。严格来讲，只有从事体育的个人或组织才会产生目的。现实生活中，由于体育组织的性质不同必然导致各自发展体育的目的各不相同。

一个国家的国民体质是其综合国力的重要组成部分，从社会发展的总体趋势看，国民体质的改善和增强是国家经济发展的结果，同时也是社会发展的动力。1952 年毛泽东提出“发展体育运动，增强人民体质”，高度概括了体育与体质的关系，使人们对体质这一名词有了初步和形象的认识。1986 年版师范院校本科《体育理论》、1987 年版体育院校《体育理论》、2004 年版体育院校通用教材《体育基本理论教程》、2005 年版高等学校教材《体育概论》以及 2013 版高等学校体育教育专业主干教材《体育概论（第二版）》中对我国体育目的的表述大致相同，即增强人民体质，提高运动技术水平，丰富社会文化生活，为社会物质文明和精神文明建设服务。我国现行《宪法》第二十一条规定：“国家发展体育事业，开展群众性的体育活动，增强人民体质。”1995 年第八届全国人民代表大会常务委员会第十五次会议通过的《体育法》规定：“国家发展体育事业，开展群众性的体育活动，提高全民族身体素质。”实际上，这体现出国家发展体育事业的根本目的。“增强体质、增进健康”反映了体育的本质属性与特有效能，也反映了体育区别于其他一切社会活动的特点。不仅如此，体育自身同样包含德育、智育、美育的各种因素，体育在促进人的全面发展中起着积极的作用。体育要为整个社会的物质文明建设与精神文明建设服务，这是社会对体育事业的要求，是我国政治经济制度在体育目的方面的反映，它指明了我国体育的性质，为我国体育事业的发展确定了方向。

（五）现代体育的结构

现代体育的结构是一个复杂的系统，根据不同的分类标准，可以衍生出不同的结构。例如，从操作的角度，我国体育长期以来被视为是由群众体育、竞技体育和体育产业组成的三元结构，这种分类有利于体育管理工作实践的开展，但并不是科学的体育分类。

依据袁旦教授的观点，从生产与消费的角度看，现代体育是一个由体育产品及服务的生产部门与消费者系统相互联系、相互影响所构成的社会文化系统（图1－3）。自然生态环境、社会经济、政治、文化等方面发展状况综合而形成的“自然－社会”大系统是这个系统生存和发展的环境。同时，这一系统又反作用于“自然－社会”大系统，对自然生态、社会、经济、政治、文化的发展产生影响（袁旦，1998）。

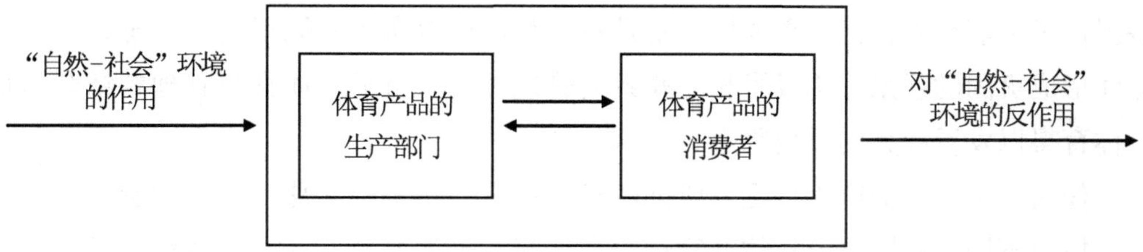

图1－3 现代体育的基本结构

产品即是被生产出来的物品，它既可是实物也可是服务。体育产品是指满足不同主体消费需求的商品、服务或两者的组合。依据公共物品理论，体育产品包含纯公共产品、混合成品和私人产品。满足大多数人基本、共同需求的产品视为纯公共产品，例如公共体育场地设施、公共体育信息等，一般要由以政府为主体的公共组织来提供，而且是免费供给；满足私人特殊需要的产品被视为私人产品，例如高端健身会所、职业化体育项目等，这类体育产品主要是以满足公众个性化的、在基本需求满足后的体育消费需求，一般应按市场供求状况提供，也就是说采取完全市场化的运作方式。介入二者之间的产品被视为混合成品，提供主体是多元的。体育产品的消费者包括全体社会成员。在市场经济条件下，消费者的各种各样的需求决定了体育产品的生产过程。

二、现代体育管理概述

（一）现代体育管理的概念

1. 现代体育管理的含义

现代体育的飞速发展，客观上是社会以各种管理形式干预和利用、领导和组织体育的结果。现代体育的发展实践表明，体育不再像以往仅是少数“有闲人”享有的专利，而是一种几乎为所有社会成员所共同享有的东西，所以，现代体育在人们社会生活中已经成为一种经常的、普遍的、稳定的存在。正如物质生产领域中的情形，生产的社会化使管理在大生产中成为现代社会强大生产力中不容忽视的生产力要素，社会对体育的管理也成为现代社会发展体育的总体能力中占据重要地位的一种能力要素。因此，现代体育之所以在各国乃至全世界取得巨大发展，成为今天人类社会生活中规模最为巨大的一种文化现象，除了因为各国乃至世界经济、社会发展提供了可能性外，另一重要原因就是各国都对体育实施不同形式的管理，并在国际间形成巩固的联系，构成了相互联系的管理体制。可见，体育与管理的结合是现代体育得以发展壮大的重要因素。

任何一个概念的产生均受其所处的经济社会、历史、文化等背景的影响，由于实际情况不同，不同国家对体育管理的含义存有较大差异。日本《体育管理学》教材（1968）认为，体育管理是为了有助于体育目标的实现而作用于体育的一种手段；前苏联《体育运动管理学》教科书（1977）指出：体育管理是为完成一定任务、组织和协调它们的活动主体（管理者）对管理的客体经常有计划的作用。

美国学者德·森西等在《体育管理课程评价与需求评估：多角度的评价方法》（1990）中认为，“体育管理就是一个高度包含并代表着无数与体育相关的领域范围，包括体育设备、体育旅游、公共和私人健身俱乐部、体育商品推销商、大学生体育与职业体育等等”，体育管理就是为“体育产品和服务的组织部门进行计划、组织、引导、控制、预算、领导和评估技能的结合”。帕克斯等所著《国际体育管理》也有类似的提法（帕克斯，臧哲，考特尔曼，1998）。有些学者对体育管理的定义侧重于产业角度，例如，体育管理是指从事体育产品及服务有关的组织，所开展的计划、组织、指导、控制、预算、领导和评估等活动的总合。体育管理是指在从事体育商业或产品的生产、制造、营销、运营活动中，相关人员、活动、商务和运营等活动的研究和实践（转引自 Paul M. Pedersern，Kimberly S. Miloch，Pamela C. Laucella. Spory Management and sports communication. Human Kinetics. 2007. 9）。美国《体育管理学——基础与应用》（第 3 版）教材（2003）则认为：“体育管理是关于所有参与制造、帮助、推销或组织任何与体育、健身及娱乐相关产品有关的人、活动、组织和经营的一种研究和实践。”不难看出，以上定义是从不同角度来界定体育管理概念的，即便同一国家的学者对体育管理的含义也存在着差异。

与我国学者对“管理”概念的界定情况类似，近年来，我国学者对体育管理概念的含义也大致集中在两种论点的看法上，一种是“职能论”，一种是“协调论”。“职能论”的观点参照了管理的含义并从管理职能的角度定义体育管理概念。我国体育学院通用教材《体育管理学》（1989）指出，体育管理是为了实现体育事业或体育工作的目标，不断提高体育工作的功效所进行的确立目标，组织实施、评估效果等一系列综合活动。徐家杰、孙汉超教授主编的《体育管理学》教材（1993）指出，为了实现体育事业或体育工作的目标，不断提高体育工作的功效所进行的目标与计划，组织与协调，控制与监督等一系列综合活动。秦椿林教授、袁旦教授主编的《体育管理学》教材（1995）指出，体育管理是指拥有一定管理权力的组织和个人对体育系统的人、财、物、信息、时间等基本要素进行计划、组织、协调、控制、监督的过程。刘兵在《新编体育管理学教程》（2004）中也提到：“所谓体育管理，就是对围绕体育的相关活动的计划、组织、指挥、协调和控制。”如本书前面内容所述，管理职能只是帮助实现管理目标的方式或手段，它们本身并不等同于管理，管理体现为对各种现实资源的有效组织及整合过程。如果仅认为体育计划、组织、控制等行为就是体育管理，显然把体育管理看得过于简单，同时也混淆了作为管理的手段与作为管理活动本身的区别。

20 世纪 90 代末以来，我国学界对体育管理的理解进一步加深，开始出现以

“协调”的观点来理解体育管理的趋势。体育院校通用教材《体育管理学》（1999）指出，体育管理是体育组织中的管理者，对体育管理客体通过实施计划、组织、协调、控制职能，协调他人的活动，发挥各种资源的作用，实现预定目标的活动过程；高等学校教材《体育管理学》（2002）指出，体育管理就是指体育管理行为的事实者，通过采取管理和体育的方法，以实现体育管理的计划、组织、协调、控制和创新等职能，创造和谐的环境，充分发挥各种体育资源的合理资源，实现既定目标的过程；体育院校通用教材《体育管理学》（2009）对体育管理定义进行了修订，指出体育管理是体育组织中的管理者，在一定环境和条件下对管理客体实施计划、组织、协调、控制、创新等职能，共同实现预定目标的活动过程。

参照本书对管理的界定，所谓体育管理是指通过一定方式整合资源，以促使体育组织目标实现的过程。体育管理者整合资源的过程表现为对资源的培育、开发、配置及利用等活动，体育管理者整合资源的方式是包括管理职能以及管理方法、手段、知识、技能、工具、策略等的集合。把握这一概念需注意以下几点。

（1）体育管理的主体多元。体育管理主体是多元的，其中政府部门是一支重要力量。《中华人民共和国体育法》规定：国务院体育行政部门主管全国体育工作。国务院其他有关部门在各自的职权范围内管理体育工作。县级以上地方各级人民政府体育行政部门或者本级人民政府授权的机构主管本行政区域内的体育工作。除此外，各级各类企事业单位、民间团体，各级工会、共青团、妇联等人民团体也都肩负开展体育工作的责任。

（2）体育管理的载体是组织。管理活动总是存在于一定的组织之中。组织是完成管理活动的有力工具，是管理活动的载体。我国体育管理的组织不仅包括各种政府行政部门的专门、非专门组织，还包括各种非政府部门的体育管理组织。

（3）体育管理要通过一定方式来实现。任何社会活动目标均须通过一定方式来实现。体育管理方式是对为实现体育管理的目标而采用的方法、手段、工具、步骤及途径，以及知识、技能的统称。体育管理的基本方式包括计划、组织、控制等属于管理职能的内容，以及各种行政的、经济的、法律的、宣传的等方法手段。

（4）体育管理的对象是资源。体育发展所需要的资源包括人、财、物、时间、信息等类型。体育资源是体育管理的客体，也是管理的对象，它们是体育管理实践得以运行的基础。

（5）体育管理需要对资源进行整合。整合是对体育资源的培育、开发、配置、利用等方面进行的调节、控制、组合等活动，通过对资源的有效整合，资源的价值才能得以发挥，并最终促使体育组织目标的实现。

（6）体育管理是促使体育组织目标实现的过程。任何一个组织的存在都是基于一定的目的性（存续目标），为保证组织的存在实现必须借助于管理活动（保证组织的存续还有其他途径，但管理却是唯一不可替代的）。因此，体育管理是为实现体育组织的存续目的服务的，它是体育组织存续目的得以实现的根本保证。由于体育组织的目标是由一系列子目标构成的体系，从而决定了体育管理的目标也构成一个体系。

2. 现代体育管理的分类

从操作角度出发，我国体育被划分为群众体育、竞技体育和体育产业三部分，在体育工作（管理）领域与此相对应的是群众体育管理、竞技体育管理和体育产业管理，这部分内容被称为是体育部门的管理。从体育业务管理的角度，体育管理还可划分为社区体育管理、职工体育管理、娱乐体育管理、体育俱乐部管理等（秦椿林，李新华，1996）。孙汉超教授把社会体育管理、学校体育管理、竞技体育管理等内容作为体育事业的主要业务管理，体育人力资源、资金、物资、时间、信息等则被称为体育管理对象的要素管理（孙汉超，2004）。肖林鹏教授把竞技体育管理、社会体育管理、学校体育管理、体育产业管理划归为体育业务部门管理的内容（体育人文社会学导论，2008）。体育院校通用教材《体育管理学》（2009）将体育管理分为体育事业管理和体育产业管理两大部类，体育事业管理就是体育行政部门及体育事业单位为推行体育公共事务所进行的计划、组织、协调、控制、创新等，以满足社会和公众对公共体育服务要求的活动过程。社会体育管理、高水平运动训练管理、业余运动训练管理、学校体育管理均属于此类；体育产业管理，就是以满足社会不同人群的体育需求为目的，为实现经营目标所从事的各种管理工作的总称。体育市场开发与体育产业管理、体育俱乐部经营管理、体育赛事管理以及体育场馆经营管理均属于此类（高雪峰，刘青，2009）。实际上，上述对体育管理内容的分类往往缺乏科学的分类标准，均不同程度地存在着一定的实用主义倾向，亦即主要根据体育管理工作的实际内容而对其进行简单归类。

体育是体育管理的上位概念，明晰体育的分类是把握体育管理内容的前提。依据本章对现代体育分类的认识，我们可以按照不同的分类标准确定体育管理的内容。例如，按体育活动目的，可将体育管理划分为体育教育管理、体育锻炼管理、体育游戏管理、体育运动训练管理和体育竞赛管理；按体育组织归属，可将体育管理分为学校体育管理、社区体育管理、俱乐部体育管理、军队体育管理等；按体育参与人群，可将体育管理分为妇女体育管理、农民体育管理、市民体育管理、残疾人体育管理、老年人体育管理、青少年体育管理等。我们还可以按照参与者年龄的不同将体育管理分为婴幼儿体育、青少年体育、中老年体育管理；按照体育发展年代的不同将体育管理分为古代体育、近代体育、现代体育、当代体育、未来体育管理；按照体育属性的不同将体育管理分为健身体育、竞技体育、休闲体育管理。我们还可以根据体育组织的性质，将体育管理划分为体育行政管理、体育事业管理、体育企业管理和体育社团管理等。

随着体育管理实践的日益丰富，体育管理的外延会进一步扩大。从学科角度来划分，体育管理学大量分支学科将会大量涌现，体育管理学二级学科，诸如体育项目管理、体育组织管理、体育资源管理、体育管理原理、体育物业管理、体育信息管理等将会逐渐成熟。体育管理学的某些二级学科也会产生三级学科。例如，体育产业管理之下可以产生体育休闲产业管理、体育旅游产业管理、体育广告业管理、体育无形资产管理等；社会体育管理之下可以产生城市社区体育管理、乡镇体育管理、民族传统体育管理、伤残人体育管理、大众健身俱乐部管理等；竞技体育管理之下可以产生运动训练管理、体育赛事管理、职业体育俱乐部管理等；体育人力资源管理之下可以产生高水平运动员管理、教练员管理、裁判员管理、体育科技人员管理、体育教师管理、社会体育指导员管理、体育志愿者管理、体育经纪人管理等。

（二）现代体育管理的资源

1. 体育资源的概念

所谓资源（Resource）是对能够满足人类社会发展所需的各种要素或条件的总称。资源是自然界和人类社会中可以用以创造财富的客观存在。一切有利用价值能够为人类所用的自然、经济、社会要素或条件都属于资源的范畴。体育资源（Sport resource）是对能够满足体育发展所需的要素或条件的总称。由于体育发展中需要投入的要素或条件具有能够满足人们体育需求的现实或潜在能力，人们在满足体育需求的过程中必然要渗透进人类的劳动与创造，这就是将要素或条件称为体育资源的依据所在。（肖林鹏，2010）

体育资源涉及社会、政治、经济、文化以及体育系统内部等多重层面，它们构成了庞大复杂的体育资源系统。我们可以把体育资源系统分为体育自然资源系统和体育人文社会资源系统两大部分（体质资源、科技资源、教育资源、经济资源、物质资源、民族资源、传统资源）。根据不同的需要，按不同的分类形式及标准，可把我国体育资源进行如下分类。

按体育系统构成要素来划分，体育资源可分为体育人才资源、体育场馆资源、体育资金资源、体育信息资源、体育科技资源、体育产业资源、体育体制资源等。

按活动人群来划分，体育资源可分为社会体育资源、竞技体育资源、学校体育资源。

按具体运动项目来划分，体育资源可分为篮球、足球、排球、田径、乒乓球、羽毛球体育资源。

按国家部门分类来划分，体育资源可分为体育行政系统体育资源、体育企业体育资源、体育事业体育资源、社会团体体育资源。

按所属单位来划分，体育资源可分为学校、社区、厂矿、部队、企事业单位体育资源等。

按性质来划分，体育资源可分为国有体育资源、社会（集体）体育资源、个人体育资源。

按地域及经济发展水平来划分，体育资源可分为东部经济发达地区体育资源、中西部欠发达地区体育资源。

按表现形态来划分，体育资源可分为有形体育资源、无形体育资源。

按发挥作用的时间来划分，体育资源可分为潜性体育资源、显性体育资源。

按所属国别来划分，体育资源可分为国外体育资源、国内体育资源。

按是否能够再生来划分，将体育资源可分为可再生体育资源与非再生体育资源两类。

按是否流动的物理性质来划分，体育资源可分为流动性体育资源与非流动性体育资源。

2. 体育资源的整合

体育资源的最佳绩效发挥离不开对资源的整合。对体育资源的培育、开放、配置与利用进行整合是实现体育管理目标的必要途径。

体育资源培育（Sport resource cultivation）是指在一定条件下，通过一定方式促进体育资源生成的过程。体育资源培育的实质是运用科学技术措施去改变环境条件或体育资源内部的功能结构，以达到不断改善和提高体育资源生产能力。体育资源生成的结果是资源存量增加，其根本目的是为体育发展提供必要的资源基础，以促进体育事业的发展壮大。就整个体育资源体系而言，体育资源的培育是进行与体育资源有关的一切活动的基础和条件，它是体育资源开发、配置与利用的前提，没有培育也就没有开发，从而也就没有体育资源的利用与配置，这一过程体现了客观事物从无到有的发展过程，符合客观事物发生发展的规律。

体育资源开发（Sport resource exploitation）是对尚不能完全利用的潜在体育资源及已经能够利用的体育资源的未知功能做进一步的深度挖掘，从而提高体育资源可利用程度的过程。体育资源开发是在体育资源培育基础上的活动行为，它是开展体育资源高效利用的必要前提，因而体育资源开发在体育资源管理体系中处于“承上启下”的重要环节。体育资源开发的内容，涵盖了现实存在经培育而成的所有类型体育资源。我们可以根据现实需要及体育资源的具体条件，有选择地进行开发与规划。

体育资源配置（Sport resource allocation）是指通过对体育资源在量、质等方面进行不同配比，使之在运行过程中保持相应比例，从而实现体育资源开发利用效益最大化的过程。任何现实的、可提供的体育资源数量，相对于体育发展的需要而言，都呈现着不足。无论是包含在自然资源还是社会资源中的体育资源，它们在特定的时间、空间条件下，具有一定的质量、数量和分布状况，都是有限的。由于体育资源是稀缺的，而且每一项体育资源又有多种用途。这样，为满足各种体育需求，对如何配置体育资源，就有一个选择问题。也就是在体育资源的配置过程中，要解决生产什么样的体育产品和生产多少体育产品的问题。体育资源的稀缺性，又决定了人们必须节约地使用各种物质体育资源，使有限的体育资源得到合理地使用，取得最大的效益。这就是要解决体育资源配置过程中关于如何生产体育产品的问题。

体育资源利用（Sport resource utilization）是指将体育资源投入到体育发展过程中，以发挥其功能，创造经济社会效益的过程。体育资源综合利用是有效发挥资源多重作用的基本途径。无论是对单项体育资源还是各种不同体育资源，都具有各种不同的功用。对其综合利用则能使这些功用有效发挥。体育资源的利用可分为三种类型：对单一体育资源的利用；对各种不同体育资源的综合利用；对本区域体育资源与本区域外体育资源的利用。在体育资源利用的运行过程中，往往是同时存在着上述三种类型的资源利用过程，这就构成了对体育资源综合利用的过程。

（三）现代体育管理的系统

现代体育实践日益复杂，管理者所面临的各种变量不断增加。为了在变动的情景下保持和提高体育管理水平及绩效，管理者不仅需要掌握有关体育管理的科学理论及方法，还需要形成对体育管理工作的正确认知。系统原理是体育管理中的根本性、总的指导性原理（孙汉超，秦椿林，1999）。为此，我们需要掌握体育管理系统的结构及要素，并能应用系统的科学思维进行管理活动。

依据本书的管理系统结构模型，现代体育管理系统（Sport management system）是由体育管理主体、体育管理客体、体育管理中介、体育管理目标和体育管理环境五大要素构成。管理主体与管理客体之间的相互联系和相互作用（实质为内信息）构成了组织系统及其运动，这种联系和作用是通过组织而发生的。管理主体相当于组织的施控系统，管理客体相当于组织的受控系统。组织是管理主体与管理客体依据一定规律相互结合，具有特定功能和统一目标的有序系统。在管理的过程中，管理主体领导管理客体，管理客体实现组织的目的，而管理客体对管理主体又有反作用，管理主体根据管理客体对组织目的的完成情况调整自身的行为。它们通过这样的相互作用，形成了耦合系统，从而更好地实现组织的目的。在体育管理主、客体的辩证运动中，不断达成体育管理的目标（图1－4）。

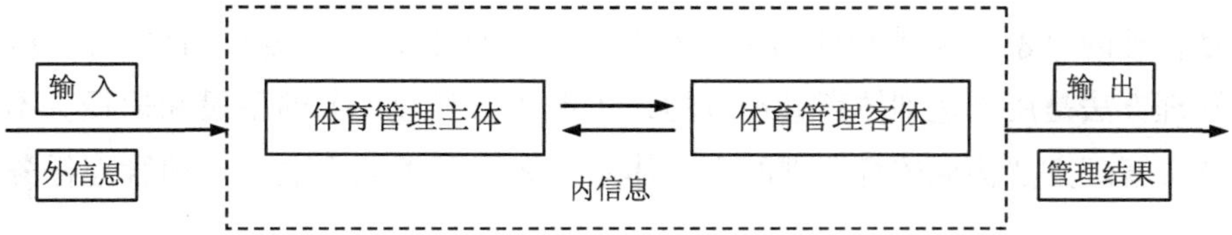

图1－4 现代体育管理的系统结构

1. 体育管理主体

体育管理主体是指具有一定管理能力，拥有相应的权威和责任，从事体育管理活动的人，也就是通常所说的体育管理者。体育管理者的外延较广，包括负责某一管理系统的领导者和从事具体管理事务的中层和基层管理者。他们在管理活动中处于主导和支配地位，其素质的优劣和管理水平的高低是影响管理功效的关键。各级各类体育管理组织机构是体育管理者实施管理活动的载体，是现代体育管理活动中行使管理职能、实现管理目标的组织保证。

2. 体育管理客体

体育管理客体是体育管理主体所能预测、协调、控制和支配的对象。体育管理客体也是体育管理的对象，主要指体育资源。按不同的分类标准，可把体育资源划分为不同的类型。如：按自然社会系统构成划分，可分为体育自然资源（地理环境资源、气候条件资源）和体育人文社会资源（科技资源、教育资源、经济资源、物质资源、民族资源、传统资源等）；按单位划分，可分为学校、社区、厂矿体育资源；按性质划分，可分为国有体育资源、社会体育资源、个人体育资源；按运动项目划分，可分为篮球、足球、排球、田径、乒乓球、羽毛球等资源；按表现形式划分，可分为有形资源和无形资源；按具体内容划分，可分为人才资源、体育场馆资源、资金资源、信息资源、科技资源等。体育管理中最直接的体育资源主要包括人、财、物、时间、信息等。

3. 体育管理中介

体育管理中介是指为实现体育管理目标而采用的手段、方法、途径、步骤等的总称（这些内容也可认为是体育管理方式）。有效的体育管理中介是保证管理活动顺利进行、实现管理系统目标的重要因素。计划、组织、控制是体育管理中最基本的管理中介方式（也称为体育管理的职能）。体育管理中介还包括各种体育管理的手段和方法。体育管理手段包括管理法规、管理信息和管理工具等。其中，管理信息既是管理的对象，也是管理的手段和工具。管理工具包括信息网络、计算机等。体育管理方法是用以达到体育管理目的，实现体育管理任务的手段和途径。不同层次的体育管理方法构成体育管理的方法体系。离开了管理方法，一切管理任务就无法完成。

4. 体育管理目标

体育组织的管理目标就是要实现组织既定的目标（组织存续目的）。依据不同的分类标准，体育管理目标可分为不同类型，如按目标性质可划分为战略目标和战术目标；按时间可划分为长期目标、中期目标、短期目标；按层次可划分为的高层次目标、低层次的目标等。

5. 体育管理环境

体育管理的环境既包括体育管理主体、管理中介和管理客体所组成的组织内部环境，又包括政治、经济、文化、法律、自然等组织外部环境。体育管理的外部环境决定着管理主体、管理客体以及管理目标的性质，也决定着体育管理方式的具体采用。

（四）现代体育管理体制

一个国家或地区的体育管理体制是实现体育总目标的组织基础。没有合理的体育管理体制，就无法进行正确而有效的管理，也就无法保证体育总目标的实现。

1. 体育管理体制的概念

一般地说，所谓体制是指社会组织系统的机构设置和管理权限划分的制度，其核心是社会组织系统中通过职能分工设计所形成的权力架构。我国学界普遍认为，体育管理体制是指体育管理的机构设置、权限划分、运行机制等方面的体系和制度的总称。

现代社会中，体育领域内的权利和利益通常归由政府或社会所有，或由它们分享。权利和利益的归属就决定了体育管理体制的性质和形态。一个国家的体育总目标总是反映着某些社会集团或者是大多数社会集团权利和利益分配的结果，因而一个国家的体育管理体制不仅是实现该国体育总目标的组织基础，还是某些社会集团在体育领域内权利和利益的保障。没有体育管理体制的正常运转，任何体育目标的实现、体育制度的落实、体育规章的执行以及权利利益的保障都是难以完成的。

体育组织的管理体制决定着体育组织的运行机制。体育组织的运行机制是体育管理体制的实质性反映，在不同体育管理体制下，体育组织的运行机制有着根本区别。在政府享有主要的支配权利时，体育的发展倾向于以政治和社会福利为目标，主要采取政府集中统一决策，强调上下级间的纵向信息沟通，以行政组织为主要约束方式，基本动力则来自于对社会共同利益的追求。当社会体育组织享有主要的支配权利时，体育的发展则以经济和市场消费为主要目标，各体育组织和个人分散决策，侧重于各利益主体间的横向信息沟通，主要以经济与法律为主要约束手段，以组织或个人追求自身利益为主要激励方式。不同体育管理体制下的运行机制不同，使得体育组织活动的各构成要素之间的联系方式、作用关系及其整合方式产生本质的区别。

2. 体育管理体制的类型

根据体育系统中社会集团权利和利益的归属，体育管理体制可分为政府管理型、社会管理型以及介于两者之间的结合型 3 种基本类型。

（1）政府管理型。政府管理型也称作集权型、集中型。政府管理型体制的主要特点是由政府设立专门的机构管理体育。在政府型体育管理体制下，政府的权利高度集中，计划机制起主导作用。体育工作主要采用计划、行政的方式进行从宏观到微观各个层面的管理。各种社会体育组织不具备实质性的管理功能。

政府管理型体制主要存在于实行高度计划经济体制的社会主义国家，如前苏联、东欧各国、古巴及朝鲜等。1954 年，中华人民共和国体育运动委员会成立后，在国务院领导下，负责统一领导和监督全国体育事业。各省、区、市都设立了体育行政机构，全国的体育活动统统归由体育行政部门管理，体育系统初步形成了体委一统天下的政府管理型体制。在传统计划经济条件下，我国体育是作为社会公共事业，由政府的财政投入支持其发展的。

政府管理型体制的优势主要包括：①能够充分体现国家意志，能代表大多数社会集团的利益；②有利于政府宏观调控，便于整合社会资源，使之服从和服务于政府体育总目标的实现；③有利于推动公共体育服务的供给，这是由公共体育服务的混合产品性质所决定的，在公共体育服务的提供过程中，政府应该发挥主导作用；政府型管理体制的不足之处是容易抑制社会对体育的参与和支持，因而会在很大程度上限制社会体育的发展。

（2）社会管理型。社会管理型也称分权型、分散型。社会管理型体制的主要特点是体育主要由各种社会组织进行管理，政府一般不设立专门的体育管理机构，对体育事务很少介入和干预，即使在介入和干预时，也通常运用市场机制的法律和经济手段来间接进行管理。

在社会型体育管理体制中，权力分散于各社会组织中，各社会组织可以根据环境信息和自身的利益做出决策。政府对于各社会组织的管理主要是通过法律、经济、政策和教育的手段来引导和协调。

采用社会管理型体制的国家一般属于市场经济发育较好的国家，这些国家往往具有良好的社会基础和体育基础。美国的体育事业管理是最为典型的社会管理型，其政府中不设管理体育运动的专门机构，只以“总统健康与运动委员会”的名义过问体育的发展事宜，而这一机构仅是一个促进大众体育发展的咨询机构而已，整个国家体育的发展主要是由各种社会团体来承担与推动。政府对体育基本上没有直接的资金支持，体育被作为一个具有较高利润的产业来经营，也就是说，美国的体育事业采取的是社会管理的形式。美国政府在其中只是通过税收方面的优惠政策，为体育发展提供间接的财政支持，其中包括对各种体育机构、为体育运动提供器材和设备的企业和公司等的税收优惠。甚至作为美国体育运动的主要协调机构的美国奥委会，也只是一个非官方的民间机构，所需经费完全靠自己通过充分利用体育商业价值来筹措。

社会管理型体制的优点主要包括：①利于调动社会力量参与和支持体育的积极性、主动性，使体育的发展能得到广泛地社会支持；②有利于促进体育产业的发展，社会管理型体制利用市场机制整合体育资源，能够依据体育市场的需求将体育资源进行合理配置，从而可以促进体育产业的发展；③在决策中体现了高度民主，利于公民权利的实现；④在社会管理型体制中，管理工作主要由非营利组织承担，这有助于公民社会的形成以及公民奉献精神的培养。社会型管理体制的不足之处在于，由于存在各社会组织间的利益冲突，体育社团及私人机构代表了特定的利益群体，在市场发生波动和混乱时，体育的发展往往缺乏有力的协调和统一。在体育管理的利益分配、沟通与协作方面不够协调，甚至发生争吵和相互抵制，从而会妨碍到整体利益的实现。

（3）结合型。结合型管理体制是介于前两种体育管理体制之间的体制类型，也称混合型、中间型。结合型体育管理体制的主要特点是由政府和社会组织共同管理体育。政府设有专门的体育管理机构，或指派几个有关部门负责管理体育，对体育实行宏观管理，即制定规划与方针政策，发挥领导、监督与协调作用。社会组织在政府的宏观管理下负责具体事务与微观操作，如制订运动项目发展规划、各种规章制度，组织活动和比赛等。

结合型体育管理体制目前逐渐为大多数国家所采用，如德国、英国、法国、韩国和加拿大等。在这些国家政府中一般都设有专门的体育管理部门对体育进行宏观管理，负责协调各体育社会团体之间的关系。同时，整个体育的发动、领导和组织往往由各级体育联合会和遍布全国的体育俱乐部具体实施。体育社会团体和体育俱乐部与政府之间只存在财政补助与监督方面的关系，其内部实行民主管理，不受政府制约。目前，我国体育管理体制尚处于一个由政府管理型向结合型管理体制过渡的阶段，改革开放以来，我国主要采用此类结合型的体育管理模式。

结合型体育管理体制兼备了上述两类管理模式的优点：一方面能充分发挥政府的职能，提高国家和民族的整体形象。另一方面，有利于激发社会参与、支持体育的积极性和主动性，有利于体育事业的社会化。其不足之处在于，政府部门和社会组织往往会在权限划分和利益分配方面存在一定冲突。由于政府和社会体育团体共同管理，难免存在管理权力分配上的冲突，因而，如何较好地平衡两者的关系将直接影响到管理的有效性。

3. 体育管理体制的影响因素

（1）国家经济与政治体制。一个国家的经济与政治体制对体育管理体制的形成、发展起着决定性作用。首先，国家经济与政治体制的上位性决定了体育管理体制的性质。体育管理体制是国家经济、政治体制在体育领域中的具体体现和延伸，它具有同国家经济、政治体制同样的社会性质；其次，国家经济、政治体制所决定的权力与利益的分配方式决定了体育管理体制的组织架构、权限划分、管理制度和利益分配的形式；第三，体育管理体制是否与国家经济、政治体制相吻合、相适应，是衡量体育管理体制合理性、科学性的基本标准。当国家的经济、政治体制发生变化时，体育管理体制也会随之与其相协调适应。

（2）国民经济发展水平。经济是体育发展的基础，经济状况制约体育的发展。国民经济发展的水平对体育管理体制的形成发展有着深刻影响。在不同的历史时期，国民经济发展水平不仅影响着体育的发展程度与规模，也影响着体育管理体制的表现形式和改革方向。一个国家或地区往往根据国民经济的发展程度，调整和改变对体育的投资模式，进而对体育管理体制的形态进行调整。同时，国民经济的发展离不开社会对体育的投入和居民的体育消费，在这一过程中，社会力量必然要求得到相应的权力和利益，也必然影响到体育管理体制类型的选择。此外，体育的发展过程中也有其发挥经济功能的要求，但这种经济功能的实现必须以国家经济发展水平为前提和基础。当国民经济发展水平较低、规模较小时，体育管理体制往往以政府型管理为主，而当国民经济发展水平较高时，体育的经济功能被放大，体育产业化程度加快，权力和利益将得以重新分配和调整，这时则有利于形成以社会管理型为主的体育管理体制。

（3）民族文化与传统。民族文化与传统是一个国家或地区精神文化的历史沉淀。民族文化与传统影响着国民的世界观、价值观、认知观及思维模式和行为方式，也在根本上影响着体育管理体制的形态及发展方向。通常在民族传统与文化相对浓厚的国家或地区，体育管理体制改革的进程相对落后于以现代文化为中心的国家或地区。

（4）体育的性质和发展水平。在一定时期国家经济体制的影响下，体育的性质及其表现往往不同。体育的公益性或市场性程度不仅是国家经济体制的反映，还影响到体育管理体制的选择。不论是作为事业形态发展还是作为产业形态发展，任何一方面的变化都会导致体育管理体制的形态发生改变。体育发展水平影响到体育管理体制改革的广度与深度。社会化、市场化发展程度是体育发展水平的重要标志，随着体育社会化、市场化程度的提高，社会力量进一步增强，使得社会成为支持和管理体育的重要力量，这势必引起体育管理体制向适应于体育发展水平的状态演变。

4. 体育管理体制改革的趋向

由于对体育管理体制的分类没有精确的划分标准，因此，实际上并不存在绝对的政府管理型体制和绝对的社会管理型体制。在实行政府管理型体制的国家中，民间自发的体育组织和活动也是存在的。在实行社会管理型的国家中，政府也或多或少地以不同方式参与并介入体育的管理。结合型是一个大体处于中间状态的类型，它们之中有的偏重于政府管理型，有的偏重于社会管理型，因此，它们之间也存在着一定差异。

目前世界各国在体育管理体制的形态选择上存在着一种由两极向中间集中的趋势，一些过去采用政府管理型体制的国家，开始鼓励社会组织与政府共同管理体育。而一些过去采用社会管理型体制的国家，政府也逐渐介入体育事务，并设立体育管理机构，从而使其管理体制成为结合型体育管理体制。

第三节 体育管理学概述

体育管理学是体育科学与管理科学的一门交叉性基础学科。它是在总结体育管理实践历史经验的基础上，综合运用社会科学、自然科学、心理科学和技术科学的理论和方法，研究体育管理活动规律的学科。体育管理学已逐渐形成了自身的学科体系、研究对象与方法。

一、体育管理学的产生与发展

（一）国外体育管理学的产生与发展

国外体育管理学科的形成主要源于体育产业管理实践，以及职业体育俱乐部的管理实践。英格兰（England）被视为现代体育和现代体育管理（活动）的发源地（Mandell，1984）。在美国，20 世纪 30 年代便有不少学者撰写体育管理的研究论文。50～60 年代，体育行政管理、学校体育管理、竞技体育管理、娱乐体育管理等专著相继出版。1955 年查尔斯·布切尔编著的《体育与竞赛运动计划的行政管理》、1979 年雷斯尼克编著的《现代体育运动管理与实践》等书已被美国许多大学选为教材（孙汉超，秦椿林，2004）。20 世纪 60 年代后，体育管理的研究愈来愈引起人们的关注，随着研究的深入，体育管理学科逐渐诞生。1966 年，美国俄亥俄大学开设了体育管理硕士课程，成为世界上最早开设体育管理课程的学校。之后不久，比斯开湾学院（现在的圣托马斯大学，Biscayne College，now St. Thomas University）、圣约翰大学（St. John's University）相继开设了体育管理本科课程（Parkhouse，1996）。1971 年，马萨诸塞大学阿姆赫斯特分校（The University of Massachusetts，Amherst）成为第二个开设体育管理硕士课程的学校（Lisa P. Masteralexis，2009）。1990 年，澳大利亚第一个现代体育管理学士项目点在维多利亚学院（Bowater）成立，专业课包括商业课、现代体育研究必修课，以及一些综合了现代体育和管理的选修课（张保华，2005）。

继美国之后，前苏联和日本在 20 世纪 40 年代也开始了体育管理领域的研究。

1949 年，日本竹之下藏撰写的《学校体育管理法》成为日本最早的体育管理专著。1953 年，宫细虎彦撰写了《体育管理》一书。此后，宇士正彦、石三次郎、宫细虎彦、滨口阳吉等相继出版了很多体育管理方面教材与专著。1961 年苏联正式出版了第一本《苏联体育组织学》，1965 年经过修改后作为全苏的正式教科书，1974 年更名为《体育运动管理学》。除上述教材、专著外，美、俄、日、法、英等国在体育经营管理、体育市场开发与研究、职业俱乐部管理体制与运行机制、休闲体育与大众体育的组织与管理等方面也加大了研究力度，系列研究成果及在研究基础上编撰的各类专著、教材相继问世。目前，体育管理学在国际上已经成为现代管理科学和体育科学发展中比较活跃的新领域（孙汉超，秦椿林，2004）。

20 世纪后半叶，美国开设体育管理专业课程的大学（学院）数量增长较快，1966 年，美国出现了第一个体育管理教育计划，在接下来的 15 年间此类计划增长到 100 个（Mason & Paul，1988）。据全美体育和身体教育协会（NASPE）调查显示，至少 40 所大学（学院）开设了体育管理本科课程（Parkhouse，1987）。到 1985 年底，已有超过 50 所大学（学院）开设了体育管理硕士课程。到 1996 年底，全美开设体育管理专业课程的大学（学院）数量已超过 200 所（Parkhouse，1996）。据北美体育管理学会（NASSM）网站公布资料显示，北美地区已有 236 所大学（学院）开设了体育管理课程（Ming Li，2008）。

20 世纪 80 年代，美国体育管理研究的学术著作不超过 10 本。但随着体育管理专业的迅速发展，大量的体育管理著作不断问世。据 Pitts and Danylchuk（2007）的调查，从 1990 到 2007 年间，美国出版了 129 部体育管理学著作，其中 2000 年以后出版的著作占到总数 73%。研究方法是衡量一门学科是否成熟的重要标志。2008 年，李明教授（Ming Li，Brenda Pitts and Jerome Quarterman，2008）等著的《体育管理研究方法》问世，这标志着美国体育管理学科（专业）的日臻成熟。

1987 年，北美体育管理学会（NASSM）创办的《体育管理期刊》（Journal of Sport Management）正式刊发。1992 年，《体育营销季刊》（Sport Marketing Quarterly）出版。2005 年，第一个体育管理电子期刊 SMART Journal 刊发。目前，《体育管理期刊》被视为国际体育管理领域的最权威期刊，长期被 SSCI 收录。

北美体育管理学会（North American Society for Sport Management，NASSM）筹建于 1985 年，1986 年 2 月正式成立，该学会是由美国与加拿大体育管理学者发起组成的体育管理专业学术团体。北美体育管理学会每年都会举办年会。目前北美体育管理学会正与美国体育学会联合推动体育管理专业课程认证的工作，在北美200多个体育管理相关系所中，目前约有40多所通过了审核。在北美体育管理学会介绍各校体育管理专业系所的网页中，通过的系所特别以“A”为标示。目前，NASSM有829名成员，包括445名专业人员和376名学生（Ming Li，2008）。

美国体育管理专业更加注重实用性，其重点是在大学和职业体育、设施管理以及健康和健身俱乐部管理等方面。而加拿大的课程则更精于理论，也就是说，它注重的是诸如体育和体育活动的历史和文化观点、心理学和社会学范畴以及生理学和生物力学方面的学科分支。除美国、加拿大外，日本、澳大利亚、新西兰、中国、希腊、意大利、南非、法国和英国都开设有体育管理学课程。1990年，维多利亚大学的鲍沃特（Bowater）经济学院开设了澳大利亚第一个体育管理经营学士课程。开设的专门课程包括商业课程的核心内容、体育研究所要求的核心内容，以及将体育和管理相结合的课程，如体育市场营销学和体育法。体育管理作为一个学术专业在这些国家也逐步发展起来。例如，欧洲体育管理学会（EASM）就与北美体育管理学会很相似。它的会员主要是体育管理方面的大学教授，每年召开一次学术年会，并出版刊物《欧洲体育管理杂志》。

（二）我国体育管理学的产生与发展

我国体育管理学是随着我国体育事业的迅速发展，现代管理理论与方法的发展和现代科学技术的进步而产生的一门部门管理学，它是管理学科的一个分支学科。早在1935年，我国学者金兆均编著了《体育行政》一书，成为我国最早的体育管理专著。1955年东北师大的鞠兴绥、中南体院的李雨三编写了《体育行政》讲义，天津体育学院的马瑜教授和和辽宁省体委的张旭、梁汝城等人也编写过类似讲义。然而，我国真正着手研究和建立体育管理学，则始于20世纪70年代末、80年代初。（孙汉超，秦椿林，2004）

20世纪50年代，我国从前苏联引进《体育组织学》和《体育理论与方法》，并在体育院系开课，但在相当长的一个时期内体育管理理论的研究处于空白状态。20世纪70年代末，我国部分体育理论工作者和体育管理工作者开始对体育管理理论进行研究讨论，并发表了一批体育管理方面的研究成果。20世纪80年代以来，我国对体育管理的研究进入一个新的发展时期。1984 年，由武汉体育学院会同全国有关体育学院编写了我国第一本《体育管理学》教材，并举办了全国体育管理学讲习班，这标志着我国体育管理学的初步建立。“七五”期间，原国家体委正式将《体育管理学》列入全国体育院校教材委员会的计划教材，经全国体育院校教材委员会审定，先后编写出版了《体育管理学》通用教材和《体育管理学教程》专业教材。

改革开放以来，我国体育管理教育得到飞速发展。1980 年，天津体育学院开始招收体育管理学硕士研究生，我国著名体育场地建筑专家和体育管理学家马瑜教授担任硕士生导师。天津体育学院成为我国第一所招收体育管理学硕士研究生的院校（天津体育学院院志 ，1958—2000）。1985 年武汉体育学院、北京体育大学相继建立体育管理系。1987 年，天津体育学院成立了体育管理系并招生，专业为体育管理，学制为两年专科生。曲阜师范大学也开设了体育管理专业。北京体育大学管理学院是北京体育大学各社科研究中心的管理机构，是中国体育管理人才的摇篮。管理学院孕育于 1985 年组建的北京体育大学管理班，1987 年管理学院正式成立并设立体育管理专业。1993 年体育管理专业开设体育行政管理和体育经营管理两个专业方向。1995 年管理系与原国家体委干部学校合并成为北京体育大学管理学院暨国家体育总局干部培训中心。北京体育大学管理学院成为集国家在职高级体育管理干部培训和研究生、本科生教育为一体的体育管理人才培训基地。

20 世纪 80 年代以来，全国各体育院、系也相继开设体育管理学课程。我国体育管理学学科发展比较成熟的院校一般将课程分为专业基础课程、一般专业课程和专业选修课程等几类。体育管理专业的知识容量也在适应经济社会发展需要的过程中不断扩展。据调查，现在全国 14 所体育院校，几十所高师体育院、系开设了体育管理学课程。1989 年武汉体育学院正式招收体育管理学专业研究生，并于次年获得硕士学位授予权。1994 年北京体育大学与曲阜师范大学获得体育管理专业硕士学位授予权。2000 年北京体育大学开始首次招收体育管理学方向博士研究生。近年来，在体育管理学学科专业建设的理念上，我国开设体育管理学专业的院校正在改变原有的“大、全、广”和“重理论，轻实践”的观念，开始紧跟经济社会发展趋势，逐步树立起科学的学科建设新理念。体育管理学正逐步摆脱原有“空洞的”纯理论的学科范式，向分工更细的部门管理、更加实用的操作管理、多学科互融的交叉管理等方向发展，逐步回归其作为一门综合性学科的本质。

2004 年 10 月，中国体育科学学会体育管理分会正式成立，产生了第一届委员会主任委员、副主任委员、秘书长。同月，2004 年亚洲体育管理协会年会在北京体育大学举行，我国体育管理学科重要创始人之一、著名学者秦椿林教授当选为第 2 届亚洲体育管理协会主席。体育管理学科的学术组织及学术活动开始在我国快速发展，体育管理学科的国际学术交流也得到广泛开展。

21 世纪初，我国多层次的体育管理学人才培养体系已经初步建立，体育管理学的学术研究群体日益扩大，中国特色的体育管理学日臻完善。在社会主义市场经济的新体制下，中国体育与国际的交往日益频繁，体育决策的民主化、科学化程度不断提高，这必然也给我国体育管理学的发展提出了新的要求。可以预见，中国的体育管理学正迎来发展壮大的有利时机。

当前，面对建设有中国特色社会主义的新形势和体育改革中出现的新情况、新问题、新任务，我国体育管理学需要进一步借鉴现代管理科学理论与方法，吸纳国外体育管理研究的新成果去研究和总结我国体育管理实践，进一步探索和揭示体育管理活动中的基本规律，有效地提高体育管理的综合效益，逐步完善并建立符合我国社会主义市场经济体制要求的具有中国特色的体育管理学科体系。

二、体育管理学的研究对象与方法

（一）体育管理学的研究对象

每一门学科都有它特定的研究对象，作为一门独立的学科——体育管理学，必然有它自己的研究对象。管理是人类社会生活各种实践领域普遍存在的现象，管理学界达成的共识是，管理学揭示组织运行的规律，积淀达成组织目标的经验与知识。它以一般组织的管理活动为其研究对象，通过对管理活动的研究，探讨其内在的规律性，然后上升为理论，形成一个理论体系。管理学的理论体系，是由一系列反映管理活动内在规律性的概念、原理、原则、制度、程序、方法等组成。这个理论体系来源于实践，又用于指导实践。

体育管理是其中一种特殊的管理现象，其特殊性在于体育涉及到不同人群、不同社会阶层、不同社会行业，其内容丰富多彩、形式多种多样、方法灵活多变。同时，现代体育又是一门综合性的学科，现代体育的发展离不开社会科学、自然科学的发展，特别是最新科学技术的发展；另一方面，现代体育已发展成为全球性、具有高超技艺性、陶冶情操、具有教育性的规模巨大的文化现象之一。面对如此广阔的体育领域以及纵横交错的复杂关系，如果不去研究体育自身的发展规律，想把体育管理好，提高其综合效益是难以想象的。因此，体育管理学是研究体育管理活动规律的学科。

体育管理规律是构成体育管理学内容体系的依据和基础。体育管理学是研究体育实践中组织的管理活动规律的学科，其主要目的就是要发展出一种协调现代“大体育”复杂过程中人们行为的理论和方法，使人们在体育目标实现中获得高效益。

体育管理学是体育科学与管理科学中的一门交叉性基础学科。它是在总结体育管理实践历史经验的基础上，综合运用社会科学、自然科学、心理科学和技术科学的理论和方法，研究体育管理活动规律的科学。它不是各类学科简单相加的产物，而是对这些学科科学的概括和抽象。体育管理学的研究内容，一般应阐明学科的基本性质及历史发展，剖析体育管理系统的构成要素及其相互关系，研究体育组织的结构设计、运行机制及组织变革，揭示体育管理系统运行中必须遵循的基本原理与方法、体育管理的基本职能，指明体育管理客体（体育资源）正常运行的基本特征、管理要求及具体管理方式等。

（二）体育管理学的研究方法

任何一门学科都有它的研究方法。体育管理学的研究方法可以从以下 5 个方面来认识。

1. 哲学方法

马克思主义的唯物辩证法是研究体育管理学最根本的观点和思维方法。只有坚持以马克思主义为指导，才能正确地揭示体育管理现象中的本质，才能正确理解体育管理学中所论述的问题。学习和研究体育管理学，必须坚持实事求是，理论联系实际。同时，还要注意各种体育管理现象之间的相互联系和相互制约，以及不断发生的变化，运用全面的、历史的观点去观察和分析问题。

体育管理学产生于体育管理的实践活动。在体育管理的实践中，人们用全面的、历史的、发展的观点去观察和分析体育管理活动中的各种问题，经过提炼上升为体育管理理论；体育管理理论反过来通过实践指导人们的体育管理活动，验证体育管理理论的有效性，逐步发展和完善体育管理理论。不难看出，辩证唯物主义认识论作为人们认识自然和社会的一般规律，完全适用于人们对体育管理活动的认识。

2. 系统方法

在一个组织中，它的每个要素的性质或行为都将影响到整个组织的性质和行为，这是因为组织内的各要素是相互联系、相互作用、相互影响的，而且组织作为一个整体是各要素的有机结合构成的。这种具有特定功能的有机整体，本身又是它从属的一个更大系统的组成部分。因此，在进行管理时，就要考虑各要素之间的相互关系，考虑每个要素的变化对其他要素和整个组织的影响。这种从全局或整体考虑问题的方法就称之为系统方法。体育组织的系统性、管理活动的系统性决定了系统方法对体育管理学研究的适用性。任何体育管理都是对一个系统的管理，体育管理系统方法的具体内容包括整体分析、结构分析、层次分析、相关分析以及环境分析。

3. 实证方法和规范方法

人类的研究方法大致可以分为两大类：一类是科学研究，以客观、实证和规范为特征，是获取新知识的最精确的方法；另一类是思辨研究，主要依靠研究者的洞察力和直觉判断[1]。

实证方法，是指通过实验或调查，收集数据，得到一定的结论的研究方法。这种研究方法所强调的实证性，在于它的结论不是通过逻辑的推演得到的，而是通过实验或现场的调查，利用具体的事实和数据说明问题。大量的实证研究是发展理论的必要条件，也是一个被称为“科学”的学科是否健全的标志（许德音，周长辉，2004）。

规范方法，是指通过对文献的研究，借助理论上和逻辑的推演获得结论的方法。这种方法所强调的规范性，在于它的理论的科学性和逻辑的严密性，它的结论是通过规范的逻辑推理和理论论证而获得的。

4. 定性和定量分析方法

所谓定性分析，就是对于事物的质的方面的分析和研究。一事物的质是它区别于其他事物的内部所固有的规定性。定性分析主要依靠人的观察分析能力，凭借知

〔1〕 李怀祖．管理研究方法论［M］．西安：西安交通大学出版社，2004.

识、技术、经验和判断能力，应用逻辑思维方法，从研究事物质的角度出发来分析事物的特征、发展规律及其与他事物之间的联系，其分析过程及结论是用文字描述来表达的。定性分析就是对研究对象进行“质”的方面的分析，具体地说就是运用归纳和演绎、分析与综合，以及抽象与概括等方法，对获得的各种材料进行思维加工，从而能去粗取精、去伪存真、由此及彼、由表及里，达到认识事物本质、揭示内在规律。

所谓定量分析，就是对事物的量的方面的分析和研究。事物的量就是事物存在和发展的规模、速度、程度、以及构成事物的共同成分在空间上的排列等可以用数量表示的规定性。定量分析是指在科学研究中，用可以量化的标准去测量事物，通过定量分析可以使人们对研究对象的认识进一步精确化，以便更加科学地揭示规律，把握本质，理清关系，预测事物的发展趋势。

5. 具体方法

（1）历史研究法。通过历史资料研究的方法，在历史的文献中可以寻找体育管理的规律，以帮助我们组织现代体育管理工作，指导现代的体育管理实践。

（2）比较研究法。通过对事物纵向、横向各种联系加以比较，从中找出它们的共同关系存在的差异，取长补短、博采众长、为我所用。

（3）观察研究法。按照一定的计划和要求，对研究对象的全局或某一方面进行系统的、连续的、定期的观察，对观察所取得的第一手资料进行研究分析，并加以总结、概括出体育管理活动的规律。

（4）调查研究法。通过调查研究可以了解到管理的实际情况，经过分析研究，探索体育管理活动的规律。调查研究分为问卷调查、个别谈话等。

（5）试验研究法。试验研究法是有目的地严格控制或创造一定的条件，人为地引起研究对象行为，从而对其进行分析研究的方法。试验法又分实验室试验和现场试验。实验室实验控制条件非常严格，并可借助于仪器、设备，可反复试验，但人为性较大的现场试验是在实际工作场所进行试验，正因为如此，现场试验有较强的现实意义。但现场条件复杂，干扰因素较多，且投入的人力物力较大。因此，需要周密的设计和较长时间的试验才能达到预期的目的。

（6）个案（案例或实例）研究法。个案研究法是指对某一群体或组织某件事在较长时间内连续进行调查了解，收集资料，分析研究其发展规律的方法。个案分析法在法学、社会学和管理学都被广泛采用，西方经验主义管理学派的主导研究方法就是个案分析法。

体育管理学研究方法并非是绝对分开的，如实证分析方法中就包括调查研究、试验研究等具体方法。此外，体育管理的研究方法还有很多，在实际运用中，关键是针对不同的研究对象选择最适宜的研究方法，并能做到综合使用管理方法，这样才能透彻地理解和分析体育管理现象，对体育管理现象的研究才具有积极意义。

三、体育管理学的学科性质

（一）体育管理学是一门独立学科

体育管理学具有特定的研究对象和研究范围，它具有一系列涵义清楚明确的概念，具有经过实践检验证明其正确的原理和原则。它能够形成一个完整的、比较严密的理论体系，而最根本也是最重要的是它能反过来指导人们的体育实践，并使人们顺利地达到预期目的。体育管理学尽管在内容体系上与其他许多学科有交叉，比如体育经济学、体育社会学等，但这并不妨碍体育管理学作为一门独立的管理学二级学科的地位与特殊性。

（二）体育管理学是一门交叉学科

体育管理学是用管理学的理论方法来研究解决体育领域的管理问题，这就表现为管理学与体育学的交叉性。丰富多彩的体育管理实践是体育管理学赖以产生和发展的基础和源泉。一方面，现代管理科学的理论、方法和技术构成了体育管理学的方法学基础；另一方面，体育学的理论、知识构成了体育管理学的认识论基础。因此，体育管理学具有双重属性，它既属于现代管理学，是其中的一门部门管理学；又属于现代体育学，是其中一门重要的、应用性强的体育人文社会科学。

（三）体育管理学是一门综合学科

现代体育已成为当今人类社会不可或缺的重要实践活动，其牵扯面之广、影响范围之宽、发展规模之大，使之足以成为世界性的通用“符号”。体育管理实践涉及自然、社会、思维和心理等众多复杂的领域，而作为揭示如此复杂的体育管理实践规律和方法的体育管理学，其内容也必然广泛涉及自然科学、社会科学以及思维和心理科学等众多学科领域。

（四）体育管理学是一门软科学

在社会系统中存在着“硬件系统”和“软件系统”，前者主要是指人力、物力、财力等可视因素，后者则主要是指权力、信息以及权力、信息的运行所构成的管理活动。因之，软科学是相对于硬科学而言的。从这种意义上说，体育管理学研究的是如何协调人们在共同体育管理实践中的关系，以达成组织目的的实现。这正如物质生产领域中管理学不研究社会生产过程中的直接物质生产活动（硬）的规律，而专门研究如何协调人们行为（软）的规律，从而获得整体的高效率一样。

四、体育管理学的学科体系

体育管理学学科植根于哲学、自然科学和社会科学的宏大体系之中。由于体育管理学受体育学和管理学一般原理的指导，因而它是它们的下位学科。又由于体育管理学是一门边缘性交叉学科，因而它必然与诸多相关学科具有不同程度的联系（图 1－5）。

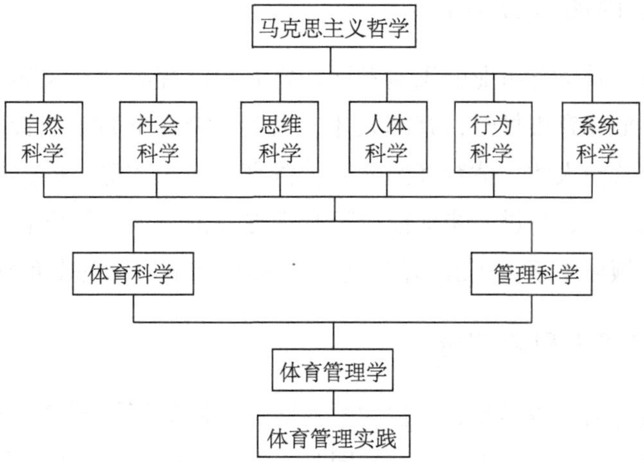

图 1－5 现代体育管理学学科体系框架

体育管理学是处于整个科学理论体系中的一个子系统，它与若干门学科有着千丝万缕的联系。因此，研究现代体育管理，绝不能仅限于它自身的范畴，也不能仅限于体育或管理的范畴，而要在更广泛的范围内从不同的角度研究体育管理现象，才能做出科学、合理的解释，才能为建立现代体育管理学学科体系打下坚实的基础。

从现代体育管理学的内容上看，现代体育管理学正在或已经衍生出了许多二级学科：如体育行政管理、体育组织管理、体育资源管理、竞技体育管理、学校体育管理、体育产业管理、体育项目管理等。随着现代体育活动内容的日益丰富与发展，今后还会不断诞生出适应体育管理实践需要的各种子学科。

五、体育管理学的发展趋势

（一）学科地位不断强化

体育的发展不但离不开管理活动，而且对管理的要求会越来越高。随着体育对经济社会发展作用的日益提高，体育管理学将被越来越重视。同时，随着体育管理学学科体系的不断完善，对于体育管理学独立性的争辩将逐步明晰，体育管理学的学科领域范畴将逐步明确，与其他学科的交汇与融合部分将进一步被科学划分，其学科地位将得到进一步强化。

（二）专业内涵日益丰富

随着经济社会及体育事业的飞速发展，急需与体育活动有关的一切生产经营领域的专门人才，如体育市场经营管理人才、大型体育赛事的组织管理人才、健身服务业人才、体育营销人才、体育经纪人才、体育法律人才等。各类体育组织也相应需要各类专门人才，这将进一步促使体育管理专业的发展，体育管理专业将从传统的行政管理专业领域中逐步拓展到体育事业、体育产业内部的多重领域。

（三）教材建设日趋完善

管理学已成为当今内容更新最快的学科之一，新的管理理论和管理方法层出不穷。理论的快速发展在丰富教学内容的同时，也给教材的更新增添了压力。一方面，原有的体育管理学教材需要不断汲取母学科营养充实完善，另一方面，新的体育管理学二级乃至三级学科不断涌现，也要求新编教材不断问世。

（四）研究方法不断成熟

不同层次的管理问题运用科学研究方法的程度有所不同，一般而言，操作层甚至有些管理层的问题运用科学研究方法较多，决策层管理问题和高层管理者行为问题的研究运用科学研究方法的成分相对较少。目前我国体育管理学的研究运用思辨研究方法和直觉判断的现象较为普遍，而对实证研究方法的重视程度不足。大量的实证研究是发展理论的必要条件，也是一个被称为“科学”的学科是否健全的标志。随着对体育管理研究方法认识的逐步深入，这一问题将得以逐步改进。

（五）学术研究的应用性更加突出

我国社会转型期的丰富背景为体育管理的学术研究提供了丰富素材，在理论研究日趋成熟后，体育管理学术研究将逐步由偏重理论研究向重视实践研究转变、由偏重行政组织研究向重视非行政组织研究转变、由偏重竞技体育管理研究向重视群众体育管理研究的方向转变。

（六）学科的综合性特征更加明显

体育管理学是一个涉及多学科的综合性学科，它必然要求各学科之间的合作，尤其是社会学、政策学、制度经济学、工商行政、经济、教育等领域的相关研究成果和实践经验。任何一个管理问题的解决，均不同程度地需要诸多学科的联合公关。

第二章　体育组织

体育组织是体育管理活动的载体，体育管理活动均是在组织中发生并完成的。掌握体育组织的基本规律是顺利实施体育管理活动的必要前提。作为结构意义上的体育组织的主要涉及体育组织要素、结构等。作为行动意义上的体育组织主要涉及体育组织沟通、变革发展等。本章主要对体育组织的要素、结构，以及体育组织的变革和发展等进行了介绍。

第一节　体育组织概述

组织与管理是一对孪生姊妹，管理是组织的管理，组织是管理的组织。实际上，体育管理活动均是在一定组织中发生、实施并完成的。体育组织及其管理问题已经成为人类认识自身、理解自身并解决自身所存在的各种问题以寻求与环境协调发展的一个极其重要的桥梁和纽带。

一、体育组织的概念

（一）体育组织的定义

1. 组织的含义

一般而言，现实社会生活中的任何人都归属于某种组织。“组织”一词，在汉语语系中是一个组合词，是“组”和“织”的合成。中国古代关于“组织”的最初定位是与生产和生活直接联系在一起的，“织”主要是指“编织”（编麻），“组”则是其“阔”（即组合）的过程，二者合成可以主要理解为“编麻织布”之意（教军章，等，2005）。“组织”的英语表述为 Organization，其词源为生物学上的“器官”

(Organ)，主要指自成系统具有特殊功能的细胞结构（生物）体系（Organism），当然还包括器官之间的协调动作（Organize）和这一动作活动的结果（Organization）。“其扩展的涵义也就大体是联合的过程及其联合而成的整体安排结果。”（朱国云，2003）

关于“组织”的界定，学界一直众说纷纭。被称为现代管理理论“鼻祖”的巴纳德（Chester I · Barnard）将组织定义为“有意识地加以协调的两个或两个以上的人的活动或力量的协作系统”。詹姆斯 · 穆尼（James D · Mooney）认为，组织是每一种人群联合为了达到某种共同的目标的形式。哈罗德 · 孔茨则把“组织”定义为：“正式的有意形成的职务结构或职位结构”（段万春，2007）。由此可见，组织不仅是人的结合，而且是一种特定的体系。也有学者认为组织有广义和狭义之分，广义的组织是指由诸多要素按照一定方式相互联系起来的系统，而狭义上的组织是指为实现一定目标，互相协作结合而成的集体或团体，如企业、机关、学校、医院等。

本书认为，作为名词使用，所谓组织是为实现一定目的，而按照一定规则形成的社会群体。作为动词使用，所谓组织是指为实现既定目标而开展活动的过程。可见，组织具有两方面的含义：其一，一切管理活动都必须以建立一定的组织结构为前提和基础。作为一种机构形式，它是人们为实现某一共同目标，通过某种规范而联系起来的有机整体，如家庭、学校、企业、机关、医院、军队等均是这种含义上的组织；其二，组织还是一种活动的过程，或者说是管理的一种职能，即通过安排分散的人或事物使之具有一定的系统性或整体性。作为一种活动的过程，组织的对象是组织内可整合的资源，此时的组织就是为了实现组织目标而对资源进行整合的活动过程。

为区别起见，本章侧重于探讨作为“结构”意义上的组织，对作为“活动”意义上的组织的探讨将安排在本书第四章第一节。

2. 体育组织的含义

根据本书对组织的理解，所谓体育组织（Sport organization）是指为实现一定体育目标，而按照一定规则形成的社会群体。作为动词使用，所谓体育组织是指为实现既定目标而开展体育活动的过程。依照组织的含义，体育组织同样具有双重含义，其一，体育组织是为达到一定目标，通过某种规范组成的有机整体；其二，体育组织是通过对组织资源进行整合，以实现组织目标的活动过程。体育组织保证了管理目标的实现和计划的有效执行。显然，我们这里所谈的体育组织既有组织结构的含义，也包含组织实施的内容。

作为一种特定的社会实践活动，现代体育离不开体育组织这种载体。体育管理活动都是在一定的组织中发生、实施并完成的。现代体育的显著特征就是各种类型的体育组织，无论是规模巨大的，还是运作灵活的，抑或设计复杂的，渗透到现代体育的方方面面。

（二）体育组织的类型

1. 按照企事业、国家机关、党派及人民团体机构编制分类

从世界上大多数国家的体育组织体系看，尽管受本国政治、经济、文化历史和现实的多种因素影响，使得各国体育组织体系结构的具体形式多种多样，但又具有一些共同的特点，即各国体育组织体系中基本都包括了以下四种组织类型。

（1）体育行政组织。体育行政组织主要指各级政府的专门和非专门体育行政机构，包括体育的政府领导、管理部门。这类体育组织是体育事业的政府行政管理部门，在各级政府部门的领导下，承担对本行政区域体育工作的领导、协调、监督职能。《体育法》规定，国务院体育行政部门主管全国体育工作。县级以上地方各级人民政府体育行政部门或者本级人民政府授权的机构主管本行政区域内的体育工作。当前，实行政府管理型的国家政府均设有专门负责体育事务的部门。我国体育行政组织的基层部门是县及县级市体育局，目前一些县（市）体育部门已与教育或卫生部门合并，但仍有专人负责体育工作。此外，卫生部、民政部等也设有体育管理部门负责本系统的体育工作。

（2）体育事业组织。事业单位是指国家为了社会公益目的，由国家机关举办或者其他组织利用国有资产举办的，从事教育、科技、文化、卫生等活动的社会服务组织。我国的体育事业单位主要包括：各运动项目管理中心、国家、省市运动队、训练基地、公共体育场馆、体育院校、体育科研单位、体育运动学校、业余体校、体育中学、行业体协、社会体育指导中心、体育新闻出版单位、体育博物馆、体育部门开设的医院、门诊部等。体育事业组织的主要任务是培养优秀运动员和各类体育人才，为体育训练、竞赛和群众性体育活动开展提供场地、技术等服务。

（3）体育企业组织。体育企业组织主要指由体育系统和社会团体、企业、个人兴办的以体育服务为主要内容、以赢利为目的的体育经营组织，包括职业体育俱乐部、商业性体育俱乐部、体育报刊图书音像制品出版发行机构、体育中介服务机构等。

（4）体育社会团体。社会团体是指中国公民自愿组成，为实现会员共同意愿，按照其章程开展活动的非营利性社会组织（《社会团体登记管理条例》，中华人民共和国国务院令第250号）。体育社团就是以体育运动为目的或活动内容的社会团体，具有民间性、非营利性和互益性。体育社会团体主要包括综合性体育组织（如中华全国体育总会、中国奥林匹克运动委员会、中国体育科学学会）、单项运动协会、公益型体育俱乐部和各种专业性体育协会、基层体育协会等。体育社团是发展体育运动的基本的、实质性的社会机构。体育社团是一种重要的、数量极大的社会团体，它不仅有开展体育工作，组织体育活动，满足人们体育参与的价值，而且它还具有人们参与社会，实现自我价值，培养全社会团队精神、集体主义精神，开展社会工作和传达社会规范的重要价值。在体育管理体制分散型的国家，体育社团是由俱乐部、协会、联合会、总会等自下而上聚合而成的。在体育管理体制集权型的国家，体育社团则是自上而下分级建立的。我国的体育社团正在逐步走向实体化，成为体育社会化的重要载体。

目前世界上市场经济发展较好的国家基本上形成了以体育俱乐部为基础，单项协会和各类体协为支柱，体育联合会或奥委会为最高管理机构的体育组织结构。这一套体育组织体系的运作方式体现了体育运动的社会性、竞争性、国际性、公益性和产业性特征，已成为市场经济国家体育组织结构的共同模式。

2. 按照体育组织目标与受益者的关系分类

（1）体育营利组织。体育营利组织主要指以提供各种体育服务为主要内容，以赢利为目的、自主经营的体育实体，即从事体育经营活动的企业。体育营利组织的运行要遵循市场规律，市场机制起主要支配作用。目前我国的体育经营实体大都是由外资、中外合资、乡镇企业、集体和私人经营的，主要集中在娱乐性较强、社会需求较旺、消费层次较高、易于盈利的体育服务项目，如体育中介服务、体育娱乐城、高尔夫俱乐部、保龄球场、商业性网球场，以及健身、健美中心和武术馆（校）等。这些体育经营实体的运行是以经济效益为中心，以市场为取向，按照供求规律、价值规律、竞争规律运作，实行自负盈亏、自主经营、自我约束、自我发展。它所提供的体育服务产品和精神产品在市场交换中转换为货币，所得收益不仅可补偿投入，而且可以实现赢利。由于受市场所限，这一类体育组织数量很少，只能起一定的补充作用。随着市场经济的建立，这一类体育组织将得到迅速的发展，将成为我国体育组织的主要形式之一。

（2）体育非营利组织。自 20 世纪 80 年代以来，非营利组织理论成为当代西方学术研究的一个热门话题。美国约翰·霍普金斯大学塞拉蒙教授提出通过对 22 个国家的非营利组织的比较研究，概括出非营利组织的运作特点。王名将非营利组织界定为："不以营利为目的、主要开展各种志愿性的公益或互益活动的非政府的社会组织。"非营利组织涵盖了政府组织和营利性的企业组织之间的广大领域，随着社会的发展，这一领域还会越来越大（图 2－1）。

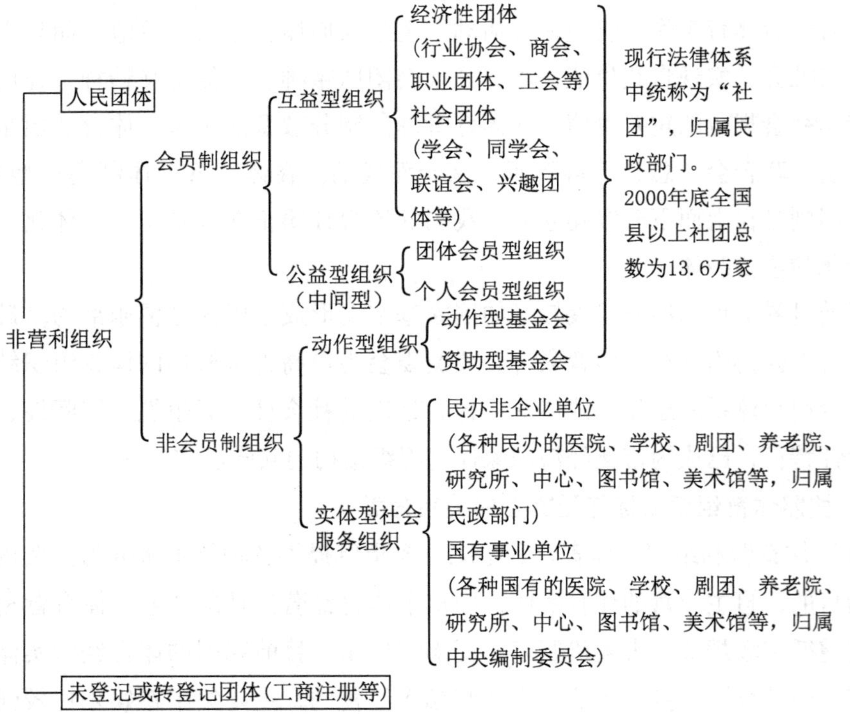

图 2－1　中国非营利组织基本分类（广义）

资料来源：王名．非营利组织管理概论［M］．北京：中国人民大学出版社，2002.

体育非营利组织是指不以营利为目的，而以开展各种志愿性的公益或互益体育活动的非政府社会组织，主要包括体育事业单位、体育社团、体育基金会、体育类民办非企业单位、未登记或转登记的体育组织。从不同体育非营利组织的功能及特点看，体育事业单位突出体现了组织性、独立性与自治性的特征，它兼有管理和服务的双重功能；体育社团具有不同程度的组织性、独立性与自治性、志愿性、非营利性的特征，在功能上以提供服务为主，同时具有一定的管理职能；体育基金会具备一定程度的非营利性，其他特征表现得不明显，在体育发展中发挥一定功能；体育类民办非企业单位（以青少年体育俱乐部为主）具有不同程度的组织性、独立性与自治性、志愿性、非营利性的特征，其功能是提供直接的体育服务；未登记或转登记的体育组织（以群众体育活动点为主）突出体现了独立性与自治性和志愿性的特征，其功能是提供质量相对较低的体育服务。

体育非营利组织的经费来源渠道主要包括：政府财政体育拨款；社会捐赠、资助；体育经营收入（出售比赛门票、场馆广告、电视转播权、赛会标志，提供有偿的场馆设施、技术信息和体育相关服务等）；发行体育彩票的收入；会费收入（主要是体育总会、单项协会、体育俱乐部等体育社团组织根据章程向团体会员和个人会员收取的会费）。政府给予必要的拨款，可以确保体育组织的基本工作条件和国家体育计划的实施。在政策上鼓励体育组织开辟更多的经费来源渠道，可以调动体育组织开发体育经济功能，以体补体的积极性。而如何确定政府投入和其它渠道投入的比例，需要根据国家经济、社会发展状况，国家体育发展计划，各体育组织承担的任务，体育社会化、产业化程度来确定。

3. 按照体育组织的主要职能划分

（1）管理型体育组织（行政型体育组织）。主要是指体育行政部门，它们的主要职责就是制定促进体育工作发展的政策法规和发展规划并监督实施，指导各种体育活动，通过财政预算中体育经费的分配和使用介入体育活动，实现政府体育目标。

（2）竞技型体育组织。主要目标是提高竞技运动水平，培养高水平运动员以及展示优异的竞技成绩。目前我国这种类型的体育组织包括国家（集训）队、各省市体工队、竞技体校以及职业体育俱乐部等。

（3）休闲型体育组织。是指提供一些休闲体育活动从而使人们获得身心愉悦的各种体育组织。随着人们生活水平的逐渐提高，工作和生活节奏的加快，越来越多的人利用闲暇参加各种体育活动，以弥补由于过多的脑力劳动而造成的运动过少。体育健身是一种增进健康、消除疲劳的有效方法，这在客观上促进了各种休闲型体育组织的发展。

（4）商品型体育组织。从事体育商品制造、销售与服务的组织。国际知名企业耐克（Nike）、阿迪达斯（Adidas）、锐步（Reebok）、彪马（Puma）、美津浓（Mizuno）以及国内知名企业李宁、安踏、匹克、特步等均属于商品型体育组织。

（5）学术型体育组织。主要是指从事体育科研活动的各种组织，例如国家及省市体科所、大学的各种体育研究中心与实验室等。它们为竞技体育、大众体育以及体育产业活动等提供理论、方法与技术上的支持，世界各国基本都设有专门的体育研究机构，为提高本国的体育运动水平服务。

（6）媒介型体育组织。是指把体育运动与体育受众或商业联系在一起的组织，主要包括各种体育媒体组织和体育经纪公司等。

4. 按照体育组织的规范化程度划分

（1）正式体育组织。正式组织是具有一定结构、一定目标和特定功能的行为系统。任何正式组织都是由诸多要素，按一定规范组合而成。它有明确的目标、结构、职能和成员的权责关系以及成员活动的规范。一般而言，具有“正式身份”的体育组织均可称之为正式体育组织，正式身份的组织通常是那些按照一定规范登记注册，得到官方或社会正式认可，具有法人资格的有关组织。在我国，体育行政单位、企事业单位、登记注册的各类体育社会组织都属于正式体育组织。

（2）非正式体育组织。非正式组织是“正式组织”的对称，也称非正式群体。最早由美国管理学家梅奥通过“霍桑实验”提出，是人们在共同的工作过程中自然形成的以感情、喜好等情绪为基础的松散的、没有正式规定的群体。人们在正式组织所安排的共同工作和在相互接触中，必然会以感情、性格、爱好相投为基础形成若干人群，这些群体不受正式组织的行政部门和管理层次等的限制，也没有明确规定的正式结构，但在其内部也会形成一些特定的关系结构，自然涌现出自己的“头头”，形成一些不成文的行为准则和规范。任何一个正式体育组织内部均可能形成各类非正式体育组织，正视非正式体育组织的存在并加以合理引导是搞好管理工作的基本内容。

二、体育组织的要素

组织要素是构成组织的基本成分，在一个正式体育组织内，体育组织要素一般包括组织目标、组织规范、组织成员、组织机构和组织文化。

（一）组织目标

实现体育组织目标是维持体育组织存续的目的，体育组织的一切活动都是围绕组织目标而展开的。组织目标是组织中一切活动的出发点，也是组织中一切活动的终点。体育组织分为总体目标、阶段目标和部门目标等。总体目标反映着体育组织的宗旨和使命，也是区别于其他组织的标志之一。体育组织目标越能够兼顾社会、组织和成员利益时，就越能够发挥组织的各项职能，越有益于组织目标的实现。

（二）组织规范

体育组织工作的有效性必须有组织规范作保证，它是整个组织活动过程中必须遵守的“组织纪律”。组织的规范包括组织章程、规章制度、管理办法等。章程是组织成员必须承认和遵守的规约，包括组织的性质、纲领、任务、原则、机构和成员的权利义务等。体育组织进行注册登记时必需具有明确的组织章程。规章制度是管理主体为了维护正常的工作、劳动、学习、生活的秩序，保证国家各项政策的顺利执行和各项工作的正常开展，依照法律、法令、政策而制订的具有法规性或指导性与约束力的应用文，是各种行政法规、章程、制度、公约的总称。大至国家机关、社会团体、各行业、各系统，小至单位、部门、班组都需要建立规章制度，它是国家法律、法令、政策的具体化，是人们行动的准则和依据。

（三）组织成员

组织成员是组织存在和运营的基本条件，组织的目标是通过组织所有成员的共同努力而实现的。因此，组织目标确定后，必须通过有效的管理来调动组织所有成员实现组织目标的积极性。例如，大型体育组织既有团体成员，也有个人成员。既有管理集团，又有竞赛表演的团体和个人。体育组织中的人员都有相应的专业要求，国际体育组织的最高管理者，至少必须具备把握国际运动竞赛发展趋势、洞察运动技术发展方向、协调管理层中各职能部门的工作和各成员国组织之间的关系等多种能力，以及相应的知识结构等。体育组织根据其性质，对成员的要求涉及地理、经济、竞技实力和文化等方面。国际性体育组织，必须考虑地域因素和不同的文化因素。值得注意的是，组织中的成员并不是固定的，这使得组织可以超越某一特定成员而生存。

（四）组织机构

组织机构（Organizational structure）是组织内部各种职能部门及其职位，以及管理层之间正式确定的、比较稳定的相互关系模式，它是组织宗旨、目标、使命及职责实施的重要保证。组织结构同样反映了一个组织中权力的层级、权责关系。例如在 NBA 组织结构中，最高权力机构是董事会，董事会一般由各职业队的业主或业主的代表组成，他们是联盟的所有者，负责重大问题的决策，包括选择职业联盟的总裁。董事会的主要职责和任务是：（1）监督和审议财政预算；（2）任免和评估总裁的工作；（3）为联盟制定战略规划；（4）确定联盟的中心问题；（5）代表联盟处理有关重要问题和事件；（6）受理和审议诉讼；（7）召开代表大会；（8）授权立法表决和投票；（9）确定职业队的数量及其合理分布；（10）决定运动员的合理分配和流动；（11）确定比赛规则，决定比赛日程；（12）与全国性的电视媒体谈判，出售电视转播权并分享收入；（13）处理与商业活动有关的事务，全面负责经营活动；（14）和运动员工会进行劳资谈判（凌平，何正兵．2003）。

（五）组织文化

组织文化（Organizational culture）是伴随着组织的出现而产生的。所谓组织文化是指组织中的成员共有的价值体系，是控制组织内部行为、员工工作态度的价值观以及规范。组织文化一般由两部分构成，一个是组织文化的显性部分、即组织标志、工作环境、规章制度、经营管理行为等；另一个是组织文化的隐性部分、即组织哲学、价值观、道德规范、组织精神等（徐子健，2008）。组织文化代表了一个组织内各种由成员所认同及接受的信念、期望、理想、价值观、态度、行为以及思想方法、办事准则等。因此，组织文化是组织成员的思想观念、思维方式、行为方式以及组织规范、组织生存氛围的总和，它既是一种客观存在，又是对客观存在的反映。

三、体育组织的环境

作为一个开放系统，组织与其外部环境相互影响、相互渗透。体育组织环境是指制约影响体育组织生存发展的一切要素的总和。环境的变化对组织资源的开发利用有很大影响。组织环境的变化是绝对的，而且随着时代的发展，科学技术的进步，变化的速率会愈来愈快，程度也会愈来愈大。组织环境的变动特性可体现为不确定性和复杂性。不确定性是指环境变动难以预先确切知道。复杂性是指组织的外部环境是由政治、经济、社会、技术、文化等方面组成的综合体，各种变量互相交织，难以迅速辨明。组织所面临的复杂性通常在影响决策的因素中表现出来，如生产的产品、提供的服务数量、消费者类型、组织所在的地理区位等。随着复杂性程度的提高，组织变革的程度和它的适应能力也要随之提高。一般地说，组织在应对复杂性方面的能力要比应对不确定性方面的能力强。

（一）体育组织的外部环境

没有任何一个体育组织能在真空中存在并运作，许多环境因素对组织及其活动均会产生影响，这些外在因素可能会对体育组织服务的运行产生促进和抑制作用。一个成功的体育管理者必须根据外在因素的需求和限制，有效协调体育组织的活动。

1. 政治环境

政治作为国家和政党的重大活动，在特定的历史时期，由于政治任务的紧迫性，体育组织的目的、性质受政治规定的制约性就表现得极为明显。如在某一场战争和社会动荡中及以后的一段时间里，为了解决阶级、宗教、民族的冲突，为缓和国际关系，要充分发挥体育的各种政治作用。政治制度的变革在一切具体制度中占主导地位，其他种种具体制度的建立和完善必须同政治制度协同起来。体育制度是政治制度的一部分，不同的政治制度便形成不同类型的体育制度。如在我国计划经济时期，国家实行高度集中的政府统制式管理，竞技体育组织实行的便是具有国家集中型特征的“举国体制”。

2. 国民经济发展环境

经济是体育发展的物质基础，在不同的经济发展模式下，体育组织的发展必然要根据经济发展模式和经济发展水平来确立发展的规模、水平和速度。经济环境对体育组织的运行与发展有双重效能：一方面，社会经济发展模式以及经济发展水平中的一些内在规律，价值规律、竞争规律、供求规律和交换规律等，决定着体育组织的发展如规模和速度；另一方面，体育也会对经济环境产生巨大的支持作用。

3. 社会人文环境

社会文化环境是一个比较宽泛的概念，其内涵大致包括：社会阶层、家庭、社区、宗教、伦理道德、社会风俗等。它们不是直接的经济力量，而是一种潜移默化和提高凝聚力的社会力量，它们左右和影响着一个民族的价值观念、社会心态和消费购买心理等（徐子健，2008）。体育组织的发展必须有一定的社会人文环境来支撑，并与社会人文环境有着无法割舍的关系。不同的人文因素通过影响社会成员的道德和文化水平，在不同层面上制约了体育组织的运作和发展。体育组织的人文环境主要包括文化因素、科技因素、教育因素、信息因素等。这些因素又构成相对更少的、更为具体的环境系统，如文化环境、科技环境、教育环境、信息环境等。

（二）体育组织的内部环境

任何一个体育组织既有组织外环境，又包括组织的内部环境。体育组织的外部环境无疑会对组织的发展产生重要影响，而组织的内部环境也是组织发展中不可忽略的因素。

1. 体育组织物质环境

体育组织的物质环境主要是指由人力、物力、财力等资源的安置、配备所形成的器物性环境。良好的体育组织物质环境是体育组织发展的必要条件。

2. 体育组织制度环境

制度环境在体育组织发展中占据着特殊的地位。体育组织的内部制度是一套规范体系，在实践中，体育组织制度常以条例、守则、规定、章程等形式出现。科学合理的制度是体育组织工作实践的理性总结，反映了体育组织工作的客观规律。在体育组织中运用规章制度这一手段方法，有助于把组织活动纳入预定目标计划的轨道，使组织 系统有秩序、有步骤地运行。由于规章制度是约束组织中包括领导者在内的所有人质，因而它具有平等性。各项规章制度通常有标准化、合理化、程序化的具体内容，并经过有关部门、人员的认可，使之具有权威性。规章制度一旦形成，就成为组织内部人人都必须遵守的“法律”，因而在执行中具有强制性。规章制度反映了处理问题的标准和程序，人们可以照章办事，使之又具有自动性。

3. 体育组织文化环境

组织文化是社会文化的一种形式，是组织客观存在的一部分。体育组织文化可理解为体育组织成员在长期的相互作用和相互影响过程中所形成的行为规范和共同价值观体系，它是组织成员共有的人生观、思想意识、价值观念、理想、信念、期望、态度和行为准则的总和。每个体育组织都有自己的文化，组织文化是体育组织的灵魂。任何体育组织无论从产生到发展、从兴盛到衰亡都离不开特定的文化氛围，这种文化一旦形成并稳定下来，就会对体育组织结构的设计和运转、组织成员的态度和行为产生重大影响。

第二节 体育组织结构

组织结构是组织正常运转的载体。管理者通过组织结构可以决定如何实现组织的目标。组织结构能够帮助管理者降低甚至控制组织成员行为的不确定性，并使其努力方向尽可能地与组织意图保持一致，进而提高组织实现其目标的效率。

一、体育组织结构的类型

组织结构是对工作任务的正式分解、组合和协调。组组织结构被认为是组织“解剖学”层面的内容，被视为组织的骨骼和框架，是组织功能正常发挥的基础。不同部门和相应的职位是组织结构的基本元素，这些元素的不同组合形式构成了不同类型的组织结构。组织结构可以通过组织结构图直观反映。组织结构图是以图例表示组织内的全部下属活动及流程。组织结构图可以清楚显示组织中有多少职位、职位如何组合及各自之间的报告关系。

（一）直线式

直线式是最早出现也是最简单的一种组织形式。直线式组织结构的特点是组织内上级和下级管理层按垂直系统进行管理，层次分明，每一下级都有直接的上层领导，上下层之间关系简单而直接，信息和指令的传递是直线式的。下级成员只接受一个直接的上级管理者的命令，并对其负责。这种组织形式的优点是机构简化，权力集中，指挥统一，决策迅速。直线式组织结构的缺点是组织内缺乏合作精神，适用范围小，且主管人员负担过重，往往不适应复杂问题和复杂系统的管理。这种组织结构适应于小型体育企事业单位，如某高校体育教学部的直线式体育组织结构，如图 2 –2 所示。

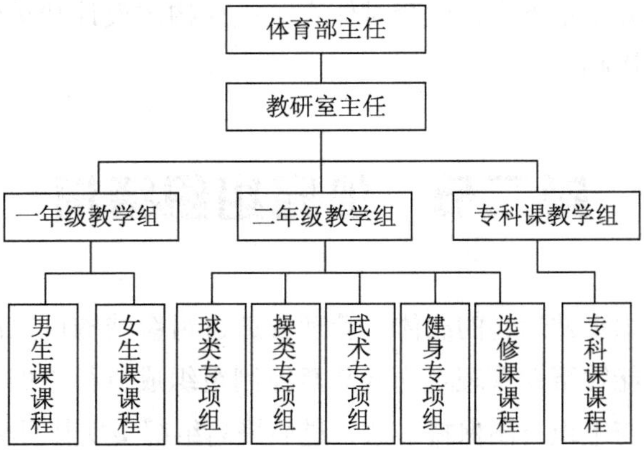

图 2 –2　某高校体育教学部的直线式组织结构形式示意图

（二）职能式

职能式是在直线式的基础上发展起来的，是在领导者和执行者中间设立一些职能部门的组织形式。职能式组织结构的特点是在组织内把相关的职能集中起来，组建一个职能部门，把整个管理工作划分为若干个职能部门，由职能部门实行专门化的管理。指令和信息的传递通道较多，下级接受组织内部各职能部门的相关指令，行使自身的职能，并向不同的职能部门汇报本部门信息。这种组织形式的优点是有利于强化专业管理，提高工作的计划性和预见性，在一定程度上加强了横向联系，适应复杂情况管理的需要。职能式的不足之处是容易造成多头领导，命令不统一，工作易混乱，使下级单位无所适从。这种组织形式一般适应于管理工作较复杂、面广且管理分工比较细致的单位，例如某基层体校的职能式体育组织结构，如图2-3所示。

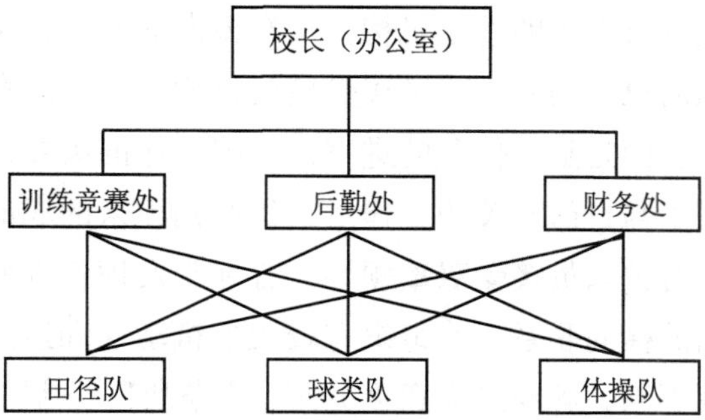

图2-3　某基层体校的职能式组织结构形式示意图

（三）直线职能式

直线职能式是直线式和职能式相结合的一种组织形式。其特点是将组织中的机构和人员分为两个系统，一套是直线指挥系统，另一套是职能系统。职能系统的管理人员是直线指挥人员的参谋，只能对下级部门进行业务指导，而不能直接指挥。这种组织形式的优点是命令统一，指挥权集中，有利于避免“多头领导”，便于调动人、财、物，保持管理秩序稳定。职能机构和参谋人员的“外脑”辅助，有利于科学决策。其缺点是权力高度集中于上层、下级缺乏自主权，应变能力弱，部门之间沟通少，不利于协调配合，例如某青少年体育俱乐部的直线职能式组织结构，如图2-4所示。

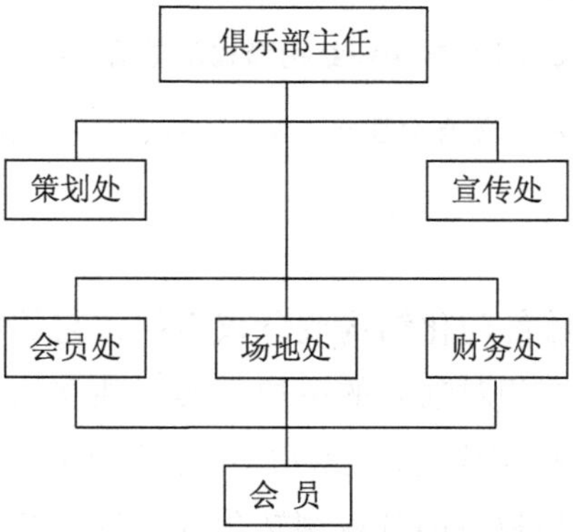

图2-4　某青少年体育俱乐部的直线职能式组织结构形式示意图

（四）矩阵式

矩阵式组织形式既有上下的垂直机构，又有横向的水平机构。其特点是组织中的有关人员既接受纵向机构的领导，又接受横向机构的领导。在矩阵式组织结构中没有固定的工作人员，而是随着任务的进度，根据工作的需要，从各职能部门抽人参加，这些人员完成了与自己有关的工作后，仍回到原来的职能部门。这种组织形式的优点是组织中的有关人员接受双重领导，有利于发挥各方面人员的潜力和综合优势，加强了各部门的横向联系，使组织有较大的机动性和适应性。其缺点是由于接受双重领导，处理不当，容易造成意见分歧，“条块”分割。这种组织形式适用于创造性工作任务较多或管理工作复杂多变的单位，例如某体育院校的矩阵式组织结构，如图 2－5 所示。

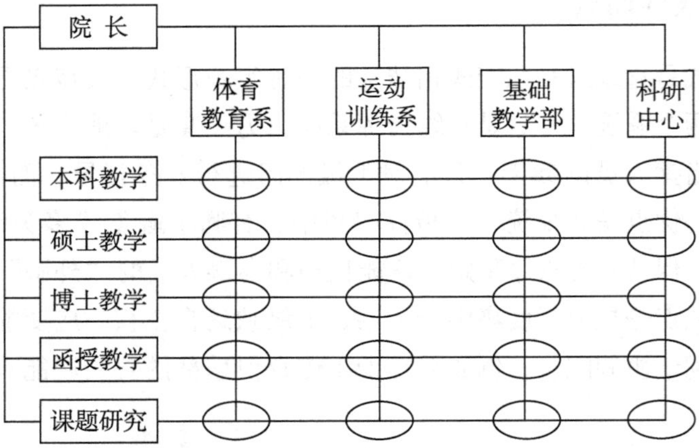

图 2－5　某体育学院的矩阵式组织结构形式示意图（秦椿林，张瑞林．2008）

资料来源：张瑞林，秦椿林．体育管理学［M］．北京：高等教育出版社，2008.

（五）事业部式

事业部式组织结构又称部门化结构或分权组织，它的特点就是把管理活动分为若干事业部。事业部是一个相对独立的单位，实行独立核算。事业部在内部管理上拥有自主性和独立性，设有相应的职能部门。事业部式组织结构采取“集中决策，分散管理”的原则，是由集权制向分权制转化的一种改革。其优点是组织高层领导摆脱了具体的日常管理事务，有利于集中精力作好战略决策和长远规划，提高了管理的灵活性、适应性、主动性和积极性。其缺点是职能机构重叠，造成管理人员的浪费。同时，由于各事业部门独立核算，易产生本位主义，且由于职权下放，增加了事业部门间的协调难度。这种结构多适用于规模较大、管理内容宽泛的组织，例如某体育用品公司的事业部式组织结构，如图 2－6 所示。

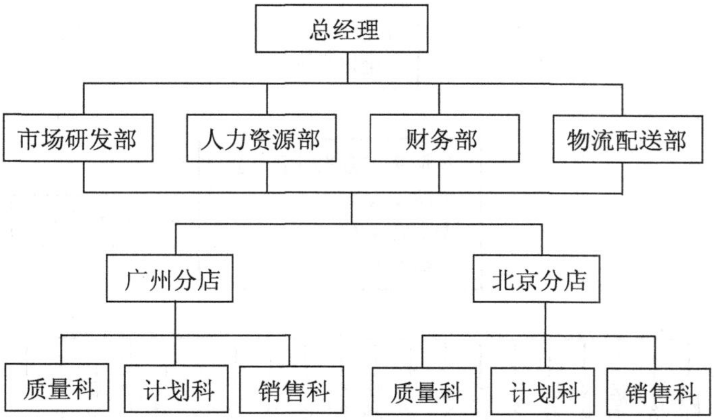

图 2－6　某体育用品公司的事业部式组织结构形式示意图

二、国际体育组织的结构

国际体育组织结构比较复杂，大多采用职能式、事业部式，或者兼具两者特征的复杂组织结构。

（一）综合性国际体育组织的结构

以国际奥委会为例，其组织结构由代表大会（Sessions）、执行委员会（Executive board）、秘书处和专门委员会（Specialized commissions）（图 2－7）。代表大会是国际奥委会的最高权力机构，是国际奥委会全体委员会议，所作的决定是最终的决定。执行委员会是代表大会闭会期间国际奥委会权力的代理机构，主管财政、人事和全会议程等工作，由主席和 4 名副主席以及 6 名执行委员组成。主席主持国际奥委会的全部活动，负责建立委员会和工作组。同时还设有国际奥委会秘书处，处理国际奥委会的日常工作，由国际奥委会总干事和秘书长负责。另外，还设置了专门委员会，包括国际奥林匹克学院委员会、资格委员会、运动员委员会、文化委员会、财政委员会、新财源委员会、法律委员会、医学委员会、奥林匹克运动委员会、奥林匹克项目委员会、奥运会协调委员会、联合公众和媒介委员会、广播电视委员会、奥林匹克团结委员会、奥林匹克勋章理事会、群众体育委员会和体育仲裁法庭等。

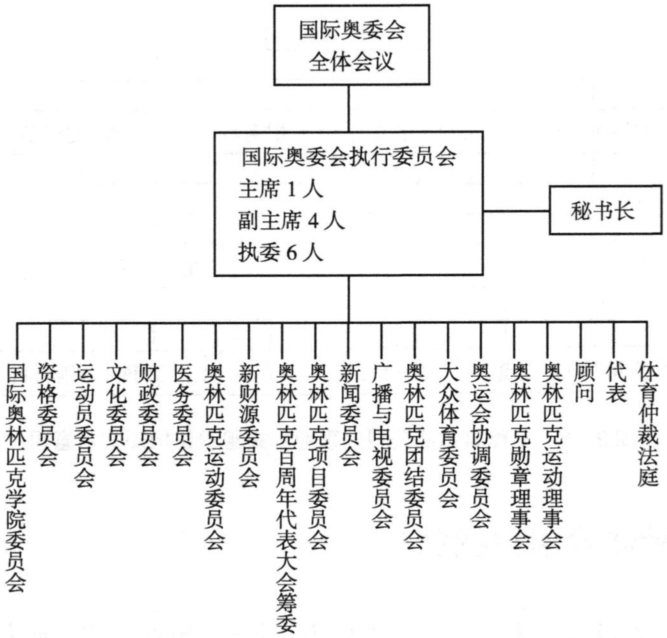

图 2－7　国际奥委会组织结构图

（二）国际单项体育组织的结构

国际单项运体育联合会的组织结构一般由全体代表大会、执行委员会和相关职能委员会组成。全体代表大会是最高权力机构。执行委员会的职责是管理会员的资格、财政、人事、解释宪章、协调关系和签约等。执行主席也称为秘书长或执行秘书。还设置技术、医学、裁判、教练员、财政、青年（或发展）、老运动员、市场营销和法律委员会。图 2－8 是国际棒球联盟的组织机构事示意图，它有 5 个专职委员会，负责处理联合会的特定工作。而对于另外一些国际单项体育联合会而言，委员会的设置会有所不同，这些委员会一般会包括以下几个。

＊ 技术委员会，负责竞赛规则的提出与修订。某些联合会（如体操）可能有特

定的技术委员会来裁定各个不同部分（如男子体操、女子体操、艺术体操和全能）的问题。

＊ 医学委员会，负责处理包括禁用药物、性别检查、竞赛者的健康、测试方法及教育等方面的问题。必要时，它还可指派竞赛医疗服务队。

＊ 官员（或裁判员）委员会，通过对竞赛官员的教育来规范和改善职务的执行。它也为世界锦标赛和奥运会指派或推荐官员。

＊ 财政委员会，监督财政预算的准备并向各成员提出预算。

＊ 青年（或发展）委员会，提出项目发展计划，这些计划常常开始是针对年轻运动员的，但是后来可能就扩大到针对包括各年龄段运动员的全民参与计划。

＊ 老运动员委员会，负责处理一切有关老运动员的参赛和比赛纪录的问题。

＊ 营销市场委员会，致力于有效地改进本运动项目，并提出好的业务程序和方法。

＊ 法律委员会，致力于解决矛盾冲突和使合约合法化。

＊ 教练委员会，致力于通过教育计划改善教练业务水平。这项工作通常也包括在发展委员会中。除了以上这些委员会外，某些联合会还指定工作组处理有关装备、训练和外交礼仪等问题。

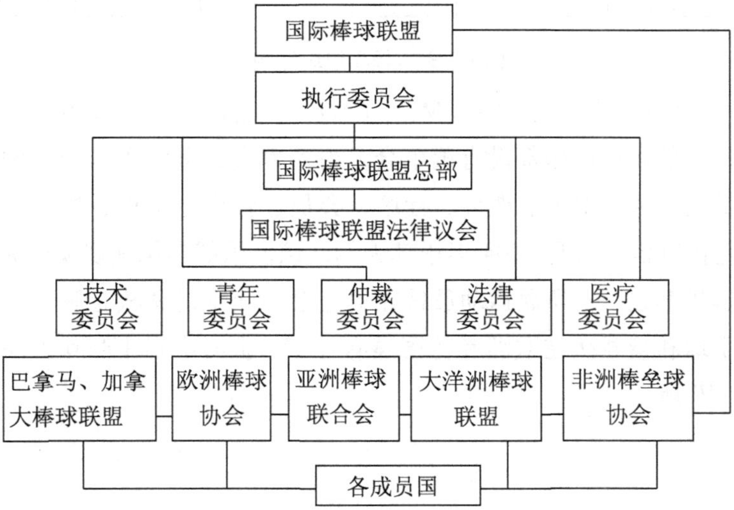

图 2－8　国际棒球联合会的组织结构

资料来源：托马，查理普．国际体育管理［M］．北京：人民体育出版社，2000.

（三）国际职业体育俱乐部的结构

职业体育俱乐部基本采用复杂的职能式组织结构。例如，在NBA组织结构中，最高权力机构是董事会，董事会一般由各职业队的业主或业主的代表组成，他们是联盟的所有者，负责重大问题的决策，包括选择职业联盟的总裁（图2－9）。

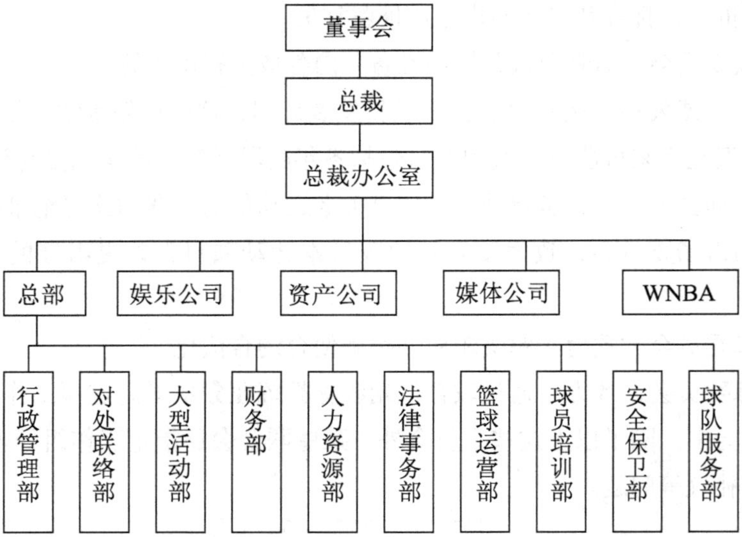

图2－9　NBA组织结构图

资料来源：杨铁黎．体育产业概论［M］．北京：高等教育出版社，2010.

英国公司制的职业俱乐部设有董事会，由董事会聘请俱乐部经理和主教练。经理管理俱乐部的商务、财务、票务、社区、会员、青少年培训、场地、安全等部门的工作。以德国勒沃库森拜尔04俱乐部为例，该俱乐部是德国规模最大，开展项目最多的职业俱乐部之一。所属运动员曾在奥运会中获得过9枚金牌、8枚银牌和15枚铜牌。其足球和篮球队在欧洲和德国屡有佳绩，拥有会员10000人左右。其组织结构如图2－10所示。

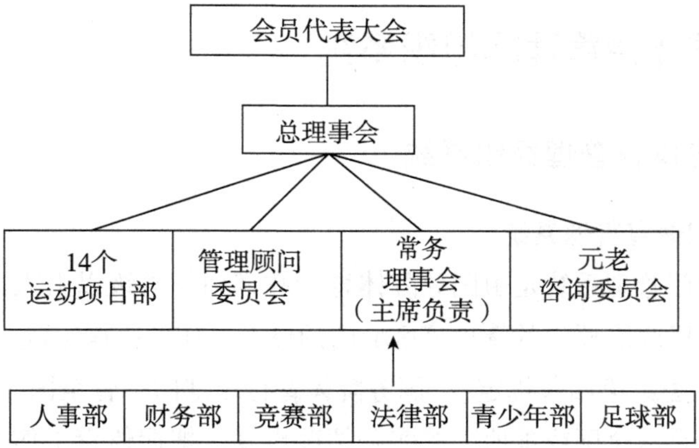

图 2－10 德国勒沃库森拜尔 04 俱乐部组织结构示意图

资料来源：陈云开．赛事经营管理概论［M］．上海：复旦大学出版社，2003.

又如英格兰足协超级联盟的最高机构是代表大会，由 20 个俱乐部的代表组成。常设机构由秘书长（或首席执行官）领导，有 10 名工作人员。联盟的主要职能是经营管理超级联赛。其组织结构如图 2－11 所示。

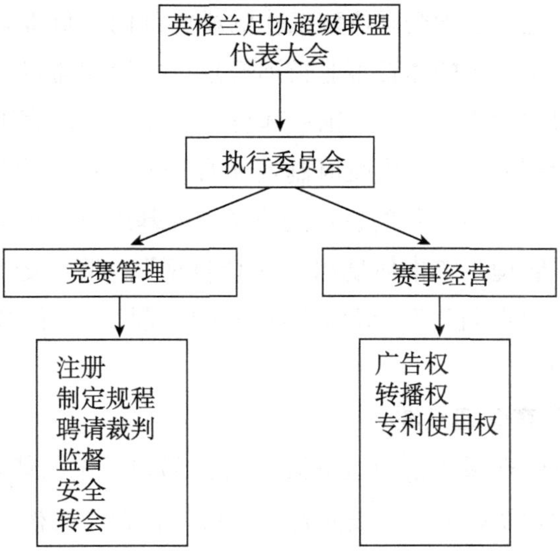

图 2－11 英格兰足协超级联盟组织结构示意图

资料来源：陈云开．赛事经营管理概论［M］．上海：复旦大学出版社，2003.

三、我国体育管理的组织系统

（一）政府体育管理组织系统

1. 政府专门体育管理系统

政府体育专门管理系统是由国务院体育行政部门、县级以上人民政府体育行政部门或由该级人民政府授权的管理该区域内的体育工作的机构组成。

我国《体育法》第四条规定："国务院体育行政部门主管全国体育工作。"体育行政部门的职责是从全国或本地区的实际情况出发，把握体育工作的发展方向、协调各利益主体的关系，决定和部署体育发展的重大问题和发展战略，起到宏观调控、领导和监督的作用。县级以上地方政府体育行政部门的主要职责是，贯彻执行国家的体育方针、政策和法规，在本级政府规定的职权范围内，管理本地区的体育工作，包括管理体育经营活动，接受本级政府领导和上一级体育部门的业务指导。

政府专门体育管理系统，由各级体育局系统组成。在这一系统中，最高权力机关是国家体育总局，它是主管全国体育工作的职能部门，负责研究和拟定体育工作的总方针、政策，制定全国的体育事业长远规划；指导和监督地方各级体育局系统的工作；领导直属机关的事业单位。国家体育总局在整个体育事业中扮演指导、协调、督促等的宏观管理的角色，为政府制定体育法规和政策提供依据。各县（市）体育局或县（市）主管体育工作的机构是该系统的基层机构负责体育工作的具体实施。在政府专门体育管理系统中体现出"条块特征"，即下级体育局接受上级体育局的业务指导（条）。同时任何一级体育局系统要受该级人民政府在人事、财务等方面的行政领导（块）。

2. 政府非专门体育管理系统

政府非专门体育管理系统是由国务院所属各部委下设的体育管理部门组成的。在政府非专门体育管理系统中，一般而言，下级体育管理机构和上级体育管理机构是领导与被领导的关系。政府非专门体育管理部门的任务是按照政府对体育工作的要求，结合本系统的实际，贯彻执行开展本系统内的体育运动。如国家教育部设立的体育卫生与艺术教育司统管全国学校体育工作，国防部、外交部、文化部、农业部等均设有与体育有关的部门，各部门在各自职权范围内，对体育工作进行与本部门业务相关的管理活动。

相关政府部门也对体育工作发挥监管职能，如工商、税务、公安等部门在各自业务范围内依法管理体育经营活动，民政部门依法对体育社会团体进行登记和管理，卫生部门依法对公民体质进行监测等。

（二）社会体育管理组织系统

社会体育管理系统也分为两个子系统，即社会专门体育管理系统和社会非专门体育管理系统。

1. 社会专门体育管理系统

社会专门体育管理系统由专门从事体育管理工作的社会组织构成，可分3个子系统：中华全国体育总会、中国奥委会和中国体育科学学会。

中华全国体育总会是领导全国业余体育运动的全国性群众体育组织。它负责宣传和开展群众性的体育运动，增强人民体质、提高运动技术水平；举办和协同有关部门共同举办全国体育竞赛；团结全国和海外侨胞的体育工作者和体育爱好者，凝聚民族力量；加强和国际体育组织的联系，开展各国各地区间的体育交流，增进世界友谊。我国县以上均有地方体育总会。《体育法》第三十七条指出：“各级体育总会是联系、团结运动员和体育工作者的群众性体育组织，应当在发展体育事业中发挥作用。”各级体育总会的宗旨是联系、团结广大运动员和体育工作者，努力发展体育事业，普及体育运动，提高全民族的身体素质，不断提高运动技术水平，攀登世界体育高峰，促进社会主义物质文明和精神文明建设，为社会主义服务，为实现祖国和平统一与增进世界人民的友谊服务。中华全国体育总会的会员包括省、自治区、直辖市、计划单列市体育总会；全国性单项体育协会；全国性行业、系统体育协会；中国人民解放军的体育组织；其他全国性专业体育组织等。

中国奥林匹克委员会是以发展体育运动和推动奥林匹克运动为宗旨的全国性群众体育组织。《体育法》第三十八条指出：“中国奥林匹克委员会是以发展和推动奥林匹克运动为主要任务的体育组织，代表中国参与国际奥林匹克事务。”中国奥林匹克委员会是代表中国参加国际奥林匹克委员会的唯一合法组织。主要职责是依照国际奥委会的原则和规定，制定中国奥委会的章程，并在章程的指导下开展活动；负责指导参加国际奥运会的全国单项协会的训练和竞赛；负责中国参加奥运会的组织和报名工作，选拔优秀运动员参加奥运会。《体育法》第四十条规定：“全国性的单项体育协会管理该项运动的普及与提高工作，代表中国参加相应的国际单项体育组织。”全国单项运动协会中参加国际奥运会比赛项目的协会，既是中华全国体育总会的团体会员，也是中国奥林匹克委员会的会员。

中国体育科学学会是我国体育科技工作者组成的社会团体，包括各省、自治区、直辖市的体育科学学会和地方体育科学学会。《体育法》第三十九条指出：“体育科学社会团体是体育科学技术工作者的学术性群众组织，应当在发展体育科技事业中发挥作用。”中国体育科学学会是政府体育部门联系广大体育科技工作者的桥梁和发展体育科技事业的助手，它能根据体育发展的需要，将体育科技工作者集合起来，开展对竞技运动、社会体育、学校体育以及体育社会科学、体育产业各方面的研究和分析，从而为体育决策服务，促进体育决策的科学化、民主化。

2. 社会非专门体育管理系统

社会非专门体育管理系统是指由群众性组织构成的体育管理系统，分为群众团体组织和民间体育组织两个子系统。

群众团体组织系统是指由群众团体组织中管理本团体体育工作的常设机构组成的体育管理系统，如全国总工会下设有宣传文体部、中华全国妇女联合会下设有体育团体组织和青年团中央下设有宣传部文体处。这些团体通过下属的各级机构，对本团体的体育工作进行管理。如全国总工会下设的文化宣传部，是通过各省、自治区工会的宣传文体部和基层的宣传文体委员来对工会和工会成员进行体育工作管理的。

民间体育组织系统是指地域性的、民间自发组织起来的、在一定组织范围内对体育进行管理的群众组织，如业余体育俱乐部、体育协会、体育社团等。这类团体一般以休闲娱乐为目的，由有共同爱好的人自发组织形成，如游泳协会、棋牌社、舞蹈协会等。该类协会民间性质突出，由协会会员自我组织、自我管理，运行的资金也主要来自协会会员自筹。

第三节　体育组织变革与发展

组织是一个开放的、复杂的系统，总是处于与环境发生动态的相互影响之中。

在这样一个多层次、多因素、复杂多变的背景之中，组织必须不断地调整与完善自身的结构与功能，需要不断地对组织进行变革。组织的发展是组织追求的永恒目标，它将使组织不断适应内外环境的变化，从而更有效的实现组织的目标。

一、体育组织的变革

（一）体育组织变革的动因

1. 体育组织变革的内在动因

引起组织变革的内在动因主要包括以下方面。

（1）组织目标的选择和修正。它决定着组织变革的方向。组织目标的选择有下面几种基本形态：①组织既定目标已经实现或即将实现，需要寻求新的发展方向和目标。②组织既定目标无法实现，需要及时地转轨变型，寻求新的发展方向。③组织目标在实施过程中与组织环境互不适应，出现偏差，要求对原有目标进行修正。

（2）组织结构的调整和改变。主要是指对组织结构中的权责体系、部门体系的调整。

（3）组织职能的变化。组织职能和基本内容的变化也是组织变革的内在动因之一。

（4）组织成员内在动机与需求的变化。组织个体成员的行为是组织运行有效性的基础，个体成员的行为又要以各自的需要为基础。一定的组织结构与组织管理总是与一定的成员的需要相适应的。当个体成员的需要普遍发生变化时，组织结构也应发生相应的变化。

2. 组织变革的外在动因

（1）科学技术发展。现代科学技术的迅速发展，对组织结构、组织的管理层次与幅度、组织的运行要素等都带来了巨大的变化，同时也对组织变革提出了新的要求。

（2）组织环境的变动。现代组织所面临的外部环境要比以往任何时候都复杂多变，这是导致组织变革的重要原因。

（3）管理现代化的需要。管理现代化要求组织对其行为做出有效的预测和决策，对组织要素和组织运行过程的各个环节进行合理的协调和组织，所有这一切都对组织提出了变革的要求。

（二）体育组织变革的方式

任何组织都不会是一成不变的，任何组织也都不会是完美无缺的，随着组织内部条件和外部环境的变化，一个富有生命力的组织为了适应这种变化，必然会及时地做出相应的调整，以达到组织的自我发展和自我完善。体育组织的变革有三种基本的方式。

1. 改良式变革

在原有的组织结构框架内作些日常的小改小革，修修补补。如局部改变某些科室职能，新设某些机构，新任命某些人员，或小范围地精简、合并或撤销某些部门等。它是一种局部的变革，涉及面不广，震动不太大，引起的阻力也较小，它有利于组织全局的稳定发展，因而在大多数正常情况下是实行组织变革的有效方法。

2. 革命式变革

断然采取革命性的措施，彻底打破原有框架，在短期内迅速完成组织机构的重大改组。如从直线职能制结构改组为事业部制结构，组织与组织之间进行合并，组织内部进行分立等。这种变革方式涉及面广，波及组织的方方面面，因而引起的震动很大，所引发的阻力也可能不小，因此，需要组织领导人具有非凡的魄力，并事先制定出周密的计划。这种变革一旦取得成功，它往往会使组织脱胎换骨，重新焕发生机和活力。而一旦失败，则也有可能使组织从此一蹶不振，元气大伤，这就需要组织的最高管理者十分谨慎地从事。

3. 计划式变革

先对改革方案进行系统研究，制订全面规划，设计出理想的变革模式，然后有计划、有步骤，分阶段实施。这是一种比较理想的组织变革方式，在实际工作中得到普遍采用。目前，我国现行的体育行政组织的变革大都属于这种计划式变革。

二、体育组织的发展

所谓体育组织发展是指为使体育组织能够不断适应环境的变化，而进行的各种与更新组织结构、改进组织效能等有关的活动过程。体育组织发展既包括组织结构、制度上的改革，也涉及对团体和个人的心理指导，目的在于适应环境的骤变，改善组织的绩效和满足员工的需求。体育组织发展对于组织本身无疑是非常必要的，它将使组织不断适应内外环境的变化，从而更有效的实现组织的目标。

（一）体育组织发展的基本内容

1. 完善组织结构

一般认为，传统的组织结构往往是依赖正式的规则和条例、决策的集权化、严格的权威等级、工作责任的狭隘，强调的是遵守程序和规则，这种“官僚体制”的组织形式对组织内人员有一定的消极影响，会导致员工士气低落、工作满意度低、缺乏必要的激励、对外界环境的变化反映慢等。管理者要通过分析组织的形式能否较快的反映和适应外界环境的改变、组织的形式如何影响组织内决策的形成和信息的共享等，不断完善组织结构。

2. 打造组织团队

团队是组织提高效率的可行方式，有助于组织更好的利用员工的才能，有助于激励员工。团队建设应强调以人为中心的理念，要通过解决自己与工作中的问题，促进个人的价值观念，培养参加者在实际环境中做出成绩。

3. 变革组织文化

文化变革已成为组织发展中一个快速成长的行业。对于组织来说，根据自己所处的情境和自己的类型选择一个适当的文化是一项很重要的工作。对于一个组织，组织文化尽管是根深蒂固，但也是能够变革的。组织文化变革是一个长期持续的工作，组织中的管理者可以通过对组织的客观诊断制定出组织所需要的文化变革的策略。

4. 创建学习型组织

学习型组织（Learning organization）是一个不断开发和适应与变革能力的组织，就是通过连续不断地过程和实践，创造出能适应外部环境变化的组织。组织作为一个整体，如同人类演化进程一样，也应该具有学习的能力，拥有丰富的知识，从而能够在复杂多变的环境中生存并发展。

（二）体育组织发展对管理者的能力要求

任何体育组织的变革及发展须无不是通过管理者的认同、设计并实施各种推进举措，因此，对于体育管理者来说，体育组织的变革与发展将对其提出更高的要求。在推进组织变革中，往往会对体育管理者提出以下能力方面的要求。

1. 持续创新的能力

未来体育组织的发展所面临的环境日益复杂和更加不确定，循规蹈矩式的常规管理已经不能有效解决组织发展的根本问题。体育组织的管理者必须具备创新的意识及能力，主动实施变革，迎接挑战。

2. 超强的适应能力

体育组织将面临激烈地竞争，体育组织的管理者必须由于发现未来的能力、战略性的思考和行动，以敏锐的观察力时刻面对未来、观测和预测未来、从而获得组织发展的优先权和主动权。

3. 掌握和运用信息的能力

信息是管理的媒介，它关系到管理的实施和效果。体育管理者必须有获取正确信息的意识及能力，并通过合理的方式正确运用，发挥信息的功能。

4. 科学决策的能力

组织的发展始终处于动态的环境变化中，管理者必须对各种信息变化做出及时反映，并通过有效方式，做出科学的决策。

5. 终身学习的能力

面对复杂多变的环境，传统的“控制型组织”应积极向“学习型组织”转变，学习是组织成员对环境、竞争对手和组织本身的各种情况的分析、探索和交流的过程。它与传统的学习含义不同，不仅指知识、信息的获取，更重要的是指不断提高自身能力以对变化的环境做出有效的应变。为此，管理者必须不断学习。

6. 发展人际关系的能力

管理的核心是“人”，管理者必须善于沟通、学会处理各种人际关系。这不仅有助于组织文化的建立，还利于在与其他组织的互动交往中赢得良好的外部环境。

第三章　体育管理主体

任何组织中的管理问题均离不开对人性的认识，管理的主体与客体均建立在人性假设的基础上。管理者的角色是在组织体系内从事各种活动时的立场、行为表现等的一种特性归纳。作为一名合格的管理者必须具备一定的条件及能力。本章重点对体育管理中的人性假设、体育管理主体的角色与基本条件，体育管理者应遵循的基本管理原理等问题进行介绍。

第一节　体育管理的人性假设

任何管理都是建立在对管理对象“人性假设”（Human nature assumption）的估计基础之上。管理者制定什么样的管理制度，采用什么样的管理方法，建立什么样的组织机构，都与他们如何对待人的问题有关。针对不同的被管理者，管理的具体方法和策略是不同的。管理主体对被管理者人性的不同假定，就会形成不同的管理出发点、管理方式和手段，也形成了不同的组织资源整合模式。另一方面，管理主体本身也有人性假设的问题。

一、体育管理客体的人性假设

（一）经济人

“经济人”（Economic man）假设，也称“理性人”假设或“最大化原则”，这是西方经济学家分析经济的最基本的前提假设，这一假设是18世纪的英国古典经济学者亚当·斯密（Adam Smith）提出的，它给此后200多年人类现代工业文明社会的管理活动带来了广泛而深刻的影响。在亚当·斯密看来，“经济人”是对经济生活中一般人性的抽象，人的本性是追求私利的，是以利己为原则的。自利的动机是人类与生俱来的本性，怀着这种自利的动机从事经济活动的人就成为斯密所谓的“经济人”。科学管理理论创始人泰勒（Frederick W. Taylor）认为，企业家的目的是获取最大限度的利润，而工人的目的是获取最大的工资收入。假如在能够判定工人工作效率比往常提高多少的前提下，给予工人一定量的工资激励，会引导工人努力工作、服从指挥、接受管理。结果是工人得到实惠即工资增加，而企业主们则增加了收入，也方便了管理。美国的麦格雷戈（Douglas McGregor）1960 年在他的《企业中的人性方面》一书中，也对“经济人”的假设作了理论上的总结。麦格雷戈提出了两种对立的管理理论，即著名的 X 理论和 Y 理论。

在“经济人”的假设下，企业管理的重要工作是制定各项工作标准，选拔符合要求的工人并适当加以培训，使之有可能达到工作标准，然后采取一套奖励措施，即经济手段来调动工人们的工作积极性，使其服从指挥，从而提高生产效率。事实上，在劳动仍被作为谋生的手段时，在收入水平不高而且对丰富的物质产品世界充满欲望时，人的行为背后确有经济动机在作怪。因此，“经济人”假设利用人的这一经济动机来引导和管理人们的行为应该是一大创新，它开创了对人的管理从其内在动机出发而不是一味采取外部压迫、规制的方式。然而，对工人采用经济的激励手段，给予提高工资的刺激，并非企业家的良心发现，而是在完成科学制定出来的工作标准之后的事。20 世纪初的美国是个人主义价值观占统治地位的时代，作为这种思潮的反映，科学管理的实质是从企业家和工人双方都有的个人主义利益出发，来寻求他们双方为提高效率和改善管理而进行努力的方法。

（二）社会人

“社会人”（Social man）假设起源于 20 世纪 30 年代的“霍桑实验”，这一假设认为，人在工作中得到的物质利益，对于调动其生产积极性只有次要意义，人们最重视的是在工作中与周围的人友好相处，良好的人际关系才是调动人的生产积极性的决定性因素。由于人是社会人，有社会需求，因此如果组织能够满足员工的这种需求，使他们获得组织工作方面的最大满足感，那么他们的情绪就会高涨，情绪越高积极性也越高，生产效率也就越高。根据这一思路，社会人假设提出了新的针对人管理的方案，其要点为管理人员要有人际关系处理技能、让职工参与决策、上下沟通、提案制度、面谈制度等。

从“经济人”的假设到“社会人”的假设，从以工作任务为中心的管理到以人为中心的参与管理，这在管理思想和管理方法的发展上前进了一大步。这种管理上人性观改变的根本原因，在于社会生产力的迅速发展，以及企业之间竞争的加剧和劳资关系的紧张，使得管理者不得不重新开始认识管理中的“人性”问题。“社会人”的假设试图通过改善组织内部的人际关系，满足工人的各种需求来促使生产效率的提高。应该看到，“社会人”的假设理论还存在着一些缺陷，如这种方案的功利性目标依然很强，方案的出发点依然是管理主体的企业家或管理者，换句话说方案本身只是为管理者设计的，被管理者的角色依然是既定的。另外，它对人的积极主动性及其动机研究还缺乏深度，并且它过于偏重非正式组织的作用，对正式组织的作用缺乏深入的探讨，等等。

（三）管理人

“管理人”（Managerial man）假设认为人是遵循令人满意准则进行经济活动的主体。人的理性是有限的，不可能做出最优的决策，而只在可能的范围内做出相对令人满意的决策。即使是企业中的一个操作工，他在管理过程中也有双重身分：一方面，他接受来自其他各方的指令、监督与控制，保持其行为与其他方面的一致性，因而是一个被管理者；另一方面，他在面对自己的工作领域，在操作机器和工具进行生产或服务时是一个主动的实施者，是面临各种突发问题的果断处理者，从这个意义上看他也是一个狭义的管理者。因而，可以把所有员工都看作“管理人”。对此，著名管理学家、诺贝尔经济学奖得主西蒙（Herbert A・Simon）教授认为，任何作业在开始之前都要先进行决策。决策合理与否在很大程度上决定作业的成果，决策决不是企业高层管理人员的专利。事实上，不仅最高管理阶层要进行决策，企业中所有阶层包括作业人员都要进行决策，决策贯穿在整个组织中。企业人员的阶层不同，实质上只是各自决策的领域不同而已。因此，西蒙认为管理就是决策，管理的一切活动都可归结为决策活动。因此，既然所有员工都在做决策，则他们都应当是管理的出发者，是“管理人”。

“管理人”的假设为管理思路、理论和方法打开了新思路。“管理人”的假设建立在每个人都有的成就感上。当每个人都能够在自己行事的范围内自主工作，创造成就时，这本身就是一种巨大的激励，使其获得一种自己创造力得以发挥的满足。为此，传统的集权于上级领导，下级人员没有自主权，只得服从指挥的管理方式，仔细分析这已束缚了下级人员在工作中创造性的发挥，而人真正的价值恰恰在于他的创造力。基于“管理人”假设的管理思路和管理方式则要求恰当地分权，让每个人在他所接受的授权范围内独立自主和创造性地工作、决策，发挥每个人的最大潜能，并从中塑造人本身。此外，为了保证组织目标的实现，要依靠严密计划下的决策一致性，以及相应设计的新型组织体系。

（四）自我实现的人

“自我实现的人”（Self - actualizing man）假设是对人的价值的一种最新看法，这一假设很大程度上依赖于心理学家马斯洛（Abraham H. Maslow）的“需要层次论”，这一理论认为，人的行为动机首先来自基本的需要，如果基本需要得到满足，又会激发更高一层即第二层次的需要。因此，“自我实现的人”是其他所有需要都基本得到满足而只追求自我实现需要的人。

总的看来，“自我实现人”的假设是社会生产力高度发展的产物，它是在社会生产发展到高度机械化的条件下提出的。随着社会生产的发展，各种工作日益专业化，特别是传送带工艺的普遍运用，把工人束缚在狭窄的工作范围内，工人只是重复简单而单调的动作，看不到自己工作与整个组织任务的联系，工人的“士气”很低，影响着产量和质量的提高。正是在这种情况下，才提出了“自我实现人”的假设。应该看到，在当代经济社会条件下，在人们生活质量普遍提高的情况下，的确有一大批人开始追求自我价值的实现。既然现代企业中的员工可以被假定为是追求自我实现需求的人，那么现代企业在对员工的管理方面就必须设计全新的组织体系，创设全新的机制，给予良好的环境，允许这些员工在企业工作中获得成就，发挥自己的潜力，实现自己的价值。对“自我实现的人”的管理如果依然采取严格的命令约束，不给他任何自由驰骋的空间，那么这种人就会不满，情绪就会低落，就会“跳槽”到他认为可以发挥其才能的地方去。因此在这方面，现代管理者往往会采取目标管理的方式，对被管理者进行合适的授权，同时又明确其应负的责任。

（五）复杂人

“复杂人”（Complex man）的假设是 20 世纪 60 年代末至 70 年代初由美国的行

为科学家埃德加·沙因（Edga r H·Schein）提出的。在长期的管理实践和研究中，人们开始注意到，无论是“经济人”的假设、“社会人”的假设，还是“自我实现的人”假设，虽然各有其合理性的一面，但是并不适应于一切人。因为，人是非常复杂的，不仅人与人之间是不同的，而且每个人本身在不同的年龄、不同的时间和不同的地点也会有不同的表现；人的需要、潜力等，也是随着年龄的增长、知识的增加、地位的改变，以及人与人关系的变化而各不相同的。由此提出了“复杂人”的假设。“复杂人”不拘泥于某一人性假设，引申出了形形色色的管理流派，使得管理理论进入“管理丛林”阶段。根据“复杂人”的假设，人们提出了一种新的管理理论，即权变管理理论。所谓“权变”，是指管理者应根据具体情况，相应地采取适当的管理措施。由于权变管理理论既不同于 X 理论，也不同于 Y 理论，人们通常把它称为超 Y 理论。

在管理实践中，从“复杂人”假设出发提出的权变理论，并不是要求管理人员采取完全不同于“经济人”“社会人”“管理人”“自我实现人”这几种假设的新措施，而是要求根据具体人的不同情况，灵活地采取不同的管理措施。这也就是说，管理要因人而异、因事而异，不能千篇一律。但是，“复杂人”的假设及其理论也有着十分明显的局限性。例如，“复杂人”的假设及其理论过分强调个别差异，在某种程度上忽视了共性，其结果往往过于强调管理措施的应变性、灵活性，而不利于管理组织和制度的相对稳定。

综上所述，以上这些人性假设虽然都有各自的适用范围，有各自的局限性，它们的产生和演化过程，都是适应社会生产力发展的需求并伴随着历史的发展而先后出现的，它们各自都在劳动组织的生产和管理发展中起过积极的作用。当然，也应该看到，由于社会和人类本身的复杂性，历史上的任何关于管理和人性的理论都只能具有相对的合理性，因此，以上这些假设和理论的产生和存在，只是反映了一定历史条件下社会生产发展的客观要求。

二、体育管理主体的人性假设

古典管理学家对管理主体曾提出过“理性的经济人”假设，认为作为“理性的经济人”的管理主体要考虑特定情况下的每一个选择机会，筛选出其中能够产生最优结果（即效益最好的结果）的行动方针来。在当代，以管理科学理论为代表的管理科学学派更是抱守“理性的经济人”信条，坚持用“理性的经济人”假设解释人类行为。在管理科学看来，决策者也罢、执行者也罢，经营也罢、生产也罢，组织也好、个人也好，利己主义也好、利他主义也好，组织管理主体的各种活动的目的只有一个，那就是追求效用最大，而不管这些人的职业或这些人的活动是否具有商业性质。换句话说，人类的一切活动都蕴含着效用最大化动机，都可以用这种分析范式加以研究和说明。

著名管理学家、诺贝尔经济学奖得主西蒙（Herbert A · Simon）教授反对这种理论，针锋相对地提出了“有限理性的管理人”（Manager of bounded rationality）的假设。西蒙教授认为，“理性只是指一种行为方式。在西蒙看来，理性的“经济人”中所包含的“完全理性”是不现实的，相反，“有限理性”比“完全理性”更接近于现实，追求令人满意的利润比追求最大利润更接近于现实，由此他提出了“有限理性的经济人”的假设。在他看来，管理主体面临的决策形势非常复杂，人类的理智难以预料到特定条件下各种选择的可能结果。因此，管理者应该转而实现满意化，即事先确定一套可供选择的决策标准，指定各项标准可以接受的限度，并筛选出其中最能满足大多数标准的选择。

第二节　体育管理者的角色与能力

体育管理者必须对自己的角色定位清楚，责、权、利明晰，在任何体育组织内，体育管理者如果角色定位不准确或定位模糊，就会发生错位运行。在一个充满错位运行的组织内，不可能实现规范化的管理。无论是作为个人还是作为群体，管理者均需具备一定的能力结构以胜任管理者的角色。

一、体育管理者的角色

（一）体育管理者角色的类型

管理者角色是管理者在组织体系内从事各种活动时的立场、行为表现等的特性。

著名管理学家明茨伯格（Henry Mintzberg）在20世纪60年代末曾经进行了一项关于管理工作的本质的研究。经过研究，明茨伯格开发出一个管理者角色的分类框架，将管理者在组织中所扮演的角色归纳为3大类：人际关系角色（Interpersonal role）、信息传递角色（Informational role）和决策制定角色（Decisional role）（表3-1）。

表3-1　管理者角色分类

角色分类	细分角色	角色描述
人际关系角色	挂名首脑	这是管理者担任的最基本和最简单的角色。管理者作为组织的权威和免征，必须履行一些看丐来简单但对组织顺利运转非常重要的职责，如主持某些仪式，接待重要的访客、签署法律文件等等
	领导者	管理者作为组织正式领袖，需要对其下属履行聘用、培训、考核、报酬、提升、表扬、批评、解雇等职责，这就是领导者的角色。管理者需要以某种方式使员工的个的需求与组织目标达到和谐
	联络者	管理者必须通过正式可者非正式渠道来建立和维系本组织与外界各方的关系和联系，尽可能获得更多的信息并为组织谋取利益
信息传递角色	监听者	作为信息接收者，管理者必须努力获得组织处部和组织内部的各种信息
	传播者	管理者必须将处部信息传播给自己的组织，将内部信息从一位下属传播给另一位下属
	发言人	管理者还需要所组织的信息向组织处部传播，比如总经理对处发表演讲或就财务状况向董事会和股东报告
决策制定角色	企业家	管理者必须努力组织资源去适应周围环境的变化，把握外部机遇
	危机处理者	管理者在组织面临重大、意外的混乱时，必须采取行动，控制局面如控制迫在眉睫的罢工、应对主要客户的破产或违约带来的损失等
	资源分配者	管理者需要合理分配自己的时间和各类组织资源，决定组织如何分工和协调
	谈判者	谈判是管理者不可推卸的工作职责，而且是工作的主要部分，因为只有管理者的权力分配组织资源，并且只有他拥的重要谈判所要不熟的神经中枢信息

资料来源：程立茹．价值创新与企业技术新战略：中国制药行业研究［M］．北京：对外经贸大学出版社，2007.

在明茨伯格看来，管理者的主要任务是保证其组织实现其目标，为此，管理者必须设计与维持其组织运作的稳定性，必须负责其组织战略决策系统，并使其组织以一种可控制的方式适应环境的变化。管理者必须在他的组织与环境之间建立顺畅的信息联系，作为正式权威，管理者负责其组织的等级制度的运行。

（二）体育管理者角色的变动

体育组织的层次划分通常呈现为金字塔式，即决策层的管理者少，执行层的管理者多一些，操作层的管理者更多。决策层的管理者有时又称为高层管理者，执行层的管理者称为中层管理者，操作层的管理者则称为基层管理者。基层管理者负责直接管理组织的工作任务承担者。而中层管理者则是承上启下的，或作高层管理者某一方面的参谋。由于体育组织中的管理者所处的层次不同，故他们在不同层次组织中的角色上扮演的频率、程度等方面均是不同的（图 3－1）。

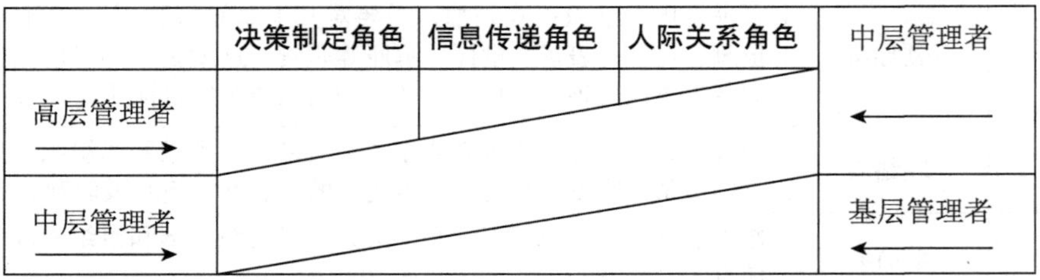

图 3－1　不同层次体育管理者角色的分配

管理者角色随组织的层次不同而变化，像信息传播者、挂名首脑、谈判者、联络者和发言人的角色更多地表现在组织的高层，当然这并不是说高层管理者的其他角色不重要，可以忽视，而是相对于 3 个方面角色相比而言，以上这些角色最重要。中层管理者在 3 个方面的角色分配方面基本上是一致的，这也是因为中层管理者既承上启下，又独当一面的特点所决定。至于基层管理者则主要是调动下属成员进行团队合作，因此人际关系的处理对其而言尤为重要，所以角色分配时应以人际关系角色为主。

二、体育管理者的能力

（一）体育管理个体的能力

一般认为，能力是个体完成某一活动所必备的心理特征的总和。管理者的能力包括基础能力和专业能力。基础能力包括人际交往能力、评价能力、处事能力、观察能力、想像能力、竞争能力、忍受能力、创新能力、应变能力等；专业能力包括计划与决策能力、组织与指挥能力、沟通与协调能力、应变与调度能力、教育与激励能力、分析与综合能力、识才与统率能力等。以上这些能力，往往是相互渗透、相互制约和互为因果的关系。

由于管理者所处的位置不同，因此对管理的能力要求也不一样。高级管理人员的主要任务是：制订战略目标、发展计划、整体策划、政策规定等，并负责进行强有力的推进。一般工作人员的主要任务是，了解单位的目标，按照规定要求，处处考虑成本，努力进行创造并认真完成份内的工作。高级管理人员由于要进行整体策划，设定目标，为单位的发展而制订政策，就要求他们具有远见的预测与分析能力、果断的决策能力和有效的组织与推行能力。普通管理人员由于要达到已设定的目标，因此应具有较高的技术能力、灵活的应变能力、良好的社交能力与协调能力、独立的工作能力和有创造精神的奋斗能力。

（二）体育管理群体的能力

现代管理主体通常不是单个的管理者，而是一个管理群体，或称管理集团。在这个群体中有一个领导核心，或称领导班子，在行政管理中是以主要行政首长为核心的领导集体，在企业中是以董事长、厂长、经理为首组成的领导班子。现代管理的效益不仅与管理个体的能力密切相关，而且与管理群体的能力也有着十分紧密的联系。

一般而言，体育管理群体能力主要包括群体决策能力、执行能力、沟通能力、整合能力、创新能力等等。由于现代管理的任务艰巨，管理对象十分复杂，管理活动的动态性很强。管理群体的成员只有在能力上形成一定结构的互补性，才能对管理工作发挥较强的影响作用。用于组织性质不同、目标任务不同，对管理者具备群体能力的要求也不一样。

第三节　体育管理创新

体育管理是一个动态的过程，体育管理系统的动态性表现为投入资源、组织环境、组织文化、管理方式、管理结果等均是处于不断变化与调整中，绝对孤立、静止的管理系统是不存在的。任何一个管理系统如果不能在发展变化中有所创新，就不可能获得存续的永久性动力。

一、体育管理创新的概念

（一）体育管理创新的含义

所谓创新（Innovation），就是使组织的业务工作和管理工作都不断地革新、变化。创新不仅是业务领域上的产品、技术（工艺）的创新，也体现在现代管理的活动之中。创新是组织活力之源泉，创新关系到组织的盛衰兴败。美国管理学家E·戴尔在其所著《管理的理论与实践》一书中曾说："如果管理人员只限于继续做那些过去已经做过的事情，那么，即使外部条件和各种资源都得到充分的利用，他的组织充其量也不过是一个墨守成规的组织。……因此，我们可以把创新其作管理人员的一种正式的职能。"美籍奥地利人熊彼特（Joseph A. Schumpeter）从论证技术变革对经济非均衡增长以及社会发展非稳定性的影响出发，在20世纪30年代末首先提出了技术创新理论，他认为创新是指企业家对生产要素实行新的结合。后来德鲁克（Peter. F. Drucker）将创新概念推广到管理，提出社会创新之说，认为创新就是赋予资源以新的创造财富的能力。

一般认为，管理创新（Management innovation）是指创造一种更有效的新的资源整合范式，这种范式既可以是新的有效整合资源以达到组织目标和责任的全过程式管理，也可以是新的具体资源整合及目标制定等方面的细节管理（芮明杰，2005）。创新活动如果发生在体育组织内就属于体育管理创新的范畴。体育管理主体的管理创新是其内在心智模式和社会、组织等因素相互影响产生的一种效应。管理主体的创新能力基于一个人的创新意识，是优秀管理主体最重要的能力，没有这样一种能力则管理成功无从谈起。体育管理主体的创新能力表现为管理主体在自己所从事的管理领域中善于敏锐地观察旧事物的缺陷，准确地捕捉新事物的萌芽，提出大胆新颖的推测和设想（即创意），继而进行周密的论证，拿出可行的方案来付诸实施。

（二）体育管理创新的类型

1. 局部创新和整体创新

从创新的规模以及创新对系统的影响程度考察，体育管理创新可分为局部创新和整体创新。局部创新是指在系统性质和目标不变的前提下，系统活动的某些内容、某些要素的性质或其相互组合方式，系统的社会贡献的形式或方式等发生变动。整体创新则往往改变系统的目标和使命，涉及系统的目标和运行方式，影响系统的社会贡献的性质。

2. 消极创新和积极创新

从创新与环境的关系来分析，体育管理创新可分为消极防御型创新和积极进攻型创新。消极防御型创新，是指由于外部环境的变化对系统的存在和运行造成了某种程度的威胁，为了避免威胁或由此造成的系统损失的扩大，系统在内部展开局部或全局性的调整。积极进攻型创新，是在观察外部世界运动过程中，敏锐地预见到未来环境可能提供的某种有利机会，从而主动地调整系统的战略和技术，以积极地开发和利用这种机会，谋求系统的发展。

3. 初期创新和过程创新

从创新发生的时期来看，体育管理创新可分为系统初期的创新和运行过程中的创新。系统的组建本身就是社会的一种创新活动。系统的创建者在设计系统的目标、结构、运行规划的时候，本身就要求有创新的思想和意识，创造一个全然不同于现有社会组织的新系统，寻找最满意的新方案，取得最优秀的新要素，并以最合理的方式组合，使系统进行活动。“创业难，守业更难”，这必然要求积极的以攻为守，要求不断创新。创新活动更大量地是在系统的运行过程中，系统的管理者要不断地寻找、发现和利用新的机会，更新系统的活动内容，调整系统的结构，扩展系统的规模。

4. 自发创新和组织创新

从创新的组织程度上看，体育管理创新可分为自发创新和有组织的创新。任何体育组织都是在一定环境中运转的开放系统，环境的任何变化都会对系统的存在和存在方式产生一定的影响，体育组织在接收到内部与外部的环境变化信号以后，必然要在工作内容、工作方式、工作目标等方面进行积极或消极的调整，以应付变化或适应变化的要求。这时，体育组织的管理人员要积极地引导和利用各要素的自发创新，使之相互协调并与有计划的创新活动相配合，使整个体育组织内部的创新活动有计划有组织的展开。

二、体育管理创新的基本内容

1. 体育管理思路创新

体育管理思路创新包括以下方面：（1）新的发展战略；（2）新的管理理念；（3）新的经营策略；（4）新的经营思路与方式方法。体育管理思路创新对体育组织来说并不是一件容易的事，但一旦实现就会成为体育组织致胜的法宝。计划经济时期，我国体育发展战略目标的制定具有明显的计划经济特征，不能突破各种条条框框，从而大大限制了体育的发展。社会主义市场经济条件下，我国体育事业的发展，首先应该积极寻求发展思路上的创新，必须大力依靠社会力量办体育，大力调整与创新，特别是通过发展体育事业，整合各种社会资源，充分发挥体育在人们消费需求和促进经济发展中的作用。

2. 体育组织结构创新

体育组织系统的正常运转，既要求具有符合体育组织及其环境特点的运行制度，又要求具有与之相应的运行载体，即合理的组织形式。因此，体育管理创新必然要求组织形式的变革与发展。从组织理论的角度来考虑，体育组织是由不同的成员担任的不同职务和岗位的结合体，这个结合体可以从机构和结构这两个不同的层次上去考察。机构是指体育组织在组建时，根据一定的标准，将那些类似的或为实现同一目标有密切关系的职务或岗位归并到一起，所形成的不同管理部门。结构则与各管理部门之间，特别是与不同层次的管理部门之间的关系有关，它主要涉及体育运动的纵向分工问题，即所谓的集权和分权的问题。由于机构设置和结构的形成受到体育活动的内容、特点、规模、环境等因素的影响，因此，不同的体育组织有着不同的形式，同一体育组织在不同的时期随着其业务活动的变化，也要求体育组织的机构和结构进行不断调整。

3. 体育管理方式创新

体育管理的方式是对实现体育管理目标的方法、手段、措施及对策的总称。现代体育的一个显著特点是在体育活动过程中广泛运用先进的理论和科学技术。体育管理的方式创新，不仅包括体育运动的理论、技术与方法的创新，也包括体育设施、体育器材等方面的创新。如在社会体育方面，实行体质监测、运动处方，使人们的体育健身锻炼建立在科学指导的基础上。在竞技体育方面，则是在科学理论指导下，采用科学的训练方法，应用新器材、新设备。

4. 体育管理制度创新

制度是组织运行方式的原则规定。体育管理的制度创新包含体育组织的行政制度、思想制度、管理制度等方面的创新。体育管理制度的创新从根本上说就是管理制度的创新，是从社会经济角度来分析体育组织中各成员间的关系的调整和变革。管理制度包括对体育组织的人员、设备、资金等各种要素的取得和使用的规定。体育管理制度的创新在于不断地追求和实现体育领域内权力和利益分配间的平衡。目前我国体育管理制度尚存诸多滞后与不到位之处，应尽快建立健全体育管理的各项制度。

5. 体育管理环境创新

体育管理的环境是构成体育管理系统的要素之一。环境创新不是指体育组织为适应外界环境而调整内部结构或活动，而是指通过体育组织积极的创新活动去改造环境，去引导环境有利于体育发展的方向发生变化。例如，通过体育组织的公关活动，广泛宣传，可能会影响到政府体育政策的制定，还可能影响到群众的体育需求。又如积极培育体育市场，加快发展体育产业是社会主义市场经济条件下我国体育发展的重要目标，要实现体育产业的健康、持续、高效发展，必须构建良好的体育市场生态环境。这就意味着，如果不进行体育市场环境的创新，不能构建良好的体育市场竞争环境，体育产业的管理工作将会面临更大的挑战与困难。可见，体育管理环境的创新与其他管理方面的创新具有同等重要的意义。

三、体育管理创新的基本过程

体育管理创新的过程是从创新构思产生到创新结果实现，直至创新成果的应用等一系列活动过程。体育创新过程也是体育运动实践中从寻找问题，到提出构想，采取行动等环节的持续活动过程。体育管理创新过程可以分为创意形成阶段、创意筛选阶段以及创意验证与实施阶段。

（一）创意形成阶段

创意形成阶段，即产生创意的阶段，因为有创意才会有创新，故有无创意是关系到能否产生管理创新的根本。体育管理的创新往往是从组织的变革、资源的改变、环境条件的变化以及观念转变等开始的，“问题”是管理创新的源头，没有问题，不能发现问题，就不可能有创新。由于诸多因素的变化，体育管理者会面临许多新情况、新问题、新矛盾，他们一旦发现并着手去解决这些新问题，创新过程便开始了。体育管理主体可能会有各种创意，但真正产生一些好的创意决不是一件容易的事，它往往要受到管理者的素质、管理环境等各种因素的影响和制约。

（二）创意筛选阶段

创意筛选阶段，即产生创意之后需要根据组织的现实状况，组织外部环境的状况对这些创意进行筛选，看其中哪些有实际操作的意义。在体育实践中，敏锐地观察到新情况、新问题、新矛盾以后，要透过现象分析其原因，并据此分析和预测未来的发展趋势，估计它们可能给体育组织带来的积极和消极后果。在此基础上努力利用机会，或将威胁转化为机会，采用迅速决策等方式提出多中解决问题、消除不适应现象、使体育组织在更高层次上实现突破的新构想。显然对创意的筛选也由组织中或与组织有关的人员来进行。不过，这些人员需要有丰富的管理经验、极好的创造性潜能以及敏锐的分析判断能力。

（三）创意验证与实施阶段

创意验证实施阶段，即将选择后的创意通过一系列具体的操作设计。将创意变为一项确实有助于组织资源配置的管理范式，而且确实在组织的管理过程中得到了验证。创意的验证与实施是整个管理创新过程非常重要的阶段，许多好的创意往往由于找不到合适的具体操作设计，从而导致这一创意最终无法成为创新。创新的构想只有在不断地尝试中才能逐步完善，只有迅速地行动才能有效地利用机会。

从体育管理创新的三个阶段来看，它们是一个不断反馈的过程，但并非有创意的人会接着去筛选和验证创意，也许他仅有此创意而已。因此，有创意的人，对许多创意进行筛选的人，如果并未进行创意的操作设计和实施，那么这些人并不能称为管理创新主体；同样，仅仅进行创意具体操作方案的设计及实施而自己并无创意的人也不能称之为管理创新的主体，充其量只能算是参与管理创新的工作。管理创新的主体应该是自始至终参与三个阶段的工作，有自己创意并成功地将其付诸实施的那些人。

四、体育管理创新的特征与条件

（一）体育管理创新的特征

根据管理心理学理论，一个人的创新能力与其个人的气质、动机、情绪、习惯、态度、观念、才能等各方面（即心智模式）有着密切的关系。富有创新能力的体育管理者通常有下列一些主要特征。

1. 兴趣广泛

对任何事物都有一种好奇心理，往往能从平凡中发现奇特，从习以为常的现象中找到“异常”之处，从细微中见到方向。没有任何兴趣的人通常不会有创意，因为他看不见可能创新的方面。

2. 对环境有敏锐的洞察力

能及时找出实际存在与理想模式之间的差距，能察觉到别人未予注意的情况和细节，能不断发现人们的潜在需要和潜能，并巧妙地加以运用。

3. 具有系统思维和辩证思维的特点

善于多角度看问题，善于举一反三，触类旁通，想出较好的点子和办法，提出非同凡响的主张。

4. 富有独立意识

对现成的事物和看法不盲从，不人云亦云，勇于脱出一般观念的窠臼，坚持自己的主张，坚定地走自己的路。

5. 具有自信心

深知自己所做事情的价值，即使遭到阻挠和非难，也不改变初衷，总是勇往直前，直至成功。

6. 直面困境

敢于面对常人无法忍受的困境，鼓足勇气，大胆探索，不屈不挠，不怕失败，直至取得突出的成果。

（二）体育管理创新的条件

1. 强烈的创新意识

对一个创新主体而言，创新意识首先反映在其远见卓识上。这种远见卓识就是能够敏锐地判断组织与管理发展的大趋势，能够在现实的问题中找到关键性的东西，并能看到其背后的深层原因，能够结合组织的特点提出一些有价值的创意，作为创新的萌芽。其次，创新意识反映在创新主体的文化气质、价值观上。这是因为创新主体能够产生创新意识，一定与其文化素质及其对本业务的精通有关，也与创新主体约价值观导向有关，一些好高骛远的人可能不把某个小问题放在眼里，然而创新主体却能发现其潜在价值。

2. 深厚的理论功底

理论是行动的指南。创新的过程，就是在科学理论的指导下，不断探索规律的过程。首先要用辩证唯物主义理论武装头脑，其次要具有专项训练的理论和技术，还要有与竞技体育相关的自然、社会科学知识，包括选材，恢复、饮食与营养、医务监督与治疗、思想教育与心理训练等方面的经验和知识，这是创新必备的素质。通过知识的不断积累和更新，人的思想境界就能始终处在改革创新的前沿，就能增强人们敏锐的观察能力、判断能力和指挥能力，创新能力也必然提高。要提高创新能力，就需要有扎实的理论知识和丰富的实践经验。从某种意义上说，创新能力的高低与占有知识的多少是成正比的，而获取知识的渠道又在于后天的学习。

3. 辩证的思维方法

随着体育运动的快速发展，必然要求我们的思维方式也跟着发生变化，由封闭走向开放、由守旧走向创新、由单一走向多维、由线性走向立体，并具有鲜明的时代性、超前性和开拓性。（1）要有超前性思维。超前性思维是对创新工作未来进行超前思考，以取得创新的主动权，从本质上说是总结过去，立足现实，着眼于未来。因为任何一项运动竞技都在不断地发展，如果我们站在发展的前沿，我们的思维能捕捉和把握发展的趋势，因势利导地思考问题、提出问题，那我们就可以做出别人还来不及思考的不少创新成绩。（2）要有联想性思维。联想是形成科学创新的一条重要途径。各运动项目虽不同，但运动技术有许多相似或相同，我们可以在“异中求同”中受到很大启发，互相借鉴、模仿、再创造。（3）要有逆向性思维。一切事物都有两面性，都有对立面，从相反的角度去思考。有时会“柳暗花明又一村”。很多项目的技战术是用逆向性思维创新出来的；（4）要有发散性思维。发散性思维是一种从不同角度、不同途径去设想、探索多种答案，最后使问题获得圆满解决的思维方法。其鲜明特征在于大胆创新，不受既有观念的束缚，有利于突破传统，实现创新。总之，创新是思维的凝结。许多问题用老办法去解决难以奏效，应当换一种思路，用新办法去解决。

4. 不断创新的目标

管理创新目标是一项创新活动意欲达到的状态。创新活动没有明确的创新目标不行，因而创新目标就成为创新的必备条件之一。然而，创新目标比一般的目标更难确定，这是因为创新活动及创新目标更具不确定性。所以，确认创新目标是一件很困难的事。但是，如果没有一个恰当的目标会浪费组织资源。现代体育组织对管理创新的目标确认多半带有弹性，以解决这一目标本身难以确认的问题。

5. 良好的创新氛围

创新主体能够有创新意识，能有效发挥其创新能力与拥有一个良好的创新氛围有关。在好的氛围下，人就思想活跃，新点子产生得多而快，不好的氛围则可能导致人思想僵化、思路堵塞，头脑里空白一片。头脑风暴法是激发创新的一种有效方式，即创设一个良好的创新氛围，以便专家们可以自由地展开思维和表达自己的各种想法，提出自己的新见解，最终通过几次反复使新点子趋于一致，从而成为创新。

第四节 体育管理的基本原理

管理原理是被大量的管理实践所证明的行之有效的科学理论，是对管理现象的抽象和管理实践经验的升华，是管理活动的行动指南，对管理实践具有普遍的指导意义。体育管理者掌握管理原理有助于把握管理的基本规律，在实践中提高管理工作的科学性，避免盲目性。

一、系统原理

（一）系统原理的含义

系统（System）理论由美籍奥地利生物学家贝塔朗菲（Ludwig V. Bertalanffy）首先提出，经过不断丰富发展最终形成了一门科学。系统是由若干相互联系、相互作用的要素组成的具有特定功能的有机整体。自然界和人类社会的一切事物均具有系统的属性，存在着各种各样的系统。任何管理对象都是一个由若干要素组成的有机系统，管理者必须按照系统化的方法对其实施管理，使整个管理活动实现整体性优化。因此，在管理中，管理者可以把任何一个组织及其环境看成一个系统。为实现组织的目标，运用系统理论，对管理系统对象进行系统分析，以实现整体效应的最佳，就是现代体育管理的系统原理。

系统理论应用于现代管理具有普遍的方法论意义。系统方法强调整体、层次、结构、功能、环境之间的关系，突现功能互补、效应放大的乘法效应。系统论创始人贝塔朗菲提出的有关系统性能和整体效应的观点，即“整体大于各孤立部分的总和”集中体现了系统理论的一般思想原则，也是系统原理的理论基础。所谓整体效应，是指系统的整体功能要大于各要素在孤立状态中的功能之和。“整体”之所以能够“大于部分之和”是因为系统的诸要素构成有机整体后，便具有其要素在孤立状态中没有的新质，如新的特性、新的功能、新的行为等，从而使功能放大。系统的规模越大，结构越复杂，这种“放大的功能”就可能越大。产生“整体效应”的奥秘在于科学的组织管理。因此，在管理中仅仅重视系统各要素的单个作用发挥是不够的，还应该把重点放在发挥系统整体最佳效应上。

（二）系统原理的运用

1. 明确管理的目的

每个系统都应有明确的目的，它包含两层含义：一是任何系统都应有明确的、统一的目的，这样，管理才能有秩序地进行。目的不明确或不统一，必然会导致管理系统活动的无序、低效甚至无效。二是不同系统间的目的不能混淆，不然，则必然会降低更高层次大系统的功效。应根据系统的目的和功能划分各子系统，各子系统的设置必须围绕系统的目的进行。在组织、建立、调整系统结构及各子系统间的关系时，要强调子系统应该服从系统的目的，使每个子系统都有确定的功能，为实现系统的目的发挥应有的作用。

管理系统的目的性，要求我们在建立任何管理系统时，都必须以多快好省地实现管理目标为中心，以此来设置相应的分系统和各种要素，确定其功能，合理安排其组织结构。管理工作的任务，就在于通过科学的手段和方法，及时地发现和消除管理系统中与实现目标无关的因素，克服各种不利于实现管理目标的因素，诸如人浮于事、以人定编、因人设职等，从而使管理系统在达到既定目标过程中始终保持相对的优化状态。

2. 把握管理工作的整、分、合

由于任何管理对象都是一个系统，系统又是由若干要素按一定结构组成的有机整体。所以，管理工作首先要从整体上把握系统的目标、所需的条件和所处的环境（整）。同时还要按照整体目标的要求，对总任务进行科学的分解、合理的分工（分）。为使各要素始终围绕共同目标运转，就必须对各要素之间的各种关系不断进行综合、协调（合）。

从系统目的的整体性来说，局部与整体存在着复杂的联系和交叉效应。在一般情况下，局部与整体是一致的，对局部有利的，对整体也是有利的。但有时两者并不完全统一。当局部与整体发生矛盾时，局部利益必须服从整体利益。从系统功能的整体性来说，系统的整体功能一般不是等于各要素的简单相加，而可能出现大于或小于各部分功能之和（$1+1\geqslant2$）的情况。因此，系统要素的功能必须服从系统整体的功能，否则，就会削弱整体功能的实现。

现代管理强调分工，但分工只是围绕目标对管理的工作进行分解，而不是对管理功能的分解。分工后的每一个独立功能单位，都必须具有完全的管理功能，享有必需的人、财、物上的自主权。因此，在一条管理线上的管理内容（人、财、物等）是不能分解的。如果随意把输入条件、管理活动、工作成果这同一流程上的人、财、物加以分解，就无法控制和调节整个管理活动，也无从考核人、财、物运动的效果。

3. 理清管理工作的层次性

管理系统的层次性可以理解为管理系统的等级性，它指的是任何管理系统都可以从纵向上把它划分为若干等级，其中低一级的管理机构是高一级的管理机构的有机组成部分。综观各种各样的管理系统，如果从层次上划分，大致都可以分为宏观管理、中观管理和微观管理三个不同的层次。宏观管理主要是指以制定战略、方针、政策为主的高层管理。这种管理必须集中、统一、相对稳定，切忌政出多门，政策多变。微观管理主要是指在宏观战略和总体目标指导下的对具体要素和具体事务的管理。这种管理带有明显的执行、落实的特点。从事微观管理要注意从实际出发，在坚持总体原则的情况下，尽量做到灵活、多样。介于宏观管理和微观管理之间，还存在着一个或若干个承上启下的管理层次，这就是中观管理。中观管理具有连结宏观管理与微观管理的特征。一方面，中观管理的对象既不像宏观管理的对象那样广泛，又不像微观管理的对象那样狭窄，而是同时有宏观和微观的特点；另一方面，在一个管理系统中，中观管理是连接宏观与微观管理的“桥梁”，正是中观管理把宏观与微观管理有机地连接在一起，从而形成了系统的有机整体。

在具有一定规模的管理组织中，都存在着管理幅度和管理层次的问题。由于管理者本身能力的限制，当其直接领导的下属人员超过一定数量时，往往就不能对其实行有效地领导，因此，必须通过划分管理层次、逐级进行管理来解决相关问题。管理幅度和管理层次是互相制约关系。管理幅度小，管理人员能够有效控制和协调下属的活动，但却由于管理层次的增加而使管理工作所需的人、财、物增加，组织的信息传递复杂化，组织层次间的协调难度增大。同样，如果减少管理层次，又会增大管理幅度，这样虽然可以消除层次过多的弊端，但由于管理者对下属有效控制程度的下降，也会影响管理工作效率的提高。

4. 保持管理系统的相对封闭

管理系统内部要形成相对封闭的回路系统。这里所说的封闭只是针对系统内部而言，对系统外部则要呈开放状态，保持系统内部与系统外部不断地进行人、财、物、时间、信息等资源的交流。在管理活动过程中要在以下 4 个方面进行有效封闭。

（1）管理的组织机构要保持封闭。作为管理手段的机构来说，要构成一个封闭的回路系统，必须具有决策机构、执行机构、监督机构和反馈机构四个基本部分组成（图 3－2）。决策中心是管理的起点，由此发出指令，其指令一方面发向执行机构，另一方面发向监督机构。执行机构的任务是准确无误的贯彻指令。监督机构的任务则是根据指令去检查与监督执行机构的工作情况，以保证决策中心的指令能够正确贯彻执行。反馈机构的任务是检查执行结果的情况，并对执行结果进行加工处理，然后反馈回决策机构。决策机构通过对反馈信息进行分析，采取新的措施与对策进行封闭，在此基础上发出新的指令，使管理活动不断逼近管理目标。

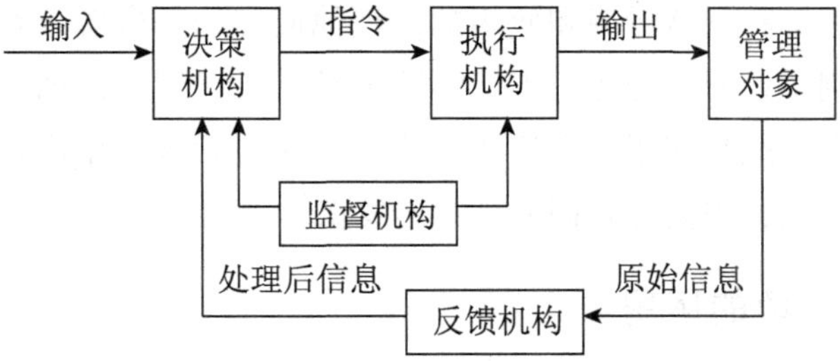

图 3－2　体育管理组织封闭机构示意图

（2）管理的法规制度要保持封闭。为了保证立法的客观性、实效性，决策中心应对立法工作给予信任和支持，并允许反馈系统与自己唱反调，做到“兼听则明”。要有一个尽可能全面的执行法，还要有执行的监督法。此外，还必须有反馈法，它包括执行过程中产生矛盾的仲裁法，对执行发生错误的处理法，以及对执行结果的奖惩法等。从系统内部来看，一切规章制度，也要形成封闭回路，如实行责任制，要以奖惩进行封闭，实行晋升制，则以考核进行封闭等。

（3）管理中的人要保持封闭。人的封闭集中体现在能一层管一层，一层对一层负责，并形成回路。如果上下层级之间的指挥和沟通中断，或越级指挥，就必然导致管理上的混乱。如果没有形成通畅的回路，则会可能导致管理者的独断专行。

（4）管理信息要封闭。信息在系统内要沟通、流畅，同样也需要形成封闭的回路，避免信息传输阻滞或失真。

二、人本原理

（一）人本原理的含义

管理实践证明，凡是人的积极性、主动性、能动性得到较好发挥的组织，其管理效益实现得也好。在 20 世纪 30 年代以前，人们一直认为土地、机器设备、资本是管理的中心，“像十九世纪经济学家所坚信的那样，按照逻辑的次序，把各种资源投放在一起，然后把资本这个开关投进去”，就能生产出产品。至于组织的普通职员或工人——区别于组织的管理人员——是叫他干什么就干什么，叫他怎样干就怎样干的人，对于决定他做什么工作，或者决定其他人做什么工作，工作怎样做，要达到什么目的，他没有责任，也不参与其事，这充分说明了过去是把组织的普通职员和工人当作工具和机器看待和使用的，把他们和物的资源放在同等地位，给予任意的鞭打、宰割、处分、开除。现代管理实践已认识到，人创造组织整体，人创造组织的绩效，人支配和控制其它资源，所以，人是管理的中心，一切管理工作都应以调动人的主动性、积极性和创造性为出发点。

（二）人本原理的运用

1. 贯彻能级原则

"能"是指人能力大小。"级"指管理体系和管理结构的设置要体现不同的层次和工作内容。能级原则要求指根据被管理者的自身特点、能力和素质情况，把他们安排到组织中不同的层次和不同的岗位上，实现组织目标和个人才能发挥的统一。实现科学的管理必须要建立一个合理的能级，使不同才能的人动态地处于相应的能级中，做到能量和级别相统一，以获得最佳管理绩效。

在管理的组织结构中，稳定的管理结构应呈正三角形，一般分为四个能级层，即决策层、管理层、执行层、操作层。决策层的主要任务是确定系统的大政方针、管理的目标和模式。管理层的主要任务是运用管理理论和各种管理技术来实现系统的方针政策。执行层的主要任务是具体贯彻执行管理指令，直接调动和组织人、财、物等管理对象及内容。操作层的主要任务是从事操作和完成每一项具体任务（图3－3）。以上4个层次，形成一个宝塔状的正三角形管理形态，每一层次不仅使命不同，而且标志着其能级差异。

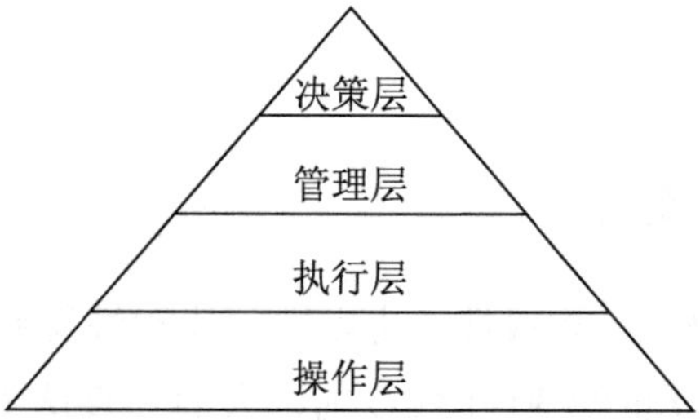

图3－3　体育管理的结构层次

能级原则的运用主要表现在以下方面。

（1）按层次组成稳定的组织形态。管理结构分出层次，才能使管理运动存在“势”，层次越高，“势能”就越大。现代管理要求按能分级，按层管理。

（2）不同能级应有不同的权益。权力、物质利益和精神荣誉是能量的一种外在表现，只有与能级相对应，才符合相对封闭原则。要使能级与报酬、荣誉相符。不同能级的管理人员，在待遇、荣誉方面也应有所区别，做到在其位、谋其政、行其权、尽其责、取其酬、获其荣、惩其误。

（3）各类能级必须动态地对应。现代科学管理必须善于区别不同才能和素质的人，知人善任，使人的能级与工作能级相对应。同时，人的能力是不断变化的，岗位能级的要求也是不断变化的，因此必须根据人的才能水平和岗位要求的变化，不断调整其管理职务，使之相适应，做到各类能级动态地对应，使每个人都真正各得其所，各尽其才。

2. 正确运用动力

动力是决定管理绩效的决定性因素，它不仅是管理的“能源”，更是一种制约因素。没有它，管理就不能有序运动，其它原理、原则的效能就会受到制约，人的积极性就难以发挥。同时，具备了动力但运用不当，同样也会影响到管理系统的绩效。

动力主要分为物质动力和精神动力。物质动力是指通过物质利益、经济手段等方式激发人的工作热情，调动人的积极性。有效地发挥物质动力的作用，就必须把工作成果与物质利益有机结合起来，促使人们将自身工作的好坏与物质利益挂钩，与单位的经济效益相联，从而积极认真地从事工作。虽然物质动力是最基本的动力，但并不是万能的。不重视物质动力，或过分地强调物质动力，都会受到物质“异化”的惩罚。所以，运用物质动力，必须加强思想政治工作，使之与精神动力有机地结合起来；精神动力是指用精神的力量来激发人的积极性、主动性、创造性。人都有一定的精神支柱，总是受一定的思想、信仰所支配。一个人的思想状况、心理活动，对其工作的影响是很大的。因此，提高人的觉悟，给人以精神动力是首要的。它不仅可以补偿物质动力的缺陷，而且它本身就有巨大的威力。在特定条件下，精神动力可以成为决定性的动力。

首先，运用动力时，三种动力要综合运用，达到互相补充、扬长避短；其次，要正确认识和处理个体动力与集体动力的关系；再次，运用动力时，要掌握好适宜的“刺激量”。刺激量过大或过小，都会产生负效应。因此，必须掌握好刺激量的

"度"。一般来说，刺激量要逐步提高。刺激量的标准要分档次，并拉开档次差距。刺激量的标准要得到群众公认，并公开施行。

三、动态原理

（一）动态原理的含义

由于人、财、物、时间、信息等管理对象处于不断变化、发展之中，因而相应的计划、组织、控制等环节也必须随着管理对象的变化而动态地发生变化。所以，动态原理是指在管理活动中时刻把握管理对象的变化情况，不断对其进行调节，以实现系统的目标。从管理系统的运动上看，虽然管理系统力求趋于稳定，但由于信息传递极易出现滞后、失真、不对称等现象，使得管理系统总是相对处于动荡发展变化之中。同时，管理系统中不仅存在着管理对象的复杂多变性，而且还受到相关系统的影响和制约，因而必须随着环境条件和管理对象的变化而不断变化和调节。作为一名管理者，应不断更新管理观念，在处理管理问题时避免僵化的管理思想和方法，不能凭主观臆断行事，而应根据管理环境及要素的变化随机应变。

（二）动态原理的运用

1. 对管理过程保持有效反馈

"反馈"就是由控制系统把信息输送出去，又把其作用结果返送回来，并对信息的再输出发生影响，从而起到控制作用（图 3－4）。应用反馈方法进行控制时，一般会产生两种不同的效果：一是正反馈，它使系统的输入对输出的影响增大，造成系统的运动加剧，导致振荡的反馈；二是负反馈，它指使系统的输入对输出的影响减小，使系统偏离目标的运动收敛，趋向于稳定状态的反馈。管理实践就要求对系统进行负反馈控制。

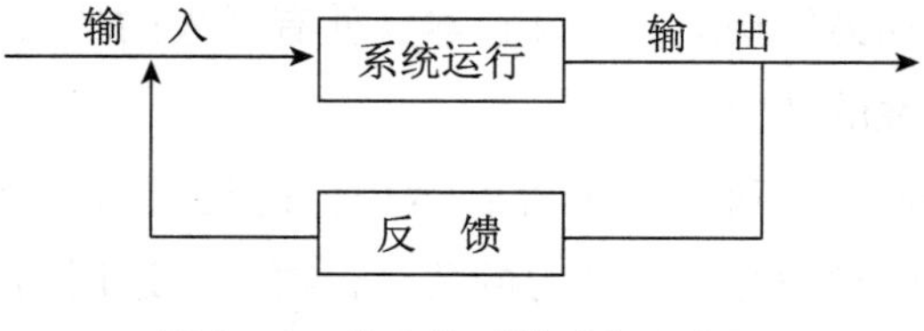

图 3－4　管理的反馈过程示意图

2. 在管理过程中保持一定的弹性

弹性通常是指物体受外力作用变形后，除去作用力时能恢复原来形状的性质，常用于借喻事物的伸缩性。管理应富有弹性是由管理活动的性质决定的。管理活动纷繁复杂，影响管理的因素有许多，而管理所涉及到的各种因素又存在着千丝万缕的联系。这样，由于管理环境的不确定性，在管理过程中必须留有余地，保持一定的弹性，以适应客观事物各种可能的变化。因此，管理者在进行决策和处理管理问题时除了尽可能考虑多种因素之外，还要留有余地，以求综合平衡。如体现在管理组织机构设计上的管理弹性突出强调在管理层次和管理部门的划分上应使组织机构能适应环境的变化。

四、效益原理

（一）效益原理的含义

管理活动的重要目标是利用最小的投入或消耗，获取最大的效益。现代管理的效益原理认为，管理者在管理活动中，要牢固树立效益观念，把追求最大的经济效益和社会效益放在管理工作的重要位置，克服一切忽视效益的管理思想和方式。效益原理揭示了现代管理的目的属性。管理工作的一切职能、措施、手段、方法等等，最终都是为多快好省地实现管理的预定目标服务的。对体育管理效益的理解，需要弄清两个关系。

1. 效率与效益的关系

效率（Efficiency）是指单位时间内所取得效果的数量，反映了劳动时间的利用状况，效率涉及组织是否“正确地做事”（Do things right）的问题。效益（Effectiveness，译为“有效性”“效能”）是有效产出与其投入之间的比例关系，是一个涉及组织“做正确的事”（Do the right thing）的问题。

一般说来，效率高，效益则好，但是效益与效率并不一定总是一致的，因为效益取决于系统的目标方向正确与否，即效益 = 效率 × 目标方向正确。如果目标方向正确，则效益与效率成正比。如果目标方向失误，则效益与效率成反比，效率越高，损失越大。另外，效率和效益的辩证关系也可以反映出管理者整合资源实现目标的能力，它们的关系如表 3 - 2 所示。

表 3－2　效益、效率与目标的关系

	低效率	高效率
高效益	低效率/高效益 管理者目标选择正确，但不善于整合资源以实现目标。	高效率/高效益 管理者目标选择正确，并充分整合资源以实现目标。
低效益	低效率/低效益 管理者目标选择错误，整合资源不力。	高效率/低效益 管理者目标选择不当，但整合资源充分有效。

2. 社会效益与经济效益关系

效益好坏往往可以从社会和经济这两个不同角度去考察，即社会效益与经济效益。经济效益是讲求社会效益的基础，而讲求社会效益又是促进经济效益提高的重要条件，两者有着紧密的联系。但是，两者又是有区别的，主要表现在，经济效益较社会效益直接、显见。经济效益可以运用若干经济指标计算和考核，而社会效益则难以计量，必须借助于其他形式来间接考核。

（二）效益原理的运用

1. 遵循价值原则

价值原则是指管理的各个环节、各项工作，都应紧紧围绕提高社会效益和经济效益，科学地、节省地、高效地整合管理资源，以实现资源利用的最大经济价值和社会价值。遵循价值原则的途径、方式、方法很多，这里我们重点介绍一种价值分析的方法。价值分析又称价值工程，是美国学者麦尔斯于 1947 年创立的一种管理技术方法。概括起来，它包括下列 3 个方面的内容：（1）价值分析的基本目的是以最低的总成本可靠地实现产品（或工程）的必要功能；（2）价值分析的核心是对产品（或工程）进行功能成本总分析；（3）价值工程是一种依靠集体智慧进行的有组织的活动。按照价值分析方法，价值表示某种产品（或工程项目）的功能与成本之比，用公式表示即：价值（V）＝功能（F）/成本（C）。

价值分析方法中的功能指的是管理工作完成目标和任务的效能，是一种整体功能。而成本或耗费则是既指物力、财力的耗费，也指智力和时间的耗费，是一种综合成本概念。尽管如此，我们仍然可以把价值分析方法的这个公式延伸推广到现代管理的价值原则中去使用，即：价值 = 产出/投入。

根据这个公式，提高现代管理的效益，追求最佳经济价值与社会价值的途径主要有以下几种：（1）提高产出、绩效，降低成本。这是一种最理想的途径，一般都需要采用新技术、新方法才能达到；（2）产出、绩效不变，降低成本；（3）成本不变，提高产出、绩效；（4）产出、绩效略降，成本大幅度降低；（5）产出、绩效大幅度提高，成本略升。

2. 把握影响管理效益的因素

影响现代管理效益的因素是多种多样的，这些影响因素可能会来自于管理者、管理对象、管理中介和管理环境等不同层面。

管理者是管理的主体，在管理活动中居主导地位，起核心作用。其思想观念、行为方式对管理效益的影响是十分明显的。这是因为，管理者的思想观念，在管理活动中往往表现为管理的指导思想，这种指导思想又会支配管理行动，使其表现出特定的管理行为方式。管理者的思想观念、行为方式对管理效益的影响是通过对管理活动的决策和计划、组织、控制等职能和环节而实现的。因此，遵循效益原理的关键首先在于管理者要树立以效益为中心的观念及行为方式。

管理的效益指标往往要通过管理对象才能实现，因此，管理对象也是影响管理效益的重要因素。现代管理的对象是由人、财、物、时间、信息等组成的一个有机体系，其中，人是最重要的。人的素质水平高，加之其他相应的财、物、信息等资源条件，管理的效益就会相应提高。

管理中介是沟通体育管理主客体的桥梁，如果中介运用不当，则会很容易发生管理的主客体之间沟通不畅的问题，进而会影响到管理的效益。

效益是通过有效的管理活动来实现的，而管理活动又是在外部客观环境的影响下进行的，因此，管理环境也是影响管理效益的一个重要因素。影响管理效益的环境因素主要有政治环境、经济环境、科技环境、文化环境和社会心理环境等等。

第四章　体育管理中介

体育管理中介是沟通体育管理主客体的桥梁。体育管理的中介包括体育管理的基本职能和基本方法等。计划、组织、控制是体育管理的基本职能。行政方法、法律方法、经济方法、宣传教育方法是体育管理的基本方法。本章重点对体育管理的职能、体育管理方法进行介绍。

第一节　体育管理的基本职能

管理的职能是管理过程中各项活动的基本功能，又称管理的要素。不同管理者在从事管理职能工作中，往往采用程序具有某些类似、内容具有某些共性的管理行为，比如计划、组织、控制等，人们对这些管理行为加以系统性归纳，逐渐形成了“管理职能”这一被普遍认同的概念。

一、体育计划

（一）体育计划的概念

1. 体育计划的含义

任何管理活动都离不开计划，计划是体现管理活动的核心职能。简单讲，计划是对未来工作的谋划与设计。为了实现预定的目标，必须通过计划对行动的时间、方法、步骤和手段进行合理安排，它还可以进一步分解工作任务和目标，选择任务和目标实现方式，以及规定工作的进度等等。

所谓体育计划（Sport planning）是指为实现体育工作目标而制定的工作方案。体育计划为体育管理工作提供了基础，是管理者行动的依据，同时还是管理者进行组织以及实施控制的标准。由于实际工作状况以及计划类型的多样性，关于计划的内容、形式等并无严格的硬性规定。以短期的计划为例，一项比较具体的短期体育计划在内容上应该考虑：工作的目标与任务；工作的起止时间和进度；工作的措施、标准；工作的步骤、重点及程序；工作所需的经费预算；工作所需的人力、物力、财力等资源条件；工作任务分工、责任人，等等。即便是针对同一类型的体育计划，管理者也可以根据各自不同的目标要求、资源条件等考虑不同的计划内容。事实上，我们可以简单按照“5W1H”的思路对计划的内容进行预先设计（见本节相关内容）。

2. 体育计划的类型

（1）按计划的时间划分。按计划的时间可划分为长期计划、中期计划、短期计划。长期计划一般指 5～10 年及 10 年以上的计划。它是一种具有战略性、全局性、纲领性的计划，明确了组织在较长时期内的发展方向、发展规模、发展目标，是组织在相当一个时期内整体活动的指导方针，并为制定中、短期计划奠定了基础。中期计划一般指 1～5 年的计划。它是根据长期计划和预测计划期内的各种情况而制定的，其内容和长期计划基本一致，但更为具体一些，起到长、短期计划的桥梁作用。短期计划一般指 1 年以内的计划。它是长、中期计划的具体化，内容更为详细具体。

（2）按计划制定者的层次划分。按计划制定者的层次可划分为战略计划、战术计划、作业计划。战略计划由高层管理者做出，决定一个组织的基本目标及基本政策。如我国制定的《奥运争光计划纲要》《全民健身计划纲要》即属于此类。战术计划由中层管理者做出，它以时间为中心，将战略计划中的基本目标、基本政策变为确定的目标和政策，并规定达到各种目标的确定时间。作业计划由基层管理者做出，它是前两种计划的集中体现，体现业务性、可操作性的特点，对要达到的目标，需要解决的问题表述得非常明确。

（3）按计划的适用范围划分。按计划的适用范围可划分为高层管理计划、中层管理计划和基层管理计划。高层管理计划一般以整个组织为单位，着眼于组织整体的、长远的安排，一般属于战略计划。中层管理计划一般着眼于组织内部各个组成部分的定位及其相互关系的确定，它既可能包含部门的分目标等战略性质的内容，也可能有各部门的工作方案等作业性的内容。基层管理计划着眼于每个岗位、每个成员、每个工作时间单位的工作安排和协调，基本是作业性的内容。

（4）按计划的形式划分。从计划的表现形式来划分，宗旨、规划、战略、政策、程序、规则、预算等都属于计划的范畴（芮明杰，2005）。宗旨用来表示组织的价值观、组织的抱负和组织存在的原因。宗旨是着重表明社会对组织的基本要求、组织的基本作用和根本任务的计划，它对组织的各项任务只作最一般的描述，其核心是明确宗旨是干什么的、应该干什么和最终要达到的目的是什么；规划是对一个组织较长时间的工作方向、发展目标、工作重点、重大措施和步骤进行设计和拟定的行动方略。规划并不细致地规定各项具体指标，没有列出具体的、严格的工作时间表；战略是对组织的全面分析、判断和科学预测，是对组织的发展全局所做的筹划与指导。一般而言，战略的内容包括组织的指导思想、发展目标、发展政策、战略重点以及为保证战略目标实现而采取的步骤和措施等；政策是组织指导和协调组织成员各种行为的一种原则性规定。它是为实现组织目标而规定的组织成员行动的方向和界限，它的特点在于仅对组织成员的行为进行原则性规定，而没有具体规定组织成员在具体的条件下该干什么或不该干什么；程序指导人们如何行动、详细说明应当完成的某种活动的准确方式。程序和政策有一定的关联。如果没有程序，政策将无法实施，并将出现行动上的混乱状态。规则是一种原则性很强的计划形式，规则明确地规定了在什么情况下应当采取什么样的特定行动。规则也有政策的性质，但政策具有一定的灵活性，而规则在应用时则必须照章办事。预算作为一种计划形式，是用数字表示预期结果的一种计划文件，由于预算是以数字形式表现计划的内容，因此极大地提高了计划的精确性和可靠性。

（二）体育计划的特征

1. 目的性

计划都是为实现目标而制定的，任何组织和个人都是为了有效的达到某种目标，即使在计划工作开始之前，这种目标也许还很不具体。所以，在计划过程的最初阶段，制定明确而具体的目标便成为首要任务，其后的所有工作都是围绕目标而进行的。目标是计划全部内容的核心，每一份计划的制定都有其要达到的目标，而不是随意的编制计划。

2. 先行性

在管理的职能中，组织、控制等职能的最终目的都是为了保证组织目标的实现，它们只有在组织确定了目标之后才能实现。所以，计划在管理职能中处于先行的位置。

3. 前瞻性

计划是对组织未来活动的安排，与未来有关，它不是过去的总结，不是现状的描述，而是要面向未来，充分考虑未来的工作。

4. 普遍性

组织的任何管理活动都需要计划，计划涉及组织的各个层次、各个部门，涉及组织、控制等各种职能。同时，组织内的各级管理者也需要执行、编制各种计划，这不仅是高层管理者的责任，同样也是中、基层管理者需要具备的技能与职责。

5. 时效性

无论哪一种计划，都有时间的限制，都是在一定时期内为实现其目标而编制的，超越了一定的时间，各种情况都发生了变化，计划就失去了应有的作用，届时就需要重新编制计划。

（三）体育计划的制定

1. 制定体育计划的依据

体育计划的制定是一项较为复杂的创造性活动，绝非是一拍脑门的随意安排，必须经由仔细的调研、考察、甄别、决断等过程。由于计划的类型不同，制定计划时所依据的内容不尽相同，以中期体育计划的制定为例，制定时应该参考以下依据。

（1）遵循客观规律及趋势。如社会发展形势、社会心理发展态势、市场经济规律、体育发展基本规律和体育科学技术发展规律等。

（2）依据党和国家的大政方针。包括党和国家及地方党政领导机关提出的路线、方针和政策。

（3）依据体育的目的、任务和上级的体育工作计划。计划项目和指标须与上级体育计划配套衔接，基层体育工作计划以保证地方体育工作计划的完成为前提，而地方体育计划则应以国家体育工作计划的完成为前提。

（4）依据本地区、本单位的实际。从实际出发编制体育计划包括两方面的含义，一是要从本地区、本单位外部环境的实际出发，即要充分考虑本地区的政治、经济、文化发展水平以及自然条件等。二是要从本地区、本单位内部条件的实际出发，包括前期计划完成情况、内部管理基础、成员素质水平、管理资源条件以及现有体育基础与条件等。

（5）参照外地区、外单位的实际。任何一个组织在发展过程中都要与其他组织发生联系。参照其他组织的发展态势，有利于组织行动更富于挑战性、针对性。

（6）参考借鉴体育事业发展及本地区、本单位体育工作的历史资料，以及前期体育计划的执行情况的统计分析资料等。

2. 制定体育计划需考虑的问题

计划既是管理实践和生产实践的详细标准，也是管理实践和生产实践的约束框框。我们可以把制定计划时所要考虑的问题通俗地概括为六个方面（5W1H）：做什么（What to do）、为什么做（Why to do it）、何时做（When to do it）、何地做（Where to do it）、谁去做（Who to do it）、怎样做（How to do it），具体含义如下。

（1）“做什么”。要明确计划工作的具体任务和要求，明确每一个时期的中心任务和工作重点。

（2）“为什么做”。要明确计划工作的缘由（是针对解决什么问题的）、宗旨、目标和方向，并论证可行性。实践表明，计划工作人员对这些问题了解得越清楚，认识得越深刻，就越有助于他们发挥主动性和创造性。正如通常所说的“要我做”和“我要做”这二者的结果是大不一样的，其中的道理就在于此。

（3）“何时做”。规定计划中各项工作的开始时间和完成的进度，以便进行有效的控制和对能力与资源进行时间上的平衡。

（4）“何地做”。规定计划的实施地点和场所，了解计划实施的环境条件和限制，以便合理安排计划实施的空间组织或布局。

（5）“谁去做”。计划不仅要明确规定目标、任务、地点、进度，还要规定由哪个主管部门负责。计划要明确规定每个阶段由哪个部门负主要责任，哪些部门协助，各阶段交接时，由哪些部门和哪些人员参加鉴定和审核等。

（6）“怎样做”。制订实现计划的措施，以及相应的政策和规则，对资源进行合理分配和集中使用，对人力、生产能力进行平衡，对各种派生计划（如组织年度经营计划派生出来的财务计划、销售计划、生产计划、劳资计划等）进行综合平衡。

实际上，具备了以上条件有时还不能达到考虑周全，必要时还应根据实际情况考虑其他条件，如控制标准、考核指标以及奖惩，等等。

3. 体育计划制定的程序

任何计划工作都要遵循一定的程序或步骤。无论是小型还是大型体育计划，在编制计划时，其工作步骤都是相似的，依次包括以下内容（图 4－1）。

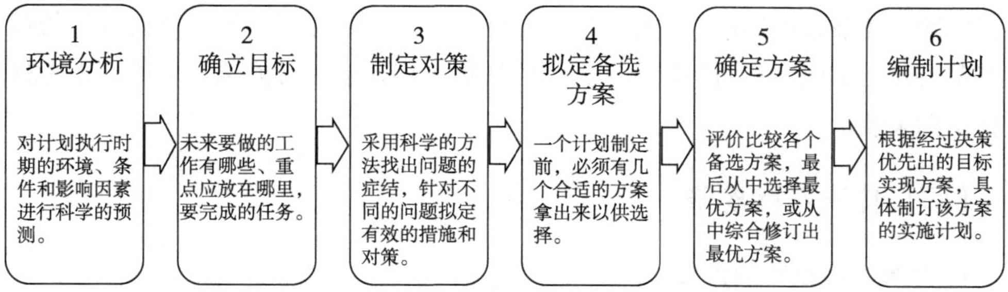

图 4－1　体育计划的制定程序示意图

（1）环境分析。在拟定计划之前，必须对客观环境条件进行认真的分析，只有对计划执行时期的环境、条件和影响因素进行科学的预测，才能正确地把握时机，使计划符合实情，也才能利用一切可能的有利条件，发挥优势，并把各种不利的限制条件转化为无害条件或有利条件。对现状了解越深，对未来把握越准，计划的科学性和可行性程度也就越高。确切地说，这项工作并非计划的正式过程，它应该在计划过程开始之前就已完成，但它是这个计划工作的真正起点。

（2）确立目标。目标是说明预期成果的，它指明未来要做的工作有哪些、重点应放在哪里，以及通过一整套的策略、政策、程序、规划、预算和方案所要完成的是些什么任务。目标的设立必须考虑到组织的主客观因素，同时，体育计划目标是多目标的集合体，应把目标划分为不同的等级，并使众多目标形成一个有机的网络。

（3）制定对策。目标是对未来预期结果的一种描述，也是组织必须通过一定的努力才能达到的境地。因此，目标与现实之间必然存在着一定差距。要实现组织发展目标，必须对这种差距进行细致的分析，采用科学的方法找出问题的症结，针对不同的问题拟定有效的措施和对策，以保证管理工作不断逼近和逐步达到组织目标。

（4）拟定备选方案。几乎每次活动都有“异途”出现，所谓“异途”就是不同的途径、不同的解决方式和不同的方法。一个计划制定前，必须有几个合适的方案拿出来以供选择，而不能“单打一”，只准备一个方案。

（5）确定方案。备选方案拟定以后，决策者必须仔细分析各个方案的优劣长短，根据已确立的计划目标和计划执行期的预期环境，来权衡各种计划因素和评价比较各个备选方案，最后从中选择最优方案，或从中综合修订出最优方案。

（6）编制计划。这一阶段工作的主要内容是根据经过决策优选出的目标实现方案，来具体制订该方案的实施计划。在制订计划时，要仔细分析制定计划时考虑的有关问题，还要合理确定出各种具体的指标，将抽象的计划变为具体而详细的数量和时限。对于那些不能用定量指标表示的计划内容，也尽可能选择那些便于考核的定性指标来表示。

（四）体育发展战略

1. 体育发展战略的含义

“战略”一词，原为军事术语，指的是对战争全局的谋划和指导。后来，“战略”一词被引伸到政治斗争、革命斗争、经济建设、科技发展、社会进步等各个领域，其涵义衍变为泛指对社会历史活动的长期的、重大的、全局性的谋划。把“发展”和“战略”合起来，成为“发展战略”一词，并作为一个规范化的科学术语，则是近30年左右的事。联合国从20世纪60年代开始，先后制定了60年代、70年代、80年代3个10年的“国际发展战略”，更是使“发展战略”这一概念权威化、规范化，成为在国际上普遍认同的概念（刘则渊，1998）。我国体育发展战略的研究兴起于20世纪80年代。随着体育运动发展的客观需要以及我国体育发展战略研究的日臻成熟，体育发展战略在指导体育实践发展中所发挥的作用也越来越显著。

发展战略是对经济社会的整体或局部的长期发展所作的全局谋划。体育发展战略属于发展战略的一种，人们通常简称其为体育战略（本章的体育战略与体育发展战略的概念同义）。所谓体育发展战略是指对未来体育发展所作的谋划。不同的体育战略主体（指研究制定体育战略的行政组织、企事业单位、社会团体以及体育行政区域、行业系统等）均要规划实施发展战略，体育事业的发展离不开体育发展战略的科学制定，更离不开对体育发展战略的正确贯彻与实施。从性质来讲，体育发展战略属于体育计划范畴。

2. 体育发展战略的特点

（1）全局性。体育发展战略是一个关系到体育运动整体发展的总体构想，它主要研究那些事关全局的重大问题的指导规律，那些只涉及局部的问题则不在战略研究的范围之内。因此，在研究和制定体育发展战略时，必须从全局出发，确立系统的观念，运用系统分析的方法。

（2）层次性。发展战略的层次性主要源于战略全局性的相对性。发展战略是研究全局性的问题，而全局和局部是相对的。与我国社会主义经济建设的总战略相比，体育发展战略属于低一层次的子战略。同时，体育运动本身也包含着自己的内部层次，体育发展战略又可分为社会体育发展战略、学校体育发展战略、竞技体育发展战略等。

（3）长期性。体育发展战略是对未来发展的一种长远筹划，它在总结过去经验、仔细考察现在的基础上，把着眼点放在对未来较长时期的谋划上，因而要求在战略目标战略重点、战略措施及其实施步骤上，必须按照一定的时间步骤进行系统分析。发展战略的着眼点不仅是当前，而且是未来，妥善处理当前和未来的关系，是发展战略考虑的要点。

（4）阶段性。由于体育发展战略是在较长一段时间内实施的，而任何一段时间均可在被分解为更小的时间段，因此，体育发展战略又具有遵循规律渐进的阶段性或时序性。它要求把发展战略的实施看作一个动态的过程，依据不同发展阶段确定相应的具体任务、方针和策略，自觉组织战略阶段的转换，使体育事业能循序渐进地发展。

3. 体育发展战略的要素

（1）战略指导思想。战略指导思想是一个战略的总纲，它是确定战略目标、战略重点、战略阶段和战略对策的依据，所以，发展战略的首要任务是谋划和确定战略指导思想。战略指导思想的合理与科学与否体现主体的战略决策水平。战略指导思想不是一般政治和哲学意义上的基本原则和一般要求，不是经济社会活动的最一般、最基本的准则，而是特定的发展战略本身所具有的特定的指导思想。战略指导思想的形成和确定，不仅要考察现实，而且要考察历史，更要预测未来；不仅要考察内部因素，而且要考察外部因素。所以确定战略指导思想是一个科学研究的过程。一个正确的战略指导思想的形成，需要总结过去，对以往的成败得失有一个反馈的过程，还需要观察国际国内的现状、借鉴左右，对自身发展的有利和不利条件有一个自察的过程；再通过对未来的社会经济发展进行科学的预测，经过一个与相关战略土体的比较和互补的过程，总结概括出决定和制约战略主体发展的主要矛盾和影响因素，从而达到认识的升华及更好地进行战略定位（李成勋，1997）。

（2）战略目标。战略目标是战略主体在一个较长时期内谋图发展的全局性奋斗目标，是未来发展预期达到的总要求和总水平，也是一定战略时期内的总任务。战略目标决定战略重点、阶段和对策，没有战略目标，也就无所谓战略重点、阶段和对策，所以战略目标是一个战略的核心。无论确定哪一种类型的战略目标，都应当考虑以下几项原则：首先，要达到超前性与可行性的统一。制定战略就是要改变现实，因而战略目标必须是超现实的，但只强调战略目标的超前性是不全面的，还要考虑到可行性；第二，多元性。指战略目标的衡量指标不能过于单一，要采用多元的、合乎实际的全面协调发展的战略目标；第三，应当使本战略期和下一战略期的发展目标相衔接；第四，使本战略主体的发展目标和上一层次的及相关的战略主体的发展目标相衔接。一个战略主体的战略目标应当服从和服务于上一层次的总体战略，并要求上一层次的战略目标同自己相衔接，同时还应使本战略主体的发展目标和相关区域或部门的战略相协调（魏礼群，1996）。

（3）战略对策。战略对策是指为实现战略指导思想和战略目标而采取的重要措施和手段。在一个战略决策体系中，战略对策是战略研究中十分重要的部分。战略对策相对于战略本身来说是一种策略，策略也就是计策和谋略。战略与策略的关系反映全部与局部、长远利益与当前利益之间的辩证关系，它们既有区别，又是一致的。对于一项事业的发展来讲，战略的目的是取得长远的全局的发展，策略的目的则是要求取得一时的局部的发展。策略是战略决策体系中的一部分，它以战略指导思想为依据，并为实现战略目标服务，而战略任务又必须通过策略来一步一步完成。战略在一定时期内具有一定的稳定性，在实现规定的主要目标之前是基本不改变的，而策略则具有较大的可变性。战略和策略具有相对性，一定范围内的战略任务，在另一范围内就可以是策略任务，反之亦然。而在同一范围内的战略与策略之间的区别又是确定的。

（4）战略重点。战略重点是指对于实现战略目标具有关键意义而又有发展优势或发展比较薄弱需要特别加强的那些部门、组织、环境或区域。战略重点是投入的重点，也是人力、物力和财力等资源配给比较集中的方面，战略重点还是决策机关对事业发展实行战略指导的重点。一项事业的发展之所以要有重点，是因为任何事物的发展本身总是不平衡的，有相对发达和薄弱之分，它们在事业发展过程中的地位和作用是不同的，因此为了实现特定的战略目标，必须要保证重点，而不能搞一刀切。在选择和确定战略重点的时候，首先，要把握好作为战略重点必须是对实现战略目标具有关键性的意义；其次，战略重点应当是一项事业发展中具有优势或比较薄弱的部门、组织、环节或区域；第三，战略重点应当能够发挥起搏作用。也就是说作为战略重点的系统和部门应具有较强的前后联系效应，具体讲就是作为战略重点的部门的发展可以带动一系列相关部门的振兴。

（5）战略阶段。战略阶段是指在一个战略期中，由于各个时期战略任务的不同所划分的不同阶段。正确地划分战略阶段是为了有步骤地实现战略目标，所以战略阶段也可以称为战略步骤。划分战略阶段也是一种实现战略目标的对策，但它比具体的对策具有更重要的意义，所以成为一个独立的战略要素战略阶段划分的前提是首先要确定战略期。一般而言，一个战略期不能少于 5 年，5 年以下的时间是可以做出比较具体计划的期限。任何事物的发展必然呈现出阶段性，每个阶段都要根据当时的条件确定阶段性的战略任务。而要实现大的经过长期努力才能实现的战略目标，必然要经过准备、发展和最终实现这样一个发展过程，这过程的每个阶段都有根据当时条件确定的阶段性的战略任务，通过完成一个又一个的阶段性的战略任务，就可以达到整个战略期的总目标。这就是划分战略阶段的必要性所在。

4. 体育发展战略的制定步骤

（1）战略分析。体育战略分析是指通过对制定体育战略具有关键影响作用的因素进行分析，以概括出影响、决定和制约体育战略主体的主要矛盾，形成符合自身实际、独具特色的体育发展思路和战略方针。一般而言，体育战略分析的基本内容涉及历史回顾、现状分析、未来预测、借鉴左右、形成方针等几个方面。在具体分析过程中，既要对过去的得失成败进行认真总结（历史回顾），又要对现实中的有利和不利条件进行深入剖析（现状分析），还要对未来经济社会发展给以科学展望（未来预测），更要通过与相关体育战略主体的差异比较，明确自身的战略定位（借鉴左右）。经过以上的分析比较之后，还应进一步概括出影响、决定和制约体育战略主体的主要矛盾，形成符合自身实际、独具特色的发展思路和战略方针（形成方针）。

（2）目标确定。一般来说，体育战略目标的确定需要经过整理资料、拟定方案、评价论证、目标抉择等四个具体步骤。要实现战略目标所确定的任务和要求，必须站在全局的高度，充分考虑战略主体的实际情况和实际能力，遵循“有所为、有所不为”的原则，找出影响发展的关键问题，选择和确定相应的发展战略重点。

（3）战略重点选择。确定战略重点时要遵循以下原则：第一，紧密联系实际。确定战略重点不是由人们的主观意志随意决定的，而是必须要有充分的理论和实际依据；第二，选准关键环节。战略的制定者还应权衡主次，分别轻重缓急，审慎找准能够带动战略主体发展全局的根本性环节，将其确定为战略重点；第三，注重发挥优势。具有优势的区域、部门、组织、环节、要素或产品，可以作为战略重点；第四，致力消除瓶颈。战略重点还应是战略主体发展中比较薄弱的环节、部门或区域。

（4）战略阶段划分。划分战略阶段也是一种实现战略目标的对策，要实现大的经过长期努力才能实现的战略目标，必然要经过准备、发展和最终实现的过程，这一过程的每个阶段都有根据当时条件确定的阶段性的战略任务，通过完成一个又一个的阶段性的战略任务，就可以达到整个战略阶段的总目标。

（5）战略对策制定。体育战略对策是根据发展战略目标，针对体育发展中的重大问题，提出的解决这些问题的方针、政策和措施。由于战略对策直接关系到战略目标的实现。因此，需对战略对策进行深入细致的讨论和广泛的咨询，以使对策紧扣奋斗目标和规划指标，并且落在实处。

在完成上述步骤后，还可进一步参照体育计划制定的一般程序，完成拟定备选方案、确定方案、编制计划等步骤。

二、体育组织

体育管理的组织职能保证了决策目标的实现和计划的有效执行。作为一项职能，“组织”是为了有效地实现体育组织的既定目标，通过建立体育组织机构，确定工作职责、权限，协调相互关系等活动，使体育管理诸要素合理有效地配合，形成一个有机整体的过程。

（一）体育组织设计

体育组织设计[1]是指为实现决策目标而对组织层次、部门和权责进行管理划

〔1〕 体育组织设计也称体育组织结构设计或体育组织机构设计。本书在同一概念上使用这3个术语。

分的过程。建立组织和管理组织是管理工作的主要内容，一个组织为了有效的实现其发展目的，必须探索如何设计其结构。

1. 体育组织设计的原则

（1）目标任务原则。进行组织设计时，首先考虑的一个问题是组织设计的目的。显然，组织设计的目的是建立有益于管理的组织，要保证实现组织目标、完成组织的任务。体育组织的目标任务决定了体育组织的存在及组织结构的形式，组织设计的是否合理，最终的标准就是看组织的设计能否促进任务的完成和目标的实现。

（2）统一指挥原则。有效的组织必须有统一的指挥。组织中的每个职务都有人负责，每个人都应该知道他向谁负责，有哪些人向他负责。在指挥和命令上，每个人只按受一个上级的命令并向他负责，上下级之间形成一个“指挥链”。

（3）分工协作原则。分工与合作是组织活动效率的保障。分工可以提高效率和明确责任，协作则是实现组织总体目标的必要条件。

（4）精干高效原则。组织的层次多少取决于组织机构、任务工作量及管理的幅度。但无论哪种组织，都必须在保证完成体育管理目标的前提下，力求减少管理层次，精简管理机构，用最少的人去完成工作任务，提高工作效率和效益，达到组织目标。

（5）职、权、责对等原则。人员被授予组织中的某个职位，就有履行某个职位职责的义务，同时也就有了一定的权力，相应的就要承担工作成败的责任，做到职、权、责相一致。

（6）相对稳定原则。组织机构和工作人员要相对稳定，这样有利于工作协调配合，有利于提高工作效率，实现组织目标。若机构和人员调整频繁，容易使工作人员职责不清，沟通困难，影响工作效率的提高。但这种稳定是相对的，不是固定不变的。正相反，好的组织结构必须根据新形势、新条件、新要求，随时调整自己才能继续生存，才具有高度的适应性。

（7）有效管理跨度原则。管理跨度，又称“管理幅度”，指一个管理者能直接、有效地指挥下级和人员的数量。管理跨度控制在什么样的范围之内，并没有固定的模式，应根据具体情况而定。影响管理跨度的因素主要有管理层次的数量、需要处理问题的难易程度、管理者与被管理者的素质水平、管理对象的分散程度、工作内容的相似程度、标准化管理的水平、管理者授权程度、规章制度健全程度以及外部环境等。

2. 体育组织设计的内容

一般而言，组织设计的主要内容包括如下几方面。

（1）职能分析和职位设计。首先要分析整个组织活动要得以正常有序、有效地进行，组织应该具备哪些职能。然后根据职能设计职位。

（2）部门设计。根据一定的标志和原则划分部门，形成合理的部门结构。

（3）管理层次与管理幅度的分析与设计。首先要对影响管理层次和管理幅度（是指一个上级主管人员能够有效地指挥和监督的下级工作部门或工作人员的数目）的各种因素加以分析，然后划分出不同的管理层次，并确定适当的管理幅度，目的是要保证整个组织结构安排的精干与高效。

（4）组织决策系统的设计。包括组织的领导体制的确立，高层组织的权力结构设计，组织高层决策机制的设计，各种咨询性或顾问性组织的设计等。

（5）组织执行系统的设计。组织的执行系统和相应职能部门的设计，目的在于有效地开展各项组织活动。

（6）横向联系和控制系统的设计。

（7）组织的行为规范设计。

（8）组织变革与发展的规划设计。

3. 体育组织设计的程序

（1）确定组织设计的基本方针。根据组织任务以及组织内外环境条件，确定组织结构设计的基本思路、设计原则和主要参数。

（2）职能分析与设计。分析为完成组织任务而需要设置的各项管理职能，明确其中的关键职能，设计初步的总体管理流程。

（3）进行组织结构的框架设计。这一步骤是设计组织管理体制，即管理层次、部门和权责的划分，是组织设计的主体工作。一般有两种方法：一是自下而上设计法，即先确定所需的岗位和职位，然后按一定要求，将各个岗位与职位组合成多个独立的管理部门，再根据部门多少和管理跨度要求，划分出管理层次；二是自上而下设计法，即首先根据管理职能和管理跨度。确定管理层次，然后根据管理层次确定部门，最后根据每个部门所应承担的工作分解成各个管理职务和岗位。在实践中，通常将这两种方法结合使用。

根据组织分工管理，一个组织机构越是能够反映为达到组织目标所必要的任务或工作以及有助于他们的协调，所确定的各种职务越是适合于承担这些职务的人的能力和动机，就越是一个有效能、有效率的机构。所以，部门划分的基本要求是：力求维持最少部门；组织机构应具有弹性，划分部门应随业务的需要而增减；确保目标的实现；各部门职务的指派应达到平衡，具有相对应的工作量分派；检查职务与业务部门分设考核和检查业务部门的人员，不应隶属于受其检查评价的部门，以真正发挥检查职能的作用。

（4）协调方式的设计。这一步是设计组织结构框架内纵向、横向管理之间的控制与协调手段，使组织结构协调一致，有效实现管理的整体功能。

（5）管理规范的设计。这一步是确定各项管理的工作程序、工作标准及要求等。将以上内容用规范的形式表现出来，成为组织成员必须遵守的行为规范。这一步将使组织结构合法化和规范化，起巩固和稳定组织结构的作用。

（6）人员配备。完成以上五个步骤工作，一个组织结构设计已基本完成，然后根据设计要求，配备各类管理人员。

（7）奖惩制度的设计。组织结构的正常运行还需要有一套明确的奖惩制度来保证。一般包括管理部门及人员的绩效评价与考核制度、管理人员的激励制度等。

（8）反馈和修正。组织结构设计过程是一个动态过程，由于新情况的出现或前面设计有不完善的地方，都要求对原设计进行修正。因此，要将组织结构运行中的各种信息反馈到上述环节中去，定期或不定期对原有组织结构做出修正，使之不断适应新变化，不断得到完善。

（二）体育组织实施

体育组织的实施就是通过开展各种活动，执行组织所规定的功能，对组织所拥有的资源进行合理整合，使组织发挥绩效，最终实现组织目标的活动过程。体育组织实施的基本内容如下。

1. 建立机构

要根据体育计划所规定的目标与任务，按照组织设计程序与原则，选择合适的组织结构类型，建立一个高效运转的工作机构。要从组织上明确各项工作任务到底是由哪些部门、哪些单位负责执行，哪些是主要执行机构或部门，哪些是协助机构或部门。一个科学、合理、高效的工作机构应该符合以下标准：部门设置少而精，职责权限简而明，管理关系短程化，人财物力尽其用，信息畅通指挥灵。

2. 制定制度

体育组织工作的有效性必须有制度来保证，体育组织实施活动多种多样，因此，与之相适应的制度内容、形式也是不尽相同。从构成组织制度的基本要素看，一项制度要具备以下几方面的内容：执行范围、执行时间、执行规范、监督考核、奖惩办法等。

3. 配备人员

人员配备是对体育组织中全体人员的配备，目的是为了配备合适的人员去充实组织机构中所规定的各项职务，以保证组织活动的正常进行，进而实现组织的既定目标。人员配备工作的内容不但要包括选人、评人、育人，而且还包括如何使用人员，以及如何增强组织凝聚力来留住人员。

4. 任务分工

要在整体把握的前提下对总任务进行科学的分解，在此基础上进行合理的分工，使各执行部门、单位和个人各自明确“干什么”，各司其职、各负其责，并在此基础上形成严密有效的协作。为了使体育计划的各级执行单位和人员都明了自己的工作任务，使计划目标真正落在实处，可以运用目标管理、岗位责任制等有效方法。

5. 资源整合

要按承担计划任务的轻重缓急，通过有效整合将管理资源合理配置于各执行部门、单位和个人，为计划目标的实施提供一切可能条件。要从目标任务出发，充分考虑需要与可能，做到人尽其才、财尽其力、物尽其用、时尽其效，切实保证各方面工作的均衡发展。

6. 授权分权

授权与分权都是一种由上级对其部属分配职权的工作程序，以使部属在一定监督控制之下，拥有相当的自主权和行动权。其中，授权是指上级把权力委任给下级的过程，而分权则是职权的分散化，亦即把权力分散于组织的各职能部门或执行部门及人员。授权究其实质仍是分权。

7. 协调指挥

要对组织运行全过程，包括从建立机构到授权分权等所有具体的组织工作进行协调和指挥。正确有效的协调指挥，对组织运行具有重要作用。一方面，体育工作的种类业务，讲究精细严密的分工协作，各项工作一环紧扣一环，任何一环的活动不协调，就会影响全过程的正常运行，只有建立起高度集中统一的协调指挥，才能使计划任务迅速而有效地完成。另一方面，协调指挥不但能有效地部署人力，调集财力和物力，而且具有指示人们行动方向的功能，合理地、有效地利用人、财、物去使计划方案得以实施，并把整个实施活动从静态推向动态，朝着既定的目标任务运行。

三、体育控制

（一）体育控制的概念

1. 体育控制的含义

所谓控制是指为了实现组织的计划目标而对组织的活动进行监视并纠偏矫正，确保组织计划与实际运行状况动态适应的行为（徐子健，2008）。组织如果能制定出切实可行的不需要修改的计划，并且能保证计划被完美无缺地贯彻执行，那么可以说，组织就没有进行控制的必要了。但实际上，由于人的认识能力有限，人们并不能制定出完全符合客观实际的计划，或者由于未来环境的变化使原来的计划不能有效地指导实际的工作，因而产生了修改计划的问题。即使不存在修改计划的问题，在计划的贯彻执行过程中，也可能产生计划的执行结果与原来的计划要求发生偏差，这就要求组织采取一定的措施来纠正偏差。对计划本身的修正和对计划执行结果的偏差的调整就体现为管理的控制职能。

体育管理活动是一个动态过程，在管理过程中往往会出现各种非预计情况，为了不使管理系统在运行的过程中偏离目标，就必须对一些可变的因素加以控制，采取必要的措施确保管理目标的实现。因此，所谓体育控制（Sport controlling）是指为了实现体育组织的计划目标而对组织的活动进行监视并纠偏矫正，确保体育组织计划与实际运行状况动态适应的行为。

体育计划、组织与控制是相互联系的统一体。体育管理活动的各项活动无不是以体育计划为前提和依据的，而计划又必须依赖于体育组织采取一定的组织活动来执行，在组织执行过程中，组织内部因素和外部因素又时常处于动态的变化之中，因而，体育控制就成为保证体育组织计划及监控组织实施的有效手段。在完整的体育管理过程中，体育管理的控制职能是作为一个独立的职能发挥作用的。它使体育管理的过程成为一个完整的统一体。

2. 体育控制的类型

根据控制实施的时间，体育控制可分为预先控制（Preliminary control）、现场控制（Concurrent control）和反馈控制（Feedback control）。这种划分是与体育组织活动的3个阶段紧密联系的，如图4－2所示。

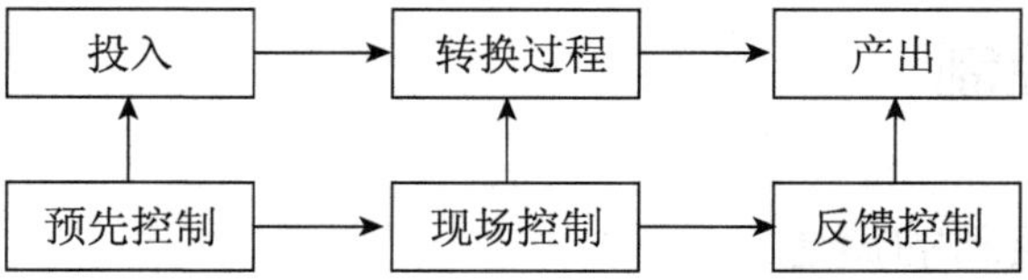

图4－2　体育控制的基本类型

（1）预先控制。预先控制是指在工作开始之前进行的控制，也可理解为决策之前的预测工作，也称前馈控制。在决策、制定计划之前，通过情况的观察、规律的掌握、信息的获得、趋势的分析等，预测可能发生的问题，在其未发生之前加以防止。预先控制的具体做法是对输入系统的各种要素进行控制，把输入系统的各种要素与预先确定的标准进行比较。如果输入系统的各种要素与预先确定的标准相符，则让其输入系统。如果不相符合，则调整输入的要素。

（2）现场控制。现场控制是通过对系统运行的输入端进行监督和调整来实现控制的，也称及时控制。在这种方法下，对系统在运行过程中各个阶段的情况进行检查和监督，把系统运行的具体情况与预定的标准进行比较，如果发现偏差就采取措施进行纠正。它包括两方面的工作，一是指导下级按照正确的方法和程序进行工作。二是监督下级的工作过程以保证工作取得预期的效果。现场控制大多是对业务性工作进行指导和监督，而业务性工作主要集中在基层。

（3）反馈控制。所谓反馈控制，是把组织系统运行的结果返送到组织系统的输入端，与组织预定的计划标准进行比较，然后找出实际与计划之间的差异，并采取措施纠正差异的一种控制方法。从一个控制周期看，采用反馈控制的方法却使组织系统对运转过程中产生的偏差的纠正滞后了一个周期，即它是一种等到问题发生后再进行纠正的控制方法。反馈控制主要以财务报告分析、标准成本分析、质量控制分析、人员业绩评定结果为依据。

（二）体育控制的过程与条件

1. 体育控制的基本过程

体育控制过程一般包括四个步骤，即制定标准、发现偏差、分析偏差、纠正偏差（图4－3）。

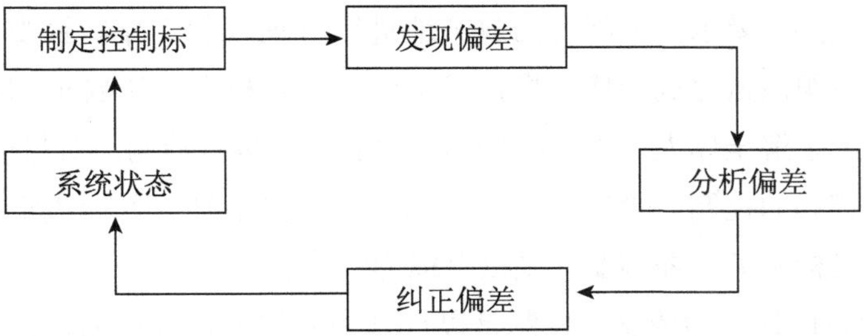

图4－3 体育控制的基本过程

（1）制定标准。控制的基本条件是确立控制标准，控制标准的确立要以计划为依据，同时要根据具体工作的实际情况确立标准。标准尽可能是定量的，对于不能定量化的标准，应该提出定性的标准。控制标准可分为时间标准、数量标准、质量标准和成本标准。无论是何种控制标准都应该做到明确、适用、稳定、公正、合理。

（2）发现偏差。把控制对象运行的现实状况同制定的控制标准对比，就是发现偏差的过程。发现偏差的过程也可认为是对信息的收集、处理与传递的过程。控制系统的有效性在很大程度上取决于信息的收集、处理与传递的及时性、有效性与可靠性。

（3）分析偏差。分析偏差是为了了解系统运行中产生偏差的原因以及明确工作的责任。首先，要对产生偏差的原因进行分析，在原因分析中往往包括主观的、客观的以及可以控制的、不可控制的因素在内；其次，还要进行责任分析。责任分析就有追究责任的问题，如果原来并没有明确规定而发生了偏差，就只有明确责任要求而没有追究责任的问题。

（4）纠正偏差。纠正偏差是在分析偏差的基础上，对偏离目标的偏差进行及时纠正，以保证计划目标的实现。为了采取有效的措施纠正偏差，首先要找出产生偏差的原因，然后制定出纠正偏差的措施加以纠正。为使纠正偏差行之有效，必须明确对控制工作负责的部门和人员，并规定其责任和权力。

经过上述步骤，系统就进入了一个新的“系统状态”，完成了一个局部控制周期的全过程。事实上，出于系统发展、完善的需要，系统需要不断进行新的控制循环。每经过一轮控制，系统就会上升到一个新的水平。

2. 体育控制的基本条件

（1）控制要围绕目标进行。管理者只有事先明确自己进行管理的总体目标是什么，要达到什么具体要求，才能有的放矢地进行管理控制工作。否则，如果管理者连自己管理的组织应该完成的任务指标都不清楚，就根本无法要求和检查整个单位的工作，谈不上了解全体人员表现的好坏，也就无法进行控制。对目标错误的理解，也同样会导致错误的控制。管理目标与管理控制的关系是，目标决定控制内容，控制工作为实现目标服务，控制要时刻以目标为中心。

（2）控制要以计划为依据。控制是以计划为具体考核标准的，计划越明确、细致、全面，控制工作的效果就可能越好。没有计划，控制就无从着手，工作目标就难以实现。同时，控制工作自身也须拟定计划，确立控制工作的目标、重点、要求、进度，以及各种控制形式的正确使用和各种控制手段运用上的协调一致等，以保证控制工作的顺利进行。

（3）控制要有组织机构做保证。它包含两方面的内容。一是要有专司控制职能的组织机构，即明确由何部门、何职位、何人来负责何种控制工作。控制工作的计划设想的再好，如无特定的组织和人员来负责实施，控制工作仍得不到落实。二是要做好体育管理控制中的组织工作和协调工作。明确各级组织及管理人员的职责。

（4）控制依赖于信息的可靠与有效。要想取得良好的管理效果，管理者必须及时、真实、准确的掌握在计划的执行过程中实际情况与标准间的偏差信息，否则，管理者就无从控制。信息的可靠性反映了获取偏差信息的真实程度。信息的有效性则反映了获取偏差信息的准确程度。既真实又准确的信息保证了控制的有效实施。

（三）体育控制的内容与方法

1. 体育控制的基本内容

（1）对人的控制。组织的目标是要由人来实现的，“人”包括管理者和被管理者。以下方法可以有助于对管理者的控制：即加强法制建设、宣传教育、建立健全监控系统以及加强制度建设等。对被管理者控制常用的方法是直接巡视、现场督导，发现问题马上进行纠正。另一种有效的方法是对被管理者的工作绩效进行评估。通过评估，对绩效好的予以奖励，对绩效差的管理者就采取相应的措施，纠正出现的行为偏差。

（2）对财务的控制。为保证体育组织的正常运作，必须要进行财务控制。这主要包括审核各期的财务报表，以保证一定的现金存量，保证债务的负担不致过重，保证各项资产都得到有效的利用等等。预算是最常用的财务控制衡量标准，因此也是一种有效的控制工具。

（3）对信息的控制。随着人类步入信息社会，信息在体育组织运行中的地位越来越高，不精确的、不完整的、不及时的信息会大大降低组织效率。因此，在现代体育组织中对信息的控制显得尤为重要。对信息的控制就是要建立一个体育信息管理系统，使它能及时地为管理者提供充分、可靠的信息。

（4）对组织实施过程的控制。体育组织的实施过程很大程度上决定了组织提供的产品或服务的质量。通过对组织实施过程的控制，可以提高组织提供的产品或服务的质量。对组织实施过程的控制一般采用现场勘察、历史同期对比、效益评估等方式。

（5）对组织绩效的控制。组织绩效是组织中上层管理者的控制对象，组织目标的达成与否都从这里反映出来。有效实施对组织绩效的控制的关键在于科学地评价、衡量组织绩效。一个组织的整体效果很难用一个指标来衡量，关键是看组织的目标取向，即要根据组织完成目标的实际情况并按照目标所设置的标准来衡量组织绩效。

2. 体育控制的基本方法

（1）计划控制。这是最基本也是最重要的控制方法之一，一般分 3 步进行：①确定总目标及反映总目标的各项指标或标准；②预测在实现总目标过程中会产生的影响因素；③根据现有条件及未来可能受到的影响制定出保证目标实现的措施及办法。

（2）目标控制。目标控制即采用目标管理方法进行控制，制定目标体系，规定各体育管理层次的目标并按照目标达成的程度进行控制。为使各管理层次达到规定的目标，必须采取有效措施，促使执行者按照预定目标进行活动，运用正确的方法和手段接近目标和最终实现目标。尤其是在体育管理系统中实行目标管理的部门，若实行目标控制，可使控制职能更加有效地发挥，对提高体育管理效果起到重要作用。

（3）预算控制。预算是广泛运用的一种传统的控制方法。它用财务项目（如收入和费用）或非财务项目（如生产量和销售量）来编制企业未来某一时期的计划，以表明预期的成果。体育管理系统的活动离不开资金的运动，用货币的形式制定出本系统的预算，把体育管理系统的活动纳入预算的范围，并在预算规定的范围内运转，预算就自然地对体育组织的各项活动起到控制作用。预算主要分为经营预算、投资预算和财务预算三大类。经营预算主要包括销售预算、生产预算、成本预算等。投资预算主要包括固定资产的购置、扩建、改造更新等。财务预算主要包括现金预算、资本支出预算、资产负债预算等。

（4）定额控制。在体育管理系统的运营活动中，对人、财、物的使用上应实行严格的定额管理。通过制定人员的定编、劳动定额或工作量、物资耗费定额及经费定额等管理措施，有效地控制人、财、物的占用与消耗，使各项资源更加合理组合，更加有效利用，这对节约开支、提高效益具有非常重要的作用。

（5）进度控制。进度控制是对工作进度实行控制，目的是为了使工作正常运行。在时间上衔接，步调上协调，保证按期完成任务，这种控制常常运用线路图、网络图等方法进行。

（6）规章制度控制。体育管理中通过规章制度进行控制活动是一种最普通的控制方法。如制定岗位责任制、财物管理制度等等，借以控制各项工作的正常运行。

第二节　体育管理的基本方法

体育管理方法是指在体育管理活动中能够保障管理活动顺利进行，有效实施管理职能，实现管理目标的手段、途径、程序的总和。本节介绍管理领域适合于任何管理活动的一般方法，即体育管理的基本方法。

一、行政方法

（一）行政方法的定义

行政方法是按照行政组织系统，依靠行政组织的权威，运用命令、规定、指示、条例等行政手段实施管理的方法。体育管理中的行政方法要通过体育行政组织中的职务和职位来进行实施，它强调的是职责、职位，而不是个人能力和特权。体育组织系统为了管理工作的需要从上而下建立了一整套的行政机构，其内部设有若干职位和职务，并有严格的职责和工作范围，上下级和同级之间关系清晰。实践证明，行政方法的有效实施有其特定的条件和适用范围。在高度集权的计划经济体制下，我国体育领域的管理主要依靠行政方法，随着社会主义市场经济体制的逐步深入，行政方法的应用领域随之呈缩小化趋势，但这并不否定行政方法的生命力。即使在市场经济较为发达的西方国家，也同样存在着政府各级管理机构对体育活动行为主体所进行的必要的行政干预。

行政方法的形式包括行政命令、行政指示、行政建议、行政委托授权、颁布规章制度和条例、实施适当的行政奖励与处罚等。行政方法的具体形式也随社会经济发展和组织环境的变化而不断更新。

（二）行政方法的特点

1. 权威性

行政方法是否有效，在很大程度上取决于行政机构和领导者权威的大小，它要求管理的主体在被管理者中具有较高的威信。但在体育管理实践中，管理者有一定权力而没有权威，下达的命令不起作用的情况并不少见。因此，提高各级体育管理者的权威是运用行政方法进行管理的前提，也是提高行政方法有效性的基础。同时行政方法的权威性特点，使得行政方法有利于发挥领导层的决策作用，便于通过强有力的行政措施，对所辖各级机构进行有效管理。

2. 强制性

行政方法的强制性是指对特定的管理对象而言，要求必须取得原则上的统一性，必须服从上级领导。行政方法的强制性特点，有利于把管理系统置于统一的目标、意志和行动之中，从而便于统一组织领导。但是它不利于适当分权，容易导致统得过死，尤其是当这种强制性过度增大，而被管理者又未理解时，容易引发对抗性矛盾而大大降低管理的效果。

3. 垂直性

行政方法是在行政系统内，按从上到下的顺序，通过不同的行政层次实施的。因此，各种行政指令的下达，通常呈垂直型传递的纵向性特点。这种纵向性特点，使得行政方法在自上而下的系统管理中较为有效，保持了系统的相对稳定性。但是，在同级或横向联系上容易出现沟通困难、信息传递受阻的弊病，从而给管理工作带来不利影响。

4. 针对性

行政方法相对于其他方法而言比较具体，行政命令接受的对象、命令的内容往往是特定的，因而具有较强的针对性。这种针对性特点使得行政方法对管理中各种社会现象和问题的处理特别及时。尤其是在处理紧急情况和解决新问题等方面，更显示出立竿见影的作用。但是，如果缺乏相应的行政立法保证，针对性特点也可能导致政出多门、各自为政的状况。

（三）行政方法的运用

1. 提高管理者的行政理念及管理水平

由于行政方法具有强制性，容易使一些管理者过分迷信行政方法的效力，不讲求客观规律，不进行调查研究而滥用，这就可能助长某些领导者独断专行、官僚主义和瞎指挥的不良职权作风。因此，管理者首先要明确“管理是服务”的行政理念，贯彻“以人为本”的行政作风，不断加强职业修养、业务能力的培养，切实提高管理水平。

2. 考虑多方利益并适当分权

行政方法是靠权力和服从来进行管理的，但有时上级管理者并不能全面考虑各单位、各部门和各地区的利益，使得下级对上级的服从和合作是出于行政命令，而非出自自愿。另外，管理者如果对下级管的过多、过死，也会使得下级在执行上级指示、命令过程中缺乏主动性和积极性，长期下去会使下级丧失工作的主观能动性和责任感，形成对上级的依赖。因此，运用行政方法，必须考虑到要照顾多方利益并适当分权。

3. 保持有效的信息传递

由于行政方法是自上而下，按照行政区域、行政系统、行政层次来进行组织与管理，结果往往会造成“条块分割”、行政效率低缓的弊端。一方面，在机构庞大，管理层次较多时，很容易造成信息传递迟缓和失真。另一方面，由于横向沟通困难，不利于单位之间发展横向联系和进行专业化协作，结果在部门、地区单位之间造成人为的障碍。因此，应使管理系统保持有效的信息传递功能，组织管理结构应具有较强的对外沟通及信息反馈的能力。

4. 和其他管理方法结合运用

管理者采用行政方法进行管理，比较简单、直接而且有效，但如果单纯采用行政方法或者滥用行政方法，就会产生不良影响。此时，被管理者由于惧怕违抗上级命令、指令会受罚，往往会表现得处处假意迎合、顺从管理者的意志。显然，被管理者“身顺心违”甚至“消极对抗”，不利于发挥被管理者的积极性、主动性和创造性，这将严重影响管理的实际效果。因此，管理者应注意综合采用多种管理方法，充分调动、发挥被管理者的能动作用。

二、经济方法

（一）经济方法的定义

通过使用经济手段把组织内成员个人目标与组织整体目标协调起来，几乎所有的管理活动都在使用经济方法。这种方法强调按照客观经济规律的要求，运用经济手段来促进管理目标的实现。经济方法既不是否定利益共存，又不是按照平均主义的形式进行利益分配。经济方法的实质就是贯彻物质利益的原则，按客观经济规律办事。随着我国社会主义市场经济体制的建立和完善，管理者会更多地依赖经济方法实施管理。

宏观方面的经济方法包括价格、税收、信贷等经济手段。在微观方面，经济方法包括工资、奖金、福利等经济手段。

（二）经济方法的特点

1. 利益性

经济方法是通过利益机制引导被管理者去追求某种利益，间接影响被管理者行为的一种管理方法，利益性是经济方法最根本的特性。在社会生活中涉及经济利益的领域非常广泛，因而经济方法可以在管理中被广泛运用，它体现了不同利益实体共存、不同利益相互协调发展的要求。

2. 间接性

经济方法的间接性主要表现在两个方面：首先，它不直接干预和控制管理行为，不直接干预人们应当怎么做，而是通过调节经济利益来引导人们的行为，以达到管理的目标；其次，经济方法的运用要以市场为媒介，借助于市场机制来实现。

3. 灵活性

经济方法调节的灵活性主要表现在它有多种多样的调节手段。在宏观管理领域，普遍使用的经济方法有价格、税收、信贷、利率、汇率等；在微观管理领域，普遍使用的经济手段有工资、奖金、罚款等，管理者可以根据不同的情况灵活选择。

4. 规范性

经济方法总是以某些规范的经济指标来表示。经济指标的设置和确立需保持时间和空间上的连续性，所形成的经济指标体系在不同的组织之间应具有可比性，以便规范地比较和分析管理的结果。

（三）经济方法的运用

1. 注意应用范围与条件

经济方法的应用有其特定的范围，在那些不涉及经济利益或不以经济利益为主的范围内，经济方法就不能充分发挥作用。经济方法的运用也要有一些基本的条件。首先，体育管理中运用经济方法要以经济利益的存在和人们对物质利益的追求为前提。其次，要强化广大体育工作者的经济意识，使体育管理者头脑中确立起社会主义市场经济观念。再次，要做好组织内的经济立法和规章制度与之配合，否则容易出现各种混乱局面，导致经济上的违法行为。

2. 合理掌握物质刺激的度和时机

首先，要注意物质刺激的“度”，过高或过低都不能收到预期效果。同时，还应重视物质刺激的时机，当被管理者付出超额劳动或工作成果出色时，应立即给予物质利益的鼓励，时间拖得越长，效果越差。

3. 和其他管理方法结合运用

经济方法是以价值规律为基础，强调物质利益的方法，因而带有一定的盲目性和自发性。在体育管理过程中，只有把经济方法同其他方法有机地结合起来，才能够更好地发挥经济方法的作用。如：经济方法与行政方法结合使用，有利于增强经济手段的权威性；经济方法与法律方法结合使用，有利于增强经济方法的规范性和法律效力；而经济方法与宣传教育法的结合使用，则有利于增强经济方法的准确性和对运用时机的把握。

三、法律方法

（一）法律方法的定义

法律是由国家制定或认可的，体现统治阶级意志，以国家强制力保证实施的行为规则总和。法律方法就是运用法律规范以及类似法律规范性质的各种行为规则来进行管理的方法。在管理的法律方法中，既包括国家正式颁布的法，也包括各级政府机构和各个管理系统所制定的具有法律效力的各种社会规范。法律方法的内容，不仅包括建立和健全各种法规，而且包括相应的司法工作和仲裁工作。这两个环节是相辅相成、缺一不可的。

法律方法的形式主要包括法律、法令、条例、决议、命令、细则、合同、标准、规章制度等。

（二）法律方法的特点

1. 规范性

法律方法体现了国家统治阶级的意志和利益，它用准确、简洁、严密的法律语言，明确规定人们在一定情况下可以做什么，应该做什么或不应该做什么，因而具有较强的规范性。同时又通过这种指引，作为评价人们行为的标准。

2. 强制性

法律规范同其他的社会规范不同，它是由国家强制实施的，因此它具有强制性。

运用法律方法来进行管理，实际上就是运用这种强制性来进行管理，它是人人必须遵守的行为规则，具有普遍的约束力。

3. 稳定性

法律一经制定，就不能随意更改，而是要延续使用一段时间；同时，法律的制约对象是抽象的、一般的，它可以在同样的情况下反复适用，而不是针对个别具体的人或某个具体事物。所以，它一经制定，就具有一定的稳定性。

4. 可预见性

法律是以各种符号信息的形式来表达的，这些信息使人们有可能预见到国家对自己和他人的行为会抱什么态度，即人们可以事先估计到自己或他人的行为是合法的还是非法的，会有什么样的后果等。

（三）法律方法的运用

1. 注意应用范围与条件

法律方法在体育管理中主要体现在对体育系统的整体管理应用上，尤其是在调节和处理体育系统的内外关系，强化管理秩序、保持管理系统稳定和处理管理中普遍存在的共性问题上，更能发挥其他方法难以起到的作用，这是法律方法的应用范围。法律方法应用的基本条件是，首先，要建立和健全各种体育法规。其次，要注重体育法规的监督和执行工作，这是保证发挥体育法规作用的关键。第三，要大力开展法制宣传和教育，增强人们的法制观念。

2. 建立有效的组织机构及制度体系

法律方法的内容包括立法和司法两部分。立法是国家权力机关按照一定程序制定或修改法律。司法是指检察机关或法院依照法律对民事、刑事案件进行侦察、审判。有效地运用法律方法，需同时加强立法和司法工作。而建立有效的组织机构是运用法律方法的组织保证。同时，还需要有制度保证，即必须建立有效的制度体系，真正做到有法必依，执法必严，违法必究。

3. 和其他方法结合运用

法律方法虽然在体育管理中起着十分重要的作用，但其作用范围还是有限的，不能企望用法律方法解决所有的问题。在法律范围之外，还有大量的经济关系、社会关系需要用其他方法来管理和调整。正确的做法是把法律方法与行政、经济方法结合使用，互为补充，才能达到较好的管理效果。

四、宣传教育方法

（一）宣传教育方法的定义

宣传教育方法是指通过宣传和教育等方式，使人们围绕着共同目标而采取行动的方法。管理是人类有目的的活动，人是管理中最积极最活跃的因素，而人又是有思想、有感情、能思维的动物。人们行为的动力首先通过头脑，转变为愿望和动机，由动机引发人类的行为。这就要求管理者应注意掌握被管理者的需求，分析他们的动机，引导他们的行为。因此，宣传教育方法是以人们对思想活动的发展规律的正确认识作为其客观依据的。

宣传教育方法的形式多样、灵活不拘，常用的宣传教育方法有作报告、讨论、对话、谈心、家访、典型范例、形象教育、对比教育等。

（二）宣传教育方法的特点

1. 先行性

通过宣传教育，一方面使被管理者对管理活动有充分的了解，思考自己如何配合行动，为管理决策的实施打下良好的基础。另一方面，还能通过事先预测人们可能产生的各种反应，拟定相应的宣传教育措施予以预防，从而强化其正面效应，克服可能产生的不良效应。

2. 滞后性

人们的认识和思想是客观事物的反映，所以思想教育大量的工作是在事情发生之后或有些“苗头”的时候加以运用。滞后性特点要求管理者对已经发生的问题进行实事求是地、科学地、正确地分析，这样才能使思想教育真正落到实处，从根本上激发人们的动机。

3. 疏导性

开展宣传教育，必须“动之以情、晓之以理、约之以法”，启发人们的自觉性。对思想问题采取回避的方式是不能奏效的，甚至会激化矛盾。只有因势利导，才能达到教育的目的。

4. 灵活性

引起人的思想变化的多种因素往往是一起发生作用，特定时期、特定环境、特定任务条件下，人的思想基础、价值观念和需求等也会有所不同。因此宣传教育工作必须根据不同的时期和不同的管理对象，确定宣传教育的内容和重点、形式和手段，保持灵活性和针对性。

（三）宣传教育方法的运用

1. 注意应用范围与条件

虽然宣传教育方法的作用巨大，效果显著，但其应用范围的局限性也十分明显，如不能调动人们的经济利益、不能直接干涉和决定人们的具体行为、不能解决所有的思想意识问题等，尤其在被管理者的思想觉悟和自觉性还停留在较低程度时，孤立地运用宣传教育方法则难以取得理想的管理效果。运用宣传教育方法要考虑到一些基本条件：首先，要善于营造一个良好的群体氛围，不断提高被管理者的思想认识觉悟及水平。其次，要有一批政工管理人员来专门从事这项工作。

2. 讲求宣传教育的科学性与艺术性

首先，宣传教育的形式、内容、工作制度、工作方法等都要体现科学性。要运用心理研究和社会科学成果，探索影响人的思想和行为的因素，研究人的思想和行为的发展规律。其次，对管理者的宣传教育还要讲求艺术、追求实效，务求做到理论和相结合实际、表扬和批判相结合、身教和言教相结合等，要使教育更加生动、活泼、形象、直观等。

3. 和其他方法结合运用

宣传教育方法不仅是一种有效的管理方法，对其他管理方法的实施也有很大的支持作用。但宣传教育方法的有效性是相对的，在很大程度上存在于与其他管理方法的结合运用之中。

第五章　体育管理客体

体育管理客体是体育管理主体支配与作用的对象。体育人力、物力、财力、科技、信息资源是直接的体育管理对象。通过对这些资源的整合，充分发挥它们在发展体育事业中的作用，最大限度地提高它们的使用效果，是体育管理的重要任务。本章重点对体育人才、体育经费、体育场地设施、体育科技、体育信息资源的管理问题进行了介绍。

第一节　体育人力资源管理

体育人力资源管理是体育管理的核心，具有很强的政策性和灵活性。体育人力资源管理既要考虑组织目标的实现，又要考虑员工个人的发展，强调在实现组织目标的同时实现个人的全面发展。

一、体育人力资源管理概述

（一）体育人力资源管理的概念

1. 体育人力资源管理的含义

一般认为，人力资源是指能够推动整个经济和社会发展所需劳动力的现实和潜在禀赋（禀赋即指人所具有的智力、体魄等）的总和。所谓体育人力资源是指推动体育发展所需劳动力的现实和潜在禀赋的总和。运动员、教练员、裁判员、体育科研人员、体育教育人员、体育行政管理人员以及体育经纪人、社会体育指导员等均可列入体育人力资源之列。他们或拥有一定的运动技能，获得过一定运动成就，或具有一定的体育研究能力、创造能力和管理能力。

我们可以按照不同标准对体育人力资源进行分类。例如，根据体育人力资源的工作性质可将体育人力资源分为运动型、教育型、科技型、管理型和复合型等；按照体育人力资源的活动特点可把体育人力资源分为理论型人力资源、实践型人力资源和综合型人力资源；按人力资源的所属领域可分为竞技体育人力资源、社会体育人力资源、体育产业人力资源和体育教育人力资源等；根据体育人力资源的学识水平、技术水平、创造能力和成果大小，可将体育人力资源分为高级体育人力资源、中级体育人力资源和初级体育人力资源。

体育人力资源管理（Human resource management）是指通过一定方式整合资源，以发挥体育人力资源的价值，促使体育组织目标实现的过程。体育人力资源管理是一切体育管理的核心，具有很强的政策性和灵活性，没有严格的固定模式。体育人力资源管理既要考虑组织目标的实现，又要考虑组织个人的发展，强调在实现组织目标的同时实现个人的全面发展。

体育人力资源管理目标包括全体管理人员在人力资源管理方面的目标与专门人力资源部门的目标。显然两者有所不同，属于专门的人力资源部门的目标任务不一定是全体管理人员的人力资源管理目标与任务，而属于全体管理人员承担的人力资源管理目标任务，一般都是专门的人力资源部门应该完成的目标任务。无论是专门的人力资源管理部门还是其它非人力资源管理部门，进行体育人力资源管理的目标包括以下方面：（1）保证组织对人力资源的需求得到最大限度的满足；（2）最大限度地开发与管理组织内外的人力资源，促进组织的持续发展；（3）维护与激励组织内部人力资源，使其潜能得到最大限度的发挥，使其人力资本得到应有的提升与扩充。

2. 体育人力资源管理的基本内容

（1）职位分析与设计。对体育组织各个作职位的性质、结构、责任、流程，以及胜任该职位工作人员的素质，知识、技能等，在调查分析所获取相关信息的基础上，编写出职务说明书和岗位规范等人事管理文件。

（2）人力资源规划。把体育人力资源战略转化为中长期目标、计划和政策措施，包括对人力资源现状分析、未来人员供需予测与平衡，确保体育组织在需要时能获得所需要的人力资源。

（3）人员招聘与选拔。根据人力资源规划和工作分析的要求，为体育组织招聘、选拔所需要人力资源并录用安排到一定岗位上。

（4）绩效考评。对组织成员在一定时间内对体育组织的贡献和工作中取得的绩效进行考核和评价，及时做出反馈，以便提高和改善组织成员的工作绩效，并为组织成员培训、晋升、计酬等人事决策提供依据。

（5）薪酬管理。包括对基本薪酬、绩效薪酬、奖金、津贴以及福利等薪酬结构的设计与管理，以激励组织成员更加努力地为体育组织工作。

（6）激励。采用激励理论和方法，对组织成员的各种需要予以不同程度的满足或限制，引起组织成员心理状况的变化，以激发他们向体育组织所期望的目标而努力。

（7）培训与开发。通过培训提高组织成员个人、群体和整个组织的知识、能力、工作态度和工作绩效，进一步开发组织成员的智力潜能，以增强人力资源的贡献率。

（8）职业生涯规划。鼓励和关心组织成员的个人发展，帮助组织成员制订个人发展规划，以进一步激发组织成员的积极性、创造性。

（9）人力资源会计。与财务部门合作，建立人力资源会计体系，开展人力资源投资成本与产出效益的核算工作，为人力资源管理与决策提供依据。

（10）劳动关系管理。协调和改善体育组织与组织成员之间的劳动关系，进行组织文化建设，营造和谐的劳动关系和良好的工作氛围，保障体育组织经营活动的正常开展。

（二）体育人力资源管理的基本原则

为了提高体育人力资源在各类体育活动中的综合效益，体育人力资源管理活动应遵循以下基本原则。

1. 目标原则

人才管理必须有明确的目标，人力资源管理既要考虑组织目标的实现，又要考虑个人的发展，强调在实现组织目标的同时实现个人的全面发展。

2. 系统原则

体育人力资源管理的系统原则是指将人力资源系统从整体的观点出发，统观全局，把握其结构，分析其能级，跟踪其变化，并不断地加以调节、反馈，控制方向，以实现管理目标。

3. 能级原则

能级原则是指按体育人力资源的才能安排其工作，明确其责任，授予其职权，使人的才能与其工作岗位相适应。根据人的职称、学位等安排与之相适应的岗位，对各个岗位人员的能级水平要力争做到规范化、标准化，切实做到人尽其才，物尽其用。

4. 互补原则

为了发挥体育人力资源的整体效益，在体育人力资源管理上必须讲究互补。人员的互补是多方面的，它有知识互补、能力互补、年龄互补、气质互补等。

5. 激励原则

激励原则就是在体育人力资源管理中，通过一定的政策手段，激励体育人才的创造热情和工作积极性，并以适当的手段奖励他们做出的成绩与贡献。激励人才积极性的方法很多，一般有目标激励、竞赛激励、领导行为激励、关怀激励、支持激励、榜样激励和奖励激励等。

（三）体育人力资源管理的基本要求

1. 为职择人

“为职择人”是指在体育管理活动中，根据体育事业的需要设置体育管理机构，制定各岗位职责规范，然后按岗位选配合适的人才。但在过去很长一段时间里，有的体育部门和单位没有把工作需要放在首位，而是以人划线、因人设岗、按人设事、为人择职，因而造成体育管理部门人浮于事、机构臃肿、职责不明、效率低下。体育部门通过人事制度的改革，消除为人择职的现象。

2. 任人唯贤

任人唯贤是指在选拔和使用体育人才时必须按人的政治、思想、业务水平及能力大小来择优选拔和使用，切忌任人唯亲。

3. 用人不疑

用人不疑是指在使用体育人才时，要予以充分信任，听取其意见，尊重其劳动，尊重其成果，创造尊重人才信任人才的良好环境，使其工作积极性能够充分地发挥出来。

4. 用当其人

体育人力资源往往在个性特长，在知识、智力、技术、能力等方面有差别，在使用各种人时须用人之长，避人之短。同时，每一个人他的一生中，都有其能力的最佳时期。一个人的才能不能长期具有，应该及时发挥。在体育管理中必须抓住人的最佳时期，及时充分地发挥人的最大作用。

二、体育人力资源培育

（一）体育人力资源培育的基本内容

体育组织选拔了相应的后备体育人力资源以后，需要对人力资源进行相关培育，以促成潜在的、后备的体育人力资源变成体育组织需要的人力资源的过程。体育人力资源培育是指在一定条件下，借助一定的方式促进体育人力资源生成的过程。不同体育组织对体育人力资源培育的内容各异，一般而言，体育人力资源培育内容主要如下。

1. 价值观培育

在体育人力资源培育过程中，相关体育组织的历史、功勋教练员和运动员、著名体育赛事纪录、各项技术统计的纪录都是进行价值观培育的重要载体。体育组织价值观的培养对体育人力资源培养发挥了积极的作用，很多知名的运动员很小的时候就接受了俱乐部的独特价值观，导致在其职业生涯过程中，不会轻易出现脱离该体育组织的现象。

2. 文化培育

在体育组织对体育人力资源进行培育的过程中，文化水平培育是一件非常重要的任务。体育人力资源作为公众人物，其细微举动将来都会对体育组织和广大青少年产生巨大影响。因此在体育人力资源培育过程中，文化水平的培育对体育人力资源的持续发展具有非常重要的意义。通过文化水平的培育，可以提高体育人力资源的自身文化素质，提高其自身的风格与气质，并培养体育人力资源正面的整体形象。

3. 技战术培育

体育人力资源将来就业的基本领域是竞技体育市场，因此将来的竞争力主要在自身的竞技体育技战术上。因此应通过对相关运动项目技战术的培育，并在竞技体育比赛中锻炼自身的技战术，达到相关体育组织的要求。而在体育人力资源培育阶段如果没有扎实的技战术训练，会对体育人力资源的发展造成致命影响。

4. 体能培育

体能水平是各项运动，尤其是身体直接对抗的球类运动达到高水平的基础。没有高度发展的体能水平，不可能在激烈地比赛中发挥高超的运动技术和有效的技战术配合。瞬间的进攻得分机会是靠速度和全力拼抢获得的，一个跑不快、跳不高，动作反应迟缓，一撞就倒的运动员，不可能在比赛中正确地运用技术和发挥个人的作用。所以，由速度、力量、耐力、灵敏等运动素质构成的体能水平，是各项运动的技术基础和战术基础。

5. 其他

在体育人力资源培育过程中，还要对其管理能力、媒体应对和突发事件等进行培育。这些培育可以在一定程度上提高其管理能力。作为公众人物，体育人力资源同样要面对现代媒体人员，体育组织要培育体育人力资源如何处理和媒体的关系。而在体育赛事、体育训练过程中出现了突发事件的处理和应对能力也是培育的重要内容。

（二）体育人力资源培育的基本方式

1. 讲授法

讲授法是一种传统的培育方法，也称课堂演讲法。它能以最低的成本、最少的时间向受训者提供人员的信息。在现代体育组织培育中，经常开设的专题讲座就是采用讲授法进行的培育，适用于向体育人力资源介绍或传授某个单一课题的内容。此法最重要的因素是教师、学生和授课内容、授课环境。教学资料可以事先准备妥当，教学时间也容易由讲课者控制。讲授法培育的优点是同时可实施于多名学员，成本较低。缺点是受训人员不能主动参与培育，只能做被动、有限的思考与吸收。

2. 操作示范法

操作示范法一般由助理教练或相关管理员主持，适用于较简单、机械性的技术动作，是体育人力资源初期训练中常用的一种方法，由技术能手担任培育师，在现场向受训人员简单地讲授操作理论与技术规范，重点进行基础技术动作的操作示范。受训人员一般反复模仿，经过一段时间的训练，使操作熟练直至符合规范的程序与要求。培育师在现场作指导，随时纠正操作中的错误表现。这种方法可以对体育人力资源的技能进行反复刺激和训练，虽然有时显得单调而枯燥，但训练效果比较明显。

3. 个别培育和专门指导法

强调一对一的现场个别培育是一种传统的培育方式，又称为“师傅带徒弟”式培育。具体的做法是，受训人员紧跟着经验丰富、技能出众的优秀人员，通过训练、竞赛、日常生活等方式和培育师呆在一起，通过具体的观察和实践来学习相关的技术技能和应对技巧。在受训人员对工作实践进行摸索的基础上，也可以针对受训人员的工作情况和特殊的需要实施专门指导。这两种方法常常运用在技能培育当中。但它们的缺点是培育的对象较少，时间较长。

4. 案例研讨法

案例研讨是指向受训的体育人力资源者提供一些实际的案例，要求受训的体育人力资源对案例提供的信息进行分析，并根据具体情况做出决策的方法。在对特定案例的分析、辩论中，受训人员集思广益，共享集体的经验与意见，有助于他们将受训的收益在训练和比赛中等实际工作中思考与应用，建立一个系统的思考模式。这种方法能激发学习者的兴趣，并在相互交流中开阔视野，有利于问题的解决和决策能力的培养。同时受训的体育人力资源在研讨中还可以学到有关管理方面的新知识与新原则。案例讨论可按以下步骤开展：发生什么问题？问题因何引起？如何解决问题？今后采取什么对策？讨论的最终目的不是要求受训人员得出一致意见，而是为每个成员提供表达和听取意见的机会。

5. 视听法

运用电视机、录像机、幻灯机、投影仪、收录机和电影放映机等视听教学设备为主要培育手段进行训练的方法。体育组织还可运用现代技术自行摄制培育录像教材，选择一定的情景将体育训练和赛事的实务操作规范程序、礼貌礼节行为规范等内容白编成音像教材用于人员培育。这种方法的优点是形象直观，利于节省时间和经费。

6. 研讨法

研讨法是对某一专题进行深入探讨的人力资源培育方法，其目的是为了解决某些复杂的问题，或通过讨论的形式使众多受训人员就某个主题进行沟通，谋求观念看法的一致。这种方法能让受训者积极地学习，并鼓励他们提问，深入探讨，做出反应。研讨法比较适于管理层的训练或用于解决某些具有一定难度的管理问题。采用研讨法培育，必须由一名或数名指导训练的人员担任讨论会的主持人，对研讨会的全过程实施策划与控制。参加研讨培育的学员人数一般不宜超过25人，也可分为若干小组进行讨论。研讨法培育的效果往往取决于培训师的经验与技巧。主持人要善于激发学员，引导学员自由发挥想象力，增加参与性。还要控制好研讨会的气氛，防止讨论偏离主题。通过分阶段对讨论意见进行归纳总结，逐步引导学员对讨论结果达成比较统一的认识。事前，培育师要对研讨主题进行分析准备，设计方案时要征集学员的意见。受训人员也应事先对研讨主题有认识并有所准备。在讨论过程中，要求培育师具有良好的应变、临场发挥与控制的才能。在结束阶段，培育师的口头表达与归纳总结能力同样也是至关重要。

（三）体育人力资源培育的基本过程

人力资源培育是一项花费很大的系统工程，通常需要大量的人力、物力、财力等系统组成。要使体育人力资源培育系统正常运行，使体育人力资源培育达到预定的目标，就必须对培育系统的各个组成部分进行调控，使它内部子系统的运行做到统一、协调和平衡。

1. 培育需求分析

体育组织进行培育的计划与决策，是以培育需求分析为基础的。它是体育组织在进行每项培育活动之前，由组织主管培育的人员，根据工作特性、标准和要求对组织成员的知识、技能、个人特质等进行科学的分析，以确定是否需要培育及培育内容的过程。培育需求分析既是确定培育目标、设计培育规划的前提，也是进行培育评估的基础，是培育的首要环节。

2. 培育目标和计划制定

在分析了培育需求后，必须建立培育目标和计划以满足这些需求。没有明确的目标和计划就不可能保证培育的顺利实施，亦很难对培育项目的优劣做出正确的评估。目标应明确、具有可操作性，组织只有在明确培育应该达到的结果以后，才能决定培育的内容和方法。

3. 培育效果评估

通过培育结果的评估可以改进培育的质量。缺乏效率的评估项目可以取消，以节约组织资源，对可行的培育项目通过评估发现缺点，提出改进意见。对培育的评估可以从4个方面进行：（1）学员反映评估，主要评估他们对培育项目的欢迎程度；（2）学习评估，评价学员从培育中学到什么；（3）行为评估，考查学员通过评估在行为上有何变化；（4）成果评估，记录培育给组织带来的绩效提升。

三、体育人力资源开发

（一）体育人力资源开发的基本内容

体育人力资源开发是指对尚不能完全利用的潜在体育人力资源和已经能够利用的体育人力资源的未知功能做进一步深度挖掘，从而提高体育人力资源可利用程度的过程。通常包括以下内容。

1. 知识开发

体育人力资源的知识开发就是将体育人力资源固有的知识、认识通过特定手段进行开发，以使其适应现代体育组织发展需求的过程。体育人力资源的开发也是一个不断更新体育人力资源的知识结构和知识领域的过程，目的是为体育组织的发展良好的人力资源储备。

2. 技能开发

体育人力资源技能开发就是通过一定的开发手段，使体育人力资源掌握可用于职业、工作及生活所需的新技术、新工艺、新方法、新设备等的过程。

3. 态度开发

体育人力资源的态度开发就是培养体育人力资源正确的职业、工作与生活态度，使体育人力资源能自觉将个人价值目标与体育组织目标相结合的过程。

4. 行为开发

体育人力资源的行为开发是指使体育人力资源的工作行为符合该体育组织行为准则的要求，并促进形成良好体育组织文化的过程。

（二）体育人力资源开发的基本方式

1. 正规教育开发

正规教育是由相关管理顾问或大学等教育组织提供的短期课程、在职体育 MBA

课程及住校学习的大学课程计划及其实践过程。

2. 测评开发

体育人力资源测评是指在收集信息的基础上，为体育人力资源提供有关具行为、交流类型和技能等方面的反馈。

3. 在职体验开发

体育人力资源在职体验是目前大多数体育人力资源开发的常用方法，主要是通过在职的体验以了解实际工作中面临的各种关系、难题、需求、任务及其他事项。

4. 人际互助开发

人际互助开发的形式包括资深队友辅导和教练互助。资深队友是经验丰富、卓有成效的高级员工，他能通过为受助者提供职业支持和心理支持，帮助一个缺乏训练和比赛经验的人进行人员开发；教练是培养体育人力资源成长的重要力量，教练可鼓励队员，帮助其开发技能，并能提供激励和反馈。

四、体育人力资源的配置

（一）体育人力资源配置的基本内容

体育人力资源的配置是指体育人力资源在地区、部门及各种不同使用方向上的分配，并按照一定的经济或产出目标，在体育经营与生产过程中实现资源要素的有机结合与充分发挥的过程。通常包括以下内容。

1. 地区配置

体育人力资源的地区配置是以一个地区体育人口和体育人力资源现状为基础，以该地区的资源状况与体育发展规划为依据，通过地区间的体育人力资源迁移以及不同地区的体育人力资源政策的调节予以实现的。对于体育人力资源的地区配置，必须有利于各地区的体育发展，必须有利于充分发挥各地区资源优势，使各地区均衡发展又备具特色。

2. 领域配置

体育人力资源的领域配置要以发展重点领域为主要目标，根据领域的联系，即投入—产出中各领域之间的关系进行综合平衡后予以确定。

3. 职业配置

体育人力资源的职业配置极为重要，对体育人力资源进行职业配置时，首先必须从水平等级与职业类别方面加以区别，然后对各种职业岗位需求分别投入适合该水平等级和职业类别的体育人力资源，使其达到最优结合。同时，还要考虑在可能条件下的职业替代，以此来弥补某种职业的供不应求现象。

4. 运动项目配置

体育是由众多运动项目构成的，体育人力资源的配置理应包括运动项目的人力资源配置。在运动项目人力资源配置上，应注意梯队合理，这里包括年龄结构，职称结构，一、二、三线人员结构等。既要避免某一运动项目人才过分集中，又要避免某一运动项目人才严重匮乏。

（二）体育人力资源配置的基本方式

1. 计划配置

计划配置也称行政强制性配置，即依据有关职能行政部门制定的计划，按一定的比例将体育人力资源配置到各部门、各机构的过程。在高度集中的计划经济下，体育人力资源配置是通过行政计划这唯一的手段和途径来实现的。在体育人力资源的分配安置上，不论是分配的范围、规模、方式，还是用人的数额、设岗、工资以及调动等，都无一例外地由国家的行政计划来确定。体育人力资源和用人单位被动地附属于国家的行政计划，缺乏相应的自主权。

2. 市场配置

体育人力资源市场配置，即通过市场机制，通过报酬杠杆互相选择、调节体育人力资源供求关系，实现体育人力资源与用人单位的相关配合的过程。在完全自由的市场经济下，体育人力资源的配置是通过市场途径来实现的，用人单位根据单位经营状况和发展趋势来决定用什么人、用多少人、如何用人。

3. 结合型配置

结合型配置方式，是计划配置和市场配置的结合型，是一定计划机制条件下的市场配置，或一定市场机制条件下的计划配置。结合型配置方式具有明显的探索性和过渡性的特征，配置方式既具有计划经济的色彩，同时又逐步引进市场经济的手段，资源配置的效率较之以前有了很大的提高。

五、体育人力资源的使用

（一）体育人力资源使用的基本原则

体育管理者在求得人、选定人之后，就要用好人，只有用好人，管理的绩效才会发挥出来。为了充分发挥体育人力资源的主动性、创造性、积极性，在使用人力资源时应遵循下列原则。

1. 爱才原则

人的一切行为都是由动机支配的，动机是人们付出努力或精力去满足某一需求或达到某一目的的心理活动。动机是由需要引起的，行为的方向是寻求目标、满足合理需要。要认识、了解人的心理与行为规律，洞察人的心理需求变化。爱才就要深入了解人的所思所想，分析其心理与行为的变化，把握好人员的个性差异，对其合理的需要应该尽量满足。不要对人求全责备，要善于发现他们的长处，关心他们的成长，解决他们的各种合理需要，发挥人的最大潜能。

2. 信任原则

体育管理者要充分信任和尊重体育人力资源，充分予以他们学习、锻炼和施展自己才能的机会，让其独立完成自己所承担的任务。对人的信任与尊重可以给他们鼓舞，从而激发他们的创造热情和劳动积极性。

3. 整体性原则

体育管理者应当有全面整体观念，胸怀宽广，正确认识人的宝贵作用，对一些在自己单位发挥不了作用的人，应从体育事业的大局出发，善于为其他单位、部门输送人才，使人才能发挥出自己的专长，创造出优异的成绩。

4. 专才专用原则

对各类体育人力资源，应专才专用，用当其能，否则就会造成人才的浪费。专才专用原则要求管理者必须做到学用一致、大才大用、小才小用、无才不用，避免以各种理由与借口造成的大才小用、无才滥用的现象。

5. 适用性原则

对有能力和发展前途的人才，要大胆提拔使用，要重用有真才实学的人，彻底摒弃“论资排辈”“求全责备”等传统用人观念，使体育人才得到发挥才能的机会。

6. 奖惩性原则

根据各类体育人力资源工作的好坏、贡献，给予应有的表扬、奖励或批评、处罚，只有奖惩得当，才能达到对人的强化激励，发挥其更大作用。奖惩的标准往往借助于考核，体育人力资源的考核是对体育人力资源的品德、智能、业绩、技能、学识、健康等诸多方面进行的考核与评定的过程，它是选拔使用、培养、奖惩体育人才的重要依据。体育人力资源考核的主要目的是通过对劳动者的公正合理评价，以充分调动他们的积极性和创造性。

（二）体育人力资源的激励

1. 体育人力资源激励的含义

从人的动机看，都有自我的肯定、争取荣誉的需要和满足自尊的需要，在体育组织中除了建立必需的良好的组织结构和严格的规章制度外，还需运用激励的方法，分别满足人力资源的物质、精神、尊重、社交等多方面的需要。

激励是通过一定方式激发人的动机使之努力完成组织任务，实现组织目标的过程。激励的目的是调动人的积极性，使个人行为目标和组织行为目标相一致。该定义体现出以下几点：（1）激励必须按照人的客观行为规律进行；（2）激励要综合运用能够影响人的行为的各种力量；（3）激励具有很强的目的性。

2. 体育人力资源激励的基本方法

（1）以奖惩为杠杆的激励。奖励和惩罚是激励的基本手段。常用的奖励原则与技巧为：①对于不同的员工应采取不同的激励手段。②注意奖惩的综合效价，应该尽量增加物质奖励的精神含量，从而使激励效果由浅入深，激活其内激励。③适当拉开实际效价的档次，控制奖励的效价差。④适当控制期望概率（即员工主观上认为自己获奖的概率），这就要求组织的奖励措施，奖励范围应当提高透明度，让员工了解真实的信息。⑤注意奖励的尺度。奖励什么，奖励的程度如何定，奖励面有多大等组织可以根据具体情况来确定。有奖必有罚。但惩罚是一种负强化的激励手段，不宜在组织内频繁、大量使用，应尽量选择适当的惩罚方式，缩小打击面，扩大教育面。还要将原则性与灵活性相结合。在管理过程中依制度办事，执法要严，但在惩罚中讲究严的合理、合情，达到以儆效尤的目的，这就是管理的艺术。

（2）以目标为导向的激励。目标导向激励，是以帮助组织成员树立行为目标并强化其目标意识的方式所进行的激励。在实践中，目标导向激励最有代表性的是目标管理制度的推行。目标管理，就是把工作认为具体化为目标，将具体化的目标最为人们工作的方向和标准，要求人们经常地、自觉地用来检查和督促自己的工作，通过目标管理可以把目标管理系统化和制度化。

（3）情谊沟通式激励。在本能地适应环境的过程中，对周围的事物及其变化在认识上的褒贬、情感上的好恶、行为上的取舍，都能体现人们对于工作的态度。情谊沟通式激励方法主要是通过正式沟通（如员工接待日制度、员工心态调查等）和非正式沟通（如娱乐休闲活动、家庭访问等）渠道展开的，旨在及时了解员工的心态状况，协调人际关系等。

（4）战略式激励。战略激励强调管理者的激励目标是帮汉族组织中的每一个人实现最大限度的自我激励。两种较为有效的战略式激励手段如下：①组织的使命、价值观。改变被激励者的观念，使被激励者从自身意愿出发，采取管理者需要或者期望的行为的一种心理诱导方法。这种心理诱导法所产生的自豪感、所激励出的工作动力强度大，也比较稳定。②职业生涯计划，也称“职业生涯设计”，是组织管理者帮助进入组织的每一位成员设计个人事业发展的计划，并协助进行定期评估，依次将个人在组织中的工作和个人的发展紧密联系在一起，从而达到工作者自我激励的目标。

第二节　体育财力资源管理

体育财力资源是体育事业发展必不可少的因素之一。体育经费是体育组织开展体育活动的重要资源。体育经费管理包括体育经费的筹集、分配、使用、核算和监督等工作的管理。体育经费管理的主要目标是为保证体育事业的需要，提高资金的使用效益。

一、体育财力资源管理概述

（一）体育财力资源管理的含义

财力资源是组织活动中的重要组成部分，也是各种资源中流动性最强的一种资源。任何组织要进行生产经营活动都必须拥有一定数量的财力资源，财力资源是进行生产经营活动的基本条件。没有一定数量的财力资源，组织就不可能从市场上购买物质材料、人力、信息等其他资源，就无法有效地完成组织的目标。

体育财力资源是指在体育发展过程中能够用货币形式体现的资源。体育财力资源可以转化为其他体育资源，是其他体育资源产生和应用的基础。体育财力资源是体育组织活动中的重要组成部分，也是各种资源中流动性最强的一种资源。

所谓体育财力资源管理，是指通过一定方式整合资源，以发挥体育财力资源的价值，促使体育组织目标实现的过程。体育财力资源管理的主体是各类体育组织，管理的对象主要是体育经费。为实现财力资源最大效益的发挥，需要整合人力、物力等资源，通过对体育经费进行规划、培育、开发、配置及利用等环节，最终实现体育组织的既定目标。

（二）体育财力资源管理的基本内容

体育财力资源管理的内容包括预算管理、收入管理、支出和费用管理及核算与监督管理。其中，预算管理是核心，收入管理、支出管理是基本内容，核算与监督管理是保障。

1. 预算管理

财务收支预算是体育事业单位根据本单位的事业发展计划和工作任务编制的一定时期内的财务收支规模预计，是国家财政预算的基础。预算管理主要通过对体育事业下一年预算的编制、审批和执行，从而保障体育财力资源运用的有效性。

2. 收入管理

收入是体育单位通过开展各种业务及活动，依法通过各种形式、各个渠道获得的资金。收入管理主要依据国家有关方针政策，对收入的方式、项目、范围、标准、用途、手续、办法及收益分配进行管理，加强收入管理，有利于调动各体育单位的积极性，提高经费自给能力，减轻国家财政负担。

3. 支出与费用管理

支出与费用管理主要是依据国家财经法律的有关规定，对成本开支、费用发生等进行预测、计划、控制、分析，监督，以便体育组织合理安排和节约使用人力、物力、财力，降低成本，为体育事业发展积累资金。

4. 核算与监督管理

核算是体育财力资源管理的基本内容，体育经济实体要进行经济活动，都要求提供真实的、正确的、完整的、系统的会计信息，会计核算通过对财力资源进行确认、计量、记录、并进行公正报告的工作。监督就是通过预测、决策、控制、分析、考评等具体方法，促使体育活动按照财政预算的要求进行，以达到预期的目的。

（三）体育财力资源管理的基本原则

1. 依法理财

依法理财是体育财力资源管理应遵循的基本准则。社会主义市场经济条件下，一切经济活动都必须在法律规定的范围内运行。各级各类体育事业单位、体育组织、体育经营单位在财力资源的管理中，应该树立牢固的法律意识，一切有关财力资源管理的活动都要依法执行，根据国家有关方针、政策、法律、法规的规定，按照社会主义市场经济要求，加强体育财力资源管理。《中华人民共和国体育法》（以下简称《体育法》）《中华人民共和国会计法》《体育事业单位财务管理办法》是各级各类体育单位、体育组织在财务资源管理中应该遵循的法律法规。

2. 精简节约

精简节约是体育财力资源管理中必须长期坚持的一项基本原则。人民群众对体育健身、体育公共服务的需求是不断发展变化的、不断提高的，所以对于体育财力资源的需求是无限的。由于目前我国经济状况的不发达，国家财政拨款还远远不能满足人们日益增长的体育消费需求。这就要求在体育资金的使用过程中要权衡轻重，区分轻重缓急，优先把资金用到最重要、最需要的地方。积极贯彻勤俭节约的原则，反对大手大脚、铺张浪费，使有限的资源发挥更大的作用，促进体育事业健康、稳步发展。

3. 量入为出

量入为出要求保证体育资金周转的顺利进行，各类资金不仅在数量上，而且在时间上要保持协调平衡。从数量上来说，收不抵支、入不敷出，会导致资金链的短缺，使项目不能正常运转。收大于支，又会造成资金闲置，不利于提高资金的使用效果。从时间上来说，若支出大部分在前，收入形成在后，会造成寅吃卯粮，影响资金正常周转。在体育财力资源的管理中要坚持量入为出的原则，以收定支，使体育资金的利用良性循环，不断提高资金的利用效果。

4. 追求效益

追求效益原则要求以经费使用的预期收益作为经费分配的首要尺度，按照“评估——投入——再评估——再投入”的操作方式去动态的配置体育经费。效益既包括社会效益，也包括经济效益。体育财力资源的使用必须以社会效益最大化为主，以投资体育公益事业为主，发展体育事业，增强人民体质，提高体育运动水平，促进社会主义物质文明和精神文明建设为最高标准。

（四）体育财力资源管理的基本方法

1. 预测方法

体育财力资源管理预测方法主要是对各级体育单位计划期的财务指标的测算，它是在过去与现在财务资料的基础上，对未来的财务状况与财务指标作的估计。财务预测是在占有大量财务与其他经济活动资料的基础上，运用科学计算方法来进行的。准确的预测总是依靠科学的方法，按内容可分为：流动资产需要量与短期性投资预测、固定资产需要量与长期性投资预测、成本费用预测、产品价格与收益预测、利润总额与分配指标预测；按财务预测所跨时间长度来分，预测方法可以分为：长期预测、中期预测和短期预测；按预测是否定量可分为：定性财务预测和定量财务预测。

2. 决策方法

体育财力资源管理决策方法是根据各级各类体育单位发展战略的要求和国家宏观体育管理政策的要求，从提高经济效益和更好的满足广大人民群众日益增长的体育需求的总目标出发，确定体育财力资源各项具体的财务奋斗目标，并从两个以上的财务备选方案中选定一个达到某一体育管理目标的实施方案的过程。体育财务决策是在体育财务预测的基础上进行的，是体育财务管理的核心，预测是为决策服务的，而具体的体育财务计划则是财务决策的具体化。财务决策一般包括以下几个步骤：确定财务目标；根据财务预测提出备选方案；分析、评价、对比各方案；选择实施方案。决策的成败取决于财务决策方法。决策方法的分类多种多样，按作用分为战略决策和战术决策；按性质分为经营性决策、管理性决策和业务性决策；按管理层次可分为高层决策、中层决策和基层决策；按决策条件可分为确定型决策、风险型决策和不确定型决策。

3. 预算方法

体育财力资源管理预算法就是以货币形式表示的各级各类体育单位财务方面的发展经营计划，是指在一定的预算期内以货币形式反映体育单位发展经营活动所需要的资金及其来源、财务收入和支出、财务成果及其分配的预算。预算是预测和决策的具体化和数量化，是各体育单位组织财务活动的重要依据，为单位整体及内部各个部门确定了明确的目标与任务，有助于协调各部门的经济活动，同时也是评价各体育单位工作成果的基本尺度。预算可以有不同的形式，按时间长短来分，有长期、中期和短期预算三种；按影响程度来分，有战略性预算和战术性预算；按编制方法来分，有固定预算、弹性预算、滚动预算和零基预算。

4. 控制方法

体育财力资源管理控制方法是根据各体育单位财务预算目标，财务制度和国家有关体育事业发展政策，对实现（或预计）的财务活动开展情况进行对比、检查，以便及时发现偏差加以纠正，使之符合财务目标与制度要求的管理过程。简而言之，即为依据财务目标，发现实际偏差与纠正偏差的过程。控制方法是体育财力资源管理的经常性工作，是实现财务预算、执行财务制度的基本手段。通过财务控制，能使各体育单位的财务预算与制度对财务活动发挥其规范与组织作用，使体育资金占用与费用水平控制在达到预定目标的范围内，保证各体育单位经济效益的提高及体育发展目标的最终实现。按时间不同可分为事前控制、事中控制和事后控制；按指标不同可分为绝对数控制和相对数控制；按方法不同可分为财务目标控制、财务预算控制和财务制度控制。

5. 分析方法

体育财力资源管理分析方法是以体育单位财务的实际和预算资料为依据，结合体育单位发展经营活动情况，对造成财务偏差的主观和客观因素进行揭示，并测定影响因素对分析对象的影响程度，提出纠正偏差对策的过程。其一般程序包括揭示差距、测定各影响因素的影响程度和提出对策。财务分析对加强体育单位财务管理有很重要的作用，可以为财务预算的制定与调整提供依据；可以及时揭露问题，采取控制措施保证财务预算的执行；还可以检查财务制度的执行情况，帮助正确处理体育单位与各相关单位之间的财务关系，增强体育单位进行财务管理的自觉性。目前主要有的分析方法是：对比分析法、因素分析法、趋势分析法和比率分析法。

6. 考核方法

体育财力资源管理考核方法是指将各体育单位报告期财务指标实际完成数与规定的考核指标进行对比，确定有关责任单位和个人是否完成任务的过程。财务考核与物质奖励紧密联系，是贯彻责任制原则的要求。考核工作主要在体育单位内部进行。考核指标应是责任单位或个人应承担指标是否完成责任的可控制性指标，一般根据所分管的财务责任指标进行考核，使财务责任指标的完成有强有力的制约手段与鼓励措施。通过财务考核，可以促进各级各类体育单位加强基础管理工作，提高体育资金使用效益。考核指标主要有：绝对指标、相对指标和指标完成百分比及评分考核。各种指标可单独使用，也可配合使用。

二、体育经费的基本来源

（一）财政拨款

我国政府财政拨款有两种形式。一种是财政直接对体育拨款。《体育法》第六章第四十一条明确规定："县级以上人民政府应当将体育事业经费、体育基本建设资金列入本级财政预算和基本建设投资计划，并随着国民经济的发展逐步增加对体育事业的投入。"这是我国体育经费来源的主体，是有计划按比例发展体育事业的基本保证。其中中央财政拨款用于中央体育事业，地方财政拨款用于地方体育事业。另一种是财政间接对体育事业拨款。这是国家各部门间接用于体育的拨款，主要用于本部门的体育活动。学校的体育经费是含在教育经费之中拨给教育部门，军队的体育经费是含在国防经费中拨给国防部，残疾人体育事业的经费是含在民政经费中拨给民政部等。

（二）单位或部门拨款

除了国家的财政拨款外，各部门和单位也要为本系统的体育活动开展拨出一定的经费，用于为建设体育设施、购置体育器材和组织各种体育活动等。各级工会、共青团、妇联等社会团体也要拨出一定的经费举办一定的福利性体育，目的是为了增进本团体成员的身体健康，加强他们团体的凝聚力，丰富他们的业余文化生活。

在市场经济条件下，体育企业组织自己经营、自负盈亏，体育企业拔款的数量应该由企业的需要和经济的可能性来决定，政府无权进行行政干预。

（三）社会集资

体育作为一项社会公益事业，政府有发展它的责任，社会各界也有发展它的义务。体育事业的全民性、社会性、公益性决定了体育经费只靠财政不仅是不现实的，也是不合理的。走依托社会之路是市场经济条件下解决体育经费短缺的重要途径。通过社会筹集体育事业经费，主要有两方面的工作：一是要争取体育彩票能常年不间断发行；二是要建立和完善体育事业各类专项基金。

（四）经营创收

在市场经济条件下，体育经费的一个重要来源就是开发体育自身的商业价值，实现体育的产业化。体育是一项特殊的文化产业，它能向社会提供各种体育服务，能满足人们观赏、娱乐、健身的需要，具有可消费性、有用性，与实物产品一样也可以进入流通，具有价值和使用价值。因此，通过“找市场”来解决经费问题也是理所应当。

我国体育组织的经营创收可通过以下途径。

1. 各种“服务”活动的报酬和运动竞赛的门票收入。

2. 利用竞赛活动，收取广告费、发售电视转播权、出售商品、纪念品、商标、会标使用权等。

3. 组织优秀运动队表演和比赛，组织优秀教练员和运动员进行体育技术辅导。

4. 利用运动设施的空闲时间组织文艺演出、出租场地、器材等。

5. 利用空闲房间办招待所、旅馆、餐厅、小卖部，修理体育器材和其他各种物品以及生产体育物质产品等。

6. 出售体育科技成果，发行和出售体育报刊、杂志、书籍。

7. 争取社会赞助和群众集资、捐款办体育，社会赞助要坚持自觉自愿原则。

三、体育经费的分配

（一）体育经费分配的基本原则

1. 效益原则

效益原则要求以经费使用的预期收益作为经费分配的首要尺度，按照“评估—投入—再评估—再投入”的操作方式去动态的配置体育经费。效益既包括社会效益，也包括经济效益，不能单纯地以经济效益或社会效益的好坏来决定经费拨付的额度。

2. 目标定位原则

目标定位原则就是要合理划分各类体育投资的领域和范围。如：财政投入的体育经费只能投入到基础性建设、基础性研究，以及一些尚无条件走向市场的奥运项目。社会筹集的体育经费，尤其是各类专项基金，在分配上要尽可能体现捐资人的意志，主要用于全民健身计划的实施，以体现“取之于民，用之于民”的宗旨。来自产业创收的体育经费则应作为体育产业的投资，重点用于发展体育本体产业，以促进我国体育产业步入“生产—积累—再生产—再积累”的良性循环。

（二）体育经费分配的基本形式

体育事业经费的分配一般有两种形式：一种是按工作类别进行指令式分配；另一种是按各单位需要实行包干式分配。

1. 指令式分配

体育事业经费指令性分配可依据：各单位近几年经费开支情况，特别是上一年度情况；现有的财力情况，即可分配的经费数额；各单位实际业务需要和发展计划；上级有关经费分配的方针、政策、批示和决定；各单位实际工作成果和经营能力。

2. 包干式分配

按各单位需要实行经费包干、结余留用、超支不补。实行经费包干的具体做法很多，一般步骤是：拟定经费分配计划；召集有关单位领导讨论预分方案；确定和下达资金分配计划；颁布资金使用管理的奖惩条例和政策。

四、体育经费的使用

（一）体育经费使用的基本原则

1. 专款专用原则

严格执行体育资金各项管理使用规定，严格申报审批制度，坚持大宗物资公开招标、集中采购制度，加强监督，严格程度，规范运作。单位根据上级批准的预算，对内部各部门实行经费指标控制，按经费使用的管理权限报有关领导批准后，由单位财务部审核报销。

2. 公开、公正、透明原则

经费的年度使用计划、经费预算、使用结果应向使用单位公开；每项使用计划从立项到审批，均要增强工作的规范性、科学性、严肃性、公正性，坚持秉公办事，提高工作的透明度。

3. 有据可依原则

各项支出的报销，必须要有合法的凭证。在预算的额度内的各项经费开支或承包经费范围内开支实行实报实销。人员经费支出必须严格按照国家规定的人员编制、预算定额、开支标准和工资计划执行。不得自行提高各种补贴。

4. 注重效益原则

充分认识到经费使用的成本，强化预算约束，加强对经费使用情况的动态监控，尽最大可能提高经费的使用效益。

（二）体育经费使用的效益

体育经费的使用可以产生效益，但只有合理使用体育经费，经费的使用效益才会显现。提高体育经费使用效益的途径包括以下方面。

1. 强化经费使用的成本观

体育经费使用是有代价的，也就是说是有成本的。只有经费使用者明确意识到经费使用是有代价的，不合理使用经费会造成经费使用成本增大，效益下降，才可能主动提高体育经费的使用效益。

2. 强化预算约束

严格经费使用的财会制度，做好各项经费使用的预算，并严格按照预算支出使用经费，使经费预算约束硬化，是杜绝经费使用中的浪费现象、提高经费使用效益的一项重要制度保证。

3. 加强对经费使用情况的动态监控

经费的实际使用过程中，由于主客观条件的变化，经费使用可能有高效益产出，也可能只有低效益的产出，甚至根本就没有效益产出。加强对经费使用情况的动态监测，就要改变经费一次性投放的惯例，实行先拨付项目启动经费，然后对项目启动后的实际状况进行评估，评估达到要求后再逐步追加投入，直至项目完成。这样才有可能避免经费的低效和无效使用，进而达到提高经费使用效益的目的。

4. 优化经费与其它资源投入要素的配置

任何活动的开展和活动目标的达成，都是人、财、物等资源投入的结果。经费作为投入要素之一，必须与一定的人和一定的物按一定的比例合理配置才能获得最大的产出，因此，要提高经费使用的效益还必须研究经费与其它投入要素的合理配置问题，根据各单位人、财、物的现状，投入要素的配置要有多种组合方式，研究经费与其它要素的合理替代与配置也是提高经费使用效益的一个途径。

5. 使经费使用与经费筹集形成良性循环

大部分体育事业单位经费使用后所产生的效益是社会效益，诸如奖牌数、输送率、成才率、组织活动的场次和人数等。体育事业单位的管理者和经费使用者应该尽可能地把社会效益的产出与经费筹集挂起钩来。也就是说，要把经费使用的效益作为经费筹集的资本，使经费的使用有助于经费的筹集。这样，经费使用才会具有一定的“生产性”，促使经费使用与经费筹集形成良性循环。

五、体育经费的核算与监督

（一）体育经费的核算

1. 体育经费核算的基本内容

经费核算是指通过相关的指标计算衡量固定资金、流动资金的利用效果，同时找出资金利用过程中的问题和解决问题的方法。为了保证体育资金在分配、使用过程中的合理性、合法性和科学性，要求运用会计方法对经济活动进行记录、计算、分类、汇总，为体育资金管理部门、使用部门提供真实的、正确的、完整的经费信息。体育经费核算包括以下内容。

（1）收入核算。收入是指体育事业单位为开展业务及其他活动依法取得的非偿还性资金。包括财政拨款收入、事业收入、经营收入、上级补助收入等等，要分门别类设立账户进行独立核算。

（2）支出核算。支出是体育事业单位开展业务及其他活动发生的资金耗费和损失。包括事业支出、经营支出、自筹基本建设支出、对附属单位补助支出和上缴上级支出等等，应当正确归集实际发生的各项费用数，不能归集的，应当按照规定的比例合理分摊。经营支出应与经营收入进行适当的配比。

（3）资产核算。资产是体育事业单位占有或者使用的能以货币计量的经济资源，包括流动资产、固定资产、无形资产和对外投资等。实行独立核算的体育事业单位必须按照国家有关规定在银行开设存款帐户，严格遵守银行制度，接受银行监督。

（4）负债核算。负债是体育事业单位所承担的能以货币计量，需要以资产或劳务偿还的债务。包括借入款项、应付款项、暂存款项、应缴款项等，应对不同性质的负债分别进行核算，及时清理并按规定办理结算，保证各项负债在规定的期限内归还。

（5）利润核算。对于企业单位要核算利润总额和利润率水平。利润是企业的各项收入抵减各项耗费后的余额。

2. 体育经费核算的基本要求

（1）搞好经费核算的计划性，对核算的目标、步骤、时间安排做出计划安排，保证经费核算有计划按步骤进行。

（2）完善经费核算的组织工作。对经费核算按业务核算、会计核算、统计核算进行必要的分工，使它们互相补充，力求原始记录真实，定额指标完整无缺，会计帐务及时准确，统计报表系统可靠。

（3）尽量做到结合核算和分口核算相结合，专业结算与群众核算相结合。专业核算是指由专职会计人员进行的核算，群众核算是指除专业人员进行的核算。

（4）要加快资金的周转速度。在资金利润率一定的情况下。一定数量的资金，其周转速度越快，资金的年利润率就越高，年利润量也越多。

（二）体育经费的监督

1. 体育经费监督的基本内容

加强体育经费的监督工作，是提高体育经费管理水平，最大限度地发挥资金使用效益的必然要求。体育经费监督的内容如下。

（1）对预算的监督。对于预算的监督包括检验预算的编制是否符合国家有关方针、政策和财务制度的规定，收入预算是否稳妥可靠，支出预算的安排是否贯彻了重点突出、兼顾一般的原则，预算的编制是否内容完整、数字准确。

（2）对收入的监督。包括各项收费是否按照国家规定的范围和标准，有无擅自扩大收费范围的项目，是否按照国家规定划清了各项收入的界限，并按照规定进行核算。

（3）对资金使用、支出的监督。包括各项支出是否符合国家有关方针、政策和财务制度的规定，是否按照预算规定的范围、内容和开支标准办理各项业务，是否划清了各项支出的界限，是否严格杜绝了资金的留用。

（4）对其他方面的监督。包括是否建立了完善的体育经费管理规章制度，专用基金是否运用得当，对财务标准的执行情况等等。

2. 体育经费监督的基本要求

（1）全面监督，即对体育组织中所有能够用货币资金进行度量的财产物资进行全面的监督，制定详细的规章制度、监察标准。当所监督的经济活动偏离标准值一定范围时，要采取相应的控制手段予以纠正。全面监督主要应用于以下几种情况：①年终决算之前，要对体育组织进行全面监督与监察。②重点项目在审查、实施、执行中要对过程中的每一项活动尽心监督，保证项目顺利完工。③特殊基金的审批、划拨、使用，保证科学、有效达到预定的目标。

（2）专门监督，即根据体育资金管理的需要和有关规定，对某些资金项目进行重点检查与监督。专门监督可以设立专门的监督委员会也可以聘请外部专家来执行专门监督的权利。专门监督主要应用于以下几种情况：① 对涉及金额较大、国家重点扶植的体育专项基金，要设立专门的监督委员会；② 对某些在资金运用过程中问题比较突出的项目；③一些关注国民健康素质的基本建设项目。

第三节　体育物力资源管理

体育物力资源是体育事业发展的物质基础，包括场地、场馆、器材、仪器设备等。体育物力资源管理作为体育管理的一种新兴手段，可以更好的整合开展体育运动所需要的各种载体和硬件，真正的发挥体育物力资源为人民服务的功效。

一、体育物力资源管理概述

（一）体育物力资源管理的定义

经济资源分为物力资源和社会资源两大类。因此，物力资源（Material resources）是经济资源的一部分。物力资源是人类社会经济活动用以依托的客观存在物，其万千形态、特征和用途，源自何方与去向何处，用于生产或用于消费都不改变这一根本属性，因为人们首先必须吃、喝、住、穿，然后才能从事政治、科学、艺术、宗教等等，而人并没有创造物质本身，甚至创造物质的这种或那种能力，只能立足于最初由自然界所提供的物力资源。物力资源按照后天是否被人类加工的属性可分为自然资源和物质资料。自然资源是指自然界天然存在、未经人类加工的资源，如土地、水、生物、能量和矿物等，它是人类生产资料和生活资料的基本来源。物质资料是指人们借助于劳动资料，使劳动对象发生预定的变化，满足人们特定需求的物力资源。

体育物力资源（Sport material resources）是指在从事各种形式的体育娱乐、锻炼、比赛过程中，需要用到的物质资料方面的直接实物条件，是开展体育运动的物质基础，包括场地、场馆、器材、仪器设备等。在体育事业的发展中，凡是能被体育利用可以成为体育发展的物质技术条件的实物都可视为体育物力资源。

体育物力资源管理是指通过一定方式整合资源，以发挥体育物力资源的价值，促使体育组织目标实现的过程。其实质是在开展体育娱乐、锻炼、比赛过程中，协调需要用到的诸如场地、场馆、器材、仪器设备等方面的物质资料，以达到顺利开展体育活动目标的过程。

（二）体育物力资源管理的基本内容

体育物力资源具有二重性：即使用价值和价值。作为使用价值，它是固定资产。作为价值，它是固定资金。因此，对体育物力资源的管理就是两种管理：一种是对体育物力资源物质运动形态的管理；一种是对体育物力资源价值运动形态的管理。体育物力资源的物质运动形态表现在它不断地被使用，经过长时间磨损消耗，要进行维修，再不断使用，中间有时还要进行改造。体育物力资源的价值运动形态表现在体育物力资源的价值随着体育物力资源不断使用、不断消耗而减少，减少的价值变成体育运动的费用。

对体育物力资源物质运动形态的管理属于体育物力资源的技术管理，而对体育物力资源价值运动形态的管理属于经济管理。体育物力资源的技术管理是对体育场地、场馆、器材、仪器设备的日常管理，是贯穿于体育物质运动形态的全过程。体育物力资源的经济管理是对体育设施的价值运动形态的日常管理活动。它和体育设施的技术管理有密切的关系。

二、体育场地的管理

（一）聚胺酯塑胶场地管理

聚胺酯塑胶跑道场地已成为国际比赛的标准场地，其性能是任何场地不能比拟、不能代替的。它已成为现代化运动场，特别是田径运动场的重要标志之一。为了提高聚胺酯塑胶跑道的使用年限，保持其性能的稳定和色泽的绚丽多彩，必须加强管理、维修与保养。

1. 聚胺酯塑胶场地管理的基本要求

（1）应按其适应范围合理使用，一般只供场地所承担的专项训练和比赛使用。

（2）场地是由聚胺酯合成的塑胶弹性体，要禁止各种机动车辆在上面行驶，以防滴油腐蚀胶面。禁止携带易爆、易燃和腐蚀性物品入内。发令枪要妥善保管。不得穿刺，切割地面。要保持地面清洁，避免有害物质的污染。

（3）进入场地者必须穿运动鞋。跑鞋鞋钉不得超过 9 毫米，跳鞋鞋钉不得超过 12 毫米。杠铃、哑铃、铅球、铁饼、标枪等器材必须在特设的运动场使用，严禁在塑胶场地上进行训练。严禁吸烟和吐痰。

（4）要避免长时间的重压。防止剧烈的机械性冲击和磨擦，以免弹性减弱和变形。紧靠内侧沿的第一、二条跑道使用较多，平时应限制使用，必要时可设置障碍物。

2. 聚胺酯塑胶场地的维护

（1）场地的清洗是维修和保养的一项经常性工作。除天天清扫，有污秽随即清洗外，还要做到每季度大洗刷一次，污秽重的地方可加适量洗衣粉刷洗或擦拭。

（2）比赛前后要用水冲刷，以保持场地的色彩和清洁卫生。夏季炎热天气要喷洒凉水，以降低其表面温度。

（3）跑道上的各种线和标志应经常保持清晰醒目。随着时间的延长，塑胶表面会老化，场地的各种标志会褪色。因此，使用数年后最好喷一层塑胶液，重新描画标志线。

（4）场地如发生碎裂、脱层等现象，应按规格要求及时修补，以防蔓延。场地和周围的铅球区、沙坑、草地要经常洒水，以防尘土飞扬，影响场地的清洁。下水道要经常清理，保持场内排水畅通。

（二）煤渣跑道的管理

1. 煤渣跑道管理的基本要求

（1）跑道表面必须保持一定的湿度。跑道的湿度影响跑道的硬度，故跑道表面应经常保持30%左右的湿度。坚持每天喷水（早、晚均可），以保持场地湿润。干旱季节最好每天傍晚洒水，以降低地面温度，便于地下水气融合，节约用水。刮风天要尽可能给场地洒水，以防表层被风吹掉。

（2）保持第一道与外道跑道硬度近似。第一条跑道使用最多，硬度较大，外圈各道使用次数相对较少，硬度较小，而跑道硬度会影响运动员的比赛成绩。为防止第一条跑道快速硬化，可采取以下措施：①新翻修的跑道，可在第一条跑道上放置栏架。让运动员在外圈各道上练习。②一般比赛时，短距离比赛第一条跑道尽量不安排运动员。③如全部跑道每年翻修2次，则第一条跑道应翻修3~4次。④经常铲除第一条跑道紧靠内沿的积土。在多风地区，第一条跑道内沿边容易积土，使跑道左边高于跑道表面，形成向右倾的斜坡，对中长距离跑有影响，故应经常将堆积的尘土铲平。

（3）禁止在跑道上行驶各种车辆（含自行车）。

（4）禁止行人横越跑道。

（5）禁止在场地内吸烟、吐痰、乱扔果皮和纸屑。

（6）布置、收拾器械时要轻拿轻放，不得在场地上拖拉。

2. 煤渣跑道的维护

（1）比赛前，要修整场地、平整跑道、喷水、压实。每次训练或比赛之后要修整场地。

（2）夏季跑道粘性差，尘土大，因此，训练或比赛前后都要洒一次水，以调整软硬度，使场地平整。

（3）场地上的杂草应随时铲除，雨季更应加强除草工作，要在杂草种子尚未成熟以前除草。应备齐日常维修所用的标准土和工具、器械，以便随时使用。

（4）冬季和雨季前，要采取保护性措施，如入冬前保护好3000米障碍跑的水池，雨季前疏通下水道，清除杂草等。

（5）冬季也要经常洒水，以防大风吹掉表面的浮料。洒水最好选择中午太阳光照充足的时候，适量的水会迅速渗透下层，表面不致结冰，既保护了场地，又不影响使用。

（6）下雪后，清理堆雪时要注意轻扫，防止表层煤渣与雪一起扫走，引起地面不平，损坏跑道。

（三）土质场地的管理

1. 土质场地管理的基本要求

（1）进入场地的人一律要穿运动鞋。禁止穿皮鞋、高跟鞋、带钉鞋进入场地。

（2）雨后，场地过湿或过于松软都不得使用。

（3）场地线要随时保持清晰，不清晰线段应及时画好。

（4）禁止在场地内吸烟、吐痰，乱扔果皮、纸屑。布置、收拾训练和比赛器械时要轻拿轻放，不得在场地上拖拉。

2. 土质场地的维护

（1）土质场地应及时进行翻修，这是土质场地维护和保养的重要措施。翻修保养一般应每年春季进行一次。

（2）坚持每天喷水（早、晚均可），以保持场地湿润。刮风天要给场地洒水，以防表面土层被风吹掉。雨后要撒沙碾压，以免场地过于松软。下雪后，趁雪未融化，及时将雪扫出场外，确保场地能及时使用。

（3）球场四周必须有良好的排水通道。在雨季到来前应认真检查和修缮排水通道。

（4）场地上的杂草应随时铲除。雨季更应加强除草工作。要在杂草种籽尚未成熟以前除草。

（5）新建的场地或长期使用后的场地，地面难免有低洼之处，雨后应及时查看修补。

（6）应备齐日常维修所用的标准沙、标准土和工具、器械，以便随时使用。

（7）坚持每天的清扫工作。训练和比赛前后要进行清扫，保持场地整洁卫生。

（8）有条件的场地周围应种上树木，以调节小气候，净化空气，防尘防风，保护地面。

（四）草坪场地的管理

1. 草坪场地管理的基本要求

（1）草坪场地主要供足球、棒球、垒球、板球、高尔夫球以及部分田赛等项目使用。

（2）使用时间要根据季节和草的生长情况来安排。每年 12 月至次年 4 月为草坪保养期，一般不安排使用。5 月份可 2 天使用 1 次。6、7、8 月可每天使用，9、10、11 月可 2 天使用 1 次（以北京地区为例）。我国南方草坪场地可全年使用。具体使用时间应根据当地气候等方面的条件决定。

（3）禁止机动车辆进入草坪。田径运动的掷标枪、铁饼和推铅球等项目，只能比赛时使用草坪地，训练时尽量不使用或少使用。

（4）注意场内卫生。场内不准吸烟，不准乱扔果皮、纸屑和砖头等杂物，也不准随地吐痰。

（5）一切使用单位和使用者都必须严格遵守草坪场地使用规定，爱护草坪和场内的一切设施。

2. 草坪场地的维护

（1）管理人员要了解各种草的生长规律和使用特点。

（2）每年12月至次年4月，是草的“冬眠初育期”，是草坪维护与保养的重要阶段。在我国北方，进入这个阶段，特别是3月初至4月底，应每隔2天浇1次“返青”水，水要浇透，保持场地湿润。浇水时间应根据天气和气温决定。同时要看好场地，不准踏踩。

（3）草苗长出地面1厘米之后，要拔除野草。开始7天拔一次，连续拔4～6次。视野草生长情况确定拔草时间和次数。

（4）5、6月中旬视草苗的长势施肥。每块足球场大小的草坪可施化肥200千克，施1～2次即可。方法：一是将化肥均匀地撒在草坪上，然后浇大水；二是把化肥溶于水中喷洒在草坪上。后一种方法更有利于草的生长。

（5）草坪要定期剪修，保持平整，高度为4～5厘米。剪草用剪草机进行，以装有引擎的手推式剪草机为佳。剪草以在一天内剪完一遍为好。剪草之前要用1吨重碾子压一遍，以免杂物损伤剪刀。剪下来的草应立即清除，以免霉烂，损坏草坪。

（6）草坪损坏的地方要及时栽补，避免裸露部分蔓延。镶补草坪的方法：镶补前，应将表面泥土掘松2～3厘米（以使草坪能很快在新环境中生根），将多余的泥土移到旁边（和旧草坪接缝的边缘要多移一些），然后将移过来的草皮一块块镶上。新草坪与旧草坪之间要留有1.5～2厘米的空隙，并填满泥土。新镶的草坪应比原有地面高出1.5～2厘米，接缝处高1厘米左右。要浇洒足量的水，略干后，用1吨重碾子碾压两遍，使草坪平伏、结实，利于草生根繁殖。

（7）入冬前要浇冬水1～2次。冬季，待草茎全部干枯后，选微风天将草坪火烧一遍。

（五）木质场地的管理

1. 木质场地管理的基本要求

（1）进入场地的运动员、裁判员和工作人员等必须穿软底鞋，禁止穿皮鞋、高跟鞋和带钉鞋入内。

（2）场内严禁吸烟、吐痰和泼水。禁止在场内踢足球、投掷重器械。场内固定器材不得随意移动。比赛前后布置和收拾器材用具时，要注意轻拿轻放，不得在场上拖拉器械。

2. 木质场地的维护

（1）涂地板蜡。涂蜡是保护木质地板的重要措施。能保持地板不干、不裂、不变质。涂蜡也有缺点，地板表面太光滑，运动员容易摔跤，影响技术发挥。因此，打蜡应视各个场馆的实际情况进行。打蜡时间与方法：每年春季，地湿返潮前打蜡，将地板擦干净晾干。可用碱水或洗衣粉溶液洗擦，也可先用“草根刷子”刷洗，然后用清水冲刷、擦净、晾干。上地板色。色度视地板底色定，亦可根据运动项目的需要进行调配，浓度不宜过大。涂地板蜡。先将蜡装入用豆包布缝制的小袋内（30×20 厘米），然后从场地某点开始，由前向后，均匀地把蜡涂在地板上。1～2 小时后用打蜡机抛光。

（2）涂地板油。地板油由 10 号柴油、机油、松香等原料配制而成，具有使地板不干燥、不变质以及防腐、防滑等作用。一般情况下每周涂 1～2 次，气候干燥时次数可视需要适当增加。涂法：将地板油洒在线墩布上，用墩布拖擦地板一遇到两遍。

（3）涂防滑油。体育比赛时，为防止场上运动员脚打滑才使用防滑油。涂法：将防滑油洒在线墩布上，用墩布拖擦地面。最好是用煤油墩布擦净地板后再涂防滑油。防滑油应视实际需要涂用。例如，篮球比赛时，篮板下的地板要多涂些，中场少涂些。一般是场上运动员跑动、跳跃较多的区域应涂油多一些，跑动、跳跃少的区域不涂或少涂。

（4）防滑膜地板。地板上覆盖一层防滑膜。耐磨不涩，很适合运动需要。但它比较怕水、怕灰尘，故要经常保持场地内的卫生。没有比赛时，要保持每天用干净的干布拖擦一遍。比赛前后要拖擦。有比赛时每天要拖擦三四遍。

（5）海绵垫（包）、地毯覆盖的地面。每季翻晾、通风一次，以防水气侵蚀地板和器材。使用直接贴铺在地板上的橡胶面场地，更应定期或不定期翻晾，做好防腐工作。

三、体育设施的管理

（一）体育设施的分类

1. 按运动项目划分

体育设施可分为田径、球类、体操、游泳等各种不同的体育项目场地，不同项目的体育设施，其建筑标准和设备配置也就不同。

2. 按具体用途划分

群众性的体育设施，这种体育设施主要供群众进行一般的身体锻炼用，也可以用于群众性的竞赛活动。运动训练的体育设施，主要用于优秀运动员进行运动训练。例如，国家运动训练基地和省、市优秀运动员的各种训练场馆等。它的建筑标准和设备配置要较多考虑运动训练的需要，以利于提高运动技术水平；运动竞赛的体育设施，主要用于国内外比较重大的体育竞赛活动，它的场地和设备比较先进，有舒适看台，还有为观众和运动员服务的各种设施。

3. 按管理形式划分

公共体育设施，它有专门的管理机构和管理人员以及独立的经费预算，实行对外开放。例如，各级体育局系统的公共体育场馆；单位体育设施，它本身没有专门的管理机构和独立的经费预算，附属于各个单位，受该单位的直接管理，一般不对外开放，如学校、工厂、部队的体育场所。这种划分不仅有利于规划体育设施的建设，还便于采取不同的方法对它们进行管理。

4. 按经营目的划分

营利性体育设施，按市场经济规律进行运作，开展各种经营性服务；非营利性体育设施，主要为人们提供各种福利性的体育服务。也可通过一定方式适当收费，但其经营收入的目的是为了提供更好的社会服务。

（二）体育设施的建设

1. 体育设施的建设计划

建设计划是体育设施建设的重要依据，它直接关系到体育设施投资的社会效益和经济效益。因此，必须根据体育事业发展的需要和国家财力的可能，制定一个符合发展实际的体育设施建设计划，用以指导和组织体育设施的建没工作。

体育设施建设计划的任务是：合理确定体育设施的建设规模和速度，保证体育设施建设的不断增长，以适应体育事业发展的需要；合理分配体育设施的建设投资，保证各种类型体育设施的均衡发展以及在各个地区的合理布局；不断用先进的体育设备装备各个体育设施，特别是要提高大型竞赛设施和训练设施的现代化水平；尽量缩短建设期限，提高工程质量，降低工程造价，使体育设施投资产生最大的社会效益和经济效益。

体育设施建设计划的内容包括：建设投资计划、新增体育设施的数量计划、体育设施建设计划项目表以及辅助计划等。其中体育设施的投资计划是整个体育设施计划的根本，它决定设施建设的规模和进度，其主要指标是体育设施的投资额。投资额是以货币表现的体育设施建设的工作总量。合理确定投资额是控制体育设施建设规模大小的关键。我国体育设施的建设投资是在日常的体育事业费之外，由国家财政另行拨款或由企业家投资的。体育设施投资额的确定，应当考虑到体育事业发展的需要，同时，也要考虑到国家财政投资的可能。

体育设施建设计划的形式有长期计划，中期计划和短期计划。并要有长期计划，在长期计划的基础上制定中期计划和短期计划，才能使体育设施的建设循序渐进，不断发展。体育设施的建设如没有计划，由个别领导人随意决定，不可能把体育设施建设工作搞好。

2. 体育设施的设计和施工

体育设施的设计是体育设施建设工作的一个重要环节。科学组织体育设施的设计工作，及时提供优良的设计文件，不是一个单纯的体育建筑的技术问题，而是与发展体育事业密切相关的技术经济问题。因为设计工作从经济和技术上给体育设施做了一个详细的规划，它规定了拟建体育设施的技术装备，构造性质及其服务能力。我国体育设施建设的实践表明，设计工作上的任何缺陷，无论是经济方面或技术方面，绝大部分都将反映在未来体育建设的使用效果上。例如，我国有的大型体育馆，由于设计不合理，建筑规模过大，辅助面积过多，装饰标准过高，只考虑体育比赛需要，忽视群众体育活动的需要。结果，导致工程造价高，体育利用率和观众满座率低等弊端。可见，设计工作不仅是搞好体育没施基本建设工作的关键，而且，对提高拟建体育设施的社会经济效益也有极大关系。

体育设施设计应注意以下方面问题。

（1）建筑规模不宜过大，一般应以中、小型为宜。合理确定体育设施的建筑规模，是体育设施设计工作的首要原则。建筑规模大小的确定，首先应以有利于提高观众的满座率和体育的使用率为依据。一般的情况是，除了国家级的体育设施，其规模应当大些外，一般应以中、小为宜，否则，规模过大，造价就会提高，使用率和满座率都会相对降低。

（2）观众座席要尽量增加。在体育设施的建筑规模为一定的情况下，应当尽量增加观众座位，以提高体育设施的服务能力。为此，体育设施的辅助面积不要太大，不要设置过多的休息厅、贵宾厅、展览厅等，否则会使设施的使用率降低，造成浪费。

（3）体育设施的功能不宜单一，应注意专用和多用的结合。由于体育竞赛活动具有周期性和时间性，某些运动项目具有季节性，因此，体育设施的设计不宜单纯考虑用于体育活动和竞赛，应当考虑其功能使用的问题，做到专用和多用结合。也就是说，设计修建的体育设施既能用于体育比赛，又能用于运动训练，既能用于群众体育文化活动，又能用于体育以外的其它社会活动（文艺演出），以提高体育设施的使用率。

（4）占地面积要合理利用，并为今后的改建创造条件。体育设施的占地面积一般都比较大，一定要注意合理使用。因此，设计时不仅要考虑建设比赛和训练场所，而且还要考虑如何充分利用占地面积开辟群众体育活动场所，以及其他生产与服务设施。例如，修理车间、住宿部、小卖部、娱乐场等。此外，设计的简易训练房和带看台的灯光场，今后还能改建为小型体育馆。施工是体育设施设计后一项重要基本建设环节。施工的经济问题就是如何缩短建设期限和降低施工费用。对于修建体育设施的单位来说，为了缩短建设期限就要合理安排建设项目，集中使用力量，并做好施工前的设计以及各种材料的准备工作。为了减少施工费用，可以自己组织施工力量，动员本单位职工参加一定的义务劳动等。

（三）体育设施的业务管理

体育设施业务活动由体育场、馆长主管，具体由业务部门负责。业务部门根据体育设施新的工作计划，拟定本部门工作计划，报场、馆长批准后，负责组织实施。

本年度重大活动，应合理安排。例如承办或组织各类体育竞赛活动、群众体育活动、国际比赛等。

经营性体育设施业务管理的宗旨是通过提供完美的服务，满足各类消费者的需求，并由此获得发展的条件和可能。为达到此目标应把握以下几点。

1. 以消费者需要为中心

消费者需要是衡量一项服务内容、一个服务环节和一种服务方式是否应该存在的最终标准。随着人们体育消费意识的增强以及体育设施和服务水平的不断改善，体育消费者的期望值也在不断提高，体育设施经营服务要达到消费者的期望值，满足不同消费者的不同需求，必须通过市场调研深入了解消费者需要，并根据消费者的要求设计服务的内容和方式。

2. 服务过程应体现可参与性和灵活性

可参与性是指让消费者体验参与的乐趣，并在参与中得到锻炼和休闲。体育设施服务的参与性很强，消费者在体育活动中不仅要锻炼身体，还期望得到身心的放松和精神上的享受，因此在进行服务过程设计时，要考虑到具有趣味性、健身性、新奇性或刺激性，才能受消费者的欢迎，给消费者舒适的感觉和精神上的享受。灵活性是因为消费者之间存在需求差异，同时消费过程存在随机性并会出现一些突发事件，所以体育设施服务应该随机应变，要求在不损害消费者的原则下，灵活地提供服务。例如，初次来的与经常来的、懂得运动规则的与不懂运动规则的、青年人与老年人、男士与女士等，都要视情况灵活服务，以满足他们的不同需求。

3. 服务过程必须最大限度地方便消费者

在设计服务方式时要从消费者方便为出发点，研究每一种服务应在什么时间、地点，什么情况下提供最合适。设计应尽量减少活动前及活动结束后的手续环节，避免由消费者履行过多的复杂手续。

4. 服务过程必须体现自身特色

体育设施经营服务的特色，除了从民族、地方特色，或在经营规模、档次等方面来体现特色外，最重要的是以服务内容来突出特色，在服务行为上突出个性化，在服务质量上提高水平，创造出独有的特色来吸引消费者。

（四）体育设施的财产物资管理

体育设施的财产物资包括固定资产、材料和低值易耗品。对财产物资的管理是指对财产物资的购置、安装、使用、维修、直至报废的全过程的综合管理。物资设备是体育设施正常工作和生活的物质基础，是保证完成训练任务、运动竞赛、群众体育活动以及多种经营活动所必不可少的物质条件。管好、用好设施的财产物资，是节约经费开支的一个重要方面。因此，必须建立财产物资管理机构，健全各项财产物资管理制度，充分发挥财产物资的作用。

（五）体育设施的会计核算和监督

随着我国经济体制由社会主义计划经济向社会主义市场经济的转变，体育也由事业型向产业化方向发展，因此，对体育设施实行企业化管理，已成为必然趋势。会计是实行企业化管理的重要工具，体育设施会计的基本任务主要是准确地、及时地记录和反映收支情况，为领导提供经济信息；监督和促进财政制度，财政纪律的贯彻执行。充分利用会计资料及其他有关资料，做出经营预测，参与决策，发挥会计工作的更大作用等。

对于体育设施来说，会计管理内容有以下三个方面：所拥有的各项财产的实有额及其来源和形成状况；在多种经营过程中发生的人力、物力和财力的消耗，即各项费用成本；在经营过程中取得的各项收入。

（六）体育设施的维护

体育设施的维护包括防火安全管理、地板及座椅的维护、音响设备管理、照明电路管理、预防突发性事故、水质管理、浴室管理、音响管理、照明管理等。体育设施同其他机械设备一样，存在着各种磨损，所以应加强保养与维修，合理安排场馆设备的使用，及时维修设施设备，最大限度地发挥设备的作用，提高体育设施的安全使用率。

（七）体育设施的破坏性行为预防

预防观众的破坏性行为是体育设施管理中一项十分重要的问题，应做到正确的舆论导向，合理科学的建筑设计，严密的防范组织和预防措施，良好的职工素质和优良的社会服务。强有力的管理和灵活多样的防范措施对于有效地预防破坏性活动，保证观众人身安全和场馆设施不遭破坏，使运动竞赛顺利进行具有重要意义。

四、体育器材管理

（一）体育器材的分类

体育器材是对体育活动所使用的各种器械、装备及用品的总称。体育器材与体育运动相互依存，相互促进。体育运动的普及和运动项目的多样化使体育器材的种类、规格等都得到发展。体育器材主要有三种分类方法。

1. 依据体育运动的项目分类

这是将所有与同一运动项目有关的器材和装备等归为一类的方法，如田径器材、举重器材、冰雪器材等。

2. 依据体育器材的性质分类

一般可分为指定器材、自备器材、场地器材和其他器材等 4 类。指定器材类是竞赛双方共同使用的，为避免产生分歧而需事前加以指定器材的牌号（商标）、生产厂家及规格型号。自备器材类是运动员自己使用的器材，如球拍、帆船和赛艇、船桨、运动服装、护具、鞋帽等。场地器材类是指竞赛和训练场馆的设施装备器材用具，如各种球门、球架、挡板、计时记分装备、裁判用具等等。其他器材主要指非竞赛使用的器材，一般是体能训练、健身活动、体育游艺用器材。

3. 依据体育器材的用途分类

分为竞技体育器材、国防军事体育器材、民间体育器材、健身健美体疗康复器材、儿童体育游艺器材、伤残人竞技器材、辅助性器材等。

（二）体育器材的购置管理

体育器材的质量直接关系到使用者安全，为此，必须严把体育器材的购置关。器材设备的质量决定于生产使用的材料和工艺，在购置器材设备时，要对生产厂家和选购的器材进行深入的考察，严格检查质量。对于比赛用器材设备，更应按比赛规则的要求，严格把关。尤其应注意检查器材设备上制造厂商的名称、标记或商标，看其是否符合比赛规则中的有关规定。因为一些国际单项协会对此有比较严格的规定，例如，国际田联的田径比赛规则中规定："在比赛场内使用的器械上，制造商的名称、标记或商标，必须限于每件只能有一个标记，其高度不得超过 3 厘米。"

这种器材应包括栏架、横杆、报圈用铜钟、投掷器材等，只有上述器材的制造厂商才能在器材上放置自己的标记或商标。国际田联还规定了“跳高和撑竿跳高落地区海绵包上，可有一个或两个制造商的名称或标记，在与助跑方向成直角的两侧各放一个，其字体高度应为海绵包高度的十分之一，最高为 10 厘米”。上述这些规定，许多厂商不熟悉，而国际田联对于这些标记或商标的检查又比较严格，如果不了解这些知识，往往使购进的器材设备不能用于国际比赛，既影响了比赛又造成浪费。

（三）体育器材的入库管理

进入器材室或器材库的体育器材，应根据发货单进行验收，然后登记入库，通常采取填写器材登记表的形式登记器材设备。登记表应包括器械、器材设备的名称、数量、单价、规格、生产厂家、入库时间和备注等。

体育器材的保管多采用分类保管，例如大型田径比赛需要的器材设备共 100 多种，通常在器材库内按以下几类分别保管：径赛、马拉松、竞走、跳跃，投掷和共同使用的器材设备，在每类中又可以做更细的划分。

体育器材的保管方法必须保证设备的质量不受影响。例如跳高和撑竿跳高用的横杆、标枪等器材的保管，必须保证横杆和枪身不变形。电子设备必须置于干燥的房间内，有的需要保存在有空调设备的房间内。多数器材应放在特制的架子上，器械可置于干燥的地面上。总之，体育器械、器材的保管方法应服从于该设备的特殊要求，任何设备都不能置于露天，受风吹、日晒、雨淋的侵蚀。

（四）体育器材的日常管理

1. 体育器材的使用要求

在使用器材时应注意的事项如下。

（1）首先应注意器材的生产厂家，熟悉器材的性能，并掌握器材的特点。

（2）注意器材的使用期限和保养维修方法。

（3）注意掌握器材的一般构造和主要的功能以及易出现的问题，如滑轮的磨损、链条和钢丝绳的断裂、弹簧的失性以及摩擦片摩擦的失灵等。

（4）注意存留零件的备用件，以备将来更换。

2. 体育器材的常规维护与保养

（1）每天清扫训练房和健身房 1～2 次，保持室内一定的湿度，使器材活动部位不受尘土侵袭，以减轻磨损。

（2）对器材的各部位，应每天检查 1 次，查看螺丝是否松动，有无开焊、断裂之处，如有异常现象，应及时修理，保证器材安全完整和及时使用。

（3）对器材各部位，定时加油紧固或更换磨损件。

（4）对所有器材，每天要擦拭并码放整齐。

（5）器材的座面如果是人造革或牛皮面的应做布套包好，以便于清洗和延长使用寿命。

（6）对各种器材，要按规定合理使用，重量块回位要轻放，对调整重量的插销要保存好，不能乱扔乱放。

（7）常备易损件（如螺丝、钢丝绳、接头、销子、滑轮和握把等），如有丢失和损坏，要及时更换。

3. 体育器材日常管理的基本要求

体育器材的有效管理，首先要求负责管理人员具有较强的责任意识和敬业精神。其次，管理者还应掌握所有器材的性能、功能及简单构造原理。掌握各种器材的使用方法，并会维修和保养，使各种器材能正常地使用并能延长使用寿命，尽力减少由于管理不当而出现的损失和由于宣传教育不够而出现意外损坏。作为管理部门，应定出完善的管理规章制度，内容包括器材的使用范围室内的卫生规定，器材的使用方法及维修保养制度。应按日、周月、季度、半年及一年进行维修和保养，形成制度后要严格执行，管理部门应按时检查，这样才能减少事故的发生和器材的损失。

第四节　体育科技资源管理

体育科技资源管理旨在正确掌握和运用体育科技活动的特点与规律，提高体育科技组织管理水平，促进体育科技的发展，加速科技兴体步伐。体育科技管理涉及多方面的内容，既有宏观管理，又有微观管理。

一、体育科技资源管理概述

（一）体育科技资源管理的含义

科技资源（Science & Technology Resources）是人类从事科技活动所利用的各种物质与精神财富的总称。它是科技创新的物质基础，也是提高经济社会发展速度、质量和效益的重要保障。广义的科技资源包括一切可以直接或经过开发后间接为科技活动提供价值的资源，如科技人力资源、科技财力资源、科技物力资源和科技信息资源等。狭义的科技资源是指物化和信息化的科技资源，包括用于各种科技活动的工具和信息及其物质、技术支撑条件（吴家喜，2010）。

体育科技资源是指用于体育活动的科技资源。体育科技资源管理管理是指通过一定方式整合资源，以发挥体育科技资源的价值，促使体育组织目标实现的过程。体育科技资源的管理主体主要包括政府、企事业单位等负责科研管理的具体部门，管理的对象包括各类科技资源，管理的目标是发挥体育科技资源的价值，帮助体育组织实现既定的目标。

（二）体育科技资源管理的基本特点

体育科技资源管理工作是一种与物质生产具有明显区别的知识生产的特殊形式，这种特殊性主要表现在两个方面：一是创造性，二是探索性。与体育科技工作的特殊性相适应，体育科技管理也有着两个最基本的特点。

1. 灵活性

体育科技管理的灵活性贯穿于体育科技工作的全过程。首先，从科技选题的管理来看，不宜采取硬性规定的方式，而应当保持一定的弹性；其次，由于科技工作具有探索性，所以在实施既定研究方案与计划的过程中，往往需要根据实际情况修改方案与计划，甚至完全推翻原定方案、计划，重新开始；再次，科技工作的自由度很大，成功与失败同在，风险与创造交错，只有尽可能地调动与充分发挥体育科技工作者的积极性和创造性，才能真正地完成各项科技任务。譬如在组织指挥上，应当以学术领导为主，对科技人员的学术活动不宜随意进行行政干预。还应充分发扬民主，鼓励学术交流和百家争鸣，以营造一种良好的学术氛围，提高科技人员的创造力。在人事管理上，应尊重科技人员的愿望，为人才的流动提供方便。

2. 复杂性

体育科技管理的复杂性有多方面表现。首先，由于现代体育的发展使体育科学研究的规模和组织形式等发生了巨大变化，现代体育的许多重大科研课题一般都具有广博性、多结构性、多分支性和综合性，因此，完成这类科研课题往往需要组织多学科的各种专业人员来共同协作，需要投入大量的人力、物力和财力，耗费较长的时间。其次，由于体育在整个社会中的地位和作用日益增强，发展体育科学技术已不再是一般性的决策，而需要综合考虑多种复杂因素，运用科学的程序进行统筹规划，从而使得体育科技管理的复杂性进一步增大。第三，从具体的管理工作来看，体育科研课题的选择和计划安排也是比较复杂的，不仅要选准课题方向，而且要加强计划预测，时刻关注情况的发展变化，因此，必须充分发挥科技情报信息和科技预测的作用。

（三）体育科技资源管理的基本内容

体育科技资源管理的基本内容包括以下方面。

1. 制定体育科学技术政策。

2. 选定发展体育科学技术和进行体育科学研究的方向与任务。

3. 制订有关规划和计划。

4. 科学地组织体育科技队伍，按工作需要建立相应的体育科研组织机构。包括对科技人员的考核和任用，建立与科研任务相适应的课题组、研究室、实验室等，最大限度地调动和发挥科技人员的积极性、创造性。

5. 为体育科技工作提供必需的物资条件。包括经费、物资、实验设备等，并进行有效的管理，使体育科技充分发挥效力。提供体育科技工作所需要的图书与情报资料，其中包括相应的学术交流。

6. 开展培训。按工作需要和研究人员的具体情况，进行智力投资，对科技人员进行必要的培训。

7. 协调与控制。对体育科研工作进行三维交叉控制与协调，即在垂直的纵向系统（如上、下级关系）、水平的横向系统（如各部门、各单位之间的关系）及时间顺序（通过计划和规划具体体现出来）3 个方向上进行有效的组织协调与控制。

8. 组织科技成果的鉴定、推广及其管理工作。

（四）体育科技资源管理的基本原则

为了达到体育科技管理的目标，实现体育科技管理的科学化，必须遵循体育科技发展的规律，运用体育科技管理的原则，进行体育科技资源管理。

1. 全局性原则

现代体育科技的管理，已不再是过去分散、局部的管理，而是处在各个层次的整体管理之中。全局性管理原则，要求从整体出发，根据多种参数，通盘筹划，统一指挥，实现最优调节与控制，取得最佳效果。

2. 综合平衡原则

主要是指正确处理科学技术发展与条件的综合平衡关系，使需要与可能统一，任务与条件一致，把科技发展同社会需要、科研能力、经济与资源条件等相关联的诸因素置于统一体中，寻求动态平衡。

3. 分工协作原则

加强分工协作有利于提高科学研究的效率。它要求对科技工作进行科学分解和合理分工，并进行有效的协作，促进体育科技的发展。

4. 经济性原则

进行体育科技管理也应讲求经济效果，它要求精打细算，厉行节约，力求最有效地把有限的人力、物力、财力、时间和信息，投放到最需要的地方，并尽量缩短研究周期，多出、快出科技成果和科技人才，提高科技效益。

5. 动态管理原则

科学技术是开发性工作，随时会遇到很多新问题，因此必须建立反馈系统，实行动态管理。管理者要随时掌握动态，根据不同的科研任务、各阶段的不同要求以及情况的变化，对管理因素适时地进行调整和重新组合，以取得科技工作的高效率。

二、体育科技规划

制定体育科技规划是体育科技宏观管理的重要内容之一。体育科技规划是体育事业发展计划的组成部分，是对较长时期发展体育科技的纲领性总体计划。它的主要任务是根据现代体育科技发展的特点与趋势，从体育发展的长远和近期需要出发，确定发展科技的战略目标，并拟定实现目标的主要措施。它集中体现了科技发展的战略思想，是制定体育科技近期计划和年度计划的依据。

（一）体育科技规划的基本组成部分

体育科技规划一般由规划纲要、专项规划和具体措施三部分组成。

1. 规划纲要

它是规划的核心部分，主要包括规划期内体育科技发展的战略目标、发展方向和各阶段的主要任务，以及若干主要领域和体育技术政策。纲要中还应提出实施规划的重大措施。

2. 专项规划

它主要包括重点领域的科技规划；重点地区的体育科技发展规划和新兴领域的科技发展规划（这三项是专项规划的主体）。此外还有重大科学研究和攻关任务规划；重大科技成果推广应用规划；重点基础项目研究规划和体育科技工作发展规划等。

3. 具体措施

它是实施规划的保证，一般包括体育科技队伍的培养和建设，科研经费的提供，科学实验、设备、手段和原材料供应，科研机构和实验室建设与配置，科技情报机构的建设，国际科技合作与交流，科技管理干部队伍的专业化等。

（二）体育科技规划编制的注意事项

编制体育科技规划，一般来说，需要考虑以下问题。

1. 规划的目标任务

作为区域性体育科技发展规划，其目标主要是形成符合本区域实情的体育科研体系和科技服务体系。体育科技规划的任务是：（1）选准战略主攻方向，确定重点，包括确定科技优先发展领域等；（2）对选定的重点发展目标，制订相应的技术政策和装备政策；（3）确定科技研究的主要任务，同时编制规划纲要和各项专题规划。

2. 选准战略发展重点和优先发展领域

选择战略发展重点的主要依据是：体育发展中的战略重点；具有地区技术优势，

能较快形成新技术的重点项目；对整个体育发展具有制约作用的薄弱环节；具有国际竞争能力的优势项目。确定优先发展领域需考虑的问题是，能发挥地区技术优势，较快产生较大综合效益的领域；经过预测有广阔发展前景的领域；符合本地区技术结构、人员智力结构及现有科研能力的条件；综合性较强，适宜组织联合攻关的领域。

3. 制定技术政策

技术政策主要考虑和解决两个问题，一是选择何项技术；二是技术发展的目标和水平。

4. 政策与措施

制定体育科技政策措施应有科学依据，并注意政策的严肃性、连贯性和灵活性。在体育科技规划中应体现知识分子政策、科研政策、奖励政策、学术方针和国际合作与交流等项政策。

（三）体育科技规划编制的要点

1. 搞好体育科技规划与计划的衔接

计划管理首先要保证计划体系的连续性，使战略目标、实施 步骤同当前的工作部署结合起来，这就需要搞好计划与规划的互相衔接，使规划的战略目标和计划的阶段指标协调统一。搞好计划与规划的衔接，可采用滚动计划法和计划—规划—预算综合编制法。

2. 落实项目

实施计划的基础是项目的落实。一般可通过招标，择优下达任务和直接下达项目指令这两种形式落实科技项目。

3. 加强计划执行情况的检查

这是计划管理的重要环节，否则无法对执行过程进行有效控制。

4. 注意计划的调整

科研活动是探索未知的创造性劳动，有许多不确定因素事先难以预见，因此在执行科技计划的过程中，应根据具体情况及其变化，及时向上级申请修改与调整计划。

三、体育科研项目管理

（一）体育科研项目的来源与分类

1. 体育科研项目的来源

（1）上级机关下达。主要是指国务院有关部委等，根据社会发展和体育工作的需要，综合考虑而拟定的体育科技发展规划和计划。这些规划与计划，明确提出了某个阶段或时期体育科技发展的方向、奋斗目标、任务措施、实施步骤和研究重点等，其中也拟定了一些科研项目或方向，供有关研究部门选择与申报。

（2）系统内外委托。主要是指本系统内的协作项目和系统外的委托项目。系统内的协作项目是同一个系统内的某个部门，由于受到各方面条件的限制，需要在本系统内组织协作研究；系统外的委托项目往往是因为超过了本系统的条件许可或者其他系统具有更大的优势，需要外系统进行协作，而委托外系统进行的项目研究。

（3）自选。自选项目分为计划内自选项目与计划外自选项目。计划内自选项目是按计划的统一要求，由各科研单位进行的有组织的选题和研究；计划外自选项目是由科研人员根据自己的特点和研究专长，自己提出的研究课题。一般来说，这类课题并未纳入国家、省、部（委）等科研计划，多是由科研人员所在单位自行批准立项的科研课题。

2. 体育科研项目的分类

对科研项目进行准确分类，可以使管理者做到心中有数，达到重点明确、指导有序。目前，科研项目一般可以按学科体系、管理层次、科研规模、重点程度和成果形态等不同标准进行分类：按研究性质可将课题与项目划分为基础研究、应用研究和综合研究；按课题与项目的管理层次可分为国家级项目、部（委）级项目、地方项目和单位项目；按研究规模可将课题与项目分为大项目、中项目和小项目；按重要程度可将课题与项目划分为重点课题与一般课题。

（二）体育科研项目的申报与审批

确定、申报体育科研项目是进行科研过程管理的基础步骤和关键环节，因为若没有课题与项目，也就无所谓科研过程的管理。

1. 确定体育科研项目的步骤

从问题的设想、提出，到课题与项目的最终确定，一般可以分为以下几个步骤。

（1）调研。调研是形成课题与项目的第一步，通过调研可以发现问题、提出问题。调研的内容一般包括历史与现状、国内外技术发展水平、需要与可能等，其方法主要有文献资料法、现场调查法、专家咨询法和数理统计法等。

（2）分析。分析是指对调研搜集来的有关材料归纳整理，然后进行系统的综合分析，从中找出要解决的关键性问题，进而提出课题与项目，并写出调研报告。

（3）提出设想，制定方案。在调研和对调研材料进行综合分析之后，接着就要确定课题或项目的名称，然后明确提出课题研究的目的和意义以及国内外研究水平与动态，最后拟定研究内容、需要解决的关键性问题、重点与难点、研究方法、研究对象和预期效果。

（4）确定课题。对提出的设想、制定的方案进行全面、综合的讨论后，最终确定科研课题或项目。

2. 开题报告

开题报告是确定科研项目的重要一环。要把好科研过程管理中的各个环节，首先要把好开题报告这一关。为此，首先要审核开题条件。通过开题条件的审核，明确所选课题或项目的社会、经济或理论、实践意义，以及研究目标、内容、基本条件和研究人员的组织等。接着，应认真填写科研项目的计划任务书并组织申报。课题计划任务书的填写，必须根据课题设计的指导思想，并遵循一定的格式。一般来说，科研课题计划任务书包括项目名称、科研类别、起止时间；项目研究的目的、意义及国内外水平和发展趋势；主要研究内容、重点、难点和采用的方法、途径及技术关键；预期的社会、经济、技术效果；现有基础和准备情况；计划进度指标；经费概算等多项内容。计划任务书的填写一定要实事求是、目标明确、条理清晰、文理通顺、言简意明。在按要求填写好课题计划任务书之后，就可以向相应的课题管理部门申报了。

3. 科研项目的审批

审批是对开题报告的内容进行全面、认真的审查，并进行可行性论证和同行评议。这是确定科研项目的最后一关。由于我国体育科研项目实行分级管理，因而不同的管理层次有不同的要求。在对申报课题与项目进行审批时，要与其管理层次相对应，根据本层次的管理目标和需要来确定课题与项目。审批课题与项目，要注意系统地分析开题报告，组织同行专家评议。对重大的课题还要组织专门的可行性论证。

（三）体育科研项目的组织实施

1. 组建课题组

课题组是具体进行科学研究的基层单位，它直接关系到科学研究的成效。课题组的规模应根据课题研究的任务来确定，依此挑选相应的科研人员参加。各层次人员的搭配比例要适中。同时，还要为课题组创造一定的科研条件，提供一定的仪器、设备和实验场所等。课题组长是搞好课题研究的关键，作为一个课题组长，一般来说应具有较深厚的专业基础理论知识，业务能力强，具有创新精神、丰富的想象力和浓厚的钻研兴趣，同时还要有一定的组织管理能力、较好的科研道德和严肃的科学态度。

2. 课题实施过程的中后期管理

科研课题的中后期管理，一般是指课题立项付诸实施之后，到完成课题的这段时间的管理。它是科研实施过程管理中一项最基本的日常性工作，其目的在于切实了解科研课题的进展情况和研究过程中出现的问题，并实施行之有效的控制、协调和综合平衡。课题的中、后期管理具体包括以下内容。

（1）中期检查。主要是检查课题实施方案的制定、课题任务的分工与落实、课题进度、人员、器材、经费落实等情况，同时协助课题组解决在科研过程中出现的新情况、新问题，对有关科研条件进行经常的协调，促使科研任务的顺利完成。

（2）阶段小结。承担课题研究的单位第一年（必要时可半年）必须填报一次课题进展、执行情况的小结，并上报科技管理部门审阅、备案。阶段小结的内容主要有计划进度执行情况、存在的主要问题，对进展情况的总体评价、经费使用情况，以及阶段成果等。

3. 课题总结

一项课题或项目完成后，都必须写出总结报告。课题总结报告的内容主要包括：课题概况，即课题的来源、下达时间、承担单位和协作单位及研究过程概要；研究内容，即课题所取得的研究成果，所达到的主要技术指标和社会经济指标；结论，即对课题的研究成果与价值进行评价；建议，通过研究，对在体育运动或运动技术中存在的问题提出改进建议。课题总结报告写好后应分别报送课题管理部门和课题下达单位。如课题需要鉴定，承担课题的单位还要写出鉴定或评审申请报告，连同课题总结一起报送课题下达单位，经课题下达单位审批同意后，按国家科学技术委员会制定的鉴定程序组织结题鉴定。

（四）体育科研项目成果的推广

体育课题与项目成果的推广是科研活动的目标和归宿，对体育科技成果的管理是科技管理工作的重要组成部分。因此，不断促使体育科技成果转变为直接生产力，为体育事业的发展服务，是体育科技管理工作的一项重要任务。

一般来说，体育课题与项目成果的推广主要通过以下途径。

1. 技术转让

科技成果的供求双方在自愿互利的基础上，通过签订技术转让合同，推广、应用科技成果。技术转让的范围包括发明创造、重大技术改进以及解决体育运动中关键问题的应用技术理论和方法等。

2. 技术交流

各科学技术研究单位将本单位的科技成果、先进技术等，通过交易会、展览会、表演会等多种形式，相互交流，达到促进科学技术转移的目的。

3. 技术咨询

根据体育运动某一方面或环节对技术的迫切需要，组织有针对性的招标，请具有这方面科技实力的科技部门组织有关科技力量或科技成果解决应用方的有关质疑。

4. 信息沟通

通过多种形式的信息发布、情报刊物、报刊杂志、广播电视等，广泛传递、宣传和报道有关科技成果，供各有关部门根据自身需要，自愿选用，广泛推广。

第五节　体育信息资源管理

体育的发展离不开信息，也同样离不开对体育信息资源的管理。信息工作在体育管理的主客体及中介中均存在，是体育管理不可缺少的组成部分。提高体育管理的效益，就必须构成一个可控制的信息管理系统。信息工作的任务就是收集、整理、处理、贮存和传递有用信息，为体育管理服务。

一、体育信息资源管理概述

（一）体育信息的概念与特点

1. 体育信息的概念

体育信息是对反映体育系统活动和运转的各种指令、情报和资料等的总称。根据不同角度和标准，可将体育信息分为不同的类型。

（1）环境信息。主要是指来自本系统、本地区、本部门以外，与本系统、本地区、本部门体育事业发展有关的各种信息，包括国内外体育信息和政治、经济、社会、文化、科技等方面的相关信息；中央和各级党政领导机关发布的重要的方针政策、各种重大决策和工作部署；社会对本单位的要求；其他单位的经验、状况；有关历史状况和未来发展趋势等信息。

（2）系统信息。主要是指来自管理系统内部、反映信息管理系统自身基本状况和运行情况的信息，包括组织机构设置与分工，工作的有序化和协调程度；各部门人员的业务能力、人际关系等；经费、设备等方面的状况、潜力、需求变化；有关规章制度、工作程序及执行情况；各项工作的进展情况，存在薄弱环节、问题和潜力等。

（3）业务信息。主要是指来自管理对象的各种信息，包括各职能部门管辖对象运动状态的有关信息，例如决策与控制过程中各种动态信息；条件变化情况；各项工作部署或任务完成情况；与决策目标偏离的情况及需要解决的问题；工作完成后的综合效益评价及总结等。业务信息也包括各业务部门和专业技术人员在工作中所产生和需要的各种信息。

2. 体育信息的特点

体育信息的特点主要表现在以下几个方面。

（1）广泛性。随着现代社会的不断发展，体育的社会地位和价值日益提高。当今世界几乎每时每刻都在进行着体育活动或重大比赛，世界上各电视台都有体育频道，世界上的体育杂志已有几百种。体育信息已不仅仅是体育工作的重要“资源”，而且也是社会上人们获取健康知识和丰富精神生活的养料，具有广泛的社会作用和效果。

（2）综合性。体育是一种复杂的社会现象，它既包括生物学因素，又包括社会学因素，因此，体育信息内容具有综合性特点。首先，它的内容是相当丰富的，它涉及面非常广，与各个领域均有联系，在体育内部的种类复杂，项目繁多。其次，它的用途广泛，同一份信息可被多方面所利用，不管管理人员、教练员、教师、科研人员、还是运动员、学生、业余体育爱好者都使体育信息在用途中具有多面性。

（3）时效性。在体育竞赛中，信息瞬息万变，只有善于以最快的速度捕捉最新信息，才有可能获得成功。随着体育科学的快速发展和体育运动水平的不断提高，体育信息的老化，更新速度也不断加快，它的寿命周期也在缩短。

（4）国际性。体育在通过各种竞赛来提高运动技术水平的同时，也使体育本身超越了国界，成为促进各国人民相互了解、友好往来增进友谊的纽带和桥梁。同时由于体育比赛的胜负关系到民族的尊严和国家的荣誉，所以能得到举国上下的极大关注。国际体育的竞赛组织、规则、规程、场地、器材规格等等都具有国际的约束力，必须根据国际统一的技术规则所取得的成绩，才能得到国际上的认可。

（5）保密性。由于体育竞赛活动对抗性强，它的胜负往往关系到集体和国家的荣誉，为了取胜，许多技术、战术及其训练方案和手段都是秘而不宣的，未授权的主体往往不能直接获得。

（6）直观性。体育信息的直观性主要表现在现场观摩和声像信息中。一方面，体育比赛的情景、运动员运动状态的变化方式都可以拍摄下来，转播或放映给现场外的观众们收看；另一方面，在教学训练中可用声像技术及时反馈信息，对动作反复观看，从而对其技术进行诊断，以取得最优化控制。

（二）体育信息资源管理的含义

人类社会的一切活动都离不开信息，物质、能量和信息是构成现实世界的三大要素。作为一种资源，信息广泛存在于经济、社会各个领域和部门，它是各种事物形态、内在规律、和其他事物联系等各种条件、关系的反映。信息资源是人类生产及管理过程中所涉及到的一切文件、资料、图表和数据等信息的总称，它涉及到生产和经营活动过程中所产生、获取、处理、存储、传输和使用的一切信息资源，贯穿于管理活动的全过程。

信息资源管理（Information Resource Management）是现代信息技术特别是以计算机和现代通信技术为核心的信息技术的应用所催生的一种新型信息管理理论。体育的发展离不开信息和对体育信息的管理，体育信息资源管理是指通过一定方式整合资源，以发挥体育信息资源的价值，促使体育组织目标实现的过程。体育信息资源管理的目的就是保证体育信息资源的开发利用在有领导、有组织的统一规划和管理下，协调一致、有条不紊地进行，使各类信息资源达到最佳配置，以更高的效率、效能和更低的成本为体育组织运作提供有力支持。

（三）体育信息资源管理的基本内容

根据体育信息资源工作流程，我们可以将体育信息资源管理工作分为信息的收集、加工整理、检索、研究、报道、服务等环节。

1. 体育信息收集

信息的收集工作是体育资源建设工作中的首要环节，而调查研究各类信息源的状况则是搞好信息工作的先决条件。信息源是指人们获得信息的来源，因为目前信息的主要载体是文献信息，所以目前文献工作是国内外体育信息工作的主要内容。体育信息源的类型主要有体育报刊、图书、会议文献汇编、学术论文、声像资料、体育档案等材料。体育信息收集的方法较为常用的有问卷调查法、参观考察法、专家咨询法、预定采购法、信息检索法、日常积累法、访问交谈法、交换索要法、委托收买法、技术截获法等。

2. 体育信息的加工整理

体育信息的加工整理是指在已收集到的体育信息资料的基础上，把无序的、零乱的文献资料等用科学的方法变成有序的、可供排检利用的文献资料的集合过程。现实中，无论是通过现场调查所获得的体育信息，还是通过查阅文献资料所得到的体育信息，在进行加工整理前，都是一种原始状态的信息。就是从体育信息数据库中检索而来的信息，在未按照一定要求加工处理前，也是一种原始状态的信息。我们只有按照一定的程序、目的和方法进行专门的加工整理，才能将这些原始状态的信息变换成有序的、系统化的体育信息，才能进行检索、报道。在加工整理的过程中，我们实际对这类原始状态的信息进行了一次全面的校验和鉴别，剔除了不真实、不准确的信息，大大提高了信息的真实性和可信度。

体育信息的加工整理主要包括两方面的内容：一是对文献资料本身的科学管理，即分类、登录和保管等；另一个是编制检索工具，即二次文献工作，包括对文件资料的选择鉴定、主题分析（标引）和编制文摘和索引等工作。其目的都在于揭示文献资料的内容，并不断改善文献资料的存贮与检索，提供良好的检索手段。

3. 体育信息的检索

检索就是查找和索取的意思，体育信息检索就是从数量，庞大、高度分散的体育和有关科技文献中按照一定线索，获取信息的查找过程。这项工作既可以由信息服务人员根据用户要求进行，也可在服务人员的辅导下，由用户自己来进行。体育信息检索有文献检索与事实（包括数据）检索之分。文献检索是一种从大量集合的文献中查找出主题及其属性符合需求者要求的过程，例如查找与某一研究课题有关的参考文献。事实检索是查找特定事实或数据的过程，它所查找的是直接结果而非文献，例如查找现代奥运会源于何年。从检索方式上看二者是相同的，区别仅在于检索对象的内容上。前者检索的是文献或有关文献的报道，后者则是检索文献中所反映的事实。总的来说，文献检索是最基本和最重要的信息检索。

4. 体育信息的研究

体育信息的研究工作是针对体育领域中的某一具体问题，通过广泛收集信息资料，并对这些信息资料进行分析、研究，使之激活成新的再生信息，从而了解现状、预测未来，为该问题的决策和解决提供依据和咨询服务的一项研究性工作，它也是我们通常所说的三次文献工作，它包括了文献综述、述评、专题研究、系统资料整理等多种形式，其特点是信息容量大，而且有观点、有分析、有数据、有结论，能密切联系体育运动实践中的具体问题，其成果得到广大用户的欢迎。

5. 体育信息的报道

体育信息的报道也称为体育信息的传播或传递。它是体育信息管理的重要内容之一。因为，从信息的收集到信息的研究等各个阶段索取的成果，只有通过报道才能传播出去，才能满足信息需求者的需要，实现信息自身的价值。所以，体育信息的报道是一个很重要的环节。体育信息报道的形式较多，常见的有文字报道、口头报道和直观传播报道三种。

文字报道最为常用，可分为两类：一类为定向报道，主要是指信息部门主动进行的信息刊物的编辑出版工作。另一类为定题报道，指信息部门根据用户的专门要求所进行的各种信息报道，其报道方式有专题文献题录、文摘、索引等，也有专题评论、学科总结或专题文摘汇编等。这些文字刊物便于使用与收藏，是当前最主要的一种报道形式。口头报道是指座谈、讲座、会议、经验交流等形式，也是信息报道的有效形式。直观传播报道是能最迅速、直观地传递体育信息的一种报道方式。

6. 体育信息服务

信息服务是指专职信息服务机构针对用户的信息需要，及时地将加工整理好的体育信息以用户方便的形式准确地传递给特定用户的活动。信息服务是体育信息管理中最重要的一个内容。只有全面、准确地了解用户的体育信息需求，信息服务才能做到有的放矢，高效快捷。只有做好体育信息的收集、加工整理等各项工作，信息服务才有雄厚的资源基础。

信息服务的方式也是多种多样的。如根据服务对象的范围，信息服务可分为单向服务与多向服务；根据提供服务的时机，可分为主动服务和被动服务；根据收费情况，可分为无偿服务和有偿服务等等。一般来说，按信息服务工作基础的不同，信息服务可分为报道服务、检索服务、文献服务、咨询服务和网络服务几大类。

文献服务是指专门的体育信息服务机构利用图书馆、资料室、档案馆等固定的文献保管场所向用户提供记录在一定载体之上的信息的服务方式。这类服务方式主要有阅览、外借、复制等。咨询服务是指咨询受托方（咨询人员或咨询机构）根据委托方（用户）的要求，以专门的信息、技能和经验，运用科学的方法和先进的手段，进行调查、研究分析、预测，客观地提供最佳的或几种可选择的方案或建议，帮助委托方解决各种疑难问题的一种高级智能型信息服务。网络服务是利用网络资源提供信息服务的方式。随着计算机与通讯技术的高速发展，信息服务已进入了网络时代，许多信息服务都是通过网络进行的。

二、体育信息管理系统的开发

信息管理系统即（Information management system，简称 IMS），体育信息管理系统是一套提供体育管理所需的信息进行收集、加工、整理、贮存、输出等一系列过程的集合。体育信息管理系统开发是指通过一定方式，发现、挖掘体育信息已有或未知功能的活动过程。

（一）体育信息管理系统开发的基本原则

1. 系统原则

信息管理系统的开发要以系统科学的理论和方法为基础，在把研究对象作为一个系统进行分析时，应注意研究系统各部分、各环节之间的联系，综合运用各种技术和方法，寻求最满意的整体优化结果。这种思想体现在三方面。（1）在信息管理系统的开发过程方面，分为总体规划和分步实施两个阶段。在第一个阶段要进行系统结构的划分，从高层到低层，从整体到部分，对系统的每一个部分和环节进行系统分析与设计。明确系统的信息需求和功能需求，确定系统的目标，划分若干个子系统，提出系统硬件和软件的选择方案，制定系统实施计划。第二个阶段则逐个编制具体的程序模块，并按一定结构堆砌成一个个子系统，最后合成整个信息管理系统。这一阶段主要是按规划对每个子系统进行详细调查，进行数据库规范化设计、代码设计、模块设计和程序设计等。（2）在信息管理系统的结构与功能设计方面，要提高系统的经济性和有效性。（3）在信息管理系统的开发环境建设方面，要提高系统的适应性，加强系统与外部环境（如组织管理模式）的协调。

2. 规范原则

规范原则是指组织管理的规范化、信息收集的规范化、信息处理的规范化和信息传递的规范化。组织管理的规范化是指组织管理机构要制定和完善各种管理制度，确定合理的工作流程，明确岗位职责，使整个系统在一个高水平的管理模式下运行。信息收集的规范化是指对所需信息的信息源有明确的了解，对信息收集的时间、数量和次数有规范化的要求。信息处理和信息传递的规范化是指采用国际或国家统一的方法和技术来处理信息、传递信息。

3. 协同原则

一个信息管理系统的开发是一项复杂的系统工程，是系统开发人员与用户之间、开发人员相互之间不断交流、协同的过程。

（二）体育信息管理系统开发的基本方法

目前，开发信息管理系统的常用方法有三类：一类是基于自顶向下的生命周期思想和结构化系统开发的方法，如生命周期法或结构化分析设计技术。另一类是基于自底向上的快速系统开发思想和新一代系统开发工具的方法，如快速原型法、快速应用开发方法。还有一类是面向对象的系统开发方法。由于后两种方法技术上的不完备性，选用较为成熟的生命周期法来开发体育信息管理系统是较为适宜的作法。

生命周期法是用系统的观点和系统工程的方法，按照用户至上的原则，结构化、模块化、自顶向下地逐级对信息管理系统进行分析与设计的方法。它将整个信息管理系统的开发过程划分为系统规划、系统分析、系统设计、系统实施、系统运行维护等五个阶段和十几个步骤。各阶段、各步骤首尾相连，形成一个系统的生命周期循环。每一个阶段都有明确的工作任务和目标以及预期的阶段性成果，以便于计划和控制进度，有条不紊地协调各方面的工作。

采用生命周期法开发一个体育信息管理系统各个阶段的主要工作内容如下。

1. 系统规划阶段

此阶段的任务是根据用户（可以是体育管理机构，也可以是竞赛组织机构等）的系统开发要求，明确问题，进行系统可行性的研究，提出规划方案。

2. 系统分析阶段

对体育系统的组织结构、信息流程、现行信息处理方式等问题进行深入调查研究，形成原有系统的逻辑结构，依照信息管理系统的需求，改造原有模型，提出系统的逻辑方案和数据流程。

3. 系统设计阶段

此阶段要在系统概念设计的基础上进行物理设计、代码设计、数据库/文件设计、输入/输出设计、模块结构与功能设计等，同时还要根据设计采购、安装设备。

4. 系统实施阶段

此阶段主要是进行编程与调试，建立相应的技术文档（如系统设计说明书、用户手册等），并进行人员的培训和数据准备，最后进行试运行。

5. 系统运行维护

此阶段主要对系统的日常运行进行管理与维护。当环境发生变化，用户提出新的要求时，再按这五个阶段进行新系统的开发，这就是一个完整的信息管理系统生命周期。

（三）体育信息管理系统开发的基本程序

体育信息管理系统是一项十分复杂的工作，对其开发需要大量的人力、物力、财力和时间。体育信息系统的开发程序一般分为三个阶段：系统分析、系统设计和系统实施。

1. 系统分析

主要是在调查分析的基础上，确定系统的目标，然后通过进一步深入调查研究和可行性分析，提出系统的初步模型，作为下阶段系统设计的依据。

2. 系统设计

系统设计一般包括两部分。一部分是初步系统设计；另一部分为详细设计，包括输出输入格式的详细设计，子系统处理流程图的设计，子系统详细流程图的设计，编写程序说明书和其他技术资料。

3. 系统实施

这一阶段包括程序设计、系统调试和试运行等内容。

（1）程序设计。程序设计要求把大量的数据以文件形式存贮在外存贮器内，以达到既可以充分利用资源又能使数据与信息处理程序互相独立的目的。在程序设计过程中，应首先熟悉上阶段所编写的程序说明书及子系统流程图和有关输出输入的资料做出程序流程图，再按流程图编写程序。

（2）系统调试和试运行。系统调试分为程序单调和功能分调。程序单调是为了确保程序的正确性而对每个程序分别进行的检查；功能分调是为了保证模块内部控制关系的正确和数据内容的正确而对一个功能模块内所有程序按次序串连起来的调试。总调试是通过对功能模块的联结调试，保证系统的整体功能达到最佳状态。

第六章　学校体育管理

学校体育管理既是学校教育管理的组成部分，又是体育管理的重要分支。学校体育管理的目标是通过对学校体育资源的有效整合，以实现学校体育的既定目标。学校体育管理的基本内容包括：体育教学过程、课外体育锻炼、课余运动训练与竞赛、体育师资、学生体质与健康、学校体育经费、体育场地设施、体育科研等。开展学校体育工作的检查与评估是确保管理目标实现的有效手段，需要作为一项管理工作的重要任务来抓。本章将重点对学校体育管理的内容、学校体育管理体制等进行介绍。

第一节　学校体育管理概述

学校体育（Physical education）既是学校教育的重要组成部分，又是体育管理的重要分支。我国学校体育的根本目的是增强学生体质、促进学生身心健康，培养学生的终身体育意识及能力，使其成为德、智、体全面发展的社会主义事业建设人才。

一、学校体育管理的含义

学校体育（Physical education）既是学校教育的重要组成部分，又是体育管理的重要分支。学校体育是全面发展身体，增强体质，传授体育知识、技能，提高运动技术水平，培养道德和意志品质的有目的、有计划、有组织的教育活动过程。

所谓学校体育管理是指通过一定方式整合资源，以促使学校体育目的实现的过程。如本书前面章节所述，体育管理的方式很多，既包括体育管理的职能，又包括体育管理的方法。体育管理的资源也是非常丰富的。因此，学校体育管理是把体育管理的一般模式运用到学校体育领域的过程。

那么，学校体育目的是什么呢？我国政府颁发的《关于进一步加强学校体育工作的若干意见》（国办发［2012］53号）指出，加强学校体育，增强学生体质，对于提高学生综合素质，实现教育现代化，建设人力资源强国，培养德智体美全面发展的社会主义建设者和接班人，具有重要战略意义。据此，本书认为，我国学校体育的根本目的是增强学生体质、促进学生身心健康，培养学生的终身体育意识及能力，使其成为德、智、体全面发展的社会主义事业建设人才。可见，学校体育管理就是为实现这一目的而做的各种工作。

二、学校体育管理的目标任务

（一）学校体育管理的目标

学校体育既是学校教育的重要组成部分，又是体育管理的重要分支。学校体育管理存在的意义在于促使学校体育目的的实现。因此，学校体育管理的根本目标是促使学校体育目的的实现。根据我国学校体育工作的特点与要求，我国学校体育管理目标可以分解成更细的子目标，如体育教学目标、课外体育锻炼目标、课余运动训练目标、课余运动竞赛目标、学校体育教学目标、科学研究目标等。依此还可以进一步分解成更为具体的目标。学校体育管理目标的结构及层次反映出学校体育管理的目标体系，不同目标共同配合，实现学校体育发展的目的。通过对学校体育各项工作的管理，就可以逐步实现学校体育的根本目的。因此，学校体育管理的重要目标就在于通过各种方法手段，合理整合资源，发挥资源利用的最大价值，以保证学校体育既定目的的实现。

（二）学校体育管理的任务

我国《学校体育工作条例》（1990年2月20日国务院批准1990年3月12日国家体委令第8号、国家体委令第11号发布）规定：学校体育工作的基本任务是增进学生身心健康，增强学生体质；使学生掌握体育基本知识，培养学生体育运动能力和习惯；提高学生运动技术水平，为国家培养体育后备人才；对学生进行品德教育，增强组织纪律性，培养学生的勇敢、顽强、进取精神。

本书认为，为了实现学校体育的最终目的，我国学校体育管理的任务应该包括以下方面：明确学校体育工作开展的指导思想和学校体育发展目标；建立和健全学校体育的各级管理机构，制定相关管理法规并明确各有关管理机构和人员的管理职责；制定学校体育管理的各种计划和文件，使之适应学校体育发展的需要；合理组织管理学校体育各方面、各环节的活动，确保各项活动低耗、高效地顺利实施；协调学校体育各管理部门和学校体育内、外部的各种关系，为学校体育工作的顺利开展提供必要的物质技术基础以及创造良好的育人环境；定期和不定期地对学校体育管理工作进行检查评估，促进体育教学质量的不断提高和学生体质的不断增强。

三、学校体育管理的特点

（一）教育性

学校体育具有教育的重要功能，因此，对人的教育与管理要特别突出“以人为本”，充分调动教师、学生及各级各类管理干部的积极性，这是提高管理效益的重要环节。在制定与执行各种体育管理法规的同时，思想教育要始终贯穿于学校体育管理的全过程，特别对学生体育的管理工作，更应将“育人”放在首位。

（二）方向性

方向性是指学校体育管理贯彻党和国家的教育方针，为实现学校教育的总目标服务。学校体育管理必须依据国家教育方针，国家各时期教育改革和发展规划，《学校体育工作条例》，有关部门对学校体育工作要求、规定及学校工作规划等方针政策，对学校体育工作实行系统管理。学校体育各个层次的工作人员都要明确学校的基本目标任务是培养合格的适应社会主义现代化建设需要的合格人才，要摆正体育在学校教育中的位置，正确处理体育与其它教育活动之间的关系，使之通力合作，以实现整合效应。

（三）阶段性

首先，不同年龄阶段学生具有其成长的阶段性特点；其次，学校工作是按学期或学年来安排的，上、下两学期的体育教学内容具有一定的差异，从而使每学期的工作需要保持一定独立性。因此，不同的学期、不同年龄段的学生的管理，应体现出阶段性的特点，在管理方式上应有所区别。

（四）综合性

学校体育管理是一种多因素的综合管理过程。从管理体制来说，包括校外管理体制和校内管理体制；从管理对象来说，包括学生管理和体育教师管理等；从时间跨度来说，包括幼儿园、小学、中学、大学体育管理等；从体育课的组织形式来说，包括体育课教学管理和课外体育活动管理等。这些不同的管理因素，呈现出学校体育管理综合性和复合性的特点。

（五）系统性

学校体育教育是一个复杂的、多变的动态系统，在运行中出现的各种问题如不及时解决，就会干扰学校体育工作的健康发展。要使该系统运转协调，就必须不断提高学校体育的管理效能。为此，需要建立一个强有力的整合系统，完善各种制度及控制手段，不断获得各种管理信息并及时反馈，以维持学校体育管理系统的动态、良性发展。

四、学校体育管理的基本原则

（一）整体性原则

学校体育管理是学校教育管理的一个组成部分，学校体育管理首先要为实现学校管理目标服务。学校体育管理应基于这一目标开展各种工作，这样才能真正摆正学校体育管理的位置。既要防止片面夸大体育在学校教育中的作用，又要充分发挥体育在发展学生身体、增强体质，培养学生意志品质、形成良好校风、活跃校园文化生活中的作用。还要从整体上协调好学校体育工作的各方面关系，正确处理体育教学、课余体育训练、体育锻炼及运动竞赛之间相互联系、相互制约的关系，要充分发挥它们各自的作用，根据各个时期学校的任务及实际，有所侧重的突出重点，使之能始终围绕完成学校教育目标、学校体育目标开展工作。

（二）计划性原则

学校体育计划是指对学校工作的具体安排及规划。学校体育计划管理要求对学校体育整个系统做出全面的部署，从宏观管理到微观管理，统一计划、统一实施。在宏观上要以《学校体育工作条例》为准则，提出实施细则，明确完成任务的具体措施。在微观上要明确学校体育各方面的具体任务及责任，根据学校的实际情况及学校整体管理的要求，制定全面实施计划并加以贯彻落实。计划是管理过程的首要环节，无论制定哪一方面的计划都应该遵循规律。例如体育教学工作计划，先是制定全年教学工作计划，其次是制定学期教学工作计划，再制定单元教学计划，最后编写教案，然后才能执行和实施。没有计划，就无法完成任务。无论哪一项工作计划，在实践中必须不断接受检验，及时修改与调整。

（三）导向性原则

学校体育管理的目标在于完成国家赋予的“育人”的重要任务。国家对青少年一代提出了德、智、体全面发展，根据这一目标，学校应结合各个时期的工作重点，提出不同阶段的工作目标。因此，作为子系统的学校体育管理系统必须依据各级政府及有关部门所制定的阶段发展规划，结合每一时期（阶段）本地区学校体育发展水平，制定出相应的措施及办法。

（四）可控性原则

可控性原则就是指在实施目标过程中，通过不断检查、评估和控制，保证整个系统顺利地开展工作。学校体育管理的控制主要通过检查评估去执行，通过检查评估发现在实施目标过程中哪些工作得到贯彻落实，哪些工作在执行中出现问题，需要做哪些方面的修改或促进。评估结果及意见反馈到决策部门后，要对出现的问题加以修正，使原定目标更能切合实际。例如在体育教学中，教师按预定的方法组织学生练习，在练习过程中，教师通过学生的练习作初步评价，根据学生掌握情况及时调整或改变教学方法，以便能更好的完成预定的教学目标。

五、学校体育管理体系

我国学校体育管理体系可分为政府管理体系和社会管理体系。具体到学校，也有一套学校体育管理的系统。我国学校体育管理体系如图6－1所示。

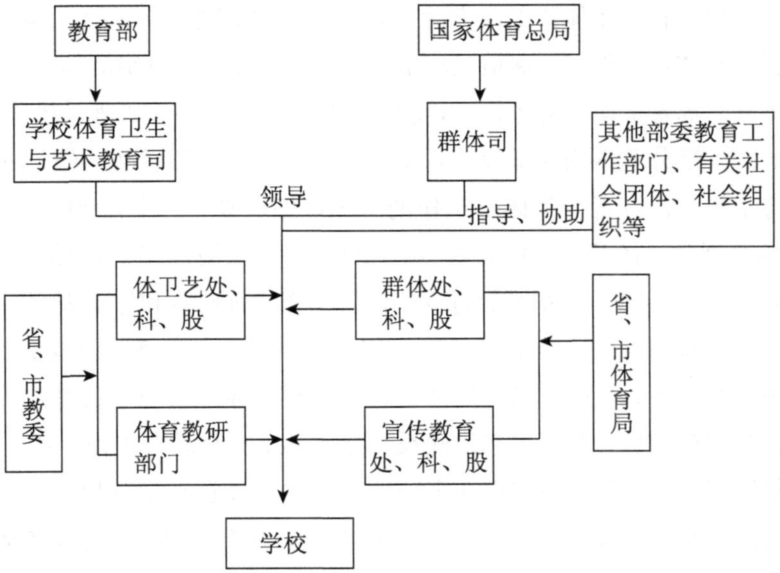

图6－1　我国学校体育管理体系示意图

（一）政府管理体系

1. 教育行政部门

教育行政部门包括教育部（体育卫生与艺术教育司），省市自治区教育厅（体育卫生与艺术教育处），地市、县区教育局（体育卫生与艺术教育科或基教科）。国家教育部体育卫生与艺术教育司是全国各级各类学校体育工作的最高行政领导机构，负责领导、监督、检查学校体育工作，其管理职责主要包括：制定学校体育发展规划；制定学校体育工作的方针、政策及有关的规章制度、管理办法、督促检查贯彻落实情况；审批和颁布体育教学大纲和体育教材；制定学校体育人员编制、经费比例；培训体育师资、卫生人员；领导和组织全国学生运动会，组织参加世界性学生体育竞赛；指导学校体育教育科研机构及社会团体的业务工作；组织学校体育发展战略研究，开展国际性体育学术交流等。

2. 体育行政部门

体育行政部门包括国家体育总局（青少年体育司、群众体育司、科教司），省市自治区体育局（青少年体育处、群众体育处、科教处），地市、县区体育局，其主要职能就是负责青少年体育工作方针、政策的制定和落实，监督、检查、评估有关本地区青少年体育工作的开展情况；组织开展青少年体育竞赛活动等。

国家体育总局青少司、群体司、科教司均肩负直接或间接管理学校体育的职能，其中青少司的大部分职责均与学校体育工作有关，其主要职责是：（1）指导和推进青少年体育工作，拟订青少年体育工作的有关政策、规章、制度和发展规划草案；（2）指导和监督学生体育健康标准的实施和学生体质监测；（3）指导和推动青少年体育服务体系建设；（4）组织开展青少年体育工作检查监督和评估表彰；（5）指导竞技体育高水平后备人才培养工作；（6）拟订青少年业余训练管理制度，完善青少年业余训练体系，指导全国各级各类体育运动学校、体育传统项目学校、青少年体育俱乐部、各运动项目后备人才基地建设和有关学生文化教育工作；（7）参与指导全国青少年体育竞赛工作，参与审核全国青少年比赛计划和竞赛规程，参与指导青少年运动员注册和运动技术等级管理；（8）组织协调重大综合性青少年体育比赛和体育交流活动；（9）指导开展青少年体育工作研究和相关培训。

（二）社会管理体系

我国学校体育的社会管理体系由学术研究团体和学生体育团体构成。学校体育学术团体是中国教育学会学校体育研究会和中国体育科学学会学校体育专业委员会。前者属于教育部门的社会团体组织，后者属于体育部门的社会团体组织。各省、市、自治区，地、市、县教育部门或体育部门一般也都设有相应的学校体育研究组织，他们负责开展学校体育学术交流活动；组织有关学校体育现状及发展的重点科研课题的研究，普及宣传学校体育工作，开展学校体育工作的调查研究，向教育、体育行政管理部门提供咨询材料及合理化建议，举办各种培训班及学习班，组织出版和推广有关学校体育书刊及科学研究成果，开展学校体育国际学术交流活动等。我国各地的高等院校（大学、师范大学（学院）、教育学院、体育学院、师范专科学校），中等师范学校、教育（学校体育）科研所是我国学校体育教育、科学研究的主要机构。它们担负着培养和培训体育教师及体育管理人员，编写学校体育教材及有关专著，开展学校体育教学、科学研究等工作等任务。

学生体育团体有全国大学生体育协会和全国中学生体育协会。全国各地也相应地建立了大学生体育协会和中学生体育协会，其基层组织是大、中、小学的学生体育协会或学生体育俱乐部。学生体育团体的任务是，组织全体学生参加体育锻炼，增强学生体质；选拔有条件的学生参加课余体育训练，发现和培养优秀体育后备人才及优秀体育人才，组织全国性大、中学生体育竞赛，进行学校课余体育训练工作的评估及培训各级各类学校负责训练的体育教师；承接世界大学生、中学生体育协会有关比赛任务，参加世界性学生体育比赛和体育交流等。

此外，我国各社会团体（工会、共青团、妇联、青联、学联等）和体育组织（中华全国体育总会及所属各单项运动协会、中国体育科学学会等），均设有对体育教育进行指导、研究和协助管理学校体育工作的机构或组织。这些团体在全国也都有相应的机构，它们接受上级的领导，在全国和各地的学校体育工作中发挥作用。

（三）学校体育内部管理体系

1. 学校体育的管理体系

我国学校体育的内部管理体系随学校规模大小、管理水平高低不同而有所区别，但按照《学校体育工作条例》的要求，目前我国学校体育内部管理的主要方式是由校领导分管和学校体育工作部门具体执行而开展的（图6－2）。

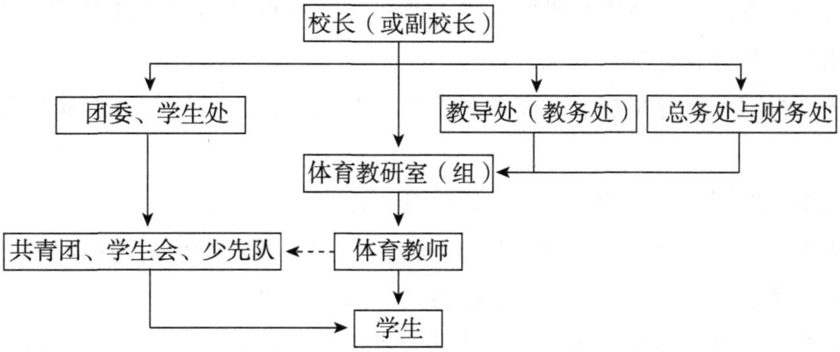

图6－2　学校体育内部管理体系示意图

（1）校长或副校长对学校体育工作全面负责。其具体职责是，提出学校体育工作的总目标、制定学校体育工作计划；加强对体育教研室（组）和体育教师的领导；经常深入实际，检查体育教学和课外体育活动；根据学校的规模与结构、配备体育教师。关心体育教师的生活，帮助他们提高政治思想和业务水平；加强宣传体育、明确体育在学校教育中的地位和作用，动员全体教职工关心学生健康；对学校的体育工作提供必要的物质保障；充分依靠共青团、少先队、学生会组织，协同一致搞好学校体育工作。

（2）教导处（教务处）或体育卫生处。其具体职责是：在校长授权下，管理全校体育工作；配备体育教师，推荐体育教研室主任，提交校长任命；安排全校的体育教学和课外活动时间表；督促检查日常体育工作，研究教改措施；安排体育教师进修、不断提高教师的思想业务水平；组织学生进行体格检查和体质测定；审查学校体育工作计划。

（3）总务处。其具体职责是：合理安排体育经费，购置必要的体育设施和器材；负责场地建设和维护、设备维修；教育后勤人员支持体育工作，做到服务育人。

2. 学校体育管理的组织实施系统

（1）体育教研室（组）具体负责全校的体育工作。

①根据党的教育和体育方针和上级部门的体育工作计划、文件精神，结合学校的工作计划以及学校方面的具体情况，会同学校有关部门、制订体育工作计划和必要的规章制度，提交校领导审批。定期向学校领导汇报工作。

②组织好教研室（组）的政治、业务学习，认真开展教研活动，督促教师认真备课，定期检查教师的教学和进修工作。积极组织教师从事学校体育教学改革，热情关心他们，充分调动其积极性。

③认真组织和领导早操、课间操和课外体育活动，积极推行《国家体育锻炼标准》。

④组织开展课余体育训练和校内、外各项体育竞赛活动。

⑤重视学生的卫生健康教育，并协同校医定期开展对学生的身体机能，素质的测定工作，建立学生健康卡片，不断改进学校体育工作。

⑥协助总务部门做好场地器材的修建，选购、维修和保管工作。教育学生爱护公物，发动师生自己动手自制体育器材。

⑦做好体育的宣传教育工作，积极培养开展学校体育工作的骨干力量。

（2）体育教师是学校体育工作的具体执行者，他们的工作直接关系到学校体育任务的完成情况。因此，明确体育教师的职责有着重要的意义。

①认真学习马列主义、毛泽东思想、邓小平理论及国家的教育、体育方针，忠诚党的教育事业；热爱学校体育工作，掌握增进学生身心健康的手段和方法，圆满完成学校体育教学任务。

②根据上级对体育工作的有关指示及学校体育工作计划，认真研究教学大纲和教材。

③深入了解学生和教学实际情况，制定好各种体育教学工作计划。

④认真备课，努力上好体育课。并加强自身业务学习及科研训练，不断提高教学质量。切实组织好早操，课间操和班级体育活动，积极推行《国家体育锻炼标准施行办法》，搞好运动队训练工作和校内外各项体育竞赛工作。

⑤协同校医定期检查学生的身体，不断对学生进行健康教育和身体机能，素质的测定工作，建立学生健康卡片。

⑥协同总务部门做好场地，器材的修建、选购、维修和保管工作，教育学生爱护公物，带动并引导学生自制体育器材。

⑦切实做好宣传教育工作，注意培养体育骨干。

⑧以身作则，教书育人，全面关心学生的成长。

⑨及时总结工作中的经验教训，定期向领导汇报情况，积极提供合理化建议。

（3）班主任是班级的组织领导人。对学生的全面发展负有直接责任。

①“三育”同步抓，把班级体育工作列入班级教学工作，组织班干部带领学生积极锻炼身体，严格考勤。

②了解学生各阶段的健康状况（年龄、性别特点、发育情况等）和学生在集体锻炼时的表现，成为横向和纵向联系的桥梁和解决问题的核心。

③利用体育的特点，对学生进行思想品德教育，培养优良的班风。

④积极参加体育锻炼，做好表率。协同体育教师完成体育教学任务。

3. 学生体育活动组织

学校少先队、共青团、学生会，学生体协（体育俱乐部）是开展学校体育工作的主要活动组织。学校体育工作开展得是否活跃，与学生组织对体育工作的参加、管理有直接关系。其主要职责和任务如下。

（1）根据学校及体育教师的有关工作安排，积极组织学生参加各种体育锻炼，运动训练活动。

（2）积极做好学校体育的宣传工作。

（3）在体育教师指导下，组织各种丰富多彩的体育活动，积极开展班级之间体育竞赛，并热情为同学服务。

（4）选拔学生组织中体育优秀人才，担任体育干部，积极参加学生体育的组织、管理工作，以发挥团、队组织的骨干作用和模范作用。

第二节　学校体育管理的基本内容

学校体育管理的基本内容包括：体育教学过程、课外体育锻炼、课余运动训练与竞赛、体育师资、学生体质与健康、学校体育经费、体育场地设施、体育科研等方面。

一、体育教学工作管理

体育教学是学校体育工作的重要组成部分，是实现学校体育目标的基本途径。学校体育教学管理的目的在于提高教学质量，保证体育教学目标的实现。体育教学管理的主要内容包括体育教学过程管理、体育教学管理评估、体育课成绩考核等。

（一）体育教学过程管理

体育教学过程是指师生为共同实现体育教学任务而进行的双边活动过程，其内容主要包括教务管理、课堂管理以及意外伤害事故管理。

1. 教务管理

教务管理是课堂管理前的一项基础性工作。包括编班、安排课表，教师任务分配等工作。编班时应考虑到男女学生的比例，体育基础好与差的学生要适当分配，每班的人数应控制在 50 人之内。根据体育教学的特点和学生生理特点，体育课一般应安排在上午第三节和下午进行，同时要使同一个班级的各次体育课之间保持合理的间隔时间，同一进度的内容宜集中安排。因受到气候等客观因素的影响，课程安排需要有一定的弹性。同时要留出理论课的时间。课表制定以后下达到体育教研室，由教研室把课分给各位教师。

2. 课堂管理

课堂管理包括备课管理、上课管理、课堂结束管理。

（1）备课管理。在备课中，管理者要对教师提出备课的具体要求，如教案规范、详略程度等，并定期或不定期进行教案评比，组织一定的集体备课。体育教师在备课中要根据教学大纲的要求和学校的有关规定写出教案，备课应考虑到学生的情况，如体育基础、体育骨干、伤病情况等，同时要考虑到场地、器材的实际情况等。备课的文字要精练、准确，教法运用要正确。

（2）上课管理。管理者对体育课的教学要给予关心和支持，并提出一定的要求，要深入到课堂看课、听课，加强对体育课的检查督导，还要组织一定的公开课、观摩课等，同时要尽可能为体育课提供必要的条件，帮助体育教师解决一些实际问题，创造良好的教学环境；体育教师在体育课上既是教育者，又是管理者，教师对体育课的管理质量起决定的作用。体育教师的管理工作包括课堂常规的建立、课的合理分组、调度和运动密度强度的掌握、教学方法手段的运用、场地器材的运用、安全措施的运用、做好思想政治工作、调动学生积极性以及教师本人和学生的服装要求等。

（3）课堂结束管理。教师应按时下课，并对本次课进行小结，提出下次课的任务，组织学生收交器材、整理场地。

3. 意外伤害事故管理

学校体育意外伤害事故是指在学校体育教育教学活动期间发生的学生人身伤害或者死亡事故。体育教育教学活动期间是指在校内与体育教育教学相关的活动期间。人身伤害是指在法定时间内，肢体残疾、组织器官功能障碍及其他影响人身健康的损伤。对于学校体育意外伤害事故的管理，首先要强化“预防为主，安全第一”的意识及措施；其次，要做好意外伤害事故的现场处理及管理。

（1）意外伤害事故的预防措施。主要包括：学校应当根据国家和省、市有关规定，确保教育教学和生活的设施、设备符合安全标准；学校应当教育和监督教职员工履行职责，根据实际情况采取必要措施，预防和消除可能造成学生人身伤害的危险；学校应当按照学生不同年龄的生理、心理以及教育特点，建立健全各项管理和保护学生的规章制度；学校应当健全各项安全保障措施，活动场所和设施应当符合安全标准；学校在进行规模较大的文体活动时要进行必要的安全检查项目并要求活动管理者严格遵守操作规程。

（2）发生伤害事故后的现场处理及管理。要做到以下几点：（1）正确的判断并实施相应的抢救措施。应根据意外伤害事故的性质做出正确的判断并实施相应的抢救措施，轻伤者可送医务室医疗，重伤者或者生命危险者应立即转送医院抢救；（2）及时通报。重大的意外伤害事故应立即通知家长、学校领导和当地派出所或有关部门，并详细汇报伤害事故发生的时间、地点、原因、后果与处理措施等；（3）填写有关意外伤害事故的报告。报告的内容应实事求是，必要时应提供证人和物证。重大的伤害事故如发生意外的死亡，最好请当地的法医做鉴定报告。

（二）体育教学管理评估

体育教学管理评估是指按照一定的标准对整个体育教学管理工作和体育部、体育教研室（组）工作的效率和质量做出客观的判定。提高体育教学工作的管理水平是学校管理者（特别是教务部门）和体育部、体育教研室（组）管理者极为关注的问题。体育教学管理评估是解决这个问题的有效手段之一。这是由于：通过体育教学管理的评估，可以获得体育教学的有关信息，有助于管理者及时发现和处理体育教学管理上的问题，不断改进体育教学管理工作，提高体育教学管理水平；通过体育教学管理的评估，可以将有关的信息及时反馈给教师、学生以及有关人员，可以调动他们的积极性，提高体育教学质量和效率；通过体育教学管理评估，特别是校际间的评估，可以进行校际间的横向比较，有助于相互学习，取长补短，加强协作，共同提高；通过评估，还可以为上级主管部门提供有关的材料，便于他们制定政策和进行有效的监督和指导。

体育教学管理评估的种类，概括地说可分为校内和校外两大类。校内评估即学校自我评估，目的在于获得本校体育教学管理的有关材料，为学校管理者对改进和提高体育教学管理水平作决策和措施时提供依据，同时也对有关人员（教师及场地器材管理人员）起检查、督促作用。这类评估可以每年进行一次。校外评估即由上级有关部门或兄弟单位组成的评估组的评估，这类评估的目的主要是检查和了解各校体育教学管理的水平和存在的共同问题或突出的问题，以便采取措施，促进相互学习，取长补短，推动各校体育教学工作。这类评估需要花费较多的人力，可以两三年进行一次。

（三）体育课成绩考核管理

学生体育课成绩的考核是体育教学过程管理的一个重要组成部分。可分为教研室对成绩考核的管理，体育教师对成绩考核的管理。

1. 体育教研室（组）对成绩考核的管理

主要是根据体育教学大纲和教学计划的有关规定，结合学生实际情况确定体育课考核的内容，制定考核的标准，评分的方法。审核各组体育课成绩，及时上报教务部门，建立学生成绩档案。组织对不及格学生进行补考等。

2. 体育教师对体育课成绩考核的管理

按照学校和体育教研室的有关要求，认真组织落实体育课成绩考核的工作。熟练掌握成绩考核的办法与标准，客观、公正、准确地进行实际测评，及时做好成绩的登记，按规定程序上报体育教研室及有关部门。组织落实不及格学生的补考工作。

二、课外体育活动的管理

课外体育活动是学校在体育教学大纲和教科书范围以外，对学生进行的有计划、有目的、有组织的教育活动。课外体育活动的开展主要分为两类：一类是与作息制度相结合并有一定组织和要求的课余体育锻炼，如早操、课间操、班级体育锻炼、有组织和指导的课外活动及全校性的课余体育锻炼活动等。另一类课外体育活动是学生利用课间、课外活动、双休日等课余时间，或独立或结伴在校内外进行自发性的体育锻炼，或参加某一俱乐部和单项体育协会。课外体育活动在课堂体育教学的基础上进行，并与课堂体育教学相互促进、互为补充，有利于发展学生的智力，培养学生的能力，促进学生的全面发展。因此，学校管理者应该加强课外体育活动的管理。

（一）课外体育活动管理的基本内容

课外体育活动管理包括早操、课间操、班级体育锻炼、体育节、节假日体育等内容。

1. 早操、课间操的管理

早操的内容一般可以徒手体操为主，如广播操、眼保健操、健身操等，也可开展早锻炼活动，如跑步、太极拳、武术、气功、各项球类基本动作练习以及和缓轻松的游戏活动等。

早操的时间一般可 15～20 分种，生理负荷不宜过大，以免影响文化课学习。

早操的组织方法应根据学校的实际情况而定。在场地器材的安排上，可集体与分散相结合；在确定项目内容上，可统一安排和自选相结合；在工作方法上，学生干部、班主任、体育教师应相互配合；在活动效果上，可平时考勤与抽查评比相结合。

课间操是在上午第二、第三节课之间开展的体育活动，师生都应参加。时间为 15 至 20 分钟。生理负荷不宜过大。每节课间的 10 分钟休息，虽未规定要组织体育锻炼，但最好的休息方法也仍是适当的身体活动，进行积极性休息，以尽快地消除因静坐学习而带来的消极影响。课间操的内容和组织方法可参照早操的内容和组织方法。

在早操、课间操的管理中，要首先保证“两操”的时间，不得以任何理由占用“两操”的时间；早操、课间操要有专人负责组织、班主任、任课教师要密切配合；要充分发挥学生干部的作用；要做好宣传教育工作，使学生充分认识“两操”的重要作用，使之成为自觉行动；可通过会操表演，比赛等方式提高“两操”的质量。

2. 班级体育锻炼

班级体育锻炼是以班为单位分成若干小组，由班干部和锻炼小组长带领下进行的体育活动，班主任和体育教师应进行指导。班级体育锻炼在时间、内容、组织和生理负荷等方面有着更多、更高的要求。

班级体育锻炼的活动内容，可以与体育课教学内容结合起来，可以围绕“标准”项目开展锻炼；也可以与学校传统项目和学生喜闻乐见的简单易行的非正规项目，以及游戏、校外体育活动等结合起来。

课外体育锻炼管理中，可采用以下方式组织实施。

（1）在组织措施上要做到“六落实”，即领导分管落实、时间落实、内容落实、场地器材落实、学生干部落实、考勤检查落实。

（2）在锻炼内容上要做好“六结合”，即与体育教学结合、与“标准”结合、与传统体育项目结合、与小型多样竞赛活动结合，与“体育合格标准”结合。

（3）在组织形式上要注意“四结合”，即集中与分散结合、规定与自愿结合、班组与个人结合、锻炼与测验比赛结合。

（4）在管理上要建立定期研究、制定计划、汇报检查验收、总结评比奖励等有关制度。

（5）在锻炼中要掌握适宜的生理负荷和心理负荷。

（6）在效果上要达到身心和谐发展，促进健康，增强体质。

3. 体育节管理

体育节一般有“体育周”、“体育日”（健康日）两种形式。

“体育周”是集中利用一周下午的课外活动时间，组织各种宣传教育、锻炼、比赛等活动。如体育专题报告，体育讲座，体育知识竞赛、体育表演、比赛、体育游戏等。它具有浓厚的节日气氛，能提高学生的兴趣并吸引广大学生参加。这对扩大学生的知识领域，提高体育素养，增强体育意识，调动锻炼的自觉积极性，培养体育骨干等方面都有重大意义。开展“体育节”活动应列入学校体育工作计划，成立临时性指挥机构，取得各有关方面的支持与配合，并作好充分准备。体育周结束后要作好总结工作。

“体育日”一般是结合有意义节日或体育形势（重大的国际、国内的体育活动），利用一天或半天的时间，开展专题性的体育主题活动，进行体育教育和锻炼。一般可以组织全校性的活动，也可按年级、班组进行，充分发挥学生的积极性与创造性。

4. 节、假日体育管理

利用节、假日组织开展各种体育活动。可以在校内进行，也可以到大自然中去组织进行。校内活动，可充分利用现有的场地器材等活动条件，尽可能满足学生的兴趣爱好。校外活动可组织郊游、旅行、登山、游泳，远足、野营等活动。在进行这一活动时，要加强领导，搞好组织工作，注意安全和卫生，防止伤害事故。

（二）课外体育活动管理的基本要求

1. 管理者要重视

充分发挥学校体育教研室、班主任、卫生教师，以及共青团、学生会、少先队等部门在课外体育活动中的作用，切实把青少年儿童身体健康放在教育、体育工作的重要位置。

2. 加强学生组织建设

充分调动社会、学校、家长、学生等各方面的积极性，建立适合不同年龄、性别学生的不同需要的课外体育活动组织，使学生参加课外体育活动得到组织保证。同时，还要注意培养和使用好学生体育骨干，是他们在体育组织中发挥积极作用。

3. 安排好时间以及提供必要的场地、器材、设备与物质保证

要安排好时间，保证学生每天有一小时的活动时间和相应的场地器材。加大学校体育场地设施建设力度，新建学校要按国家标准建设体育场地。

4. 积极开展各种活动与比赛

各级教育、体育行政部门及各种社会组织、公共体育场馆都要组织适合学生参加的各种各样、丰富多采的课外体育活动及竞赛。要针对当前学生体质健康存在的问题，倡导并重点开展长跑等简单易行、锻炼价值大的体育活动。

5. 加强宣传

思想教育工作要有针对性，要切合实际，教育要形象化、多样化。宣传的重点对象是学生、家长，要使家长深刻认识从保证学生健康成长出发应是“健康第一，学习第二”，使家长自觉督促孩子经常参加体育锻炼；要对学生进行课外体育活动科学方面的宣传，积极引导学生自愿、自觉参加体育课外体育锻炼。

6. 建立必要的规章制度

要使课外体育工作持久有序地进行，不仅需要认真贯彻并不断完善有关法规制度、考勤制度、检查评比制度、定期测验制度等，使学生参加课外体育活动得到制度保证。

7. 加强医务监督

加强课外体育工作的医务监督，也是保护学生健康、保证课外体育活动顺利进行的重要一环。

三、课余运动训练与竞赛管理

学校体育课余运动训练与竞赛是学校体育工作的一个重要组成部分。科学地进行课余运动训练和运动竞赛是提高运动技术水平，培养群众体育活动骨干，选拔配备体育后备人才的基本途径，对于推动学校体育工作的开展，实现学校体育目标具有重要作用。

（一）课余运动训练管理

课余运动训练是指利用课余时间，教练员对部分在体育方面有一定才能的学生进行系统的训练，全面发展他们的身体，不断提高专项运动成绩、培养体育骨干而专门组织的一种教育过程。它是全面贯彻我国教育方针实现学校教育目标和体育目标的一项重要措施，也是我国体育运动普及与提高的中间环节。

1. 课余运动训练管理的特点

（1）针对性。课余运动训练管理是对学生而进行的，其管理和其他类型运动训练管理有所区别，在目标计划的制定组织实施等方面都要考虑到这一点。

（2）基础性。学生正处于生长发育时期，他们的思想作风、道德品质、身体机能均处于形成和发展阶段。因此，在管理过程中，要加强思想教育，训练从打基础方面考虑，使他们能够全面发展。

（3）课余性。学生的训练时间基本上都在每天下午文化课学习之后以及星期天和每年的两个假期。这就要求计划的制定、执行等方面要适应业余性这一特点。

2. 课余运动训练的组织形式

（1）学校运动队。学校运动队包括班级代表队、年级代表队及学校代表队等。它是我国学校课余运动训练最普遍、最广泛的组织形式，也是我国运动训练体制的基础。其主要任务是全面发展学生运动员的身体，增进健康，增强体质，打好思想、身体、技术、战术等方面的基础，逐步提高专项运动技术水平，推动学校群众性体育活动广泛开展，为国家培养和输送体育人才。

（2）体育传统项目学校。体育传统项目学校是开展学校课余运动训练的有效组织形式。它的主要任务是，普及群众性体育活动，广泛开展体育传统项目训练；更好地增强学生体质，提高传统项目的运动技术水平；培养输送有某项运动专长的后备体育人才。体育传统项目学校，通常以小学和初中为主，以城镇为主，以田径和本地区重点项目为主，国家教育和体育主管部门对体育传统项目学校实行分级分批申报，批准命名，并颁发证书。证书一般有效期为三年，以促进竞争，提高效益。

（3）基层运动训练点。基层运动训练点是在学校群众性体育活动广泛开展的基础上，以一两个传统运动项目为重点的训练场所。它是由县区体育和教育部门根据需要，共同规划、全面布局设置的。也有的基层训练点是以某一重点学校为基地，吸收附近学校有培养条件的学生参加训练的，通常也把这些参加训练的学生编制成一个班，以便教学、训练工作的统一安排和管理。

（4）体育运动后备人才试点校。培养体育运动后备人才试点校是在深化改革的过程中，从体育传统项目学校中，选择一批学校领导重视、师资力量强、全面贯彻教育方针、推行素质教育、重视学校体育、运动场地器材设备条件好、教学质量较高的学校试办的一种专项体育训练的形式。其目标是在课余时间，对部分全面发展的学生进行系统的、科学的运动训练，不断提高运动技术水平，创造优异的运动成绩，培养优秀的体育运动人才，推动学校群众性体育运动的广泛开展。

（5）青少年体育俱乐部。从 1999 年开始，国家体育总局提出了使用体育彩票公益金开展创建适应市场经济体制和青少年体育活动需求的青少年体育俱乐部的工作思路，即充分利用和发掘现有社会体育资源，建立一种新型的具有社会主义公益性特征、旨在广泛开展青少年日常体育活动的青少年体育组织。青少年体育俱乐部主要任务是，培养青少年体育兴趣和爱好，养成终生体育锻炼的良好习惯，增强青少年体质，并向其传授体育运动技能，发现和培养体育人才。

3. 课余运动训练管理的基本要求

（1）加强领导，健全课余运动训练的管理机构。

（2）按照儿童、少年、青年生理和心理发育的客观规律、营养条件和运动训练原则，进行系统的、科学的训练。

（3）切实抓好学生运动员的政治思想教育和文化课学习。

（4）建立一支高水平的课余体育训练的教练员队伍。

（5）加强运动训练科学研究的管理，建立科学选材、科学训练、质量评估制度。

（6）建设必要的体育场馆、设施和保证课余体育训练经费。

（7）把课余体育竞赛纳入课余体育训练之中，使竞赛为促进、检查、指导课余体育训练工作服务。

（8）加强教育部门与体育部门的紧密配合，处理好学校课余体育训练与体育部门业余体育训练之间的关系，课余体育训练与整个体育运动训练之间的关系，处理好运动训练与文化学习的关系，运动队训练与课外体育锻炼的关系，使参加训练的学生得到全面发展。

（二）课余运动竞赛的管理

课余运动竞赛是指运用借助运动项目及游戏等活动，充分利用课余时间，在校内、外组织学生进行的各种运动竞赛活动。课余体育竞赛是学校课外体育的重要组成部分，是推动学校群众性体育运动广泛开展，增强学生体质和提高运动技术水平的重要措施。

1. 课余运动竞赛的形式

课余运动竞赛包括校内竞赛和校际竞赛。

校内运动竞赛一般由体育教研室（组）或有关专门机构负责，根据制订的课余运动竞赛计划进行组织管理，开展灵活多样的、学生喜爱的班级之间、年级之间、科系之间的竞赛活动。

校际运动竞赛一般由上级教育主管部门负责，体育局协助，以当地就近为主，普通小学校际体育竞赛一般不出区、县，普通中学校际体育竞赛一般不出地、市。中等专业学校和职业学校的体育竞赛一般在省、自治区、直辖市范围内进行或由主管部（委）及其行业体协组织安排。全国大、中学生运动会及单项体育竞赛一般安排在寒、暑假期间进行。如遇特殊情况需要在假期以外时间举行的，必须由主办单位报经原国家教委批准后方可举行。

2. 课余运动竞赛的组织与领导

学校组织和开展运动竞赛工作，应在主管体育工作的校长直接领导下，由各有关部门和人员（体育教研组（室）、总务处、卫生室、共青团、学生会等）参加，组成相应的机构来负责组织领导体育竞赛工作。

（1）全校运动会的竞赛组织委员会。竞赛组织委员会的成员，一般应由党，政、工、团、体育教研组（室）、总务处、学生会、医务人员等组成。他们全面负责竞赛工作，制定各种计划，审批有关报告和通知等文件。在组委会领导下可设立有关办事机构。如大会秘书组、宣传组、竞赛组和后勤组等。

秘书组是组织委员会的常设机构。负责召开组委会，执行组委会决议，检查督促竞赛工作的进行，制定比赛工作日程计划，协助有关部门工作，主持大会期间日常工作等。

宣传组是负责思想教育和宣传报导工作。负责出黑板报、墙报，广播宣传，以及印发有关学习文件和参考资料等工作。

竞赛组是比赛中业务工作的中心，主要由体育教师担任。负责编排比赛秩序册，组织裁判工作，做好成绩记录和统计评定，审查成绩记录等工作，及时召开有关会议，解决比赛中出现的有关问题。

后勤组是负责编制经费预算，保证此赛的场地器材和设备的供应，搞好医务卫生和防伤急救等工作。

（2）体育教研组（室）。各种球类比赛、广播操、健美操比赛等，一般由体育教研组（室）负责，并会同班主任或年级主任统一安排，具体由体育教师分头组织进行。

（3）团、队、学生会。为了培养学生的独立工作能力，在体育教师的帮助和指导下，由共青团、学生会、少先队等学生的群众组织，负责举办一些简单易行的群众性的比赛活动，如跳绳、拔河、踢毽子、登山、越野跑、接力跑等。

（4）班内组织。在班主任和班级体育委员的组织安排下进行小型多样的比赛。如《国家体育锻炼标准》的某个项目的比赛、各种游戏比赛活动，越野跑、班级旅游活动等生动活泼，小型多样的比赛。

3. 课余运动竞赛的基本要求

（1）明确课余运动竞赛的宗旨。组织学生课余运动竞赛，应以培养教育人为根本宗旨运动竞赛要有利于学生全面发展，有利于培养学生终身体育意识及能力。要从学校实际出发，贯彻灵活多样、广受欢迎、基层为主、勤俭节约的原则。

（2）做好宣传教育工作。要采取各种宣传手段广泛宣传比赛的意义、作用以及各种体育知识，并及时通报竞赛中的好人好事，特别是那些既是优秀运动员，又是“三好学生”的典型事例，以树立学校的赛风和学风榜样。同时，要及时批评和制止比赛中的不好风气和现象。

（3）坚持竞赛的业余性和经常性。学校运动竞赛要尽量利用节假日和课外时间进行。按照运动项目的特点和气候季节特点，使某一竞赛项目形成传统，要定期举行。还要在项目的设置、比赛办法、标准的确立等方面要考虑适应学生的特点。每年春秋两季应尽可能举办田径运动会或球类单项赛。冬季可组织越野跑、象征性长跑，拔河、跳绳、武术、滑冰等活动。夏季可开展游泳比赛活动等。使学校活动经常不断，小型多样。

（4）依靠领导与组织，发动群众、培训骨干。体育部、体育教研室（组）应依靠学校领导，在主管校长的直接领导下，组织和抓好竞赛工作。对竞赛活动的计划安排，工作进程和存在的问题，要主动、及时向领导汇报。同时还应与总务处、教务处、卫生室、学生会、共青团等有关部门的人员密切联系和配合。竞赛管理过程要充分发挥体协、共青团、少先队等群众组织的作用。要根据各项比赛的需要，利用业余时间培训体育骨干和裁判人员，提高他们的业务能力，统一工作方法和要求，明确分工和职责并进行现场示范和实习。

（5）课余运动竞赛要与课外体育锻炼密切结合。竞赛活动是学校课余体育活动的一个方面。虽然它有多方面的作用，深受师生欢迎，但不能用大量的课余时间来搞竞赛活动，学校组织运动竞赛的时间，尽可能不占用上课时间。要把竞赛活动与锻炼活动有机地结合起来，使锻炼活动中有比赛，使比赛为学生的全面锻炼服务，成为推动锻炼活动开展的动力。因此，在时间、经费的安排上都应统筹兼顾，使竞赛促进学校体育锻炼活动的开展。

（6）厉行节约、勤俭办竞赛。学校课余运动竞赛应特别讲求实效性和节俭性，节省一切可节省的经费开支，尽可能用较少的钱办好竞赛活动，把学校有限的资金用在改善场地设施上。还要按照场地、经费等实际情况，尽量扩大竞赛活动的群众性。

四、体育教师的管理

（一）体育教师管理的基本内容

1. 教师队伍规划

在科学预测的基础上，对体育教师的数量和结构制订长远的、全面的发展规划。内容一般包括对现有体育教师的数量、结构、能力等各项指标的分析，通过科学预测，确定各项规划指标，制订实现规划的措施。

2. 教师编制

根据学校规模和规格、体育教育任务，制订岗位规范，确定体育教师配备数额，制订合理的编制。

3. 教师使用

按照用其所学、用其所长、量才使用的原则，根据学校体育教学、训练、科研等项工作的需要，对体育教师进行合理的组织，调配和激励，最大限度地发挥每个体育教师的才能。

4. 教师培训

教师培训包括岗位培训和在职培训，前者指按照岗位工作的需要和人员素质的要求，对体育教师进行的一种有目的、有组织的培训活动，使之获得从事本岗位工作所必需的基本知识和技能，更有效地开展本职工作，后者是一种在不脱离原岗位职务的条件下参加学习和培训的形式，通常采用指定专人传、帮、带，业余时间自学或进函授学校、夜大学、电视大学进行脱产与半脱产的学习等方式。

5. 考核和晋升

建立、健全体育教师的岗位责任制、教师工作量制度、业务档案管理制度和考核奖惩制度，为体育教师考核工作的制度化、规范化打下基础，并在全面考核的基础上做好体育教师的晋升工作，以达到合理使用人才的目的。

（二）体育教师队伍规划

1. 体育教师队伍规划的目标

教师队伍的规划目标是建设一支能坚持正确的政治方向、数量适度、质量合格、结构合理、充满生机与活力的教师队伍。坚定正确的政治方向是我国社会主义教育事业的要求，应当要求广大教师热爱社会主义祖国，坚持四项基本原则，自觉学习马列主义、毛泽东思想、邓小平理论及“三个代表”的重要精神，忠诚社会主义教育事业，以身作则，为人师表，教书育人，全面地贯彻党的教育方针；数量适度，要求学术教师队伍的教师数量要与学校的发展规模相适应；教师的质量合格，要求教师政治思想水平高、学术造诣深、教学科研能力强、教学效果好；结构合理，要求教师队伍中教师的年龄、学历，职务、专业、技能、性格等因素要有一个合理的构成状态。

2. 教师队伍建设的指标

（1）教师队伍的数量。

（2）教师队伍的质量。

（3）教师队伍的结构。

（4）师资队伍的培养。

3. 教师队伍建设的实施措施

（1）学校教师队伍建设的目标一旦确定，就应当要求有实现规划目标的具体措施。

（2）要把好选录教师的“进入”关，做好教师的补充工作。

（3）要加强做好中青年教师的培养工作，分别提出培养的方案、措施。

（4）要加强学术梯队建设。

（5）要健全考核制度，做好考核工作。

（6）要做好教师队伍的调整工作。

（7）要提高管理水平。

（三）体育教师队伍培训

体育教师培训是指为提高体育教师队伍质量而实施的一种专门教育。体育教师培训的形式主要有短期培训班、教材教法合格证书培训班、专业合格证书培训班、学历证书班（包括中师班、大学专科班、大学本科班）、助教进修班、研究生班以及岗位培训等。培训方式主要有脱产、半脱产、函授、电大、夜大学以及自学等。

培训在职体育教师的机构及形式如下。

1. 体育学院、高师体育院系

利用其优越条件，通过全日制成人、函授、夜大学等，举办专科班、本科班以及中师班、短训班，这是培训中小学和职业中学体育教师的主要途径。在有条件的重点高等学校，还通过举办助教进修班和接受国内访问学者、培训层次更高的体育教师。

2. 教师进修学校及部分中等师范学校

通过举办短训班、各种证书班、单科培训班，以及中师班、专科班、本科班，承担培训中小学和职业中学体育教师的主要任务。

3. 广播电视教育机构

4. 自学考试机构

中央和各省、自治区、直辖市的自学考试指导委员会开设高等和中等师范自学考试工作。

5. **单位体育机构**

体育系、部及教研室要安排各种培训活动，包括集体备课、观摩教学、经验交流会、教学研究课等。还要有计划地组织体育教师进行科学调查、教学法研究，体育学术探讨，定期或不定期举行学术报告会。

五、学生体质与健康管理

（一）学生体质与健康管理的基本内容

增强学生体质、促进学生健康是学校体育的重要任务。学生是国家的未来，他们的体质及健康状况，直接影响到学校培养人才的质量。因此，必须加强学生体质与健康管理。学生体质与健康管理的基本内容包括以下方面。

1. **开展体质健康评定**

从身体形态、身体机能、身体素质等方面综合评定学生的体质健康状况。

2. **建立机构**

根据国家、地方制定的有关学生体质健康管理的规定及要求，建立相应的管理机构，体育部（室）结合学校卫生等部门建立专门的体质与健康监测、管理部门。

3. **开展检查**

根据《学生体质与健康标准》和学生生长发育的特点，制定各年龄段学生体质测定的指标体系、测试办法、测试要求；对学生体质健康进行定期检查。

4. **进行体质健康教育**

通过有效手段对学生开展体质健康教育，明确体质健康的要求，解决好“健康第一”与“增强体质”的关系。

5. **建立学生体质健康档案**

运营信息技术手段，建立学生体质健康档案，并对档案数据进行分析研究，提出改革措施。

（二）学生体质与健康管理的基本要求

1. **建立健全组织机构**

健全体质、健康检测的组织机构，学校应由校长领导，由体育教研室会同学校卫生部门、在班主任的协助下，定期对学生进行体质与健康检查，并将其纳入体育工作计划。一般从新生入学到毕业，每年都应该进行全面检查，其内容包括身体形态发育水平，生理机能和身体素质与运动能力水平。

2. 建立健全管理制度

《学校卫生工作条例》规定："学校应当建立学生健康管理制度。根据条件定期对学生进行体格检查、建立学生体质健康卡片，纳入学生档案。"此外，还要建立体弱、伤残学生体育活动制度，开设体弱、伤残体育与保健康复体育（医疗体育）课，加强监测，切实增强他们的体质和健康。

3. 加强对学生健康教育

不断对学生进行体质与健康方面的宣传教育，如清洁卫生和生活习惯教育、疾病意外伤害的预防教育、营养与膳食卫生教育、公共卫生与环境教育、心理卫生教育、性教育、青春期教育和艾滋病教育等。可通过开设健康教育课程进行宣传教育。另外，加强学生课外活动的指导与训练，通过游戏、讨论、表演、示范、参观和实验等多种方法可使健康教育丰富多彩，为学生所喜爱。

4. 建立学生健康档案

对学生体质与健康的档案应分班、分人进行整理，编写登记，然后汇入总登记册。要分年级、教学班定位陈列，以利于随时查阅。

开展检查评估。要对学生体质与健康进行经常性检查与评估，并对全体学生的体质与健康状况进行深入的分析研究，并据此开展宣传教育，采取各种针对性的措施，改善学生的卫生习惯和卫生条件，增进学生健康。

六、学校体育经费管理

（一）学校体育经费管理的目标任务

学校体育经费管理包括对学校体育经费进行合理地计划、使用与监督检查等工作。管理的目的是加强经济核算，讲究经济效益，提高管理水平，为学校体育发展提供经济保障。学校体育经费管理的主要任务是：编制并负责执行学校体育各项工作经费计划和预算，切实管理好各项体育资金；拟定学校各项体育工作经费使用管理制度及实施细则；监督检查学校各项体育工作经费使用的情况与计划执行情况，分析考核各种体育经费的使用效果，使有限的体育经费发挥出最大的效益。

（二）学校体育经费的收入来源

学校体育经费的收入来源主要有事业拨款、学校筹措、社会集资和自行创收等。事业拨款是从教育行政部门按学生人数下拨的教育事业经费中用于体育的部分，它包括用于维持正常学校体育工作开展的体育维持费和用于购置大型体育设备所用的体育设备费，以及学校体育场馆建设专项经费等；学校筹措是学校内部从创收、校办产业等方面划拨给体育教师的奖励及福利经费，一般用于体育教师的课时酬金补贴；社会集资是学校或体育教学部（室）因举办重大比赛、参加重大比赛和体育场馆建设等向社会各界募集得到的赞助费；自行创收则是由体育教学部（室）通过合法的手段向师生和社会人员提供有偿服务而获得的收入。

（三）学校体育经费的支出

学校体育经费的支出一般包括维持正常体育教学、课外群体活动、运动队训练竞赛、场馆器材维护、图书资料添置的体育维持费；购置大型体育器材设备的体育设备购置费；建设体育场馆的专项建设费；用于体育教师和行政后勤人员的奖励、福利经费和后勤经费；用于体育管理机构的日常办公经费等。

（四）学校体育经费的预算

学校体育经费的预算，一般是按年度对体育教育的各项经费进行收支预算。学校体育经费预算的依据是：国家和学校的有关财政法规制度；当年度学校经费预算的指导思想；学校对经费预算的内容要求；上年度收支指标完成情况分析和决算财务分析；本年度开展学校体育工作所需要的经费预测或者与上年度相比主要增减项目；本年度学校体育自我创收经费估计；熟悉预算科目和预算表格。

体育教学部（室）在体育经费的使用和管理中，应当严格执行国家和学校制定的财务制度与经费使用办法，应本着勤俭节约的原则依据财务管理的规定和权限，履行相应的报批手续。

七、学校体育场地设施与器材管理

学校体育场地、器材设施管理是加强学校体育物质条件保证的重要环节。在其管理过程中，只有做到按计划购建、合理保管、及时供应、充分利用、科学保养、修旧利废、余缺调剂，才能有效地发挥体育场地器材的最大效用。国家在《学校体育工作条例》中明文规定："学校的上级部门和学校应当按照国家或者地方制定的各类学校体育场地器材、设备标准，有计划地逐步配齐。体育器材应纳入教学仪器供应计划。新建、改建学校必须按照有关场地、器材的规定进行规划、设计和建设。"

（一）体育场地设施管理

1. 制订管理制度与使用计划

管理制度包括学校场地使用规定、场地管理人员岗位责任制、场地目标管理条例等。使用计划主要指场地修建维修计划、教学、训练、锻炼、竞赛使用计划、经费预算等。体育场地必须由专人管理，可根据各学校场地的大小，按情况决定管理员数量。

2. 定期对场地进行保养和维护

首先，要保证场地的安全性，例如足球场院的坑洼不平的地方要进行修复。跑道上的石块要清理干净，保证跑道的平整。单杠等一些健身器材要定期检查，拧紧螺丝。游泳池要订立专门的安全守则。做到悉心检修体育场地设施，保证场地的标准化使用，并做好防火、防盗等安全保卫工作；其次，还要延长场地设施的使用寿命。例如，篮球架、单双杠等设施油漆剥落要及时补修。田径场跑道要定期进行平整。足球场的草坪要定时剪修、浇水。场地的一些边界线条很容易磨损，要定期进行修补。木板场地要定期进行保养等等。

3. 协调场地的使用，做到合理、高效

在保证开展学校体育各项活动正常使用体育场地设施的前提下，可向社会开放体育场地，扩大学校与社会的联系交往，提高场地使用率并适当提高其经济效益。但必须加强管理，统一安排。

4. 合理布置，优化场地布局，注意体育场馆的清洁卫生与环境美化

学校体育场地设施的优化配备，以及良好的环境条件，是促使学校体育管理目标顺利实现的重要因素之一。

（二）体育器材管理

1. 体育器材的登记与保管

学校体育器材应设专人进行管理，应对所有体育器材的种类、名称、性能、用途、数量、单价、金额和存放地点等登记编号，分类编制目录、设置帐卡、详细记载。对购入、自制、领用、借用、变价、调拨、报废、报损、盘亏等严格进出手续，保持账目与物品、卡片相符。管理部门应设置“固定资产明细账”“材料明细账”和“低值易耗明细账”3本账簿，对体育器材实行统一、严格、有序的管理。

2. 体育器材的使用

要建立体育器材设施使用的规章制度，并设专门机构及人员负责严格执行和遵守规章制度。对体育器材的领用和借用，要认真履行借领手续。归还时，管理人员应和借领人员一起检验物品的数量与质量，如有损坏，要严格按规定赔偿或修好后方可归还；体育器材使用过程中，要经常检查清理，除进行数量的清点外，还要检查器材使用、维修情况，检查有无长期闲置或损坏的器材，对闲置或积压的器材设施可变价处理；对使用不当或保养不当而导致损坏的器材可先行修理，对已损坏且不能修复的器材及时报废或报损，以防止使用中发生事故。另外，在使用中还应切实加强领导，对学生和教师进行爱护器材的教育，推行责任制，贯彻“谁用、谁管、谁负责”的原则，实行交接与奖惩制度，以提高体育器材的使用管理水平。

3. 定期对器材进行保养

定期保养体育器材可以大大延长器材的寿命，还能保证器材的使用质量。不同器材的维修周期不同，一些比较耐用的器材，维修周期可以长些，可以以月、季、学期为标准，一些损耗较大的器材维修周期要短些，以天、星期为标准，另外一些损耗特别严重的如乒乓球，羽毛球，则要以一节课为标准。另外，为了防止和学生自带的器材发生混淆，可在学校的器材上留下标记，以便区分。在对器材进行保养的同时也要检查，标记是否脱落或模糊不清，如果是，就要进行添加。

4. 定期补充器材

由于器材有必然的损耗，一种是使用过程中的正常损耗所导致；另一种则是由

于个别学生的恶意破坏导致，这就要求教师对学生要严格要求，给予正确的指导来尽量避免。另外，在器材补充当中，被淘汰的器材要集中存放。补充器材要根据需要，不要造成浪费。发现有属于质量问题的器材，要马上找供应商进行解决。补充器材的周期因不同学校不同情况而定，主要是按需补充。

八、学校体育科研与信息管理

（一）学校体育科研管理

加强学校体育科研管理的目的在于有效地组织开展学校体育科研活动，提高科研管理水平，调动广大体育教师体育科研的积极性，提高科研效率，获得更多更好的科研成果，促进学校体育事业的发展。

1. 学校体育科研管理的基本内容

（1）制定体育科学技术政策。

（2）选择制订体育科研计划。

（3）科学地组织学校体育科研队伍，并按科研工作需要和个人能力组织科研人员。

（4）建设相应的研究室、实验室、课题组。

（5）为学校体育科研工作提供必要的物资条件。

（6）提供体育科研工作所需的图书与情报资料。

（7）加强研究人员的培训工作。

（8）组织成果鉴定、推广和评奖等。

2. 学校体育科研计划

开展体育科研是提高体育教学质量的必要条件，也是提高教师理论水平的有效途径，还是深化体育教学改革的重要措施。因此，通过体育科研管理，不仅获得体育科研的成果，还能促进教育教学质量的提高。体育科研管理的重要内容是制定体育科研计划，在制定体育科研计划时，需要注意以下几点。

（1）要深入调查研究。全面了解教师的理论水平、科研能力和有关科研条件，对不同职称的教师在研究课题方面提出不同要求。

（2）要坚持体育科研为体育教学改革服务。联系当前教学中存在的问题进行研究，如培养学生体育能力问题，优化课堂教学结构问题，改革教法与学法问题等。

（3）要正确处理科研与教学的关系。以教学推动科研，以科研促进教学，使科研与教学相结合。

（4）举办体育学术报告会。应定期举行体育科研成果交流活动，对教师的体育科研成果给予奖励。

（5）建立教师体育科研档案。保存好教师的科研成果资料，作为教师晋升职称的依据。

3. 学校体育科研组织

完成学校体育科研工作，必须依赖于一定的组织及设立相应的管理制度。

（1）设立学校体育科研机构。学校体育科研机构的设立随科研项目、课题的来源不同而不同。一般应由科研项目、课题批准部门作为最高管理部门，学校科技处（社科处）和体育教学部（室）均应根据学校有关科研管理政策加以管理，项目、课题负责人为具体管理者。

（2）明确学校体育科研职责。学校体育科研职责权限，同样因项目、课题的来源不同而不同。但主要职责应由项目、课题负责人承担，并对研究成员进行具体分工。但是任何体育科研课题都需要划分为课题前期管理、中期管理和后期管理 3 个阶段。各阶段的管理要求也有所区别，前期管理要准，中期管理要紧，后期管理要狠。

（3）建立学校体育科研管理制度。制定学校体育科研工作管理规定，一方面是为了保证项目、课题任务的顺利完成，另一方面也是鼓励和约束广大体育教师自觉主动地参加体育科研工作的需要。除了按照国家、地方科研管理部门颁布实施的有关科技法规，制定本单位的相应规定之外，还可以结合学校人事分配制度改革（岗位津贴），制定体育教师岗位职责和体育科研工作任务，明确科研奖惩管理规定。

（二）学校体育信息管理

学校体育信息管理是指对学校体育各种信息的收集、加工、利用和储存的一系列活动过程。学校体育信息的主要表现形式是反映学校体育发展状况与趋势的情报、资料。如体育教学档案，学生体质测定，业余运动训练的各种资料、数据，学校各种体育活动和竞赛活动的情况记载、成绩记录，体育教师科研情况及科研成果，有关学校体育发展状况的各种统计资料、报表，以及各种体育报刊等。学校体育信息管理应加强对各种信息的收集、汇总、加工、处理、分析、储存与传递，使之形成相互协调、密切结合的运转机制。还应创造条件，逐步推广运用电子计算机，建立一个“灵敏，准确、及时、适用”的学校体育信息管理系统。

在学校体育信息管理中要做好体育管理的统计工作，如体育统计报表是按照国家或上级统一规定的表格形式、内容、上报时间和报送程序，定期向国家或上级报告计划执行情况和重要体育工作情况的一种报告制度。它是获取体育信息的重要来源和渠道。体育管理的统计工作，主要是收集并记录、整理和分析有关体育事业的各种数据统计资料，为各级体育领导决策研究提供可靠依据，对国家体育事业的发展状况做出客观的反映，对各项体育政策、计划、措施的执行情况进行检查和监督。体育统计与报表要及时、准确、系统、齐备。它要求建立严格的规范，包括报表的格式和指标体系，建立和完善统计组织体系。学校体育的统计与报表按照原国家教委发布的《教育统计工作暂行规定》进行实施。体育局系统所实施的统计与报表制度，也包括学校体育工作的某些指标与数值，如《国家体育锻炼标准》达标率，经常参加体育活动的学生人数，体育传统项目学校布局情况和学校参加业余训练的运动队数与运动员数等。

第三节　学校体育管理评估

评估工作是实施管理的重要一环，是实现管理目标的必要手段。科学的评估对学校体育工作具有导向性，利于把学校体育工作逐步纳入制度化、科学化、规范化的管理轨道。

一、学校体育管理评估的基本原则

（一）方向性原则

对学校体育评估必须建立在正确的方向（指导思想）上，党和国家在不同时期制定的对学校体育发展的各种政策、规划、法规、制度等是学校体育评估的重要依据。

（二）客观性原则

在评估指标体系的建立过程中，要尽量采用那些能定量、公认的和可测定的评估指标与评估方式，通过评估能比较公正、客观地反映工作的实际。同时在评估指标体系的建立过程中，要注意选择同类评估对象的共性内容，严格控制评估体系的标准化，把握评估尺度的一致性，通过准确的评估结果，比较同类事物的优劣，权衡差异。

（三）目的性原则

目的是各项工作的起点。学校体育评估的目的在于一方面检查工作绩效，查对与工作目标是否一致，分析问题存在的原因，不断修正工作计划，朝着最终实现总体目标的方向努力；另一方面是“以评促建、评建结合、重在建设”，借评估工作进一步推动工作的开展。

（四）科学性原则

科学性的评估是使评估标准和评估方法能够符合评估事物的客观规律，体现其中决定事物本质的主要因素和内在联系，并且尽可能做到精确和数量化，把主观估计的因素降到最低水平。为此，要做到定性与定量评估相结合，定性评估是指对事物过程和结果的性质进行判定，注重反映事物的“质”。定量评估是对事物过程和结果从数量方面进行判定，注重反映事物的“量”。

（五）可行性原则

由于学校体育管理领域中有许多因素难于确定客观标准和不能量化，所以，在制定评估指标体系时，必须考虑评估的可行性。

二、学校体育管理评估的基本内容

学校体育管理的评估（Evaluation）应以《学校体育工作条例》和各级学校学

生《体育合格标准》及其《实施办法》以及学校体育工作目标为依据。其基本内容应包括组织管理、体育教学、课外体育活动、课余训练竞赛、师资队伍、教学设备经费等。

（一）学校体育组织管理评估

学校体育组织管理评估内容主要包括，学校是否已设立以校领导为首的各层学校体育管理机构，学校体育管理各层次的职责是否明确，学校体育的重大发展规划能否及时提交校长办公会讨论，分管校领导能否经常关心学校体育工作的发展等等，学校体育规章制度是否已建立和健全，各项工作的人员分工是否合理、人员的职、责、权是否清晰等。

（二）学校体育教学评估

体育课教学评估内容主要包括，各类教学文件是否齐备，体育课的教学质量是否得到保证。课外体育活动评估内容主要包括：学生锻炼的出勤率，《学生体质健康标准》测试率和通过率，早操、课间操的组织与实际开展情况。课余训练的评估除传统项目的优势程度、训练计划的制定与实施情况等常规指标外，后备人才培养的质量和输送情况，运动竞赛的成绩情况等。

（三）体育师资队伍评估

体育师资队伍的评估内容主要包括，体育师资队伍的学历结构、年龄结构、性别结构、职称结构，体育教师的敬业精神和教书育人效果以及工作量完成情况，体育教师的业务培训情况等。

（四）体育科研评估

体育科研评估内容包括体育科研成果的获取情况，体育科研情报的拥有情况等。

（五）体育教学条件评估

体育教学条件的评估内容主要包括，体育场馆器材的配备是否符合《学校体育场馆器材配备目录》的要求，体育经费占教育经费的比例等。

（六）学校体育管理的综合评估

按照学校体育管理检查与评估的要求、学校体育管理工作评估的内容、学校体育管理评估标准应遵循的原则以及学校体育管理评估指标体系制定的程序，本书制定了一套学校体育管理综合评估指标体系供参考（表6－1）。

三、学校体育管理评估的组织实施

（一）准备阶段

1. 明确组织评估部门及评估范围（单位、个人）

评估工作可以在不同层面上进行。但是，组织评估从工作性质上应具有直接性（上下级关系、协议约束关系等）。

2. 确定评估的目的

任何评估都必须明确评估的目的。因为它对评估什么、如何评估有重大影响。

3. 选择评估方法

根据不同的评估目的，可以选择以目标为标准的终结性评估方法，也可以选择对整个工作过程进行的评估，即形成性评估方法。同时，也可选择相对评估方法或者绝对评估方法等。

4. 制订评估指标体系

制订评估指标体系，首先要筛选出最能反映或代表评估对象情况的内容项目，使评估目标变为能够测量的具体指标或尺度，并形成一定的指标体系；其次要在多次调研和征求意见及试评的基础上，确定出评估指标体系中各指标的权重系数；第三要坚持在评估指标体系中采用定性与定量相结合。评估指标体系应由起草小组制定，并经过反复论证，征询群众意见，尤其要征求评估对象的意见。

5. 安排评估进度

安排评估时间要注意给被评估对象以充分准备的时间；安排评估过程要依据精练高效的原则。

6. 组织遴选评估成员

评估工作能否客观、公正进行的另一关键因素是确定评估成员。为做好某一评估工作，必须注意选拔那些思想作风过硬，既懂业务也懂管理并且熟悉评估工作的专家组成评估组。

表 6－1　学校体育管理综合评估指标体系示例

序号	一级指标	权重	二级指标	权重	得分	小计分	合计分
一	组织管理	0. 15	学校体育组织机构健全	0. 2			
			学校体育组织机构职责明确	0. 2			
			学校领导重视体育工作	0. 3			
			学校体育各项管理制度健全	0. 3			
二	体育教学	0. 2	教学计划	0. 15			
			开课年级、开课类型	0. 2			
			教学组织形式	0. 15			
			教法研究	0. 1			
			体育课考试结果处理	0. 1			
			教学效果	0. 2			
			教学改革	0. 1			
三	课外体育锻炼	0. 15	早操、课间操情况	0. 1			
			每周能否保证三次以上课外体育活动	0. 1			
			每天能否保证 1 小时体育锻炼	0. 2			
			《学生体质健康标准》达标率	0. 3			
			学校体育竞赛活动安排	0. 3			
四	课余训练竞赛	0. 15	学校运动队项目	0. 1			
			运动队训练计划（年度、学期、周、课时训练计划）	0. 2			
			运动队训练时间	0. 15			
			教练员训练方法研究	0. 15			
			运动竞赛效果	0. 3			
			运动队管理	0. 1			

续表

序号	一级指标	权重	二级指标	权重	得分	小计分	合计分
五	体育师资队伍	0.15	教师编制	0.15			
			教师年龄结构	0.1			
			教师学历结构	0.1			
			教师职称结构	0.15			
			男女教师结构	0.1			
			教师培训	0.2			
			科研情况	0.2			
六	教学条件	0.2	体育场地设施、器材情况	0.4			
			体育经费	0.4			
			图书资料	0.2			

7. 准备评估用具

要根据评估方案的内容和要求，制作各种调查表、统计表、测试表、问卷等，供搜集信息、实施评估阶段使用。

（二）实施阶段

实施阶段是整个评估工作的中心环节，也是决定评估成败的关键阶段。这阶段的主要任务如下。

1. 全面搜集评估信息

将事先准备好的各种检测、调查用表，通过一定的组织形式，组织有代表性的人员进行填写；对需要访谈、听汇报的内容，要注意记录、整理和归纳。在大量占有所需资料信息的基础上，才能为客观公正的评估结论奠定基础。评估时可采用查阅文件，检查材料，抽样调查，实地考察、座谈访问等形式了解情况。

2. 处理评估信息

为了做到快捷、准确，对评估信息的处理可以采用计算机。

3. 做出评估结论

在汇集各项评估指标测评等级的基础上，全面、准确、客观地得出评估结论和原因分析。

（三）总结阶段

在总结阶段，要及时向被评学校反馈。肯定成绩，找出问题，帮助被检查评估单位及时做出工作调整。被评学校要积极配合检查评估组的工作，认真听取反馈意见，不断改进和提高学校体育管理工作。

四、学校体育管理评估的基本要求

（一）广泛动员、充分准备，做到思想与组织双落实

学校领导应高度重视检查与评估工作，通过组织各种形式的动员与学习，使学校全体师生员工明确检查与评估的重要意义，正确对待检查评估。同时要建立一支有各类有关人员组成的自评队伍，根据上级主管部门下发的有关文件精神和评估方案，结合本校的具体情况，客观、求实地进行自评和接受检查。

（二）尽力提高评估的信度和效度

评估信度与效度，与评估方案的科学性有着直接关系，因此一定要组织有关专家认真、仔细地研究制定评估方案，使之达到科学性、准确性和客观性的要求。同时，在正式评估前一定要组织评估组成员和被评学校有关人员进行专门的培训，认真学习和研究评估方案，严格按照评估方案，准确把握评估尺度，及时修正误差，对评估对象做出实事求是、客观全面的评估。

（三）坚持评估的经常化和制度化

对学校体育管理的检查与评估，要长期坚持并形成制度。只有通过经常性的评估，方能不断完善评估方案、改进评估方法、提高评估质量；方能深入总结学校开展各项体育工作的成功经验并加强学校的自身建设，及时发现工作中的不足，扬长避短，奋发进取。

（四）注意信息反馈

评估的过程就是信息收集、加工、反馈的过程。评估结果是对各类材料和数据的综合反映，可作为学校主管部门和学校领导科学决策的可靠依据。因此，在评估过程中，要注意信息反馈并对反馈的信息进行科学的加工和提炼，以提高整体管理效益。

第七章　社会体育管理

社会体育管理旨在促进社会成员体质和健康水平的提高。社会体育管理具有管理目标的多样性、管理边界的模糊性、管理系统的复杂性、管理主体的多元化等特点。社会体育管理要求以指导性计划、宣传教育、依法管理、扶助支持作为主要手段。世界各国社会体育管理体制正呈现两极向中间集中发展的趋势，我国社会体育体制正向政府与社会结合型的体制过渡。本章将对社会体育管理的基本概念、管理体制，以及社区体育、职工体育、农村体育管理等内容进行分析与探讨。

第一节　社会体育管理概述

社会体育是在社会成员余暇时间中广泛开展的，以身体运动作为主要手段，以增进健康、满足娱乐消遣为主要目的的体育活动。社会体育即狭义的群众体育。社会体育管理是社会体育组织中的管理者通过一定方式整合资源，以促使社会体育目的实现的过程。

一、社会体育的概念与特点

（一）社会体育的概念

1. 社会体育的含义

社会体育与群众体育、大众体育是人们极易混淆和混用的概念，尽管它们的内涵大致相同，但在使用上还是有所区分。人们通常所说的群众体育是体育的主要组成部分，它与竞技体育属同一层次，在不同的地域、不同的历史时期、不同的语言环境中有不同的表述，是除竞技体育之外的包括学校体育在内的所有的体育活动。

在日常体育工作和体育活动中，人们常将社会体育与群众体育混用。例如，国家体育总局设“群众体育司”，而《中华人民共和国体育法》设“社会体育”一章。可见，社会体育与群众体育有很大的相通性，这种在历史过程中形成的现象是可以理解的。

我国学界通常将群众体育从广义和狭义方面来理解。广义的群众体育是指与竞技体育并存的现代体育的重要组成部分。在国内也称其为大众体育，在英文中大致对应的称谓有 Sport for all 或 Mass sport。狭义的群众体育则是指除在学校和武装力量（军、警部队）中开展的体育之外，在社会一切其他行业或活动领域人们的余暇时间中开展的体育。因此，一般认为，社会体育不包括学校、军、警部队的体育活动，而只是普通居民的体育活动。世界上许多国家在分类上都将学校和武装力量的体育当作与狭义的群众体育甚至竞技体育相对独立的类别，而且在一般情况下人们在管理和科学研究中所说的群众体育都仅指狭义的群众体育，狭义的群众体育又常被称为社会体育。可见，狭义的群众体育等同于社会体育（图 7－1）。我国 1995 年颁布的《中华人民共和国体育法》中使用了“社会体育”的概念，以此区别于“竞技体育”与“学校体育”，从而使社会体育具有了较为准确的法律界定意义。

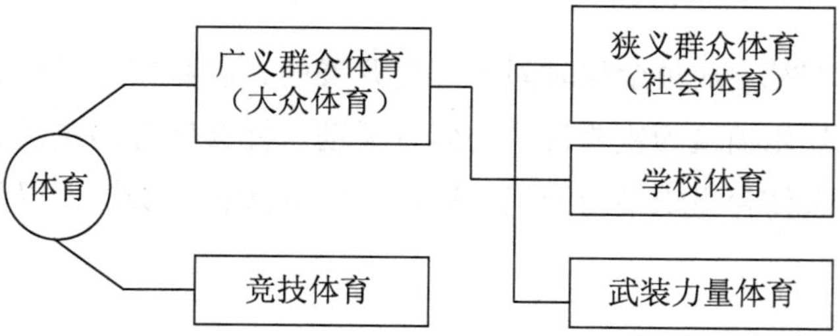

图 7－1　社会体育在体育分类中的关系示意图

社会体育是体育的下位概念。所谓社会体育是指社会成员以身体运动为手段，以增进身心健康为目的的体育。社会体育既促进人的全面发展，又体现人的全面发展。社会体育的主体是全体社会成员。社会体育的目的多种多样，不同社会成员可以根据自身需要达到健身、娱乐、休闲、健美、消遣、保健、医疗、康复、社交等多种目的。社会体育的活动形式丰富多彩，不拘一格。2006 年，国家体育总局公布的我国正式开展的体育运动项目达 78 个。事实上，在我国社会的不同阶层、不同地域、不同领域尚有大量未正式公布的、但普及开展依然活跃的体育运动项目，不管是正式公布还是未正式公布，这些体育运动项目都可以是社会体育项目。可以毫不夸张地说，社会体育是当今世界极为普遍的社会现象，凡是有人群的地方就可能会存在社会体育。

社会体育属于我国体育的重要组成部分，理所应当可以承载体育的基本目的。无论是在公益性的体育事业领域，还是在经营性的体育产业领域，社会体育都占据重要地位。社会体育通过“强身、健心、乐群”的特有功能，可以满足增强人们体质健康、丰富物质与精神文化生活、发展经济等多种需要。因此，我国社会体育的目的是增强社会成员的身心健康，丰富人民文化生活，促进社会主义物质文明和精神文明建设，最终促进人的全面发展。

2. 社会体育的分类

社会体育是一种面向全体社会成员，遍及全社会的体育实践。按不同的分类方式，社会体育可分为不同的类型。

1. 按体育活动开展的时间划分。社会体育可分为民族传统体育和时尚体育。民族传统体育项目包括龙舟、舞龙舞狮、风筝、信鸽、拔河、健身秧歌、健身腰鼓、钓鱼、毽球、跳绳等；时尚体育项目包括：健美、轮滑、飞镖、体育舞蹈、门球、全民健身路径等。

2. 按体育活动的目的及功能划分。社会体育可分为健身体育、健美体育、康复体育、医疗体育、娱乐体育、休闲体育、冒险体育、旅游体育、防卫体育等。

3. 按体育活动的实施场所划分。社会体育可分为可分为城市体育、农村体育、社区体育、村镇体育、家庭体育、单位体育、公园体育、广场体育等。

4. 按体育活动的人群划分。社会体育可分为青少年体育、中老年人体育、妇女体育、职工体育、农民体育等。

5. 按体育活动参与者的性别划分。社会体育可分为男性体育与妇女体育。

6. 按体育活动参与者的年龄划分。社会体育可分为婴幼儿体育、少年儿童体育、青壮年体育、老年人体育。

7. 按体育活动参与者的身体健康状况划分。社会体育可分为可分为正常人体育与残障人体育。

8. 按体育活动参与者的职业状况划分。社会体育可分为可分为农民体育、工人体育、知识分子体育以及不同工种人群的体育等。

9. 按体育活动参与者的文化水平划分。社会体育可分为可分为不同文化水平人群的体育。

10. 按体育活动参与者的行业划分。社会体育可分为机关体育、企业体育、部队体育等。

11. 按体育管理组织的性质划分。

上述分类只是一些常见的分类，人们还可以从新的角度和层次对社会体育进行分类研究。例如，可以按人们的社会地位、经济状况、从事活动（锻炼）的时间、地点等对社会体育进行分类。

（二）社会体育的特点

1. 社会性

社会体育已成为一个客观的、广泛的社会存在。社会体育的社会性主要体现在三方面：（1）从参与角度讲，社会体育参与的人群是由来自不同社会阶层、不同组织实体、不同兴趣爱好的社会成员组成。每个人有着各自对于体育的不同需要，社会体育则可以满足人们这种不同层次的体育需要。不同年龄、性别、职业、爱好、体质与健康状况的社会成员都能在社会体育中找到满足个人需求的方式；（2）从组织管理角度讲，社会体育的开展需要体育、文化、卫生、旅游、宣传、教育、民政、财政、交通等部门进行密切的合作。因此，它需要社会各部门的广泛参与；（3）从社会体育的影响来看，社会体育已成为当今社会具有深远影响的社会实践。社会体育的影响力已渗透到社会多重层面，它广泛与政治、经济、文化等事业产生渗透与互动，大到影响国家的政治、经济、文化等多项事业，小到影响个体的身心健康发展。

2. 多样性

社会体育的多样性主要体现在三个方面：（1）社会体育活动形式多样性。我国各族人民创造了悠久灿烂的体育文化。在体育活动形式和内容上，既有民族传统的、也有时尚的。既有简单实用的、又有复杂正规的。（2）体育组织形式多样性。在体育工作方式中，既有政府组织的，也有社会团体、单位组织的；既有严格规范的，也有一般随意的；在体育组织中，既有政府体育行政机构，也有一般的体育社会团体；既有组织严密的社会体育指导中心、指导站（点），也有自发分散的体育锻炼

（兴趣）小组。（3）社会体育的价值取向多样性。社会体育通过体育运动的形式促进人们身心健康、满足人们的健身、健美、休闲、娱乐的核心价值取向已得到社会普遍认同。除此外，社会体育还具有保健、医疗、康复、社交等多样化的价值取向。

3. 业余自愿性

社会体育与职业化的体育迥然不同，社会体育是社会成员在业余时间里自由自愿、自主参与的体育活动形式。社会体育既不是一种工作也不是一种劳动，它是在工作学习、生产劳动、饮食、睡眠、家务劳作之余可以自由支配的时间里自愿从事的一种活动，这种活动不带有强制性。因此，社会成员的参与与否自愿，活动内容自主，活动形式自由。人们可以根据自身的兴趣爱好和活动条件选择适当的活动时间、地点、内容和形式。正因如此，我国《体育法》指出“国家提倡公民参加社会体育活动”，而不是强制要求公民参加社会体育活动。

4. 灵活性

社会体育不受项目、规则、场地、器材、设备的限制，参与者也不受性别、年龄、职业、地位、兴趣和爱好等方面的限制，无论是在城镇还是在乡村，无论是在社区还是在机关单位，群众不仅可以选择在公园、工厂、路边、巷尾等大众性的场所进行锻炼，还可以选择相对高档的消费场所如高尔夫场、网球场、保龄球场等进行锻炼。正因为社会体育具有灵活性特点，这就要求相关管理者要在体育活动形式和内容、工作方式和组织形式上因人、因事、因时、因地制宜，这样才能推动社会体育的有序开展。

5. 民族性

我国幅员辽阔，民族众多，每个民族都有自己独特的优秀体育文化，其中包含着不同民族独特的体育形式和内容。我国目前已经整理出的少数民族传统体育项目就已近千个，汉族也有众多的民间体育项目。这些风格各异的民族传统体育项目中凝结着各民族的性格和精神。正是这些形式和内容各异的民族传统体育项目存在，才构成了辉煌灿烂的中华民族体育。因此，社会体育的民族性也是社会体育的一个重要特征。

二、社会体育管理的概念与特点

（一）社会体育管理的概念

随着经济社会的全面快速发展，我国城乡居民的生活方式正在发生着深刻而急剧的变革，生活方式的转变为社会体育的发展创造了良好的社会环境，同时产生了新的社会健康问题，对社会体育提出了新的要求。在这种环境下，加强对社会体育的管理，促进社会体育的健康、快速、协调发展就成为一项必须予以高度重视的议题。

所谓社会体育管理是指通过一定方式整合资源，以促使社会体育目的实现的过程。把握这一概念需注意以下几点。

1. 社会体育管理的主体多元

社会体育组织中的管理者是在社会体育管理活动中起支配作用的个体或集体，它们构成管理的主体。社会体育的管理者是多元的，其中政府部门是一支重要力量。《全民健身条例》规定：国务院体育主管部门负责全国的全民健身工作，国务院其他有关部门在各自职责范围内负责有关的全民健身工作。县级以上地方人民政府主管体育工作的部门（以下简称体育主管部门）负责本行政区域内的全民健身工作，县级以上地方人民政府其他有关部门在各自职责范围内负责有关的全民健身工作。除此外，还有大量的社会体育组织在推动社会体育工作的发展。可见，在我国，对社会体育进行管理不仅是政府的责任，也是各级各类机关、企业、事业单位的责任。开展社会体育工作不仅是各级工会、共青团、妇联等人民团体的责任，也是各级各类体育社会团体的责任。

2. 社会体育管理的载体是各类组织

管理活动总是存在于一定的组织之中。组织是完成管理活动的有力工具，是管理活动的载体。我国社会体育管理的组织不仅包括各种政府行政部门的专门、非专门组织，还包括各种非政府部门的社会体育管理组织。

3. 社会体育管理需通过一定方式来实现

任何社会活动目标均须通过一定方式来实现。社会体育管理方式是对为实现社会体育管理的目标而采用的方法、手段、工具、步骤及途径，以及知识、技能的统称。社会体育管理的基本方式包括计划、组织、控制等属于管理职能的内容，以及各种行政的、经济的、法律的及宣传的方法手段。

4. 社会体育管理的对象是资源

社会体育资源是社会体育管理的客体，也是管理的对象，它们是社会体育管理实践得以运行的基础。社会体育发展所需要的资源包括人、财、物、时间、信息等类型。

5. 社会体育管理需要对资源进行整合

整合是对社会体育资源的培育、开发、配置、利用等方面进行的调节、控制、组合等活动，通过对资源的有效整合，资源的价值才能得以发挥，并最终促使社会体育组织目标的实现。

6. 社会体育管理是促使社会体育目的实现的过程

目标是管理活动的出发点和最终归宿。任何一个组织的存在都是基于一定的目标（存续目的）。社会体育管理的目标最终是为实现社会体育组织存续目的服务，它是社会体育组织存续目的得以实现的保证。由于社会体育组织的目标是一个由一系列子目标构成的体系，就决定了社会体育管理的目标也是一个体系。

（二）社会体育管理的特点

1. 管理目标的多样性

由于社会体育工作的复杂性、层次性、多样性等特征，在客观上决定了对社会体育管理的目标也是多样的。一般而言，社会体育工作包括提高国民体质及健康水平，发展体育人口和经常参加体育活动的人数，筹措社会体育经费，创建社会体育活动的场地设施，培训社会体育干部、社会体育指导员以及骨干力量，组建社会体育组织，开展各种类型的社会体育活动等方面。因此，各级各类社会体育组织的管理目标也应遵从上述工作内容进行确定。需要注意的是，管理目标与组织目标是一致的，因此，社会体育管理的终极目标是为实现社会体育组织自身的存续目的而设定的。

2. 管理主体的多元性

社会体育的管理主体是不同的社会体育组织及个人。随着我国体育改革的深化与发展，社会体育投资的多元化、社会办体育的自主化和体育行政职能的规范化，正在打破我国长期以来政府集投资者、主办者与管理者于一身的原有格局。由于社会体育的对象广泛、内容多样，其管理资源大多来源社会，受到多种社会因素的影响。因此，社会体育管理必须以多元化管理为原则导向。各级体育行政部门应发挥宏观调控职能，积极引导各级社会体育组织管理社会体育的积极性，不断提高社会体育工作的整体绩效。

3. 管理对象的普遍性

社会体育管理的对象是以人力资源为核心的各类资源，这些资源普遍存在于人类经济社会生活的方方面面。社会体育组织目的的实现也是以资源的投入为前提的。凡是社会体育发展所需的各种要素及投入均可视之为社会体育资源。根据人们认识资源的角度不同，社会体育资源的种类及表现形式极为多样：它不仅包括我们所熟知的人力、物力、财力等有形资源（如体育管理人员、社会体育指导员、体育志愿者、体育场地设施、体育器材、体育经费等），还包括各种体育信息、科研、管理制度、政策法规乃至社会舆论等无形资源；它不仅包括已经被人们所认识到的各种显性体育资源，还包括各种即将被人们所认识到的潜在体育资源；它不仅包括各种物质性的体育资源，还包括观念性的体育资源；它不仅包括各种可以直接运用来发展社会体育的直接体育资源，还包括那些虽不能直接运用但可通过一定条件转化为社会体育提供支持的间接体育资源等。社会体育资源是一个复杂的系统组成，不同类型、不同层次的资源之间相互影响、相互作用，并对社会体育的整体及局部运行发挥着重要作用。

4. 管理边界的模糊性

社会体育管理的边界可理解为管理的实施领域或影响范围。首先，从社会组织划分角度讲，社会体育的参与主体从属于不同的社会组织。因此，社会体育工作的开展需要不同组织中的社会成员广泛发生互动；其次，从社会体育活动的组织管理角度而言，社会体育部门需要与其他社会组织进行广泛地联系与沟通。因此，社会体育在实践中经常与社会的文化、教育、娱乐、旅游等组织形成互渗互动。社会体育管理与社会其他组织这种广泛的结合点，使它表现出巨大的包容性和适应性，往往与社会其他系统的有关管理交叉在一起，难以划清它的组织边界。这种管理特点为更紧密地依托社会发展社会体育创造了非常有利的条件，但由于社会体育管理系统的独立性不明显，也易于在具体的组织管理工作中，与其他系统产生矛盾和冲突，进而加大了管理的难度，尤其是对协调职能的要求。

5. 管理系统的复杂性

由于社会体育是一项涉及全民、全社会的事业，对其管理在客观上形成了一个复杂的管理系统。在社会体育管理系统中，既有专门、正式的政府体育部门，也有形形色色、非正式的社会体育组织；既有各行业单位的体育机构，也有分散在社会各界的社会体育指导员。同时，参与者的分布地域、职业性质、社会地位、活动目的等差异较大，进一步增大了社会体育管理的复杂性。这就要求社会体育在管理机制上，既要与外部环境保持高度的耦合，又要保持自身相对的独立性和稳定性。此外，社会体育资源系统也极其错综复杂。社会体育管理的复杂性，必然对管理者的管理水平和管理艺术提出了较高要求。

三、社会体育管理体系

（一）政府管理体系

我国社会体育的政府管理体系如下图 7－2 所示。

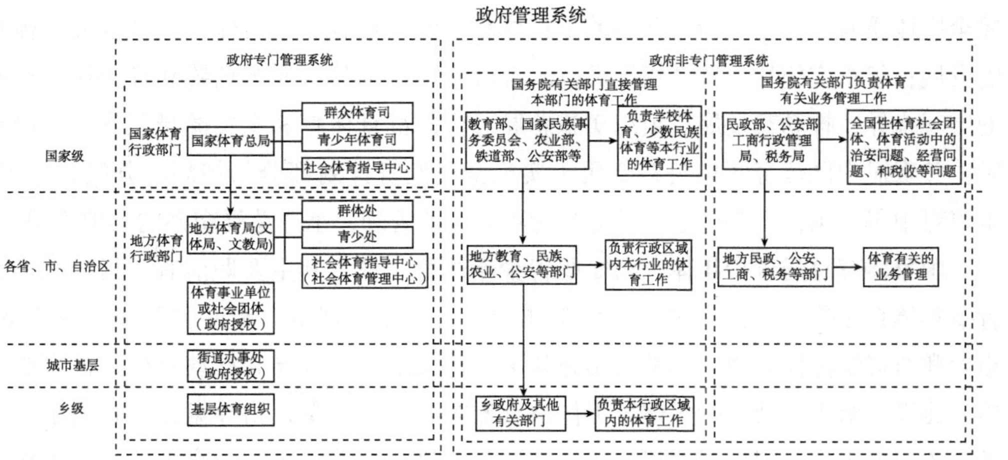

图 7－2　社会体育政府管理系统示意图

1. 政府专门管理系统

政府专门管理系统是由政府体育行政管理系统中各级社会体育管理机构组成，它是社会体育管理的主系统。《体育法》第一章总则第四条规定：“国务院体育行政部门主管全国体育工作。国务院其他有关部门在各自的职权范围内管理体育工作。”因此，县级以上各级政府都设立相应的体育组织领导机构管理体育工作，这样就形成了一个专门的政府管理社会体育的组织系统。

（1）国家体育行政部门。国家体育总局是国务院直属机构，是我国最高的体育行政部门，主管全国的体育工作，统领国家体育事业的发展。社会体育事业的发展由国家体育总局进行总体规划和部署。国务院赋予国家体育行政部门关于社会体育的职责主要包括：研究制定社会体育工作的政策法规和发展规划，并监督实施；负责全国的全民健身工作，推行全民健身计划，举办全国性群众体育比赛活动，指导群众性体育活动；实施国家体育锻炼标准，定期进行全民健身活动状况调查，开展国民体质监测工作；加强社会体育指导人员队伍的建设，完善分级管理的制度体系；促进公共体育设施的建设，加强对公共体育设施的管理和保护，充分发挥公共体育设施的功能，使其更好地为社会体育事业的发展服务。

国家体育总局群众体育司专职群众体育工作。其主要职能有：研究和拟定群众体育工作的有关政策、法规和发展规划，并监督实施；研究和拟定推行《全民健身计划纲要》的有关规划、计划并组织实施；组织并监督实施国家体育锻炼标准，开展全民体质监测工作；指导和推动学校体育、农村体育、城市体育及其他社会体育的发展；组织实施社会体育指导员技术等级制度；加强对业余训练和各类体育学校的宏观指导，推动其发展；组织实施总局对全国群众体育和全民健身工作的表彰奖励。负责对中国体育彩票公益金用于实施全民健身计划部分的规划、分配和监督；负责对中华全国体育基金会全民健身专项基金的管理；承办总局交办的其他事项。

国家体育总局青少年体育司专职青少年体育工作。其主要职能有：指导和推进青少年体育工作，拟订青少年体育工作的有关政策、规章、制度和发展规划草案；指导和监督学生体育健康标准的实施和学生体质监测；指导和推动青少年体育服务体系建设；组织开展青少年体育工作检查监督和评估表彰；指导竞技体育高水平后备人才培养工作；拟订青少年业余训练管理制度，完善青少年业余训练体系，指导全国各级各类体育运动学校、体育传统项目学校、青少年体育俱乐部、各运动项目后备人才基地建设和有关学生文化教育工作；承办总局交办的其他事项。

此外，在国家体育总局下还设有社会体育指导中心（属于事业编制），承担部分社会体育项目和社会体育指导员的管理工作。

（2）地方体育行政部门。国社会体育是由地方政府具体管理的。各省、市、自治区都设有体育局（有的地方是文体局、文教局），其下一般都设有群体处、青少处，专门负责当地的群众体育及青少年体育工作，有的地方还设有社会体育指导中心（或社会体育管理中心）。

地方各级体育行政部门受上级体育行政部门在业务上的指导，同时受该级人民政府在人事、财务等方面的行政领导。政府专门社会体育管理系统的基层机构是县及县级市体育局。近年来，在政府机构改革中，一些县（市）体育局已与教育或卫生部门合并，但仍设专人负责体育工作。各级体育行政机构中都设置了主管社会体育的专门机构，并配备了一定的专、兼职社会体育干部。

县级以上地方各级人民政府体育行政部门或本级人民政府授权的机构。县级以上地方各级人民政府体育行政部门是指省、自治区、直辖市；地级市、地区、自治州、盟；县、市辖区、县级市、自治县、旗等人民政府设置的体育局或体育与其他部门合署办公的机构，如文化体育局、教育体育局等。这类体育行政部门主管本行政区域内的体育工作，包括社会体育工作。这类体育行政部门中一般设有群众体育处或群众体育科或群众体育股等职能部门，或在业务部门中设专人负责社会体育工作。本级人民政府授权的机构依法具有主管本行政区域内体育工作的权力。本级人民政府授权的机构是指在我国一些地方，主要是县级政府矽构改革后，有些县级人民政府不再设立体育行政部门，而将原有的体育行政部门转变为事业单位或体育社会团体。但本级人民政府仍然授权这些单位行使主管本行政区域内体育工作的行政职权。

根据相关法律法规的授权或规定，县级以上地方各级人民政府体育行政部门的主要职责包括：负责实施同级地方人民政府制定的本行政区域的全民健身实施计划，定期对全民健身计划实施情况进行评估；在全民健身日组织开展健身指导服务，积极宣传科学健身知识；根据社会体育指导员分级管理的规定，负责本行政区域内社会体育指导员的管理工作，加强社会体育指导员队伍建设；对本行政区域内的公共体育设施实施监督管理，保证社会体育活动能顺利开展；对高危险性体育项目经营活动，应当依法履行监督检查职责，以确保群众的安全。

本级人民政府授权的机构依法具有主管本行政区域内体育工作的权力。本级人民政府授权的机构是指在我国一些地方，主要是县级政府机构改革后，有些县级人民政府不再设立体育行政部门，而将原有的体育行政部门转变为事业单位或体育社会团体，但本级人民政府仍然授权这些单位行使主管本行政区域内体育工作的行政职权。这是我国行政体制改革中出现的新的行政机构形式。

街道办事处被区（市辖区，不设区的即为市）人民政府授权主管辖区社会体育工作和组织实施辖区社会体育活动。街道办事处可成立以街道办事处行政领导挂帅、辖区内各有关单位参加的社会体育组织，设立相应的部门管理体育工作，配备专职社会体育指导员。作为基层政府，由市辖区及不设区的市人民政府设立的派出机关——街道办事处，是城市管理的基础层次，可以代表该级政府管理其辖区内的各项事务。街道办事处负有开展群众性体育活动、增强当地人民体质的政府职责。在实施全民健身计划过程中，我国很多街道成立了以街道办事处领导带头的全民健身领导小组等机构——具有行政性的体育组织。街道办事处可充分利用辖区内的场地、设施、人才等各类资源，组建锻炼小组、健身指导站、体育俱乐部、体育协会等体育组织，并指导其开展建设和管理工作，组织内容丰富、形式多样的体育健身活动，举办辖区内群众体育竞赛活动等。

由于我国法定体育行政部门设在县级以上政府，乡级政府不设立体育行政部门，为了发展当地的体育事业，各地根据实际情况建立了不同类型的体育组织。这些基层体育组织或代表乡镇政府行使体育管理职权，或作为乡镇政府的助手，组织协调当地体育工作，开展群众性体育活动，成为我国农村体育的重要组织力量。

2. 政府非专门管理系统

我国《全民健身条例》（中华人民共和国国务院令 第 560 号）第一章总则第五条规定："国务院体育主管部门负责全国的全民健身工作，国务院其他有关部门在各自职责范围内负责有关的全民健身工作。"县级以上地方人民政府主管体育工作的部门（以下简称体育主管部门）负责本行政区域内的全民健身工作，县级以上地方人民政府其他有关部门在各自职责范围内负责有关的全民健身工作。

国务院其他有关部门在各自的职权范围内管理体育工作，其中包括社会体育工作。这类管理有两种类型：（1）国务院有关部门按照国务院体育行政部门的统一部署，直接管理本部门的体育工作。比如教育部主管学校体育工作，它可以组织教育系统内部的全国性群众体育比赛活动，设置多个比赛项目进行比赛，并对成绩优异的个人或集体予以表彰，这对强化本系统工作人员的健身意识、调动他们的精神积极性，以及间接推动全民健身运动具有重要影响。国家民族事务委员会负责少数民族体育工作，农业部、铁道部、公安部等负责本行业的体育工作等；（2）国务院有关部门在自己职权范围内开展与体育有关的业务管理工作。比如民政部依法对全国性体育社会团体进行登记和管理；公安部依法对群众性体育活动中的治安问题进行管理；国家工商行政管理局、国家税务总局对体育经营问题和税收问题依法进行管理等。

县级以上地方各级人民政府的其他有关部门。县级以上地方各级人民政府的其他有关部门的情况，与上述国务院其他有关部门的情况相类似，比如教育、民族、农业、公安等部门各自负责管辖行政区域内本行业的体育工作。而民政、公安、工商、税务等部门负责开展与体育有关的业务管理工作。

乡、民族乡、镇政府的其他有关部门。乡、民族乡、镇人民政府作为我国最基层的人民政府，对领导和管理本行政区域内的体育工作负有责任。《体育法》规定“乡、民族乡、镇政府随着经济发展，逐步建设和完善体育设施”。当前我国很多乡、民族乡、镇政府，包括城市街道办事处，都将社会体育工作列入政府工作内容，指定某一职能部门或人员负责社会体育工作。

（二）社会管理体系

1. 社会专门管理系统

我国现有社会体育组织主要有各级体育总会、单项运动协会、行业体育协会和各种人群体育协会等，以及各类基层社会体育组织等。

（1）各级体育总会。各级体育总会包括中华全国体育总会和县级以上地方体育总会，是体育工作者的群众性体育组织，是在民政部门登记的体育社会团体。中华全国体育总会是全国群众性体育组织，成立于1949年。各省、自治区、直辖市体育总会，全国性单项体育协会，全国性行业系统体育协会，中国人民解放军的群众性体育组织可以申请加入中华全国体育总会，成为其团体会员。省、自治区、直辖市；地级市、地区、自治州、盟；县、县级市、区、自治旗、旗可以成立地方体育总会。目前，县级以上地方基本成立了体育总会。各级体育总会中一般都设立群众体育部门，负责社会体育工作。在各级体育总会的宗旨中明确提出：联系、团结广大体育工作者，努力发展体育事业，普及群众体育运动，提高全民族身体素质；促进社会主义物质文明和精神文明建设；为建设有中国特色的社会主义服务。在各级体育总会的任务中明确提出：要宣传和推动群众性体育活动的开展，大力促进体育改革；通过体育活动对广大人民群众特别是青少年进行教育，培养优良品德。各级体育总会作为党和政府联系体育工作者的纽带和发展体育事业的助手，在党和政府的领导下，经过多年建设，已经形成了包括中央、省、地、县体育总会的组织结构，在配合各级体育部门推动社会体育事业发展，实施全民健身计划过程中，发挥了积极作用。

（2）单项运动协会。单项体育协会是指按运动项目组成的群众性是在民政部门登记的体育社会团体。在我国，作为中华全国体育总会的团体会员，单项运动协会具有宣传和推动本项目群众性体育运动开展，促进体育社会化，举办各种比赛和体育活动的职责。省级、地级、县级的很多地方也都设立了单项运动协会，并设立了专门的办事机构和人员。各个运动项目协会的章程都规定了要组织广大群众和青少年参加本项目活动，普及该项运动。单项运动协会所包括的项目是奥运会项目或大型竞赛活动的非奥运会项目。全国性单项运动协会包括田径运动（以下省略“运动”一词）、游泳、体操、技巧、赛艇、皮划艇、射击、射箭、自行车、无线电、航海模型、帆船帆板、摩托艇、滑水、水下、航空、足球、篮球、排球、乒乓球、羽毛球、网球、软式网球、手球、曲棍球、棒球、垒球、高尔夫球、保龄球、台球、地掷球、围棋、象棋、国际象棋、桥牌、举重、摔跤、柔道、拳击、击剑、马术、现代五项、滑冰、滑雪、冰球、雪车、雪橇等运动项目协会。田径、篮球、足球、乒乓球、门球、棋类等运动项目协会，在基层比较普遍。

（3）行业体育协会。各行业体育协会是各行业体育工作的主管部门，也是中华全国体育总会的团体会员，我国的行业体育协会大多属于各行业直属事业单位。各行业体育工作由其主管部门负责，是社会体育改革和体育社会化的一项重要政策性措施。行业体协不仅具有较完善的组织系统和经验丰富的体育干部队伍，而且还具有雄厚的经济实力，较好的体育场地设施条件，通过行业体协组织领导本行业的体育工作，易于管理、协调，便于开展活动。因此是推动社会体育工作不可忽略的力量。

目前全国性的行业体育协会有火车头、金融、石油、煤矿、前卫、中建、林业、地质、机械、邮电、石化、航天、航空、中汽、化工、中科院、兵器、建设、交通、电子、冶金、水利、电力船舶、民航（筹备）、轻工（筹备）、内贸（筹备）等体育协会。全国性的系统体育协会有农民、残疾人、老年人、少数民族、大学生、中学生、中国技工学校等体育协会。

（4）人群体育协会。各人群体育协会是为了满足不同人口群体开展社会体育活动的需要而成立的体育社会组织，如老年人体育协会、农民体育协会等，它们在组织不同人群体育活动中也发挥着特有的作用。

传统体育项目协会是指按我国传统体育项目组成的群众性业余体育组织，是在民政部门登记的体育社会团体。这些协会的职责主要是在群众中推广、普及该项运动。成立全国性传统体育项目协会的包括轮滑运动（以下省略“运动”一词）、龙舟、毽球、风筝、钓鱼、信鸽、冬泳、太极拳、舞龙舞狮等项目。传统体育项目协会在各地比较普遍，并且发挥了很好的作用。

（5）传统体育项目协会。传统体育项目协会是指按我国传统体育项目组成的群众性业余体育组织，是在民政部门登记的体育社会团体。这些协会的职责主要是在群众中推广、普及该项运动。成立全国性传统体育项目协会的包括轮滑运动（以下省略“运动”一词）、龙舟、毽球、风筝、钓鱼、信鸽、冬泳、太极拳、舞龙舞狮等项目。传统体育项目协会在各地比较普遍，并且发挥了很好的作用。

（6）街道社区体育协会。街道办事处作为市或市辖区政府派出机构，是城市管理的基础层次。街道办事处负有开展群众性体育活动、增强当地人民体质的政府职责。街道办事处不设立体育行政部门，因此，以街道办事处为依托的社区体育协会（或称街道体育协会等）应运而生。目前，我国大多数街道都成立了社区体育协会，这是最普遍的基层体育组织。此外，还有依托某一区域管理机构或驻地实力和条件优越的企事业单位的地区体育协会，依托住宅区管理机构的居住小区体育协会等。这些群众性的基层体育组织，作为街道办事处、区体育行政部门或某些机构行政的助手，负责组织、协调和管理当地社会体育工作。在实施全民健身计划过程中，我国很多街道成立了以街道办事处领导带头的全民健身领导小组等机构，是具有行政性的体育组织。

（7）乡镇体育协会。乡、民族乡、镇政府是我国农村基层政府。由于我国法定体育行政部门设在县级以上政府，乡级政府不设立体育行政部门，为了发展当地的体育事业，各地根据实际情况建立了依托乡镇政府的乡镇体育协会或乡镇体育总会等。这些基层社会体育组织组织协调当地体育工作，开展群众性体育活动，成为我国农村体育的重要组织力量。

（8）基层单位体育协会。基层单位体育协会是指我国基层企业、事业、机关单位的体育协会，是群众性业余体育组织。基层单位体协由单位工会具体组织领导。它的任务是在单位内部开展体育宣传活动，吸引和组织职工经常参加体育锻炼，活跃职工业余生活，提高职工健康和运动技术水平。1981 年，全国总工会和国家体委联合发布了《基层厂矿、企业、事业、机关体育协会章程（试行）》。这种遍布我国基层单位的体育组织，对发展我国职工体育曾经发挥了巨大的推动作用。在新形势下，通过对职工体育的改革和探索，我国基层单位体育协会将继续发挥其重要作用。

（9）体育指导站。体育指导站是指在当地体育行政部门或街道、乡镇政府领导或指导下，开展群众性体育活动的体育组织。体育指导站一般有三种职能：（1）组织的职能，即吸引和组织体育爱好者前来参加体育活动；（2）指导的职能，即对前来参加体育活动的体育爱好者进行体育指导；（3）阵地的职能，即为活动者提供场地，并保持体育活动的科学、健康、文明。体育指导站包括一般性体育指导站和单项性体育指导站。比如在一些城市中成立的航天模型运动指导站就属于单项性体育指导站。较为普遍的是有固定的体育设施或依托公园、广场等建立的体育指导站。有固定的体育设施，有的地方也称为体育指导中心、体育活动中心。这类体育组织设施条件、人员规模、指导能力、管理水平有较大的差异。条件好的体育指导站，有自己的体育场地设施，有专门的管理和指导人员，有固定的活动项目，类似文化站。文化站是文化行政部门所属的事业单位。有些地方则与文化站合在一起，建立了文化体育站或文化体育中心，与文化部门一起开展文化体育活动。相对于体育指导站来讲，比其更基层、规模更小、条件简陋、更松散的体育组织形式是晨（晚）练点，或者称体育指导点，它的性质与职能与体育指导站类似，这是我国城乡最基层的指导群众体育活动的体育组织。

（10）青少年体育俱乐部。为了落实《全民健身计划》二期工程“群众体育以青少年为重点”的指导思想，使广大青少年学生参加科学、文明、健康的课外活动具备良好的条件，同时为培育社会组织的力量，充分利用和挖掘现有的社会体育资源，国家体育总局结合发达国家经验和我国实际情况，自 2000 年起使用体育彩票公益金，依托学校、体校、体育场馆、社区、基层单项运动协会开始创建“青少年体育俱乐部”。青少年体育俱乐部是使用体育彩票公益金扶持创办的，具有社会主义公益性特征，是今后国家倡导并引导发展的旨在广泛开展青少年体育活动的社会组织。

2. 社会非专门管理系统

（1）人群协会。某些社会组织虽然不是专门的社会体育组织，但它们下设体育部门如工会、共青团、妇联、残疾人联合会等都设有社会体育的机构，或专兼职人员负责社会体育事务的管理。

工会、共青团、妇联、残疾人等社会团体作为某一部分人群的群众性组织，与这些人群有着密切的联系并能够对他们产生较大的影响。同时，这些社会团体具有完善的组织系统，从中央到地方，以至于很多机关、企业事业单位都有自己健全的组织机构，这就为在其中开展体育活动提供了组织保障。再者，这些社会团体对本团体成员的体质与健康负有一定的责任，应当组织其成员开展体育活动。《工会法》规定：“工会会同行政方面……组织职工开展文娱、体育活动。”从全国总工会到地方各级工会，从行业工会到基层单位工会，普遍设立职能部门或人员负责职工体育工作，积极开展职工体育活动。共青团也同工会一样设立职能部门或人员负责青年体育工作。全国残疾人联合会和部分地方残疾人联合会也通过残疾人体育协会，开展残疾人体育活动。

（2）村（居）委会。在我国农村，村民委员会是村民自我管理、自我教育、自我服务的群众性自治组织，其任务与居民委员会类似。并且《体育法》也明确规定：“农村应当发挥村民委员会、基层文化体育组织的作用，开展适合农村特色的体育活动。”我国数以十万计的村民委员会，必将对农村体育发展产生巨大地推动作用。居民委员会作为我国城市社区中最基层的群众性居民自治组织，对社区的管理发挥着直接的不可忽视的作用。按照居民委员会组织法规定，居民委员会具有“自我管理、自我教育、自我服务”三种职能，其任务包括办理本居住区的公共事务和公益事业，开展包括体育活动在内的社会主义精神文明建设活动。我国《体育法》明确规定：“城市应当发挥居民委员会等社区基层组织的作用，组织居民开展体育活动。”这就使居民委员会开展居民体育活动的职责更加明确。我国数以万计的居民委员会，对居民体育发展发挥着越来越大的作用。

四、社会体育管理的基本内容

（一）社会体育资源的管理

从社会体育管理资源的角度看，社会体育管理内容包括对社会体育中人、财、物、信息和时间等资源的管理。社会体育管理工作的目的就是通过一定方式整合这些资源要素，以实现社会体育组织的激既定目标。

1. 人员的管理

社会体育人员队伍是开展社会体育的重要力量，主要包括社会体育干部、骨干、志愿者等。在社会体育工作中，人员的管理不只是人员的组织和使用，还包括人员的培训、考核和激励。人员管理的核心是如何调动和发挥人的积极性和创造性，为人员的工作和发展提供一个良好的工作环境，以达到人尽其才，为实现社会体育管理的目标服务。

2. 经费的管理

社会体育经费是开展社会体育的财力资源，社会体育经费的管理主要包括对经费的筹措、分配与使用等方面。开展社会体育需要一定的资金，社会体育管理组织要广开财源，争取政府部门和社会各界对社会体育的经费投入和财力支持，还要利用有限的资金多办事、办实事。要扩大资金来源，多渠道、多形式吸引资金，提高资金的使用效率，讲求经济核算和成本核算，以发挥经费资源的最大效益。

3. 场地设施的管理

场地设施是社会体育管理的物质基础。社会体育场地设施管理的内容主要包括社会体育场地设施的管理、维护、使用，以及经营开发等方面。搞好场地设施的管理对保证社会体育活动的顺利开展起着至关重要的作用。社会体育有关的场地设施主要包括体育俱乐部场地设施、企业内部健身场地设施、公共体育场地设施和学校体育场地设施。社会体育活动的场地设施数量是衡量一个国家社会体育发展水平的重要指标之一。社会体育管理既要努力提高场地设施的数量和质量，又要想方设法提高现有场地设施的利用率。

4. 信息的管理

社会体育的信息是指对发展社会体育有价值的新内容、新知识和新消息。社会体育信息管理的内容主要包括社会体育信息的收集、整理和处理等方面。基层社会体育信息管理的主要工作是整理、加工、利用好现有的报刊、资料、文件、书籍等，并努力扩大信息来源，充分发挥这些信息的作用。除要重视社会体育工作本身的信息外，还要关注上级领导机关的工作方针、政策、举措等；学习、借鉴兄弟单位、地区、部门的先进经验；注意了解有关行业系统和国外的动态。对所获得的信息，及时加工整理并向有关人员报告，做好保管工作。

5. 时间的管理

时间作为一种有价值的资源应该进行管理。时间管理的目的是充分利用时间、合理安排时间、避免时间浪费和使用不当。在基层社会体育工作中，人们常对使用资金进行预算，而很少对时间作出预算。实际上时间同样需要精打细算，作出预先安排，分出轻重缓急，做到有别有序、忙而不乱。一项活动的准备时间要充分，还要留有余地，活动进行的时间要精确计算。只有按计划进行，才能保证活动有序、热烈、紧凑。建立对重要的工作或活动制定时间进度表的制度，避免在次要问题上过多消耗时间，使工作规范化、条理化，减少不必要的环节，节约时间，提高工作效率。

（二）社会体育领域的管理

按照社会体育的不同领域，社会体育的管理内容包括对职工体育、城市社区体育、农村体育的管理等，它们具有一些共同的规律，同时又具有各自不同的特点。

1. 职工体育的管理

职工体育是社会体育的重要组成部分。从参加对象上看，主要是企、事业和机关等单位的职工；在时间特征上，表现为职工利用工余间歇时间和双休日、节假日开展体育锻炼；在空间特征上，一般都是利用单位自有的场地设施条件或就地、就近、就便，因地制宜地进行体育活动；在项目特征上，表现为趣味性、娱乐性较强，健身作用和社会普及面较大，为职工喜闻乐见的体育项目；在作用特征上，比较突出地表现在能增进职工身体健康，降低因病缺勤率，提高工作积极性，增强本单位职工凝聚力，同时也能够在一定程度上提高单位的知名度；在管理机构上，一般都有常设的管理机构（工会、体协）负责组织管理。社会主义市场经济条件下，企、事业单位的组织体制、运行机制等都发生了深刻的变化，使企、事业单位职工体育工作面临着新的挑战和机遇。职工体育管理主要包括职工体育的计划、组织与实施、总结，以及职工体育资源整合等方面。

2. 城市社区体育管理

城市社区体育主要指在城市中以社区为单位，以社区居民为主要对象，以社区自然环境和体育设施为物质基础，就地、就近开展的区域性群众体育活动。社区体育的突出特点是区域性，它不是以参加对象的单位隶属或职业身份界定参与者的身份，而是以“社区”这样的地域性概念进行划分。同处一个社区，无论是工人、干部、学生、老人、青年、小孩等，都是社区体育的对象。社区体育活动的开展是利用社区资源进行的，社区内的绿化地带、楼间庭院、广场公园及其他公共设施都是体育活动可以利用的资源；社区体育在活动设施上具有公共性和公益性的特点。社区体育组织还具有较强的民间性，它一般都是独立的社会团体，虽然有些组织挂靠在街道办事处或其他机构，但其自筹经费、自我组织、自愿参加的特点仍反映出较强的民间性；社区体育指导与被指导的关系具有平等性，社区体育指导员自身是锻炼者、活动者，还兼任指导员、辅导员，其工作性质具有很大的义务性，如提供场地设施服务、提供体育指导和咨询服务、提供资金资助和组织服务等。城市社区体育管理主要包括城市社区体育计划、组织、活动与竞赛管理、资源整合等方面。

3. 农村体育管理

“农村体育”是一个以地域特点划分的概念，一般是指县及县以下广大农村所开展的体育活动。农村体育所涉及的内容包含有社会体育、学校体育，还有少部分竞技体育的成分。随着农村经济的发展，农民物质生活水平的不断提高，农民的精神需求也在不断增加，体育在农民生活中占据越来越重要的地位，对农村两个文明的建设起到推动作用。农村体育的场所是农村，背景是农业，主体是农民，由此决定了农村体育参加对象的分散性、活动时间的不稳定性、体育观念的保守性、经济条件的滞后性、活动项目的民俗性等诸多特点。农村体育管理主要包括农村体育工作计划、组织、活动与竞赛管理、资源整合等方面。

（三）社会体育参与人群的管理

青少年、老年人、年妇女等不同的参与人群构成社会体育管理的对象，也属于社会体育管理要研究的基本内容。

1. 青少年体育管理

青少年体育是国家体育发展的希望和未来，历来受到党和政府的高度关注。2007 年 5 月中共中央国务院下发《关于加强青少年体育 增强青少年体质的意见》（中发【2007】7 号），这是建国以来专门针对青少年体育下发的一个高层次、高规格的重要文件，首次把青少年体育工作在现代化建设全局中的重要战略位置提升到一个新的高度。青少年体育管理的内容非常丰富，不仅包括校园体育、课外活动、业余锻炼与竞赛、体质健康等方面的管理，也包括青少年体育的发展规划、组织实施、绩效评估等，还可包括青少年体育的人力、物力、财力等资源管理。

2. 老年人体育管理

我国老年人体育作为一种广泛的群众性活动，近年来开展迅速。社会安定，生活改善，文化水平提高，为开展老年人体育创造了条件。许多老干部、老科学家、老教育工作者、老工人积极锻炼身体，争取为祖国建设多做贡献，他们之中打拳、舞剑、练功、慢跑、竞走、登山、游泳、打球的人越来越多。有些人还自选健身操进行锻炼。老年人体育是社会体育的一个方面，老年人体育管理的基本任务是发动、组织老年人参加适当的体育活动，增进健康，延缓衰老，防治老年性疾病。老年人体育管理的基本内容可以包括老年人体育的发展规划、老年人体育组织管理、老年人体育资源管理等等。

3. 妇女体育管理

妇女体育是社会体育的组成部分，它是对女性进行的以健身、健心、健美、娱乐、医疗等为目的的身体锻炼活动。妇女体育的发展得益于经济与社会的发展所提供的更多的机会，妇女解放运动对妇女社会形象的改变，妇女体育的法律保障，妇女自身健身意识的增强，以及大众传播媒介对妇女体育的关注等因素。妇女体育管理的基本内容包括妇女体育的发展规划、妇女体育活动管理、妇女体育组织与竞赛、妇女体育资源管理等等。

（四）社会体育工作过程的管理

作为社会体育管理的基本中介，社会体育计划、组织和控制也是社会体育管理予以研究的基本内容。

1. 社会体育计划的管理

社会体育管理活动实施的前提是要有管理活动的计划。社会体育计划管理的基本内容包括社会体育计划目标的管理、计划的制订、计划的实施、计划的评估等方面。

2. 社会体育组织的管理

社会体育工作的开展必须依赖于各级各类社会体育组织，因而，社会体育管理的重要工作之一是扶助建立各种社会性体育组织。其次，社会体育组织建立后还要组织开展各种活动。所以，社会体育组织管理具有双重含义：一是建立好组织，二是组织好活动。社会体育组织管理的基本内容包括社会体育组织的目标管理、组织机构设置、组织协调、组织职能划分、组织运行、组织绩效管理等方面。

3. 社会体育控制的管理

为确保社会体育管理活动的顺利进行，需要对管理活动实施的过程进行一定的控制。社会体育控制管理的基本内容包括社会体育控制的目标管理、控制方法手段、控制标准、控制实施过程与步骤、控制评价等方面。

五、社会体育管理的基本方式

（一）社会体育管理的基本方法

方法是实现目标的手段。管理的目标和各项管理任务都要通过相应的管理方法来实现，如果没有一套科学的管理方法，就没有科学的管理，也就不可能实现既定的管理目标。社会体育管理的方法是指在社会体育管理活动中，为实现社会体育管理目标，所采取的具体手段和措施的总称。行政方法、经济方法、法律方法、宣传教育方法是社会体育管理中常用的基本方法。

1. 行政方法

社会体育管理的行政方法是指对社会体育有管理权的行政组织，依靠其权威，运用行政手段，通过自上而下的行政层级结构进行管理的方法。在实行行政方法时，下达指令的方式包括命令、决议、指示、指令、条例、规定、通知、意见和指令性计划等。行政方法具有权威性、强制性、针对性、纵向性等特点，可以为集中力量、统一行动以及快速有效地处理各类特殊问题和突发事件提供方便。

在当前社会体育管理中，行政方法突出反映在全民健身计划的制定和实施上。《全民健身条例》规定，国务院制定、修订全民健身计划，县级以上地方人民政府根据本地区的实际情况制定、修订本行政区域的全民健身实施计划。以《国务院关于印发全民健身计划（2011—2015 年）的通知》（国发［2011］5 号）为例，各省政府需以此为依据，结合本省实际情况制定《×××省全民健身计划（2011—2015年)》，省下辖的市（地)、县（市、区）政府（行署）要按照《全民健身计划 2011—2015 年)》及省政府制定的实施计划，结合当地实际，制定本区域的全民建身实施计划，并由体育行政部门会同有关部门共同组织实施。

在社会体育管理的实际工作中可采用的更为具体的行政方法如下。

（1）依靠各级体育行政部门的领导，将社会体育工作纳入其工作计划和规划。

（2）争取单位行政领导的支持，纳入单位的工作计划、工作目标，积极向单位领导进行宣传，争取得到领导的指示。

（3）正式向行政领导或有关部门提出请示或报告，争取得到领导或有关部门的批示。有了文字的依据，便于推动工作。

（4）纳入领导议事日程，形成工作决议。争取把社会体育工作问题纳入领导的议事日程，并形成决议。一旦形成决议，就要贯彻执行。

（5）制定行之有效的制度。在一个基层单位或一个小环境中也可以制定一些制度，比如制定锻炼制度、竞赛制度、检查身体的制度等。

（6）搞基层社会体育的计划和规划。这样的计划和规划一经领导批准，就可根据它来执行。比如竞赛活动的计划、场地设施建设的规划等。

（7）制定有利于促进基层体育活动开展的规定和标准。如有关场地设施使用的规定，单位场地设施的标准，人均活动费用标准等。

2. 经济方法

社会体育管理中的经济方法是指按照市场经济客观规律的要求，运用价格、税收、行政拨款、奖金、信贷、融资、罚款等经济手段，调节和处理社会体育领域中不同经济利益主体的关系，以取得良好的经济效益和社会效益，促进社会体育发展目标实现的方法。伴随着市场经济的发展和居民生活水平的提高，人们的健身动机和健身需求呈现多样化的发展态势，群众的健身市场有了长足的发展，参与其中的经济利益主体也大为增加。之前在计划经济条件下应用的计划管理方法早已无法满足社会体育市场发展的需要，正在逐步退出历史舞台，而适应市场经济发展的经济管理方法开始扮演重要的角色。

在社会体育管理的经济方法中，土地杠杆这一工具的利用较为典型。在2003年国务院出台的《公共文化体育设施条例》中就有关于公共体育设施用地定额指标、公共体育设施的建设预留地、公共体育设施拆除后要择地重建的规定。在公共体育设施土地征用方面，采用行政土地划拨的方式，给予社会体育的发展以极大的便利。但与此相比，税收、投融资政策、信贷杠杆等方法的使用则明显不足，而这些方法是引导体育消费和培育、发展社会体育市场的重要手段，社会体育的政策法规和工作重心应向这几个方面倾斜。

采用经济的方法进行管理时，常用的形式有拨款、投资、赞助、奖金、罚款等经济手段和经济责任制、承包制、招标制等经济制度。采用经济的方法手段进行管理，要特别注意不能脱离主要的管理目标，还应注意不要忽略社会效益，实际上，也只有当满足了人们的体育需求时，社会体育活动才有经济效益可言。

在社会体育管理的实际工作中可采用的更为具体的经济方法如下。

（1）争取资金投入。开展基层社会体育工作，提高广大群众的体质与健康水平是关心群众生活的具体表现，也是企业文化、社区文化、村镇文化、校园文化等建设的一个内容。应当有必要的资金投入。我们的社会体育工作者要善于争取到这部分资金。

（2）广泛争取赞助。在社会上开展群众性体育活动的资金。可从这个单位争取一点，那个单位支持一点，有钱的出些钱，有物的出些物。

（3）集资搞活动。搞社会体育可以用集资、自己负担自己的办法，比如参加某项活动，部门、单位、个人交报名费。条件好的多交点，或大家凑一点，把钱集中起来搞活动。

（4）奖励与处罚的办法。规定一定条件下奖励与处罚的标准。对个人对集体都可用这种办法。可以是物质的奖励与处罚。也可以是精神的奖励与处罚。比如规定一次活动出席人数达到什么比例奖励多少，达不到如何处罚等。在奖励和处罚中要注意调动集体的荣誉感，用集体利益调动或制约个人行为。

3. 法律方法

法律的方法是指利用各种法规、法令有效地规范和调整社会体育活动中各种关系的方法。由于社会体育是由不同地区、不同行业、不同系统的人们组成的复杂系统，社会体育活动中存在的许多矛盾，形成了非常复杂的社会关系，因此，有必要建立在整个国家范围内强制人们遵守的社会行为规范，这就是国家的法律和法规。

从国家《宪法》到全国人大常委会通过的《中华人民共和国体育法》，到国务院颁行的《全民健身条例》《公共文化体育设施条例》《中共中央国务院关于进一步加强和改进新时期体育工作的意见》《国家体委关于深化改革加快发展县级体育事业的意见》等行政法规，再到由国家体育总局颁行的《全国性体育社会团体管理暂行办法》《社会体育指导员国家职业标准》《社会体育指导员管理办法》等部门规章、规范性文件，连同一系列地方性法规和政府规章，我国对于社会体育的管理已经初步形成了一套门类齐全、纵横交错、内在一致的法律法规体系。

社会体育法律法规的性质和内容决定了它本身对社会体育行为和活动具有组织、管理、调节、教育、评价等作用，是国家管理社会体育活动的基本手段。它确认了社会体育中个人和各类组织的法律地位，并明确他们在社会体育事业发展中的权利、义务和责任；规定了各种管理原则、管理关系、管理方法，将庞大的参与群体在社会体育活动中的各种社会关系法律化、固定化、制度化，把他们的行为纳入法制轨道，并对他们的行为进行适当的评价；提高了社会体育管理者的法治意识，促使他们不断学习法律知识，提高法律修养和依法治体的管理水平。虽然社会体育是公民自愿参与的社会活动，但是社会体育法律法规这类具有强制性的社会规范的存在，利于维护社会体育管理的秩序、协调各种管理要素的复杂关系、提高社会体育管理效率、保证社会体育的科学化发展等方面仍具有重要意义。

用法律的方法进行管理时，常常采用合同的方式。合同是通过协商约定各自权利义务等具有法律约束力的文件。在体育健身活动管理中，各体育组织之间，体育管理者和体育活动的参与者之间都可以合同的方式规定各自的权力和义务，以做到有章可循，各司其职。法律、法规等是由国家通过立法建立的，它带有强制性、规范性和普遍性，各级社会体育工作者要学会运用国家的法律、法规、制度、条例来开展工作。

4. 宣传方法

宣传教育法是通过宣传和教育等方式，使人们围绕着既定的管理目标展开体育活动，以实现管理目标的方法。宣传教育方法是进行社会体育管理的一个重要方法。由于社会体育大多以人们自愿参加为主，因而通过有效的宣传，可以使人们加强对体育的理解，从而自觉自愿地投身到体育活动中来。社会体育活动开展得如何，在很大程度上取决于对社会体育的宣传力度和群众对社会体育的了解程度。所以在社会体育管理的过程中应当把参与者的利益放在首位，在满足他们正当需求的同时也要对其不良的思想和行为给予适当的教育引导。宣传教育可以采用各种不同的形式。除了大量的口头宣传教育，还有广播、壁报、通讯等。在有条件时，应该争取向报刊、电台投稿；在举行大型活动时，还可以争取电视台转播。越是运用广泛宣传工具，就越能受到较大的宣传效果。

5. 其他方式

在基层开展社会体育工作，还可以采用一些更为具体的实用方式。

（1）表彰与评比。树立典型，鼓励先进，激励后进，找出差距，不断提高。这种手段是利用人的向上心理和竞争机制，能够有效地促进工作。通过典型经验，推动全局工作。

（2）检查与评价。督促、检查完成计划的情况，对于保证任务的落实有重要作用。不能什么工作只有布置没有检查，否则任务就容易落空。评价也是这样，但评价有时要制定一些标准，使下面有所遵循，也便于贯彻落实。

（3）协调好关系。树立社会体育工作机构和成员的良好形象。协调好方方面面的关系，疏通好各种工作渠道，求得各方面的支持，是各基层社会体育管理工作的重要手段。

（4）分类指导。区别不同单位、不同人的情况，因人、因地、因时制宜，提出不同的要求，并在工作中给予具体指导。

（5）开展竞赛活动。基层开展社会体育活动，竞赛是一种好形式，被称为推动社会体育工作开展的“杠杆”。可以起到调动、激励、宣传和号召的作用。竞赛形式可灵活多样。

（6）使一些为群众喜闻乐见的体育活动形成传统。如每年利用一些传统节日开展形式多样的运动会。

（二）社会体育管理的基本过程

任何一个完整的社会体育管理工作均由若干具体的工作项目组成。依据现代项目管理理论，一个项目的全过程或项目阶段都需要有一个相对应的项目管理过程。这种项目管理过程一般由几个不同的管理具体工作过程构成。从社会体育管理特点出发，我们可以把社会体育管理的过程划分为计划、实施、控制和结束四个基本过程。社会体育管理过程总是按照这种程序，围绕着管理系统的目标周而复始地进行，一个周期接一个周期，螺旋上升，循环进行（图7-3）。

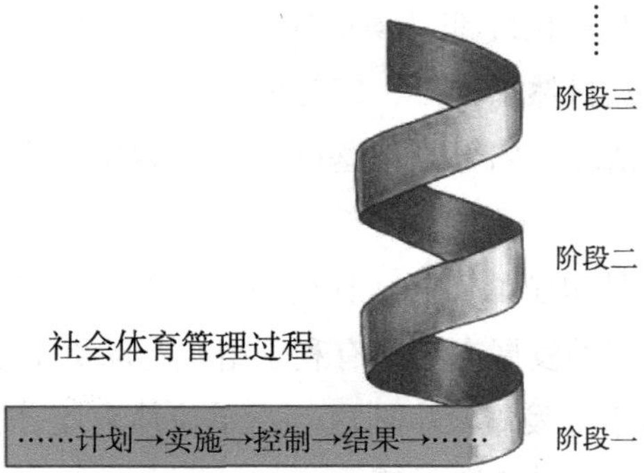

图7-3　社会体育管理管理过程示意图

1. 计划过程

计划是为实现体育工作目标而制订的理论规划及活动方案。社会体育计划为社会体育管理工作提供了基础，是管理者行动的依据，同时还是管理者进行组织以及实施控制的标准。

社会体育管理的计划过程包括拟定、编制和修订一个项目或项目阶段的工作目标、工作计划方案、资源供应计划、成本预算、计划应急措施等方面的工作。

一般来说，社会体育计划的内容框架包括目标任务，完成工作的步骤、重点、程序，具体措施、对策，经费预算，物质保障，进度安排等等。在编制计划时，社会体育计划工作可以围绕六个方面来考虑，即：做什么（What to do it）？为什么做（Why to do it）？何时做（When to do it）何地做（Where to do it）？谁去做（Who to do it）？和怎么做（How to do it）？简称为“5w1H”。

制定社会体育计划的基本依据主要包括以下几方面。

（1）遵循客观规律及趋势。如社会发展形势、社会心理发展态势、市场经济规律、体育发展基本规律和体育科学技术发展规律等。

（2）依据党和国家的大政方针。包括党和国家及地方党政领导机关提出的路线、方针和政策。

（3）依据体育的目的、任务和上级的体育工作计划。计划项目和指标须与上级体育计划配套衔接，基层体育工作计划以保证地方体育工作计划的完成为前提，而地方体育计划则应以国家体育工作计划的完成为前提。

（4）依据本地区、本单位的实际。从实际出发编制体育计划包括两方面的含义，一是要从本地区、本单位外部环境的实际出发，即要充分考虑本地区的政治、经济、文化发展水平以及自然条件等；二是要从本地区、本单位内部条件的实际出发，包括前期计划完成情况、内部管理基础、成员素质水平、管理资源条件以及现有体育基础与条件等。

（5）参照外地区、外单位的实际。任何一个组织在发展过程中都要与其他组织发生联系。参照其他组织的发展态势，有利于组织行动更富于挑战性、针对性。

（6）参考借鉴体育事业发展及本地区、本单位体育工作的历史资料，以及前期体育计划的执行情况的统计分析资料等。

社会体育计划的制定的工作步骤包括以下内容：估量机会；制订目标；确定计划工作的前提条件；拟订可供选择的方案；评各种备选方案；选择方案；编制计划。

2. 实施过程

社会体育管理的实施是指通过建立工作目标、任务分工与授权、构建组织结构，建立规范等一系列过程，以实现管理计划的过程。通过实施过程保证了决策目标的实现和计划的有效执行。一般而言，社会体育管理的实施过程大致包括以下方面。

（1）确定组织的目标。组织目标是组织使命在未来某一时间所要达到活动结果的具体化。它是组织中一切活动的出发点，也是组织中一切活动的终点。社会体育组织的目标分为总体目标、阶段目标和部门目标等。社会体育组织目标越能够兼顾社会、组织和成员利益时，就越能够发挥组织的各项职能，越有益于组织目标的实现。

（2）目标分解。目标分解就是将总体目标在纵向、横向或时序上分解到各层次、各部门以至具体人，形成目标体系的过程。目标分解是明确目标责任的前提，是使总体目标得以实现的基础。分目标要保持与总体目标方向一致，内容上下贯通，保证总体目标的实现。目标分解中，要注意到各分目标所需要的条件及其限制因素，如人力、物力、财力和协作条件、技术保障等。各分目标之间在内容与时间上要协调、平衡，并同步的发展，不影响总体目标的实现。

（3）分工与授权。明确为了实现目标所必需的各项业务工作或活动，并加以分类。根据可利用的人力、物力以及利用它们的最佳途径来划分各类业工作或活动；授予执行有关各项业务工作或活动的各类人员以职权。人员被授予组织中的某个职位，就有履行某个职位职责的义乡同时也就有了一定的权力、相应的就要承担工作成败的责任，做到职、权、责相一致。

（4）建立组织机构。组织机构是组织内部各种职能部门及其职位，以及管理层之间正式确定的、比较稳定的相互关系模式，它是组织目标实施的重要保证。体育组织的结构包括直线式、职能式、直线职能式、矩阵式、事业部式等。组织机构和工作人员要相对稳定，这样有利于工作协调配合，有利提高工作效率，实现组织目标。

（5）建立规范。体育组织工作的有效性必须有组织规范作保证，它是整个组织活动过程中必须遵守的“组织纪律”。组织的规范不仅包括组织的章程及相应的规章制度，也包括一些不成文的或约定俗成的非正式的行为准则，这种准则对成员具有较强的约束力，能调节成员的行为。一般来说，组织规范对成员的有效约束力越强，组织凝聚力越强，合力越强；反之，组织规范对成员的约束力越弱或缺乏规范，组织凝聚力越弱，合力越弱。

（6）人员配备与使用。人员配备就是要根据“因事设职”“因职择人”“量才使用”的原则，根据职务的需要，在每一个工作岗位和部门配备最适当的人选，同时也为每一个人找到最适合的岗位，以便人尽其才。在人员的配备、任用方面需要注意：要给每一个部门配备一个有能力的领导人；要注意各类人员性格与能力的互补；克服因人设事；不要启用对组织缺乏忠诚和奉献精神的人。

（7）协调与沟通。没有沟通管理就不会有有效的协调；没有协调的有效需求，沟通则失去方向。在进行协调前必须明确协调对象、协调主体、问题的性质，然后选择适用的手段，以提高组织协调的效率。组织协调的手段很多，包括协商、对话、发文、督促、谈判、交流信息、修改计划、召开会议、发布指示、进行咨询、提出建议等；组织沟通的目的就是协调好组织内部和外部的各种关系，为组织的发展创造良好的沟通环境。组织沟通是通过各种信号、媒介和途径有目的地交流信息、意见和情感的信息传递行为，它是组织内部和外部沟通的有机整合。

（8）激励。激励是组织通过设计适当的外部奖酬形式和工作环境，以一定的行为规范和惩罚性措施，借助信息沟通来激发、引导、保持和归化组织成员的行为，以有效地实现组织及其成员个人目标的系统性活动。通过运用精神和物质的各种激励手段，可以增强组织各成员的上进心和责任感。

3. 控制过程

控制是指保证组织的管理过程与计划、目标一致而采取的管理活动。社会体育管理活动是一个动态过程，在管理过程中往往会出现各种非预计情况，为了不使管理系统在运行的过程中偏离目标，就必须对一些可变的因素加以控制，采取必要的措施确保管理目标的实现。

社会体育管理的控制的内容包括对人、财务、组织实施过程、信息、组织绩效等的控制；社会体育管理的控制过程包括制定标准、监督和测量项目工作的实际情况、分析差异和问题、采取纠偏措施等管理工作和活动。这些都是保障社会体育管理目标得以实现，防止偏差积累而造成项目失败的管理工作与活动。

社会体育管理的实际工作中常用的控制方法如下。

（1）计划控制。这是最基本也是最重要的控制方法之一，一般分三步进行：第一步，确定总目标及反映总目标的各项指标或标准；第二步，预测在实现总目标过程中会产生的影响因素；第三步，根据现有条件及未来可能受到的影响制定出保证目标实现的措施及办法。

（2）目标控制。目标控制即采用目标管理方法进行控制，制定目标体系，规定各体育管理层次的目标并按照目标达成的程度进行控制。为使各管理层次达到规定的目标，必须采取有效措施，促使执行者按照预定目标进行活动，运用正确的方法和手段接近目标和最终实现目标。尤其是在体育管理系统中实行目标管理的部门，若实行目标控制，可使控制职能更加有效地发挥，对提高体育管理效果起到重要作用。

（3）预算控制。体育管理系统的各项活动，都是伴随着资金运动而进行的，因此预算控制就成为体育管理控制的一种重要方法，体育组织的预算实际上是财务计划的另一种表现。体育管理系统的活动离不开资金的运动，用货币的形式制定出本系统的预算，把体育管理系统的活动纳入预算的范围，并在预算规定的范围内运转，预算就自然地对体育组织的各项活动起到控制作用。

（4）定额控制。在体育管理系统的运营活动中，对人、财、物的使用上应实行严格的定额管理。通过制定人员的定编、劳动定额或工作量、物资耗费定额及经费定额等管理措施，有效地控制人、财、物的占用与消耗，使各项资源更加合理组合，更加有效利用，这对节约开支、提高效益具有非常重要的作用。

（5）进度控制。进度控制是对工作进度实行控制，目的是为了使工作正常运行。在时间上衔接，步调上协调，保证按期完成任务，这种控制常常运用线路图、网络图等方法进行。

（6）规章制度控制。体育管理中通过规章制度进行控制活动是一种最普通的控制方法。如制定岗位责任制、财物管理制度等等，借以控制各项工作的正常运行。

4. 结束过程

结束是终结一个工作项目或工作阶段的管理工作过程，项目结束是项目目标的实现。当一项工作按照计划目标完成时，就要及时对这项工作进行收尾。正所谓有始有终，如果没有结束过程对项目结果的验收和接受，就盲目结束项目或开始下一阶段工作，就会导致诸多隐患。

社会体育管理结束的任务是制定一个项目或项目阶段的移交与接受条件，项目或项目阶段成果的移交，从而使项目顺利结束。一般而言，社会体育管理工作的结束过程主要包括以下方面。

（1）验收。管理主体要对已经完成的工作成果进行审查，核查体育项目计划规定范围内的各项工作或活动是否已经完成，可交付成果是否令人满意。如果社会体育工作没有全部完成而提前结束，则应查明有哪些工作已经完成，完成到了什么程度，哪些工作没有完成并将核查结果记录在案，形成文件。

（2）总结。总结是社会体育管理工作的最后环节，它对于积累经验，提高管理水平和工作效率，有着积极的意义。总结是对已经做过的工作进行理性的思考。它主要回顾的是过去做了些什么，如何做的，做得怎么样。总结与计划是相辅相成的，要以计划为依据，订计划总是在总结经验的基础上进行的。其间有一条规律，即计划—实践—总结—再计划—再实践—再总结。

（3）评价。评价包括对项目已经发生事实的总结，以及对项目未来的预测。评价工作一般包括目标评价、实施过程评价、效益评价、影响评价和持续性评价等。社会体育项目实施结束以后，还要对表现突出的小组成员及时进行奖励、表彰，肯定团队的成绩，以便为人员晋升、嘉奖提供依据。

以效益评价为例，社会体育的管理工作可以从社会体育的投入与产出角度进行效益评价。从社会体育投入角度进行评价，一般要包括社会体育的组织管理的“投入”保证，具体包括社会体育的组织管理机构的设置、组织规章制度的设置、人员分工的状况、社会体育的发展规划、领导者的重视程度等基本内容。同时还要包括开展社会体育工作的基本资源的投入保证，具体包括体育经费、场地设施、社会体育指导员、体育宣传、体育科研、体育政策法规等。社会体育的产出评价一般包括体育人口的数量、经常参加体育锻炼的人数、国民体质发展水平、体育意识及消费状况等。

第二节　社区体育管理

社区体育是社会体育的组成部分，是指由社区开展的以满足社区成员健身、娱乐等体育需求为主要目的的体育活动。具有区域性、多样性、娱乐性、自主性、随意性特点。加强社区体育管理，对丰富居民文化生活，提高生活质量，交流邻里感情，改善人际关系，促进社区繁荣发展等具有重要意义。

一、社区体育的含义与特点

（一）社区体育的含义

一般认为，社区是指进行一定的社会活动、具有某种互动关系和共同文化维系力的人类群体及其活动区域。目前城市社区的范围，一般是指经过社区体制改革后作了规模调整的居民委员会辖区。社区体育是社会体育的重要组成部分，是社会体育在社区领域里的延伸。社区体育是在城市社区建设的基础上的，随着社区建设的深入开展、体育社会化程度的提高、人民生活水平的不断改善、健身意识的不断增强而逐步发展起来。

随着社区体育活动的开展，人们对社区体育概念的认识也在逐步加深。按照我国官方的解释，社区体育主要是在街道办事处的辖区内，以自然环境和体育设施为物质基础，以全体社区成员为主要对象，以满足社区成员的体育需求，增进社区成员的身心健康为主要目的，就地就近开展的区域性的群众体育（《关于加强城市社区体育工作的意见》，1997 年 4 月 2 日国家体委、国家教委、民政部、建设部、文化部发布）。本书认为，社区体育是为满足社区成员的体育需求而开展的社会体育。社区内开展的竞赛活动、社区内举办的各类少儿体育培训班、社区组织的体育旅游活动都是社区体育的组成部分。

（二）社区体育的特点

1. 区域性

由于社区体育是以社区为区域范围且就地就近开展的区域性体育活动，因而区域性是社区体育的根本特征。无论是参与人员的构成、活动场地设施，还是管理、指导、经费筹措等都是在社区所属的区域范围内进行。社区内的广场、空地、绿化带、公园以及其他公共设施等都是社区体育活动可以充分利用的资源。

2. 多样性

首先，参与者多样性。参加社区体育活动的人们尽管年龄、性别、职业、生活习惯、兴趣爱好、受教育程度、经济收入和身体状况各不相同，甚至存在巨大的差异，但这并不影响他们进行健身锻炼，每个人都可以从中寻找到适合自己的位置和活动内容；其次，社区体育项目多样性。既有作为中华民族优秀文化遗产的多民族、民间的体育项目和健身养生方法，也有现代健美健身手段；既有正规的项目，又有非正规的项目。既有复杂的、也有简单的。大多数居民所选择的健身方式为太极拳、太极剑，木兰扇、导引养身功、健身球、秧歌、健美操、跳绳、踢毽子、游泳、快走、慢跑等；第三，组织形式多样型。既有行政部门组织的，又有社会团体组织的，还有社区居民自发组织的。

3. 娱乐性

社区体育作为一种大众文化，集娱乐、健身、竞技、审美、刺激等功能于一身，其内容和形式多样化、趣味化，参加锻炼所选的内容以养身性、健身性、娱乐性为主。人们参加体育活动的目的或为强身健体，或为美形、美姿、美态、美化动作，或仅仅是为了娱乐，追求心情舒畅、精神愉悦。

4. 自主性

由于民族、性别、职业、年龄、文化程度、生活习惯、兴趣、爱好、体质、健康、个人需求、业余时间以及所处的地位、社会环境等差异，社区体育运动主要表现为针对个人体质、健康、需求、心情、兴趣、爱好和特长等具体情况，选择合适的内容与形式，在允许的时间与环境下自主进行锻炼。

5. 余暇性

人们在自己可以自由支配的余暇时间里进行的健身活动。由于受人们上下班时间的约束，再加上参与者以老年人居多，在活动的时间上又体现出早、晚活动的特点。

二、社区体育管理的含义

根据本书关于社会体育管理的定义，社区体育管理是指通过一定方式整合资源，以促使社区体育目的实现的过程。理解社区体育管理的含义，需注意以下几点。

（一）社区体育的发展离不开社区所提供的各种资源，社区内的体育资源主要包括各级各类管理者及指导者、经费、场地设施、社区成员、社区体育组织等，社区体育管理要使有限的社区体育资源实现尽可能大的利用效益。社区体育管理要求社区体育管理组织和管理者通过对社区体育活动的计划、组织与控制等职能，使社区体育活动高效、和谐有序地运行。

（二）社区体育管理的目标是实现发展社区体育的目的。社区体育是由社区成员通过互动关系和文化维系力联系起来的共同体，这种互动关系和文化维系力使社区成员相互联系，结成紧密、复杂的关系，这就决定了社区体育组织主体必须不断加强管理及服务能力，以满足社区居民的体育需求为抓手，最终实现发展社区体育的目的。

（三）社区体育管理主体多元。社区既有街道党工委和办事处，也有政府各职能部门在社区的体育机构和社区范围内的事业单位，如学校、机关、企业等。这些单位存在于社区范围内，拥有的体育资源较多，各有优势，它们与社区体育紧密相关。社区体育管理主体主导下，确定目标，进行人、财、物和时间等资源的合理配置，建立社区体育内部要素之间及社区体育外环境的各种联系，从而构成统领社区的整合要素，对社区体育的发展起着引导作用。

（四）社区体育管理者要通过有效方式激发社区居民的积极性。社区体育管理的目的是为了满足社区体育成员的需要，由于社区居民体育需求的多样性，要让政府或社区单位全部包下来是不可能的，一定要激发社区居民的自我组织、自我管理、自我服务意识。同时，社区体育成员也有义务参与到社区体育的建设和管理中来。

三、社区体育管理体系

（一）政府管理体系

1. 政府专门管理体系

社区体育在各级人民政府的统一领导下，具体工作由体育行政部门做为主管推动开展。《关于加强城市社区体育工作的意见》（（1997 年 4 月 2 日国家体委、国家教委、民政部、建设部、文化部发布））中指出，市、区人民政府要把发展社区体育作为贯彻《体育法》、实施《纲要》的一项具体措施，纳入城市社会发展的总体规划，努力为居民参加体育健身活动创造良好的社会环境和物质条件。市、区人民政府体育行政部门要认真贯彻执行党和国家的体育方针、政策，加强对社区体育的领导，依据《体育法》和《纲要》制定社区体育的发展规划和工作计划，逐步建立、健全以社区体育组织为主体的社会体育组织网络，制定开展社区体育的各项管理制度，加强社区体育理论研究，建立社区体育发展的指标体系。《全民健身计划（2011—2015 年）》要求，地方各级人民政府将城市社区体育工作作为社区建设的基本内容，统筹规划，加大投入，以城市街道和居住社区公共体育设施建设为重点，不断改善社区居民体育健身环境和条件，提供基本公共服务。

国家体育总局群体司组织建设处及各省、市、区体育局群体处（科）相关职能部门是社区体育管理的主管部门，其主要职责是按照国家的体育方针、政策支持和指导社区体育工作，制定社区体育的发展规划和工作计划以及各项管理制度。

为各级人民政府及其派出机构，街道办事处是社区体育的领导和管理部门。按照《体育法》第四条“县级以上地方各级人民政府体育行政部门或者本级人民政府授权的机构主管本行政区域内的体育工作”的规定，区（市辖区、不设区的即为市，下同）人民政府可授权街道办事处主管辖区社会体育工作和组织实施辖区体育活动。形成以市、区体育行政部门和街道办事处的分级管理体制，以及条块结合的组织网络。街道办事处对辖区的社区体育具有领导、管理的职能，其职责包括：设置社区体育管理部门，配备体育干部；建立街道项目体协、人群体协等体育组织网络；选拔、培养体育指导员，提高体育指导水平；建立社区体育工作管理制度和工作档案；在体育部门的指导下，组织社区内居民经常开展体育健身活动和竞赛活动，满足居民的体育兴趣和需求。

2. 政府非专门管理体系

政府非管理体系包括民政部门、文化部门、教育部门，以及辖区内的有关机关单位等。

民政部门的主要职责是根据城市管理中心街道办事处的管理、协调、指导、服务等职能作用，将开展社区体育作为街道办事处的一项工作职责，将社区体育作为社区建设的组成部分，统筹规划和评估，在政策上给予扶持。

城市规划部门的主要职责是按照国家对城市公共体育设施用地定额指标的规定，将居民住宅区的公共体育设施建设纳入城市总体规划和详细规划中，合理布局，统一安排。

文化部门的主要职责是在建设和发展社区文化的工作中，重视社区体育的开展。大力宣传体育健身对增强体质、丰富文化生活、提高生活质量等方面的意义和作用。

教育部门的主要职责是鼓励和支持学校体育设施对社区居民开放，发挥学校体育教师、体育设施在开展社区体育活动中的积极作用。

社区内的机关单位也负有组织开展社区体育的责任，要在分解单位社会服务功能的同时，增强社区意识，支持、协助街道和居委会开展社区体育工作，鼓励单位职工积极参加社区的各类体育活动。

（二）社会管理系统

街道社区体协（也称街道文体协会）是目前主要的社区体育组织形式，此组织形式在 20 世纪 80 年代中期出现。街道社区体协以街道辖区为区域范围，以基层政府派出机构——街道办事处为依托，由辖区各单位和下属各居（家）委会参与共同组成，采用理事会制度，机构附设在街道文教科、文化站或社区服务中心。它是一种街道辖区内的体育联合体。街道社区体协下设人群、项目体育协会、体育俱乐部、统一发到站、晨晚练活动站和居（家）委会体育小组、体育活动点等。街道社区体协的管理结构如图 7－4 所示。

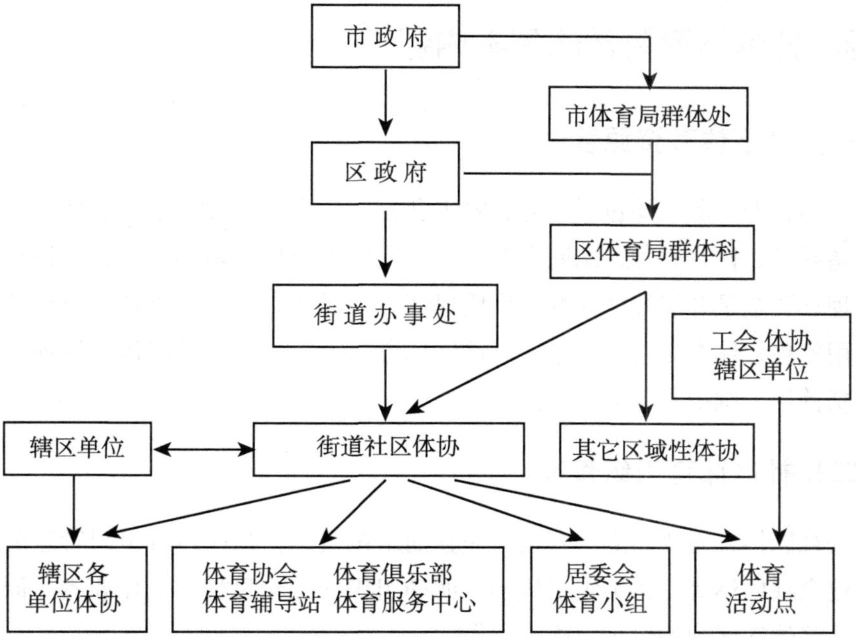

图 7－4　社区体育组织管理体系

资料来源：李建国，吕树庭，董新光．社会体育［M］．北京：人民体育出版社，2004.

由图 7－4 可见，我国社区体育以街道社区体协为主，其他区域性体协为辅，组织结构基层化特点十分明显。街道社区体协以街道办事处为依托，以辖区单位和居（家）委会为参加单位，共同组成了街道社区体协。体育协会在我国县市级以上城市中广泛存在，一般是体育协会作为事业单位，人员配置和政府体育部门基本重合，但这种现象正在改变，体育协会正在逐步变成民间性的非营利性组织。社区体育俱乐部是在法定性社区内，由企事业单位、社会团体和其他社会力量以及公民个人所举办的，这类组织形式在我国目前比较少见。晨晚练点部分由街道社区体协管理，部分由市（区）工会、体协和辖区单位管理。辖区单位体协在接受本单位直接领导的同时，还接受街道社区体协的间接领导，这是现阶段社区体育与单位职工体育密不可分的具体表现。

居委会应在街道办事处的领导下，要做好居住区晨晚练点等体育组织的建设和管理工作，应通过多种形式的宣传、教育活动，提高居民的体育意识和体育兴趣，组织居民开展日常性、经常性的体育健身活动。

四、社区体育管理的基本内容

（一）社区体育资源管理

社区体育的资源主要包括人力、财力和物力。人力资源包括社会体育干部、社会体育指导员、体育教师、志愿者等，要对他们的使用、培养、考核与评价等方面进行管理；资金是开展社区体育的物质保证。社区体育的资金管理主要包括资金筹措与使用管理；体育场地设施是开展社区体育的重要条件；社区体育场地设施管理主要包括使用、维护和保养等方面。

（二）社区体育组织管理

开展社区体育需要建立一套较为完整的组织机构，社区体育组织管理的内容主要包括健全社区体育的各类组织机构，明确组织的工作目标和工作职责。同时，还要做好社区体育活动的组织实施等工作。

（三）社区体育活动管理

体育活动是社区体育的出发点与归宿，是社区体育组织的直接目标。社区体育的一切功能都通过具体的社区体育活动实现。社区体育活动主要包括体育活动的策划、组织实施、评估等方面。

（四）社区体育服务管理

主要包括社区体育服务网络构建，社区体育服务体系构建与实施，社区体育服务质量监管，以及社区居民体育服务需求、满意度管理等方面。

（五）社区体育文化管理

社区体育文化是指包括文化、娱乐、群众性文体活动及全民健身活动等内容在内的大文化概念。社区体育文化管理的具体内容是对文化娱乐设施进行规划和建设，组织健全各类文体活动组织，帮助和指导这些组织开展社区体育文化娱乐活动和群众性文体活动，引导社区居民进行全民健身活动等。

五、社区体育管理的基本方式

（一）处理好社区体育组织与行政机构的关系

目前我国社区体育组织以独立的民间性和半官半民性组织类型为主体，这类组织普遍存在着活动经费、场地、指导力量不足等方面的困难。因此，社区体育组织必须重视与当地政府行政机构的关系，依靠行政机构的支持及优惠政策，解决开展活动中遇到的自身难以解决的问题。可采用靠政府行政机构支持，聘请政府部门领导干部担任职务，与政府行政机构建立经常、稳定性联系等方式，形成与行政机构的良好关系。

（二）充分发挥驻区企、事业单位的作用

每一社区都有驻区的企、事业单位，他们在资金、设施和人力方面较社区更为雄厚，这是开展社区体育活动可借助的有利条件。社区体育组织应主动与驻区企、事业单位联系，做好宣传，得到他们的认同、理解和支持；吸纳企、事业职工参加社区体育活动；在活动中为企业进行广告宣传。另外，在开展社区体育工作中，也要重视发挥各级工会、共青团、妇联等组织的作用。

（三）充分发挥街道办事处与居委会的职能作用

基层人民政府应授权街道办事处主管辖区社会体育工作和组织实施辖区体育活动。街道办事处应成立以街道办事处行政领导挂帅、辖区内各有关单位参加的社区体育组织。应有部门管理体育工作，配备专兼职体育干部，在区人民政府体育行政部门的指导下开展工作。居委会这一层次辖区范围较小，人口数量相对较少，与社区居民联系最直接，所以是最适合于开展社区体育活动的一级组织。而目前我国社区体育组织以街道为基本层次的情况较为普遍，使得社区体育组织管理“力矩”较长，力度不够。改变这种局面，需将社区体育组织适当“下沉”，加强居委会一级社区体育组织的建设，充分利用居委会熟悉情况、联系直接、易于组织的优势，组织开展群众性体育活动。居委会应协助街道办事处做好居住区、楼群晨、晚练指导站等体育组织的建设与管理工作。

（四）大力加强宣传与指导工作

要进一步加强对体育锻炼的意义、作用和功能的宣传教育，通过各种形式的宣传、报道和培训来传播科学的体育知识与技能，形成体育健身的舆论导向，提高社区居民的体育意识，激发大家参与体育的动机，培养体育健身的兴趣，树立花钱买健康、投资健康的新理念。同时，要加强对城市社区全民健身活动开展科学指导。

（五）建立社区健身组织

社区全民健身活动的健康发展除了加强宣传、教育、引导人们培养体育意识，强化体育健康观念，科学地进行组织、管理和指导以外，还必须有较为完善的去健身组织给予强有力的支持和辅助。社区健身组织通过举办群众性的体育活动，将有相同兴趣、爱好和特长的社区居民集合在一起，有利于将分散的群众体育活动组织起来，使人们的体育锻炼更加科学、合理、有序，也有利于参与者之间相互交流锻炼的经验和心得体会，创造良好的体育锻炼的活动环境，养成锻炼身体的习惯，改善生活方式，提高生活质量；同时，有利于丰富人们的文化生活和社会交往，缩短人与人之间的距离，增进人们的感情交流，促进社会的和谐。

（六）通过多种途径筹集社区体育活动经费

组织开展社区体育的主要困难之一是活动经费不足，解决这一难题的思路是拓宽经费来源渠道。首先要增强自身造血功能，通过合法经营活动、有偿体育服务等手段获得活动经费；还可通过互利性活动，获得社区有关企、事业单位的赞助。此外，还可动员鼓励社区成员赞助，支持社区体育活动，同时积极争取政府行政部门给予一定的经费支持。

（七）以多种形式开展社区体育活动

社区体育以经常性健身活动为主体，坚持业余、自愿、小型多样，遵循因地、因时、因人制宜和科学文明的原则。在开展各种体育健身活动中，要讲究科学，注意安全，重在参与。实行传统健身养生法与现代健身方式相结合，个人锻炼与集体活动相结合，健身娱乐与医疗保健相结合，健身活动与节假日活动相结合，广泛开展形式多样的体育活动。

社区体育活动的参与主体是社区居民，其包括不同年龄、不同性别、不同健康状况、不同体育基础、不同体育锻炼需求、不同文化程度、不同职业、不同工作时间、不同经济状况的各种人群。为了能尽可能地满足各种人群的不同体育需求，在设计与组织社区居民健身活动时要力求以人为本，与时俱进，服务居民，统筹兼顾各种人群的需要。社区体育活动的内容和项目的选择要突出趣味性、健身性、休闲性和社交性。社区体育组织可通过晨、晚锻炼点和辅导站来吸引居民参加体育活动。以楼群、家庭为单位组织社区体育竞赛，组成多种多样的运动队，参加社会上各种形式的比赛和表演活动。

（八）改善社区的体育场地设施

体育场地设施是人们从事体育锻炼的重要前提条件之一。随着全民健身活动的广泛开展，人们健康观念和健身意识的改变和提升，越来越多的人开始关注健康、投资健康，对体育健身的需求日益高涨。要本着以人为本、服务大众的理念，要逐步改善体育运动的条件，为大众提供参加体育锻炼必要的体育设施和体育服务。为此除了依靠政府和有关部门兴建与扩建体育场馆、增加体育健身器械以外，各个相关的职能部门还应积极主动地相互协调、联合起来，挖掘和开发现有体育场馆、健身器械的功能和利用率。同时要重视和加强对社区内的企事业、机关、学校等单位所拥有的体育场地、体育设施科学合理有序的开放、使用和开发，以缓解大众体育场地设施的严重不足，最大限度地为社区居民提供可利用的体育锻炼的场地和设施，尽可能地解决和满足社区居民就地就近参加体育锻炼活动的需求，从而加快推动社区全民健身活动的开展，使更多的社区居民能积极参加体育锻炼，改善和丰富他们的生活方式，增进身心健康，达到提高生活质量的目的。

（九）建立社区体育工作的有效机制

社区体育的有效机制的建立可以从四个层面展开：（1）建立引导机制，要制定可行的管理制度，引导不同特点的人群参加喜闻乐见的社区体育活动。要积极开展形式多样的竞赛活动，激发居民体育健身的积极性；（2）应研究制定“体育先进社区评审办法”，定期开展评比表彰“体育先进社区”的活动；（3）社区体育工作的义务性很强，为了调动社区体育工作者的积极性，必须建立相应的奖励机制；(4) 同时要将社区体育工作列入街道居委会的发展规划及其工作职责，通过建立社区体育管理的约束机制，保证和促进管理者为社区体育发展进行有效服务。

（十）探索新型的社区体育组织管理网络

社区体育组织可以按“条、块、片、人”4 个管理层次构架社区体育的组织管理网络。所谓“条”，即在政府的领导下，行政部门牵头，会同有关单位，共同对社区体育进行规划和宏观管理。各市、县（市、区）政府、街道等部门负责对本地区社区体育的组织实施；所谓“块”，是在各级体育行政部门的指导下，以街道办事处为组织核心，吸纳辖区的机关、企业、部门、学校、居委会等，共同建立社区体育协会；所谓“片”，即活跃在社区体育场馆、公园、绿地的群众自发组成健身站，活动点等组织；所谓“人”，即抓好社会体育骨干人员的培养。社区体育组织管理网络的建立，在横向上突破了以往群众体育“以单位为主、以条为主”的管理体制，纵向上使社会体育深入到了基层，有利于形成“条块结合”“以块为主”的新型社会体育管理体制。

第三节　职工体育管理

职工体育是社会体育的组成部分，是指在工商、企事业、机关、团体等职工中开展的体育锻炼活动，目的是提高职工健康水平，调节情绪，增强对各种环境的适应能力和防止职业病。职工体育以职工喜闻乐见的运动项目和适合职业岗位劳动特点的各种有益于健身和娱乐的锻炼项目为主。开展职工体育有助于单位实现开展职工体育的目的。

一、职工体育的含义与特点

（一）职工体育的含义

职工体育是我国社会体育的组成部分。职工体育概念是随着现代体育的普及和社会分工的深化而被明确提出来的，职工体育专指单位职工组织开展的社会体育，从参加对象上看，通常是国家机关、企事业单位的职工开展的群众性体育活动。职工体育通常以职工喜闻乐见的运动项目和适合职业岗位劳动特点的各种有益于健身和娱乐的锻炼项目为主。

我国职工体育是在 1949 年后发展起来的。在新中国建设之初，为“改善人民的健康状况、增强人民体质”，党中央号召，职工体育作为群众性的体育运动首先在厂矿、机关开展起来。1954 年中华全国总工会设立体育部，具体领导开展职工体育活动。1958 年以后各地工会会同体委、人民武装部、共青团和妇女联合会等有关部门，在机关、厂矿、企业中开展了多种体育活动。在 1955 年，全国总工会就制订了《关于开展职工体育运动暂行办法纲要》，对开展职工体育运动的方针、任务、组织领导、工作方法、场地建设、经费来源等具体问题作出了明确的规定。2010 年，国家体育总局、中华全国总工会下发了《关于进一步加强职工体育工作的意见》（体群字［2010］88 号），对我国职工体育的组织领导、活动开展、保障条件等作了具体规定。党的十一届三中全会以后，明确了职工体育运动要为现代化服务。《全民健身计划》中重点强调各企事业单位要加强开展职工体育，要因地、因人、开展各种体育活动，引导职工健康、科学、文明健身。随着我国经济社会的不断发展，人民群众生活水平的日益提高，广大职工的体育健身意识得到明显增强，职工体育的发展有了进一步提高。

（二）职工体育的特点

1. 工余性

职工的主要职能是完成本职工作，因此，他们的体育活动主要利用工余间歇、双休日、节假日时间，就地就近组织开展体育活动。

2. 健身娱乐性

职工开展体育活动的目的主要以健身、休闲、娱乐性质的活动为主，锻炼者往往根据个人的兴趣爱好、职业特点、工作时间、健康状况等灵活安排。

3. 交往性

职工体育活动除以健身为目的以外，还在于通过体育活动促进相互交往，融洽情感，增强本单位职工之间、领导与群众之间的凝聚力。

4. 多样性

多样性表现在两个方面：其一是职工体育的活动形式多样，职工体育从以往的大型、集中、讲究规模的体育活动逐步趋于小型、多样、分散、自由、志愿的发展趋势；其二是职工体育的活动内容多样，不同年龄、兴趣、爱好、性别的职工可根据自身需要，选择不同内容的体育项目。

二、职工体育管理的含义

职工体育管理是指通过一定方式整合资源，以促使职工体育目的实现的过程。单位开展职工体育的目的主要是提高职工健康水平，调节情绪，增强对各种环境的适应能力和防止职业病。当前，在社区体育尚未能有效替代企事业单位职工体育的现状下，职工体育仍是我国社会体育的组成部分，职工体育管理不但影响着职工体育的发展，而且发挥着不可忽视的作用。

职工体育是国家机关和企事业单位利用职工的职业组织性来开展体育活动，职工体育组织者的组织者包括国家机关、事业单位、国有企业、乡镇企业、国营农场、私有企业、外资和合资企业等。我国职工体育的工作方针是“以经济建设为中心，为社会主义物质文明和精神文明建设服务，为职工群众服务，面向基层、面向生产、面向广大职工”，它精练概括了职工体育工作的基本要求，可以概括为“一个中心、两个服务、三个面向”的工作指导方针。同时，这也是我国职工体育管理遵循的指导方针。

《国家体育总局、中华全国总工会关于进一步加强职工体育工作的意见》（体群字［2010］88号）指出，机关、企事业单位应当按照《全民健身条例》的要求，成立相应领导机构，加强对本单位职工体育工作的组织与领导，把职工体育工作列入本单位的工作规划，保障和监督职工体育工作规划的落实，协调和解决工作中存在的实际问题。

三、职工体育管理体系

（一）政府管理部门

1. 政府专门管理系统

职工体育在各级人民政府的统一领导下，具体工作由体育行政部门做为主管推动开展。职工体育管理的政府专门管理系统是对职工体育实行全面管理的专门机构的统称，由国家、省、自治区、直辖市、地（市）、县各级体育局构成。作为国务院的体育行政主管部门，国家体育总局统一领导、协调、监督全国体育事业。各级体育局主管本区域职工体育工作。国家体育总局群体司及各地体育局群体部门负责对单位体育的方针、政策、制度、规划的制定。根据国家体育总局、中华全国总工会印发的《关于进一步加强职工体育工作的意见》（体群字［2010］88号），各级体育行政部门要发挥政府职能部门的主导作用，按照国务院《全民健身条例》的要求，将职工体育工作纳入本地全民健身总体规划当中，科学规划，全面统筹。

职工体育属于社会体育的组成部分，政府管理部门需要运用宏观调控手段，在面向全民的基础上，加强对单位体育工作的指导、配合、协调，充分发挥各级工会对单位体育的组织领导作用，体现单位体育管理以工会为主的特点。职工体育的开展计划，必须纳入体育管理部门工作整体计划之中，以使体育管理部门从宏观上进行调控。在对职工体育的组织实施上，体育管理部门也要主动发挥领导和具体指导职能。

2. 政府非专门管理系统

职工体育管理的政府非专门管理系统由相关部门设立的主管职工体育的机构构成。除国家体育总局外，国务院其它部委分别主管各自单位系统的职工体育工作。

（二）社会管理体系

1. 社会专门管理系统

职工体育社会专门管理系统包括中华全国体育总会所属的行业体协和中华全国总工会及各级地方工会。

中华全国总工会系统作为我国职工体育的领导机构，各省市、县工会宣传教育文化体育部具体负责开展职工体育活动，地方工会以工人文化宫为主阵地、产业工会以工人俱乐部为主阵地，在行业体协和其他体育管理系统的协助下以单位为落脚点开展职工体育活动。

1955年10月以前，中华全国总工会管理职工体育工作的机构是全国总工会下设宣传部。1955年10月建立了全国总工会体育部。1982年7月，体育部与宣传部、教育部合并，改称为全国总工会宣教部，宣教部下设体育处。1992年9月，为适应职工体育发展的需要，并使组织机构名称与工作内容相一致，改称全国总工会宣传教育文化体育部，下设体育处。根据国家体育总局、中华全国总工会印发的《关于进一步加强职工体育工作的意见》（体群字［2010］88 号），各级工会组织要充分发挥在组织开展职工体育工作中的重要作用，根据本地区、本单位职工体育工作实际，成立专门机构，配备必要的专职体育干部。

为进一步推动职工体育的发展，2004 年 3 月 18 日正式成立了中国职工文化体育协会（下设职工体育委员会主管体育工作）。该协会是经民政部批准成立、由中华全国总工会主管的国家一级社团。该协会的成立，将工作目标确定为加强与党和国家有关文化体育部门的联系与沟通，大力推动社会各界关心支持职工文化体育工作，组织开展全国性的职工文化体育竞赛、交流、展演、展示活动，推动职工文化体育事业发展，指导基层单位和职工群众开展丰富多彩的文化体育活动。

各省、自治区、直辖市总工会管理职工体育的机构个别为体育部，绝大多数为宣传部。行业体协在所属部委领导下，作为中华全国体育总会的团体会员，负责本系统的体育工作。它们既属于群众团体，又是开展本系统职工体育工作的职能部门。行业体协由各类单位按系统组成，自成体系。行业体协具有雄厚的经济实力，较完善的组织机构、较好的体育设施、经验丰富的体育干部队伍及较为完整的教育体系，通过行业体协组织领导本行业的体育工作，易于管理、协调，便于开展活动。因此，它是推动整个单位体育工作不可忽视的力量。

职工体育协会是指在民政部门注册，由地方总工会主管的群众性体育组织和非营利性的社团法人组织。目前各厂矿、企业、事业、机关等基层单位普遍建立了从属工会领导的基层职工体育协会，具体负责本单位的职工体育工作。也有少数单位是在基层工会委员会中建立职工体育工作委员会或体育部，也有的建立文化体育工作委员会或文体部。

基层社会体育组织一般是在体协领导下或指导下建立起来的，通常有基层体育协会、老年人体育协会、伤残人体育协会及各单项体育协会等。基层体协是群众自愿组成的业余社会体育团体，是中华全国体育总会的基层组织，具体负责本单位的职工体育工作。有少数单位是在基层工会委员会中建立职工体育工作委员会或体育部，也有的建立文化体育工作委员会或文体部。基层体协根据工作需要，设专人或一定机构分工负责日常工作，工会有一名主席或副主席分管体育工作。在车间、科、室设体协分会或体育委员，负责开展本部门的体育工作。

随着我国市场经济体制改革的逐步深入，职工体育组织近些年出现了许多新的创造和发展，一些省区建立了职工体育协会、联合会和基金会，一些城市建立了片区联合的地区体协、街道体协、有的厂矿建立宿舍区的幢区体协，还出现了各种体育宣传部，这些组织的特点是：横向联系，结合经济，促进提高，推动普及。其中街道体育协会和体育宣传部使职工体育活动与城市居民的社会的群众性体育活动在组织上联系起来，与整个城市的精神文明建设联系起来，既有利于使厂矿机关职工的体育得到更广泛的支持，又有利于推动整个城市社会体育活动的开展。

2. 社会非专门管理系统

职工体育社会非专门管理系统是指共青团、妇联等群众组织系统。我国全民健身计划的实施，为工会、体协与共青团、妇联等群众组织共同开展职工体育创造了良好的时机和条件。因此，工会、体协在开展活动时，应主动寻求共青团和妇联组织的配合和帮助。

四、职工体育管理的基本内容

（一）职工体质健康管理

依据《中国成年人体质测定标准施行办法》的规定，要积极开展职工体质测定工作，在医务部门的配合下，建立职工体质档案，以科学指导健身。

（二）职工体育组织管理

职工体育组织管理包括对各级各类群众体育政府组织，专门负责开展职工体育的社会团体的组织机构设置、人员安排、资源调配等的管理。

（三）职工体育活动管理

主要包括宣传、竞赛、科研及对外交流等活动的管理。要利用一切传播媒介扩大体育科普宣传，介绍体育锻炼的作用和方法，表彰职工体育先进单位，吸引更多的职工进行体育锻炼；职工体育竞赛管理对职工体育的开展具有导向和控制的功能，管理的基本内容包括：职工体育竞赛计划管理、职工体育竞赛的过程管理等；要对职工体育、身体锻炼、娱乐体育方面的科学研究及其成果推广进行管理，对体育科学刊物的管理，还包括对职工体育科研机构和人员的管理；职工体育对外交往管理包括和国际群体组织（如国际体育联合会）、各国职工体育组织之间的交往及民间交往等。

（四）职工体育场地设施及设备管理

开展职工体育的基本场地设施及设备的管理包括职工体育场地设施的规划、建设、经营开发和利用等；体育设备包括器材和服装的规划、购置等。职工体育场地设施是开展职工体育运动的基本物质条件，它不仅是职工进行体育锻炼的基地，而且也是活跃职工文化生活，进行社会主义精神文明建设的场所。因此，搞好职工体育场地设施的建设和加强对现有设施的管理，是职工体育组织部门一项十分重要的工作。

（五）职工体育经费管理

加强职工体育的经费管理，积极地开发，正确地分配，合理地使用职工体育经费，对于加快职工体育事业的发展，提高职工体育经费的使用效果具有极其重要的意义。职工体育经费管理的基本内容包括经费的筹集、分配和使用。职工体育经费管理的目标是为了提高资金的使用效果，即用最少的经费，取得最大的效果。

（六）职工体育评价管理

职工体育工作评价是检查和衡量职工体育发展水平的重要工作，包括体育人口的统计，职工体质的调查，疾病状况的调查、体质测定、体育物质条件的统计等等。

五、职工体育管理的基本方式

（一）争取单位领导对职工体育的重视和支持

企、事业单位领导对职工体育的认识水平和态度，直接影响本单位职工体育的开展。只有领导充分认识和理解职工体育的功能、作用，认识到开展体育活动与单位主业之间的相互联系，才能对职工体育给予各方面的支持。许多职工体育先进单位的共同经验之一，就是领导重视体育，并能率先垂范，亲自参加体育活动。为此，职工体育管理部门应当经常主动地向领导宣传、汇报和请示体育工作，积极争取领导对职工体育工作的重视与支持。

（二）组织丰富多彩的体育活动和竞赛

要推广普及有利于广大职工积极参与的体育健身项目，组织开展形式多样的职工体育健身交流、展示和竞赛活动。要广泛开展符合职工身体状况和职业特点、喜闻乐见的健身活动和体育竞赛。开展职工体育活动要突出特色、趣味性和健身性，可结合节假日开展体育活动。要大力提倡广大职工在工余、双休日、节假日参加社区组织的各种体育活动。有条件的机关、厂矿、企事业单位，应向所在社区的居民开放体育设施，为居民参加体育活动创造条件。

（三）大力加强职工体育组织建设

我国基层职工体育的管理普遍是由从属于工会的体育协会等组织负责，为此，应始终加强对职工体育组织建设的力度。职工大部分生活都在单位内进行，工作区和生活区距离较近，职工对组织的依赖性也很高，以俱乐部的形式开展职工体育活动既方便职工在工作和生活之外进行锻炼，利于开展职工体育，又可丰富他们的业余文化生活。职工体协可在俱乐部之外起宣传、指导的作用。而对于小的单位、机关、企业，可以与蓬勃发展的社区体育相结合来发展职工体育，亦可与社会办的健身俱乐部协同开展。

（四）积极为开展职工体育工作创造条件

各类机关和企事业单位应当把职工体育活动经费纳入本单位的年度财政预算，为开展本单位职工体育活动提供经费支持。各级体育行政部门每年应按照一定的比例从本级体育彩票公益金中拨出资金，用于组织开展本地区职工体育工作。各级工会和职工体育协会要多渠道、多形式筹措资金，积极争取财政经费和社会支持，发展职工体育事业，实现职工体育经费和资源的多元化。各类机关和企事业单位要积极为本单位职工参加体育健身活动创造条件，鼓励有条件的单位采取建设、开放、开办、合办等多种途径，新建职工体育活动设施。要加大现有体育场地设施的开放力度，将自己所掌握的场地器材，为群众提供方便，提高运动场所和运动器材的使用率。有条件的机关和企事业单位应当按照《全民健身条例》的要求，定期开展职工体育锻炼达标活动和体质测试工作，并把职工体质测试结果作为制定本单位职工体育工作计划的依据，努力提高开展职工体育工作的科学化水平。

（五）妥善处理好不同利益主体间的关系

正确处理好主业与职工体育的关系。职工体育与企业生产是一个辩证的统一体，既有一致性，也存在着矛盾性。在两者发生矛盾时，要坚持生产第一原则，正确处理好体育活动和企业生产的关系，将体育活动融入企业生产建设和企业文化建设中。职工体育作为企业经济发展中的一个组成部分，不能脱离企业的中心任务而独自运行。在坚持职工体育常抓不懈的同时，还要根据生产任务或工作任务的轻重缓急，适当调整和安排体育活动。本职工作与体育活动从本质上不是对立的，但从时间分配上若协调不好就会出现矛盾，所以开展职工体育工作时一定要处理好两者的关系。

正确处理经济效益与职工体育的关系。搞职工体育活动是要花钱的，一些单位的领导认为花钱搞体育不值得，还有的单位因经济效益不好，认为没有活动经费就搞不了体育。事实上，无论经济效益如何，职工体育都应坚持开展。因为职工体育虽不能直接创造经济效益，但可以激发职工的积极性、创造性，提高职工的健康水平，间接地提高劳动生产率。这对于无论是经济效益较好的单位，还是经济效益不好的单位，都显得尤为重要。

处理好工时制度与职工体育的关系。我国现在实行每周 5 天、每天 8 小时的工时制，这种时间因素是开展职工体育活动所必须考虑的。只有处理好工时制度与职工体育的关系，才能兼顾和协调好生产与体育的关系，利用双休、节假日或班前、工间，适宜地安排小型、多样的体育活动，如广播操、工间操、乒乓球、羽毛球等。

（六）营造有利于职工体育发展的社会环境

职工的体育行为受职工体育意识、体育价值观的影响，要使广大职工自觉积极地参加体育活动，应从他们的体育意识上下功夫。各级管理部门要加强职工体育的政策指导和宣传鼓励，可采用板报、广播、电视、报纸、讲演、体育竞赛等方式大力宣传体育的作用，宣传体育锻炼积极分子的典型事迹，宣传科学锻炼的知识和方法等。通过宣传，营造出浓厚的体育氛围，鼓励、激励职工积极参与体育活动。要支持和鼓励广大职工对职工体育改革与发展中重大理论问题和实际问题进行大胆探索，提出对策建议。通过举办多种层次职工体育学术会议，提供学术和经验交流的平台，提高职工体育科学化水平。

第四节　农村体育管理

农村体育是社会体育的组成部分，是指在农村开展的以健康、休闲、娱乐为目的的身体锻炼活动。农村体育具有鲜明的自身特点，必须遵循农村、农业、农民的基本规律实施科学管理。

一、农村体育的含义与特点

（一）农村体育的含义

农村体育是在农村地理范围内，以农村人口为参与主体所开展的体育。农村体育涉及特定的地域范围，它是在一定地域（农村）开展的体育。农村体育是我国体育事业的重要组成部分，它不仅是新农村建设的重点，也是农村工作中不可缺少的重要组成部分。我国是一个农业大国，广泛开展农村体育活动对于增强广大农民体质、提高农民的健康水平、丰富农村业余文化生活有着重要作用。改革开放以来，迅速兴起的农村文化中心、文化站、青年之家把体育活动作为重要内容，农村体育正朝着阵地化、经常化、多样化方向发展。

开展农村文化体育活动，丰富农村精神文化生活，是党和政府高度关注的重大命题，是全面建成小康社会的重要内容。党的十六届五中全会提出了建设社会主义新农村的重大历史任务。2006 年《中共中央国务院关于推进社会主义新农村建设的若干意见》明确指出，要繁荣农村文化事业，加强农村公共文化设施建设，构建农村公共文化服务体系，推动实施农民体育健身工程，积极开展多种形式的群众喜闻乐见、寓教于乐的文体活动。随后，国家体育总局及时颁布了《关于实施农民体育健身工程的意见》，加大扶持力度，推动农村体育场地设施建设成为一种政府使命。

国务院发布的《全民健身计划（2011—2015年）》要求，地方各级人民政府将发展农村体育纳入当地全面建设小康社会和社会主义新农村建设规划，逐步建成城乡一体化的全民健身公共服务体系，增强农村基层体育公共服务能力。党的十八大报告再次强调，让人民享有健康丰富的精神文化生活，是全面建成小康社会的重要内容，要加大对农村和欠发达地区文化建设的帮扶力度，广泛开展全民健身运动，促进群众体育和竞技体育全面发展。

（二）农村体育的特点

由于农民在生产方式、生活环境和生活习惯等方面与城市居民存在较大的差别。因此，我国农村体育表现出如下特点。

1. 锻炼时间具有随意性和季节性

一般而言，农村体育的组织性相对较弱且农民体育活动的开展易受生产活动、体育意识及观念、健身条件等的限制，因而农村体育的随意性较强。农村体育由于受生产活动的影响较大，因而具有明显的季节性特点。在农忙季节的体育活动较少，或者至多是结合劳动和休息时间进行。只有在农闲季节或隆重节日，体育活动才具有广泛的社会性，也促使自发性体育活动延续和发展起来。

2. 活动形式灵活多样

在活动和组织形式上具有极大的灵活性。既可以个人为单位，也可以群体为单位；既可由社会集团组织，也可由参与者自由组织。就其身体锻炼的形式而言，更是丰富多采，因人而异，因时因地制宜，没有统一的模式。同时，受经济及生活条件的制约，农民在选择体育锻炼时，大多选择经济实用且对锻炼哲、场地条件等无特殊要求的项目，如拳、功、操等项目。

3. 体育活动内容丰富

中国的农民体育具有悠久的历史。在一些地方和少数民族地区中，很早就有了武术、摔跤、马术、划龙舟等民间体育活动。我国农民体育活动的内容十分丰富，所以在参加体育锻炼的过程中，广大农民可以根据自己的具体情况随意选择自己所喜欢的活动内容。农村开展的体育活动内容多带有浓厚的乡土气息，有明显的文化继承的特点，如五月端午南方农村中开展的龙舟竞渡，北方农村正月闹社火、舞龙、舞狮、踩高跷、扭秧歌等文化内涵深厚。

4. 体育活动的传统性较强

在中华民族的历史潮长河中，经过筛选、提炼，许多优秀体育项目一直流传到今天，具有鲜明的传统性，如新年的龙灯狮舞、端阳的龙舟竞渡、重阳的登山活动。有许多项目，被深深地打上地方烙印，南北东西各不相同，南方的农村喜赛龙舟，北方农村喜赛马。至于农村少数民族绚丽多彩的体育项目则更为突出，世界上像我国有几百种少数民族体育项目的国家十分少见，如叼羊、抢长炮、荡千秋、珍珠球、木球、射箭、摔跤等项目。

5. 体育开展的基础条件相对落后

由于我国农村经济基础比较薄弱、发展不平衡，不少地区的体育场地、器材仍非常匮乏，农民参加体育活动既无人组织，又无处可去，致使文化体育等健康文明的生活方式没有进入到农民的生活中去。另外，我国广大农村的体育观念相对而言比较落后，把劳动与体育等同，认为劳动能代替体育的观念依然占据大部分农民的头脑。要使大多数农民能自觉地、科学地、有组织地开展健身活动，是摆在每一位体育工作者面前一项十分艰巨的任务。

二、农村体育管理的含义

农村体育管理是指通过一定方式整合资源，以促使农村体育目的实现的过程。不同管理主体通过对农村体育的有效管理，可以实现以下目标，贯彻国家有关体育和农村工作的法规及方针政策，发展体育事业，增进农民的身心健康，培养有理想、有道德、有文化、守纪律的新型农民，建设社会主义新农村；紧紧围绕发展经济、建设小康的目标，全面落实全民健身计划，大力倡导和推广适合农村特点、科学、文明、健康的健身方式，提高农民的生活质量；健全业余训练体系，发现和培养优秀体育后备人才；加强农村体育场地设施建设和管理，改善和提高群众体育健身的物质条件；发展体育产业，培育和发展体育市场。促进农村经济和社会的协调发展，为农业和农村工作服务。由于农村体育管理主体的层次、系统均有所不同，因而在实现上述管理目标的程度及侧重点上有所区分。

农村体育组织的主体主要包括县级体育组织、乡镇体育组织和村体育组织。县级体育组织主要包括县政府主管体育的部门及体育社会团体，主要职责是对本县范围内的社会体育进行规划和协调。乡镇体育组织是一个中介组织，主要负责乡镇范围内的农民体育工作。村体育组织是农村体育最基层单位，它直接联系广大农民，组织开展体育活动。

三、农村体育的组织管理体系

（一）政府管理体系

1. 专门管理系统

农村体育在各级人民政府的统一领导下，具体工作由体育行政部门做为主管推动开展。我国《宪法》第 89 条第七款规定：国务院行使“领导和管理教育、科学、文化、卫生、体育和计划生育工作”的职权。中央和地方各级体育部门都相应地设立下属的司、处、科，领导和管理体育健身活动。《国家体委关于深化改革加快发展县级体育事业的意见》（国务院办公厅 1996 年 11 月 25 日转发）规定：县级人民政府负责领导、协调、监督和管理体育工作。农村体育是县级体育工作的重点。要把发展农村体育放在突出的位置。积极开展多种形式的农材体育活动，提高农民身体素质，为发展农村经济服务，为促进农村精神文明建设服务。国务院发布的《全民健身计划（2011—2015 年）》强调，地方各级人民政府将发展农村体育纳入当地全面建设小康社会和社会主义新农村建设规划，统筹城乡全民健身事业发展，促进城乡体育资源和公共体育服务均衡配置，逐步建成城乡一体化的全民健身公共服务体系，增强农村基层体育公共服务能力。

国家体育总局 2002 年发布的《农村体育工作暂行规定》（体群字〔2002〕53 号，以下简称《规定》）第一章总则第二条规定：各级人民政府体育、农业部门应当根据各自职责，做好农村体育的管理和组织工作；第一章总则第五条规定：农村体育应当纳入当地国民经济和社会发展整体规划，纳入社会主义精神文明建设和小康建设内容。各级体育主管部门应当明确农村体育在体育事业中的基础地位，加强政策支持和技术推广，加大资金技入，扶持体育场地设施建设。对在发展农村体育事业中做出突出贡献的组织和个人给予表彰和奖励。

《规定》第二章组织管理第八条指出：县级体育主管部门应当加强本行政区域农村体育工作，建立与当地农村体育发展相适应的工作机构，配备工作人员，会同有关部门共同推进农村体育事业的发展。从行政系统来看，县一级政府体育主管部门，在农村体育管理中起到了重要的作用。我国县级体育主管部门（体委）具有政府管理职能，部分体委辖有业余体校、体育指导中心、体育场、馆等事业单位和实体。县体委依法对全县体育事业、体育产业发展进行监督、管理等。但在 20 世纪 90 年代中期进行的政府机构改革中，部分县级体委被撤销合并，这在一定程度上削弱了农村体育的组织管理力量。在我国县级体育机构改革中，出现了保留、合并和变更为事业单位等多种形式，有的仍称为县体委，有的改称为文体委（局）、教体委（局）、体育局、文化体育卫生局、社会发展局、文教体委、文教体卫委、文教体卫广播委等，名称有 40 多种。

《规定》第二章组织管理第十条指出：乡镇、居委会应当加强对体育工作的领导，应当为群众参加体育活动创造必要的条件，支持和扶助群众性体育活动的开展。村民委员会、居民委员会和基层文化体育组织应当组织开展群众性体育活动。我国县级体育主管部门一般设有群体股，并有专人负责社会体育工作。

乡镇一级体育的管理部门是文体站，村级没有设立体育管理的专门机构，一般由村干部兼职管理。我国农村体育工作的基层管理单位是村委会、居委会。

2. 非专门管理系统

政府非专门管理系统是指在政府其它一些部门，如农业、教育、卫生、民政等也设有相关农村体育管理部门，负责本系统的农村体育工作。

（二）社会管理体系

1. 专门管理体系

社会管理部门主要包括管理农村体育工作的各级社会体育指导中心、体育总会，以及各级农民体育协会、民间体育组织等。

《规定》第二章组织管理第九条规定：有条件的县可以建立社会体育指导中心，乡镇、居委会可以建立体育指导站。县、乡镇、材和居民小区适时建立和发展体育健身点。社会体育指导中心、体育指导站、体育健身点应根据当地条件安排场地设施，制定工作计划，结合其他文化体育工作配备专兼职工作人员，安排一定的活动经费。县级体育主管部门和乡镇、居委会应当加强对社会体育指导中心、体育指导站和体育健身点的管理，为其开展工作创造条件。

《规定》第二章组织管理第十一条规定：县应当根据条件和工作需要，建立体育总会，对农民体育进行组织和指导。县、乡镇、居委会应当积极建立农民体育协会、老年人体育协会、单项体育协会等体育社会团体。体育社会团体应当加强自身建设，依照法律、法规和章程开展工作。

中国农民体育协会是组织指导全国农民体育运动的群众性团体，成立于1986年9月。宗旨是贯彻执行国家的体育法律法规，宣传党和政府有关体育工作的方针、政策，广泛团结农民体育积极分子和农村体育工作者，推动农民体育运动的发展，为促进广大农村的社会主义物质文明和精神文明建设服务。2002年10月11日《中国农民体育协会章程》（经2002年10月11日第四届全国会员代表大会表决通过）规定：中国农民体育协会是组织与指导全国农民体育运动的非经营性行业协会，是中华全国体育总会的团体会员。在农业部、国家体育总局的领导和指导下进行工作。各省的农民体育协会是中国农民体育协会的团体会员。

农村乡镇体育协会主要包括老年体育协会和单项体育协会。小城镇的经常性体育活动一般由体育协会、晨晚练点及体育俱乐部负责，非经常性体育活动一般由体育行政组织负责。非经常性体育活动主要包括不定期开展的各种大中小型运动会、各种比赛、各种表演、技术培训等，经常性体育活动主要包括日常开展的晨练、晚练、广播操、健身操、跑步、散步、球类、武术和太极拳等。

农民体育民间组织是人民群众自发成立起来为了实现某种共同的体育目标的一类农民体育组织。主要包括基层体育指导站、体育健身点等。这类组织的基本职责是：根据规程筹募活动经费、发展会员、增加农村体育人口；为会员提供活动场地、器材和技术指导等；组织某些相关活动的比赛或集会等；积极发展与其它相关活动协会之间的联系等。

2. 非专门管理系统

农村体育的社会管理部门主要包括管理农村体育工作的各级工会、共青团、妇联等。政府非专门体育管理系统和农村体育社会管理系统对农村体育的辅助管理职能只停留在县区一级，到了乡镇就较少有设立相应的机构。

四、农村体育管理的基本内容

（一）农村体育活动开展

农村体育活动管理主要包括各类活动的组织开展，宣传推广、监管以及评估等内容。

（二）农村体育组织管理

农村体育组织管理主要相关组织的机构设置、权限划分、运营机制等内容。

（三）农村体育场地设施建设

在当前农村体育资源非常匮乏的情况下，合理开发利用农村体育场地设施对推动农村体育具有十分重要的意义。农村体育场地设施管理主要包括的场地设施的建设规划、组织实施、维护、使用、开放及运营等内容。

（四）农村体育骨干培养

农村体育骨干包括社会体育指导员和组织、指导群众开展体育活动的体育教师、教练员、裁判员及其他志愿者等。对农村体育骨干的管理主要包括体育骨感的选拔、培养、使用等内容。

（五）农村体育经费管理

农村体育经费是农村体育管理部门开展体育活动的财力资源。农村体育经费的管理主要包括对经费的筹措、分配、调拨和使用管理。

五、农村体育管理的基本方式

（一）充分发挥政府主导作用，争取有关部门的重视

各级人民政府体育、农业部门应当根据各自职责，贯彻国家有关体育和农村工作的法规及方针政策，做好农村体育的管理和组织工作。各级体育主管部门应当明

确农村体育在体育事业中的基础地位，各县级体育领导机构都要从政治的高度、战略的高度认识农村体育工作的重要性。乡镇政府应把体育事业纳入乡镇经济和发展总体规划，经常研究体育工作，成立体育工作领导小组、农民体育协会以及老年人体协等，由乡镇主要负责同志参与领导；建立体育站（或体育办）等机构，配备体育专干，关心、支持、督促他们的工作。

（二）广泛调动各种力量开展农村体育

动员和发挥各行业、各系统和基层政权，工会、共青团、妇联和其他社会团体，各企业事业单位以及个人单独创办或与体育部门采用合资、合作等多种方式联合兴办各种形式的基层农村体育组织。以多种形式办体育努力促进城乡体育社会化，大力倡导社会团体和个人修建体育场所，自办小型竞赛和业余训练，设立健身辅导站等等。加强与文化部门的协作，积极拓展乡镇综合文化站的服务功能，高度重视综合文化站的体育功能，切实加强建设和管理，整合资源，提高综合利用率，发挥其平台与阵地作用；乡镇企业作为推动农村经济发展的动力和催化剂，在农村体育的建设过程中所起的作用至关重要，应该对其加以引导。

（三）加强组织建设，不断提高农村体育的组织化水平

开展农村体育活动，必须首先建立健全农村体育组织网络，充分发挥各级农民体育协会、农民体育俱乐部、体育辅导站等基层体育组织的作用，整合各方面资源，有效发挥其桥梁和纽带作用。县应当根据条件和工作需要，建立体育总会，对农民体育进行组织和指导。县、乡镇、居委会应当积极建立农民体育协会、老年人体育协会、单项体育协会等体育社会团体。体育社会团体应当加强自身建设，依照法律、法规和章程开展工作。有条件的县可以建立社会体育指导中心，乡镇、居委会可以建立体育指导站。县、乡镇、村和居民小区适时建立和发展体育健身点。社会体育指导中心、体育指导站、体育健身点应根据当地条件安排场地设施，制定工作计划，结合其他文化体育工作配备专兼职工作人员，安排一定的活动经费。县级体育主管部门和乡镇、居委会应当加强对社会体育指导中心、体育指导站和体育健身点的管理，为其开展工作创造条件。特别是要以乡镇文化站为中心，发挥其阵地作用，以农村体育积极分子（复员退伍军人；高、初中毕业回乡青年）为骨干力量，推动农

村体育发展。

（四）创造和提供群众健身的场地设施

农村应在全面推进小康县、小康乡镇、小康村的建设中，搞好体育场地设施建设。农村体育场地设施建设应当按照国家有关公共体育场地设施用地定额指标的规定，纳入当地国民经济和社会发展规划及城镇建设规划和土地利用总体规划，合理布局，统筹安排。县级体育主管部门应当配合有关部门搞好各类体育设施建设规划。县城应当建设比较完善的体育场地设施。区位条 件优越、基础建设好、已经形成一定规模的小城镇应当按照国家发展小城镇的部署，率先搞好体育场地设施建设，在农村体育场地设施建设中发挥引导、示范、带动作用。

县、乡镇、居委会应当坚持多样、实用、就近、方便的原则，在群众居住区建设体育设施。有条 件的县、乡镇可建综合性群众健身活动中心，不断提高农村体育场地设施的建设规模和水平。县级体育主管部门应当会同有关部门共同发展公园体育和广场体育，加强对公园体育、广场体育的建设、指导和管理。县、乡镇、居委会应当鼓励企业事业组织、社会团体和个人投资建设体育设施。

县、乡镇、居委会应当加强对公共体育设施的管理和维护，保障功能完好，使用安全。农村公共体育设施应当向社会开放，方便群众开展体育活动，提高使用率和服务质量。应当对学生、老年人、残疾人实行优惠办法。机关、企业、事业组织的体育设施应当创造条件向社会开放。

任何组织和个人不得侵占、破坏公共体育设施。因特殊情况需要临时占用体育设施的，必须经县级体育主管部门和建设规划部门批准，并及时归还；按照规划需要改变体育场地用途的，应当按照法律规定，首先选择适当地点，在不减少原有体育场地面积和不降低原有体育场地标准的前提下，新建体育场地后，方能改变原体育场地用途．非法侵占、破坏公共体育设施的组织和个人，应当依法承担法律责任。

（五）积极筹措，合理利用农村体育经费

农村体育事业经费和体育基本建设资金应当列入县级财政预算和基本建设投资计划，并随着经济发展，逐步增加对体育事业的投入，乡镇、居委会应当随着经济的发展适当投入体育事业经费和体育基本建设资金，发展体育事业。县、乡镇、居

委会应当鼓励企业、事业组织、社会团体和个人以投资、捐赠和赞助等形式支持发展体育事业。

在国家财政困难，对农村体育投资不足的情况下，可以采取稳定体彩公益金支出、向社会集资、吸引企业赞助、个人捐赠以及经营创收等方式筹集资金。体育彩票公益金的使用，有力地推动了我国体育事业，特别是社会体育事业的发展，体育部门在认真贯彻执行有关体育彩票公益金的使用办法及规定的同时，应稳定对农村体育事业的投资力度；农村体育的管理部门或机构先提出集资项目、集资金额、集资方式和使用计划，并报经所属区、县及乡镇人民政府审批后，面向社会筹集农村体育发展经费的一种集资形式。社会集资应坚持投资自愿、平等、互利、风险共担的原则，集资的对象广泛，不分国内还是国外、农村还是城市、集体还是个人，集资的内容包括资金、物资、设备、技术等；充分调动乡镇企业及村办企业投资农村体育的积极性，并充分发挥其模范带头作用，对推动农村体育事业的繁荣与发展具有重要的现实意义。为此，要完善农村体育的投资体系，并制定相应的政策法规，对企业的赞助行为给予相应的补偿和利益回报；各级体育部门和机构应抓住时机，并通过制定相应的政策法规，面向社会积极吸纳个人捐赠，这对减轻国家财政负担、拓宽农村体育经费来源渠道，都具有重要的意义。

（六）组织开展农村体育活动

农村体育活动应当坚持与生产劳动、文化活动相结合，坚持业余、自愿、小型、多样和因人、因时、因地制宜、科学文明的原则，利用传统节日和农闲季节，开展群众喜闻乐见、丰富多彩的体育活动。农村体育竞赛和表演活动应当突出经常性、普遍性、民族性、多样性、趣味性和科学性。任何组织和个人都应当依法开展体育活动，严禁在体育活动中从事赌博、封建迷信和一切违法活动。

应充分发挥各级农民体协、乡镇体育指导站等基层体育组织及乡镇文化站、村民委员会的作用，大力开展“亿万农民健身活动”农村体育健身活动应坚持“因人、因地、因时制宜和业余、自愿、小型，多样、文明、节俭”的原则，要与广大群众喜闻乐见的、健康的体育文化娱乐活动相结合，与民族特色传统体育活动相结合，与农闲季节、农村集市、传统节假日相结合，与农村的精神文明建设相结合。我国的节日较多，除传统节日外，各地还有许多地方性和临时性节日，可充分利用这一机会组织安排有特色的各种体育娱乐活动。

应重视率先富裕起来和体育基础较好的乡镇、村的农村体育活动，乡镇体育竞赛活动要注意小型、多样、趣味，方便群众参加。有条件的县可结合当地实际举办县级体育运动会和中小学生运动会。有条件的乡镇也可举办一定规模的单项竞赛和综合性运动会，逐步形成制度，形成当地的体育文化特色，以推动群众体育活动的广泛开展。在组织农民参加体育活动时，要侧重于趣味性、健身性、休闲性、社交性。同时还要注意选择地方特色浓郁、民间传统突出的项目，以适应农民的需求特点。

乡镇、居委会应当加强对体育工作的领导，应当为群众参加体育活动创造必要的条件，支持和扶助群众性体育活动的开展。村民委员会、居民委员会和基层文化体育组织应当组织开展群众性体育活动。

（七）发展农村体育骨干力量的示范引导作用

要重视体育干部队伍建设，定期组织基层体育干部的学习和培训。注意帮助他们解决一些实际困难和问题，注意改善基层体育工作的条件，落实有关待遇和政策。要加强对县级体育工作的领导，经常深入基层进行调查研究，总结基层工作经验，制定法规政策，指导基层体育工作。

要加强社会体育指导员队伍的建设，组织各种业务培训，并会同当地工商、物价、税务等行政管理部门共同加强对社会体育指导员开展经营性体育活动的管理。社会体育指导员可按照有关规定积极开展体育技能传授、健身指导、组织管理以及体育表演、体育咨询等有偿或无偿服务，可按照相应技术等级收取报酬。

体育教师、教练员是保证开展青少年体育工作的骨干力量。学校应当按照国家有关规定，配备合格的体育教师，达不到配备标准的必须配备兼职体育教师、业余体校应按有关规定配备合格的教练员、对体育教师、教练员要定期培训，以提高他们的业务水平。要关心体育教师、教练员的切身利益、按照国家有关规定做好其专业技术职务评聘工作，其工资待遇按照国家有关规定执行。

（八）加强农村体育的宣传工作

各级体育行政部门应针对农村大力宣传全民健身知识，指导开展全民健身活动。

同时，新闻媒体应当加强对农村全民健身活动的宣传，推广科学、文明、健康的全民健身项目和方法，普及全民健身知识。各级体育部门应充分利用利用电视、网络、广播、报纸、杂志等宣传媒体及多种形式，加大宣传力度，通过开展不同层次，不同形式的宣传、咨询活动，来不断增强农村居民的体育健身意识。

（九）开展农村体育工作的检查评估

对于开展农村群众体育娱乐和健身活动好的乡、村、组、家庭和个人，给予充分肯定，并以他们的切身体会教育和带动更多的人加入锻炼身体的行列。

“争创体育先进县”活动是1985年经国务院批准，在广大农村开展的每两年一次的评选活动，农村体育管理部门要组织“全国体育先进县”的评选，农村参加评选活动，可以使体育工作者有明确的努力方向和奋斗目标，进一步调动和激发他们做农村体育工作的积极性。同时，还要对基层农村体育的开展情况进行检查和评估，发现存在的问题，并做到及时解决，促使农村体育的发展。

第五节　商业型健身俱乐部管理

商业型健身俱乐部是社会体育的组成部分，是为满足大众健身、休闲、娱乐等需求，经营者以商业型健身设施为活动场所，依靠市场机制和利益机制运转的健身俱乐部，其经营的主要目的在于营利。商业型健身俱乐部的管理需要整合各种资源，以提供优质服务，满足会员需求为核心。

一、商业型健身俱乐部的含义与特点

（一）商业型健身俱乐部的含义

健身俱乐部起源欧美。在当今欧美等发达的西方国家，健身已经不再是追求时尚，更重要的是获得健康，它已逐渐成为人们生活中的一部分，成为生活必需品。随着我国广大人民群众健康意识的渐渐提升，人们对提高生活质量的需求日益旺盛，对健康的身体、完美的体形也日益重视，健身运动已被越来越多的人所接受。20世

纪 80 年代初，我国一些城市开始出现经营型健身房。进入 20 世纪 90 年代以来，我国居民用于体育消费的支出在收入中所占比例不断上升。人们对自身健康的追求越来越强烈，“花钱买健康”作为一种时尚观念正被越来越多的人所接受。在经济社会大环境和体育产业化的双重作用下，体育消费市场迅速扩大。健身俱乐部首先在经济发达的大城市出现，后向中等城市扩展，现在正向中小城市蔓延，形成一股强劲的浪潮。近年来，国际著名体育健身俱乐部连锁机构和管理顾问公司开始进入中国，他们在带来国际上最先进的俱乐部管理观念和模式的同时，也使国内的大众体育消费产业竞争更加激烈。

在我国，按健身俱乐部经营的性质，可分为公益型和商业型两种。公益型健身俱乐部是指各种为满足广大人民群众的健身要求，以开展群众体育活动，增进身体健康为主要目的的体育社会组织。其经营的目的在于为提供健康服务产品，如国家体育总局于 2000 年推出的利用体育彩票公益金兴建的青少年体育俱乐部及社区体育俱乐部等；商业型（也称经营型）健身俱乐部是指为满足大众健身、休闲、娱乐等需求，以商业型健身场地设施为活动场所，依靠市场机制运转的体育经济组织。其经营的目的在于营利。

商业型健身俱乐部包括健康城、健美中心、保龄球馆、旱冰场、高尔夫球场、网球馆等组织形式。既有综合性的，也有单项的，均以开展群众体育活动为主。商业体育俱乐部面向市场，根据各种不同层次、水平和爱好的人的体育需要，提供相应的服务，与消费者进行等价交换。这类俱乐部大都场地和设备比较先进、完备，活动时间较长，活动内容比较丰富，有专人进行指导，服务水平较高，收费也比较适中，一般工薪阶层大都承受得起，因而备受欢迎。一些高级的商业型体育俱乐部除了健身服务外，还开展娱乐、餐饮、旅游、度假等综合服务。这类俱乐部开展的运动项目，主要是高尔夫球、网球、桌球等比较高雅的项目，同时大都配备游泳池、力量训练房、保龄球馆等一般综合性体育设施。在辅助设施方面，有的还配有花园、钓鱼池、美容厅、按摩室、舞厅、钢琴厅、酒吧、咖啡厅、高档会客厅和豪华客房等，成为上层人士运动、游乐、社交和洽谈生意的理想场所。

改革开放的政策和经济的高速发展为兴办各种类型的健身俱乐部奠定了雄厚的物质基础，适宜的体育政策为健身俱乐部的发展提供了政策上的根本保障。自 20 世纪 90 年代末以来，我国体育健身产业蓬勃发展，健身俱乐部的数量和规模都有大幅度提高，发展体育健身俱乐部既是群众体育需求不断增长的要求，也是我国在体育改革中不断推进体育社会化和产业化取得的成果。因此，采取有利措施，积极扶持健身俱乐部的发展，发挥健身俱乐部在社会体育中的作用是我国体育改革的一项重要内容，是满足我国广大人民群众体育需求的重要内容。

（二）商业型健身俱乐部的特征

1. 以营利并获利作为俱乐部生存发展的根本目的

商业型健身俱乐部作为名副其实的商业领域企业，要以提供较高质量的体育服务为手段来营利并获得利润，企业也会因此获得生存发展的基础。

2. 以有效营销作为俱乐部生存发展的基本条件

大型综合商业俱乐部往往集游泳池、球类馆、力量练习馆、健美体操馆、娱乐中心、桑拿浴、恢复中心甚至酒吧、饭店于一体，来到这里健身的人士可以随心所欲地尽情开展体育、文娱、餐饮等消闲活动，满足人们多方面的需要。高级商业型健身俱乐部与一般商业型健身俱乐部大体相同，所不同的只是高级商业型体育俱乐部的服务对象大都为社会名流和绅士富豪，因而这些俱乐部的环境更加优美，设施更加豪华、先进，服务更加周到。市场营销理念已成为商家普遍遵循的基本理念，如何在满足上述消费者需求基础上实现俱乐部生存发展则要靠有效的营销手段来实现。

3. 以提供体育服务作为俱乐部的核心产品

商业型体育健身俱乐部提供的健身服务产品不具有实物形态，没有物质产品的体积、长度、重量等。无论是健身教练，还是健身俱乐部工作人员，提供的都是一种“活劳动”。尽管体育健身服务产品不具有实物形态，但它仍具有消费性，通过体育健身俱乐部的健身消费，可以满足消费者的需求。通过科学健身，带来身体形态的明显变化。增进健康，增加美感，给消费者带来心理的满足；另外，体育健身服务产品的生产与消费是在同一时间、同一地点进行的。健身者在健身教练的带领下一起进行健美操练习，或者利用健身俱乐部的各种健身器材，进行肌肉的刺激与形体的塑造，既是健身俱乐部提供健身服务的生产过程，也是消费者接受健身服务的消费过程。

4. 以较长时间营业作为满足顾客的主要方式

商业型健身俱乐部一般都从清晨到深夜全天开放，周末和节假日也不例外。每个顾客都可自由选择最适合的时间。例如，在国外一般情况是早上 5 时到 6 时半，晚上是以上班族为主，6 时半到 8 时半老年人居多，白天则是孩子们的天下。顾客大都买年票或月票，也有临时买票来此活动一下的。一般是只要有票，各馆都通行无阻。有时组织特殊内容的讲习班，则需另行缴费。

二、商业型健身俱乐部管理的含义

商业型健身俱乐部管理是指通过一定方式整合资源，以促使商业型健身俱乐部目的实现的过程。理解这一定义，需要注意以下几点：

（一）俱乐部的管理主体多元，最基本的管理主体是俱乐部的投资和经营管理者，发展俱乐部的根本目的是在满足人们健身需求的基础上实现利润的最大化。除此外，俱乐部还与体育行政主管部门、工商行政管理部门，以及产业协会等多部门的工作有关，在这种情况下俱乐部在满足人们健身需求同时，也推动和促进了居民健康素质的提高、第三产业的发展以及丰富精神文明建设等多重效果。不同管理主体对俱乐部管理的目的就是为了促使俱乐部上述目的实现的过程。

（二）俱乐部管理者的经营管理水平的高低直接关系到俱乐部的效益。俱乐部经营管理的重要任务就是吸引会员并留住会员，而影响这一过程的基本因素包括健身房选址是否准确，收费是否合理，环境是否舒适，设施是否齐全，服务是否到位，经营品种是否具有诱惑力，健身指导是否专业，俱乐部推销和宣传手段是否到位等诸多方面。

（三）俱乐部所需资源包括教练员、服务人员、营销人员、场地设施、财务、信息、关系等。为了实现俱乐部的目的，管理者必须充分发挥各种资源的最佳绩效，不仅需要采用合理计划、组织、控制等管理的方式，还需要通过建立各种规章制度、制定各种措施方案、采用各种营销手段等促使俱乐部存续目的的实现。

三、商业型健身俱乐部管理的基本内容

（一）俱乐部的投资

俱乐部的投资是俱乐部后续发展的基本前提。健身俱乐部的经营过程就是吸引

会员并留住会员的过程，而影响这一过程的基本因素包括健身房选址是否准确，收费是否合理，环境是否舒适，设施是否齐全，经营品种是否具有诱惑力，健身指导是否专业服务是否周到、俱乐部推销和宣传手段是否到位等方面，这就需要对俱乐部发展做出合理的投资规划。具体内容详见本章第二节。

（二）俱乐部营销管理

商业型健身俱乐部的生存发展与其科学、合理的市场营销密不可分。商业型健身俱乐部的市场营销是指俱乐部通过一定手段满足消费者需求的过程。借鉴市场营销学的服务营销理念，健身商业型俱乐部的市场营销可以从产品（Produot）、定价（Prioa）、渠道（Plane 促销（Promotion）、人员（People）、有形展示（Physical evidenoe）和过程（Process）等方面进行考虑。具体内容详见本章第三节。

（三）俱乐部组织管理

主要是对组织结构的设置进行管理。俱乐部组织结构对提高服务质量，提升竞争力有重要作用。合理的组织结构、明确的职责分工有利于部门间联系与沟通、互动与支援、分工与合作，朝向共同的目标而努力。商业型健身俱乐部的组织结构受多因素的影响，各健身俱乐部有所不同。小型健身俱乐部一般组织架构简单，主要由管理层及运营部（销售部）组成。工作人员由教练员、场地维护管理人员、销售人员组成。而作为有一定规模的高级商业型健身俱乐部组织一般要有以下组织部门而作为有一定规模的高级商业型健身俱乐部组织一般有以下组织部门（图 7 –5）。

高级商业型健身俱乐部一般都设董事会和理事会。董事会由资方代表组成，是最高领导机构，决定俱乐部的经营大计。理事会为最高管理机构，设理事长一名，副理事长若干名，常务理事和理事若干名。理事长由董事会任命，副理事长经董事会推荐由理事会聘任。理事会成员协助理事长管理俱乐部的各项业务。理事会为顺利完成俱乐部的各项经营工作，可设立若干专业委员会，并吸收一些专家、名流担任理事、委员和委员会负责人。健身俱乐部的业务部主要负责对外联络，包括发展会员、制定规划等；事务部主要负责内部运营管理，如吧台管理、柜台管理、会员管理、人事管理等；运动部主要负责主要负责健身项目及提供相关健身服务；医疗部主要负责会员的医疗咨询服务。

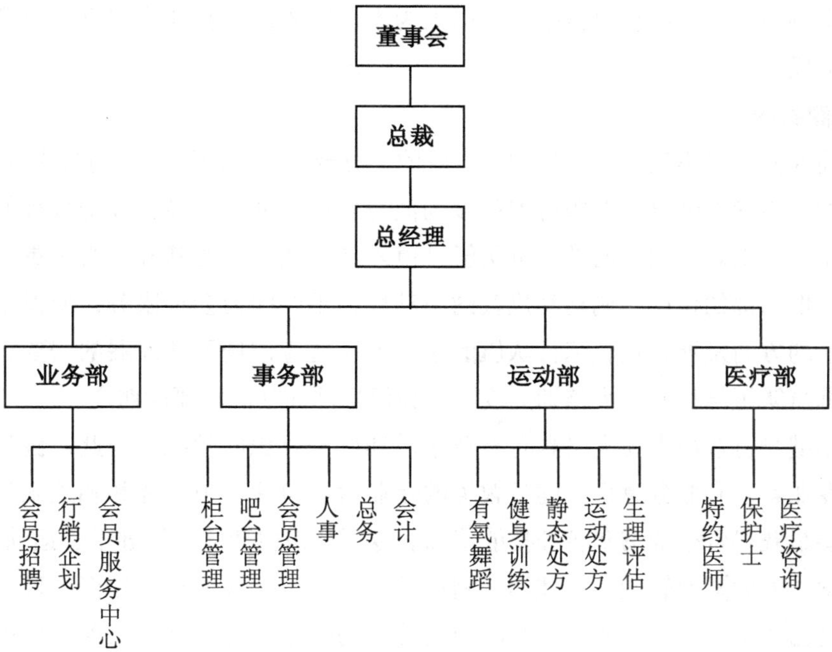

图 7－5　某高级商业型健身俱乐部的组织结构

俱乐部组织管理的基本内容还包括对俱乐部组织运作方面的管理，主要涉及俱乐部组织协调与沟通、组织动力、组织文化、组织变革和组织绩效管理等。

（四）俱乐部人力资源管理

规模较大的健身俱乐部的人力资源大体可以分为四类：管理人员、教练、场地设施维护人员和服务人员。作为一个企业，健身俱乐部同样要有基本的人事构架和工作分工，如财务、市场、销售、教学、服务，各个岗位的人都要经过专业的培训。

1. 管理人员

管理人员主要指健身俱乐部的总投资人以及各连锁点的行政管理者。俱乐部的经营理念是俱乐部 企业经营管理的指导方向，是其在市场竞争中实现经济效益和社会效益最大化的行动指南，因此俱乐部企业必须主动适应环境等因素的变化，主动更新经营理念。经营理念引入健身俱乐部产业是中国健身业步入市场经济轨道的重要标志之一，20 世纪 90 年代后期，我国健身俱乐部行业的经营理念、经营目标和经营行为有了明显转变，健身俱乐部根据产业环境与条件的变化，结合自身情况，树立以市场为主导、以客户为中心、以人为本、以质量、服务为宗旨的市场营销理念正在形成。

2. 健身教练

目前人们已经不满足于简单的、直观的、分散的室外健身，他们需要有组织的、有专业教练指导的健身，渴望得到更多的健身知识、健身指导，健身教练的需求量随之增多。一支健全完善的教练员队伍是俱乐部高速发展的基础。为了更好的发挥教练员在俱乐部的作用，调动其执教的主动性，更好的为会员服务，使俱乐部朝着健康有序的方向发展，在教练员队伍的建设上应适应市场不断发展的需要，尽快调整好教练员队伍结构并加大培训力度，成为俱乐部面临的重要问题之一。

近年健身行业内需要大量具有专业素质和服务意识的教练，因此，健身教练必须具备专业素质和服务意识。健身教练的专业素质包括专项技能和相关知识。专项技能主要是获得资格证书和各种技能培训。专项知识包括体育保健学、运动生理学、运动医学、人力资源管理、心理学、测量学、教育学、营养学等知识。目前教练员认证制度已经基本完善，所以，在聘用教练员的时候要有标准和尺度，根据俱乐部的定位选择合适的教练人员。专业教练越来越多的健身房开始注重技术指导环节薄弱的问题。拥有各类国际级别私人教练的健身房，也成为各大健身房招徕顾客的资本之一。目前国内的教练培训主要针对专业方面，在服务意识方面略有欠缺。高素质的教练不仅要具有专业资格，良好的服务意识也是赢得顾客的重要砝码。

3. 场地设施维护人员

一个好的健身场所离不开科学的健身计划和运动指导，人们希望到这里来不仅要得到锻炼，还要体会到一种身心放松的感觉。俱乐部的环境与服务条件使它把健身和休闲的功能集中在一起，使锻炼者和经营者之间的距离拉得很近。场地设施维护人员需要进行上岗培训，负责场地的卫生管理和器材的技术维护工作。这些维护人员要以敬业精神和责任心作为前提，他们虽然不同于管理者会做出重要的决策，但他们的工作是健身俱乐部正常运行是基础。

4. 服务人员

服务人员将给予消费者对俱乐部的第一印象。服务人员的水准建立于消费者对俱乐部的期望与标准基础上，服务人员良好的仪容能使消费者感到光临更有价值。服务人员的礼节规范包括：主动提供服务，以表现我们对其热心的照顾；对会员的要求应耐心且有礼貌地办好；不要离开你所服务的会员太远，免得会员有任何需要时没有人去服务；随时保持自然、亲切的笑容，表达我们对会员的欢迎和感谢。服务人员须随时注意自己的身体语言及得体的对答，如“您好”“欢迎光临”“谢谢光临”“我能效劳吗”“谢谢”“谢谢您”“不客气”“对不起，请稍待”“是的，马上来”“请”“请问”“请吩咐”“请稍候”“请用茶”“请慢用”“请慢走”“请慢慢品尝”“请多指教”等。

（五）俱乐部场地设施与健身器材管理

大型体育健身俱乐部往往需要对健身场馆进行豪华的室内外装修，一些超大型体育健身俱乐部还配有多种辅助服务设施，如停车场、游戏厅、也大大增加了经营成本。通过兴建多样的服务设施树立品牌形象来增加健身者的舒适度。健身设施管理混乱无疑会给俱乐部的形象打折，例如健身器械的档次不低，但哑铃片、杠铃片、小哑铃等小配件散落一地，健身者走来走去十分危险，同时也给训练带来许多不便。作为教练员或服务生应随时随手将哑铃片等放在规定的位置，并要求会员也养成这样的习惯，以便利人利己。另外哑铃组的摆放一定要按磅数递增，不可乱放。杠铃通常在无人来之前不放配重，有人练过之后及时将配重拆下以便他人使用，杠铃片的拆置要整齐有序，重视美观和方便。

俱乐部的物品和装饰时常会出现许多小问题，这些小问题虽不会影响使用或给俱乐部带来安全隐患，但会影响美观，会给会员带来不舒服的感觉（如及时更换已灭掉的灯泡）。这样小事往往被忽视，但会员却记忆深刻，管理者应格外注意。

（六）俱乐部会员管理

由于商业体育俱乐部的从业人员的所有服务都是在销售“服务”，让会员满意是商业体育俱乐部的营业宗旨。俱乐部要主动、积极的与客户联系，充分了解会员的意见、反映并介绍自办的各种活动，邀请会员参与，加强会员与俱乐部之间的互动。俱乐部依据自身的定位，积极主动地策划各种活动，引导会员参与，并通过活动制造各种消费，创造利润，使会员产生适用感、实用感、尊贵感。同时由于人会费是商业俱乐部的重要经济来源之一，良好的会员售后服务及会员服务工作则是俱乐部长期招募会员的最佳方案。俱乐部针对不同年龄、不同层次的会员的需求，策划出相宜的活动，吸引会员及其家人参与，来凝聚会员与俱乐部之间的感情。

目前体育健身俱乐部主要提供的消费方式分为会员制消费、各种培训课程和普通的日费消费。会员制是健身俱乐部提供的一种主要服务方式，它是通过引导健身消费者进行长期的健身消费，而为俱乐部的发展提供保证的一种普遍的营销方式。成熟的会员制同样标识着一个健身俱乐部的档次和信誉，因此，推行会员制需要有一套完善的会员管理制度。健身俱乐部的会员分荣誉会员、个人会员和团体会员三种。荣誉会员是指对俱乐部做出重大贡献的会员，这类会员往往须经理事会推荐，董事会批准，除享有荣誉称号外，在会费方面还可享受一定优惠直至全免。团体会员是指以单位名义参加的会员，会员证本单位的人均可使用。个人和团体会员的会员证有的俱乐部不分等级，有的俱乐部分金卡、银卡、铜卡三个等级，每个等级的收费标准和权利不等。会员的会费分入会费、年会费和保证金三种。入会费是入会时的注册费，一次缴纳，退会时不退款。年会费每年缴纳一次。保证金是会员在俱乐部内的信誉担保，无利息，会员如拖欠俱乐部费用时可从保证金中扣除，退会时可退还给会员。在实行等级制的俱乐部，上述三种费用均分别按三个等级的标准收取。金卡最高，银卡和铜卡递减。团体会员的这三种费用，一般均高出个人会员费用的 1 倍。

会员卡是会员在使用商业俱乐部各项设施或要求商业俱乐部提供各种服务时，用作识别身份、登录或结算消费的。持有俱乐部会员卡的消费者可前往俱乐部及所属设施消费。会员在接受俱乐部所提供的服务后，应出示会员卡。当会员卡遗失时，原持有者应于一定期限内向俱乐部提出申请补发，并支付补发费用。

（七）俱乐部服务管理

服务质量是衡量俱乐部服务对消费者服务期望满足程度的，即俱乐部所提供的服务是否符合消费者的期望。俱乐部服务质量体现在会员发展、入会、现场感受、售后服务等方方面面，绝不能仅仅停留在会员的现场体验上，主要包括服务设施的保养维护、服务时间与迅速性、服务人员的态度、服务环境等诸多方面。商业俱乐部在进行服务质量的管理时，一般以会员的需求、依据会员的满意度调查开发的新服务、对员工的激励方式、衡量系统需求对员工的影响等为衡量原则。为了提高俱乐部的服务质量，满足不同会员的消费需求，赢得会员的信心，必须加强俱乐部服务人员的训练与专业技能，提高对服务人员的监督，授权一线工作人员更大的处理权与判断范围，以技术、教育及质量为导向挑选服务人员，要塑造员工荣誉感与质量感，掌握服务人员接洽业务的服务质量与绩效。

（八）俱乐部财务管理

俱乐部在制定财务计划时，应当注意会员招聘的支出、会员招聘的奖励费用、会员的随机消费机会、俱乐部管理成本等方面。俱乐部的财务管理主要包括制定收支计划、资金周转计划、资金调度计划等 3 项重要财务管理计划。其中最为重要的是收支计划，它分为收入计划和支出计划两个方面。收入计划主要是以销售计划设定目标销售额，预测何时可有多少收入，包括销售收入的预测、销售收入以外的其他收入的预测。支出计划主要是采购贷款的支出计划、人事费用的支出计划、促销费用的支出计划、其他销售费用及一般管理费用的支出计划等。俱乐部的管理人员只有有效地掌握了财务计划，从数字上客观地了解俱乐部的实际运作状态，才能进行卓有成效的财务管理。

四、商业型健身俱乐部管理的基本方式

（一）做好俱乐部的客户关系管理

1. 要对俱乐部的客户类型进行清醒地认知。俱乐部的客户即俱乐部会员。一定数量的俱乐部会员是俱乐部生存发展的基本保证。按照客户与俱乐部合作程度来划分，可把俱乐部客户分成潜在客户、预期客户、忠诚客户和流失客户等。潜在客户是指具有健身需求并具备购买动机和购买能力的个人或组织，究竟是否购买或购买哪一家俱乐部的服务尚不明确，需要俱乐部花大力气争取。预期客户俗称“准客户”，是指俱乐部经过调查研究确定的有明确的健身服务需求意向，但尚未开始合作的个人或组织。忠诚客户是指对俱乐部有高度信任，并与俱乐部建立了长期、稳定合作关系的现实客户。流失客户是指曾经是俱乐部的现实客户，但由于对服务不满，现在不再购买健身服务的客户。

2. 要针对不同类型的客户进行有效的沟通管理。由于每个客户的性格、习惯、爱好都不一样，采取的沟通方式也应有所区别。针对潜在客户，花大力气争取。一

旦成为俱乐部的现实客户，还需要持久的客户沟通与服务。会员流失，往往缘于健身俱乐部在健身效果、服务方面不能让会员满意或出现其他管理上的疏漏使会员产生不快，有时会员会从表情或言谈举止上表露出来。当会员出现要流失的兆头时，俱乐部就必须快速做出反应，加强与会员的沟通、交流，耐心倾听会员的意见与要求，修复会员的良好感觉。针对流失客户，要积极与他们联系，让他们感受到关心，给他们映问题的机会，缓解他们的不满，了解问题出在里，以便及时改进，防止其他客户流失。要积极进行进行客户满意度调查，做好客户回访，正确处理客户投诉。

3. 要建立完善的客户关系管理信息系统，建立客户关系数据库。要运用数据库技术，全面收集关于现有客户、潜在客户或目标客户的综合数据资料，追踪和掌握现有客户、潜在客户和目标客户的清况、需求和偏好，并且进行深入的统计、分析和数据挖掘，从而使俱乐部的工作更有针对性。

（二）对俱乐部服务质量进行有效控制

健身俱乐部不仅仅是产品销售的场所，更重要的是做好服务。健身俱乐部只有提供优质服务，才能不断吸引会员的加入。俱乐部在日常经营活动中，不断创新服务形式，丰富服务内涵，扩大服务范围，建立以人为本、以会员需求为导向的服务理念，保证以质优安全的产品，周到细致的服务，让会员满意。细节化的服务是让会员进店后享受全面而愉快的运动体验，这就要求每一个细节都尽量做到妥贴周到，例如：递毛巾、体测、首次运动的每一个动作等，都尽可能让会员感觉满意，甚至是超越预期。

要建立标准化的服务。例如从店外接待→引领入位→前台咨询→健身服务安排→服务中→服务后再次前台咨询→送宾→3 天内售后跟踪整个流程中，语言动作规范，服务标准明确，明确到引领走客人的哪个位置、倒水姿势及角度、水杯中水的容量，以及标准化语言等，所有员工都按着这个服务标准去服务，客人享受到的才是一个规范的优质的服务。

应充分识别会员的需求特征，为会员提供差异化服务是健身俱乐部提供独特价值的前提，会员的需求特征既包括一些“公共特征”，如追求效果，方便快捷，还包括“个性特征”，如服务的个性化，也就是为会员提供专业化、亲情化服务，体现“差异化”服务价值。健身俱乐部应该掌握时尚趋势，引进最新课程，定期搞活动来吸引会员前来消费。只有特色服务、特色产品以及特色活动三者结合，才能留住会员的心。

（三）对俱乐部服务人员做好使用和开发

健身俱乐部是由不同类型的服务人员组成。在俱乐部提供健身服务产品的过程中，服务人员是一个不可或缺的因素。一个高素质的员工能够弥补由于物质条件的不足带给消费者的遗憾。例如一名优秀的俱乐部的教练员既是服务项目的传授者和宣传媒介，又是体验氛围的营造者。因此，对员工的管理，尤其是对一线服务人员的管理相当重要。大多数的健身俱乐部管理者并没有对员工的成绩给予足够认可。在对员工成绩的认可过程中，还需要注意到认可的时效性。如果用得太多，价值将会减少，如果只在某些特殊场合和少有的成就时使用，价值就会增加。例如，当某一位员工在为会员服务的过程中，得到了会员的认可和赞扬，这时候如果俱乐部管理者及时地在大家面前祝贺这位员工，对员工的激励作用会上升几个等级。俱乐部在员工管理的过程中，关键在于健身俱乐部管理者需要树立起和员工共同成长的观念，而不是仅仅将员工看成为自己工作的人。

对俱乐部而言，把服务人员视为消费者（对内客户）是一种很好的内部管理方法，当管理人员把手下的服务人员视为自己的客户时，就会去了解并且满足他们的需求，从而使员工很好地完成服务工作。健身俱乐部员工也应该不断地提高个人的素质并加强专业知识的学习。例如，会籍顾问更应该注意自己的仪容仪表、言谈举止，做一个更加专业、更让会员信服的出色会籍顾问。

（四）对俱乐部产品进行有效营销

俱乐部产品就是俱乐部所提供的各种服务，而提供服务的最终目的是吸引消费者，可见，俱乐部服务是否为客户所接受，并对客户形成强大的吸引力发展为忠诚客户，就要使用有效的营销手段。要做到这一目标，首先要深入了解消费者。传统的营销不注重对消费者的了解和俱乐部销售产品特点的理解，着重进行的是产品的宣传和推销。只有对消费者足够理解的基础上，才有可能将俱乐部的产品推销出去；其次，要强烈吸引消费者。俱乐部提供的服务要有吸引性，必须根据客户的需求同时结合俱乐部的资源整合，为客户提供独特的、可选择的超值服务。比如提供售前、售中、售后服务，提供信息、美感、情感、学习、交流、交友等方面的个性化服务；第三，要充分满足消费者，不断超越消费者的预期。当今所有俱乐部所提供的全部服务，消费者几乎都能轻易地想象得到，俱乐部经常会面临这样一种尴尬：一方面花费了不少精力和物力，并且花费不少时间进行专门的服务设计和培训，但消费者就是不买账或者说对此淡然。其原因在于，俱乐部为消费者提供的服务，都是在一种固定的模式之内的。为了打破这种局面，只有超越客户预期才是最好的服务。超越了客户的预期，才能深深打动消费者的心。事实证明，将消费者的感情当做杠杆，可以超越消费者对俱乐部服务的预期，使顾客在内心产生强烈的依附感。

五、商业型健身俱乐部的营销策略

（一）产品营销策略

商业型健身俱乐部的产品以提供无形的服务产品为主。健身俱乐部的服务就是俱乐部为满足健身者或会员及宾客的需求而提供的无形或有形的活动和利益。

健身者在俱乐部进行消费时，他们主要关注的是：健身房的品牌形象；健身房的环境及器械；销售人员的承诺；对未来运动效果的预想。因此，健身俱乐部有了规模，更要有服务，服务将决定俱乐部的成功与否。因此，最关键的是满足或超过目标客户的对俱乐部的服务质量的期望。他们预期的服务质量是由过去的感受、口头传闻和服务公司的广告宣传所形成的，在此基础上接受服务后，把感知的服务和预期的服务进行比较，如果达不到预期，客户便失去对这家俱乐部的兴趣，如果达到或超过了，他就会再次光顾。

为此，健身俱乐部必须不断加强员工服务质量的管理。在健身俱乐部的服务产品营销策略中需特别注意以下两点。

1. 树立市场品牌意识，使会员具有忠实的体验意识

一个好的市场品牌不仅能够大大降低市场推广费用，而且能有效地吸引消费者。健身俱乐部通过突出自身服务产品的专有特性，把组织形象、产品形象，甚至个人形象展现出来，从而使自身形象在消费者的心目中与其他同类组织、同类产品、同类服务有所区别。市场品牌是商业运作的艺术体现和里程碑。一个好的市场品牌体现着质量保障，体现着为消费者带去的利益和服务，体现着提供者向接受者做出的承诺。

2. 向会员送去具有个性化的产品，使会员在个人感觉层面上创造体验

个性化产品主要是指俱乐部提供的各种无形服务产品，如教练所教的各种健身运动，服务员的语言、举止、态度，销售人员的承诺等等。会员购买健身卡后并不会像购物一般得到实质性的东西，这与一般消费者购物的行为有很大的差异。加入俱乐部后，消费者只得到了一个进入健身房的“通行证”，只是代表了消费者拥有了使用健身房的权利及健身房所提供的服务。服务不属于实体产品，购买前无法感觉或听到。因此俱乐部在消费者购买健身卡之前，要提供使用的机会（如教练的技术、服务态度，健身房的环境与器材等），否则消费者无法实际去感觉或体验所购买的无形产品服务。并且在购买后，俱乐部应根据会员不同的目的、个性特点，进行个性化的教学和服务，会员才会感到“宾至如归”，才会真正体验到服务的价值。

（二）价格营销策略

1. 影响健身俱乐部定价的因素

体育健身俱乐部健身服务产品具体价格构成的因素可以分为宏观影响因素和微观影响因素。宏观影响因素包括国家经济政策、国家体育法规和国际市场价格。微观经济因素主要包括市场需求、经营成本、市场竞争状况、消费者心理等因素。

（1）市场需求。需求是有弹性的，不同市场需求弹性变化很大，直接影响到服务定价的稳定性。某些档次较高俱乐部采用永久会员制所针对的顾客群属于中高收入阶层，人群规模虽然不大，但其消费时更加注重品味、档次和服务质量，只要会员满意，只要认为物有所值甚至物超所值，他们愿意也能够支付高价甚至溢价。因此，这类会员消费的需求弹性不大。而针对较低收入的大多数人来讲，月卡价格的变化对需求的影响要大得多，则属于弹性需求。

（2）经营成本。健身俱乐部的经营成本必须在顾客销售收入中支出，它由固定成本、营销成本、流通成本三部分构成，其中固定成本主要由固定资产折旧、管理费用等几部分组成。流动成本是随着消费人数变化而变化的费用开支，包括现场服务开支、教练费用和洗浴费用等。在非会员制健身俱乐部中，月卡价格必须根据总成本来考虑，而会员制健身俱乐部会籍价格的决定主要根据固定投资额和期望收回投资的时间，月费价格则根据除固定资产投资后的其它成本总和来计算。

（3）市场竞争状况。市场竞争最主要的形式是价格竞争，价格竞争主要表现为供给与需求之间的价格竞争，同时还体现在供给方即健身俱乐部经营者之间的竞争。健身俱乐部为了争夺市场资源，到一定时期会竞相削价，这是供给方内部的相互竞争所致。供给方之所以相互竞争，是因为资源有限、市场有限、机会有限。市场经济下的参与者都是平等的，要获取有限的资源、市场、机会，就得参与竞争，证明自己比别人更优。竞争是整个健身俱乐部市场优化。优化选择使社会在健身俱乐部和消费者之间形成一个价格尺度。在市场经济条件下，价格竞争是市场经济下最基本的竞争形式。其他所有竞争形式，包括品牌竞争、质量竞争、服务竞争、品种竞争以及技术竞争等，都是价格竞争的延伸。

（4）消费者心理。由于我国体育健身俱乐部发育尚不成熟，多数消费者对健身俱乐部市场信息掌握不多，对价格的感知模糊，消费者心理对健身俱乐部价格决定的影响不同。健身俱乐部在制定价格时应充分考虑消费者不同的心理需要。从总体上讲，体育健身俱乐部健身消费是一种感性消费，满足的是一种精神需要，这种消费形式甚至可以认为是一种感动消费。人们对体育健身服务产品的需求量，与价格呈反方向的变动关系。但由于某些心理倾向的作用，这一关系常常被打破而出现反常购买行为。

2. 商业型健身俱乐部的定价策略

（1）大型体育健身俱乐部应当采用高价策略。大型及超大型体育健身俱乐部的消费者的需求弹性较小，价格的轻微变动不会给消费需求带来多大变化。而有实际需要和消费能力的消费者，在较高的价格下也不会影响其选择高档次的健身俱乐部。高规格的健身器材、高档次、豪华的室内室外装修，富于现代气息的高品质的音响效果，甚至高价格都可以迎合高层次消费者的奢华需求和心理欲望，能够向社会显示自己的声望，使该层次的消费者在高档次的健身会所进行消费，获得更多心理上的满足。

采用高价主要是针对高收入阶层，前提是高价格不会对会员的参与产生抑制作用，并且加上看齐效应的影响，也会吸引一部分中等收入消费者的加入。从而扩大市场占有率；其次，服务质量与健身效果如果能和高价相符，就能树立起名牌形象，为连锁经营打下良好的基础；再次，高档健身俱乐部在进入市场初期，将价格定得很高，也便于日后降价，并且还会提高健身俱乐部的商誉。

高档次体育健身俱乐部也不应忽视中等收入、甚至低收入消费者。对于中、低档消费者，可以采用减少服务种类的方法将价格降低，以满足该层次消费者的需求。例如，北京中体倍力健身俱乐部的消费对象，是大学毕业 5 年以后，25 ~ 45 岁左右，平均月收入 8 000 元以上的白领。主要人群中 75% 以上是这个年龄段、这个收入水平。中体倍力健身俱乐部也吸收了一部分中低收入消费者，这部分消费者，只使用健身器械，以及跟随健身操教练进行健身操练习。健身俱乐部高档次的洗浴、休息室和台球厅的免费使用等附加服务，不对这部分消费者开放。

随着健身俱乐部的发展，当高层次消费水平的消费者逐渐增多的时候，由于受场地、器械的限制，不可能满足更多的消费者同时参与健身的时候，为了获得最大利润，就得减少中、低消费水平消费者的人数。同时为了中、低收入水平消费者不致流失，在经营允许的范围内，通过扩大连锁店数量来解决这个矛盾，是很好的途径。但往往高档次的体育健身俱乐部由于对中、低档消费市场不够熟悉，缺乏经营中、低档健身会所的经验，甚至对经营中、低档健身会所利润不够高的现实不满，不愿意在经营高档会所的同时，投资经营中、低档体育健身俱乐部。

（2）中档体育健身俱乐部适宜采用中价策略。中价策略也叫满意定价策略，健身俱乐部将价格定在高价与低价之间，兼顾健身俱乐部与消费者的利益。中档体育健身俱乐部在我国的市场存量较高，所占比重较大。由于资金投入相对高档健身俱乐部小，硬件设施难以与高档健身俱乐部相比，中档健身俱乐部如果盲目采取高价格，就会遭到消费者的拒绝。而采取低价，会使利润降低，资金回收周期延长，增加企业经营的风险。所以，中档健身俱乐部适合采取中价策略，而向中低收入消费者。以高档健身俱乐部价格作为参照，做一定幅度的降低。在不降低服务质量与经营收入的前提下，通过连锁经营，以平价赢得消费者，赢得市场。健身俱乐部应根据自身实际，把握面向消费者群体的消费心理，分析竞争对手的实力，在不同时期灵活采用组合定价策略，以便在市场竞争中占据主动。

（三）地点营销策略

俱乐部的服务地点或者物质环境对消费者影响很大。选择俱乐部的场地大有学问，这个环节如果出现错误，可能直接断送俱乐部的发展。健身房最好选址在人流最大但交通并不拥挤的地方，楼层不宜过高，停车场方便且有通透的视线。

一个好的健身场所离不开科学的健身计划和运动指导，人们希望到这里来不仅要得到锻炼，还要体会到一种身心放松的感觉，俱乐部的环境与服务条件使它把健身和休闲的功能集中在一起，温暖舒适有点像家的感觉很容易使客人和经营者之间的距离拉得很近。例如，北京浩沙健与美健身俱乐部位于京鼎大厦的四层，营业面积1300平方米，不仅运动设施先进齐备，而且服务措施也一应俱全，水吧、更衣室、淋浴、美容室的条件一流，可与一些星级饭店的健身房相媲美。它的优越条件和整洁的环境，使它在开业的几个月时间里吸引了许多健身爱好者的目光。他们还请来多位在健美操界和大众中颇有名气的健美操教练员参与教学，整个教学过程和布局都做了科学划分，俱乐部在对学员的个人资料进行分析的基础上，使有氧健美操、形体训练课、哑铃操、跆拳道等课时合理搭配，安排具有不同教学风格的教练供学员选择。

（四）促销策略

促销是指企业向消费者传递商品信息和企业信息，刺激和诱导消费者购买的过程。促销的根本目的是聚集人气，吸引客流，提高销售额。常见的健身俱乐部促销方式有会员卡促销、打折优惠、广告宣传、组织竞赛或其它活动等。

国内健身俱乐部的会员卡按时间一般分为年卡、半年卡、季卡及月卡等，按人数分为集体办卡、情侣卡、家庭卡等，按次数有100次卡、200次卡等。会籍会员打折优惠项目可享受体育场网球俱乐部打折，还可通过开展竞赛活动及户外活动为会员建立交流平台。

广告宣传是现代企业最常用的促销手段之一，是运用各种手段向消费者和各类机构提供各种商品、服务与信息、传播企业形象扩大知名度和提高销售额的一种方法。广告能引发顾客的注意、兴趣，激发顾客购买的欲望，最终导致顾客购买行为。目前健身俱乐部常用使用的广告宣传媒体有：电视、报纸、杂志、展会、户外媒体、广播、互联网等。一般认为，这些媒体存有各自的优缺点。

电视：宣传效益较好，受众人群广泛，但费用昂贵，时间太短。

报纸：宣传受众人群广泛，但专业报纸太少，费用高，时效短。

杂志：宣传会起到直接客户效益，费用较高但受众局限，只有购买杂志的人才能看到。

展会：宣传会起到知名度的提高，费用较高但带来的客户有限，客户只局限在参展的人士内。

户外媒体：户外灯箱、牌匾宣传会起到一定范围内的影响，费用中高，带来的客户只限于周边人群。

广播：宣传只会局限在收听广播的人群之中，时间太短。

互联网：宣传会直接带来的目标客户和潜在客户，具有持久性。

健身俱乐部在做媒体广告宣传促销之前应该详细分析目前会员和长期潜在的会员对网络、电视、杂志等的认知程度，然后针对自己俱乐部选择最有效的媒体，并以满足会员的需要作为促销工作的出发点。

第八章　竞技体育管理

运动训练与竞赛是现代竞技体育的基本组成部分。我国运动训练体制体现为初级、中级、高级三级训练网。运动队是运动训练的基本组织形式，运动队由领队、教练员、运动员以及队医、科研人员和后勤保障人员等组成。运动训练活动依托于一定的运动项目。运动项目的管理内容主要包括运动项目分类、布局管理和运动项目协会制管理等；运动竞赛管理的过程可分为赛前、赛中及赛后管理。本章将运动训练与运动竞赛管理的有关内容进行介绍。

第一节　运动训练管理

运动训练（Atheletic training）是现代竞技体育（Professional sport）的重要组成部分，它是为提高运动员的竞技能力及运动成绩，在教练员的指导下，专门组织的有计划的体育活动。运动训练的目的在于实现对运动员生物学、社会学、心理学等方面的改造，以适应高强度运动训练和竞赛要求。运动训练管理能够有助于运动训练目标的实现。

一、运动训练管理的概念和特点

（一）运动训练管理的概念

在我国，运动训练一词有其专门的含义，它一般特指我国专业竞技体育体系内的运动员所从事的系统、专业的训练过程。因此，所谓运动训练是指为提高运动员的竞技能力和运动成绩，而在教练员指导下所从事的有组织、有计划的活动过程。运动训练的本质是通过对运动员在生物学、社会学、心理学等方面进行改造，以适应高水平竞争需要的过程。所以，运动训练的目的就在于通过对运动员在生物学、社会学、心理学等方面的有效改造，促使其竞技能力不断提高，从而适应现代竞技体育高水平竞争的需要。

所谓运动训练管理就是通过一定方式整合资源，以促使运动训练目的实现的过程。按不同的分类标准，运动训练管理可做不同的划分。例如，按资源要素来划分，运动训练管理可分为人、财、物、信息、科技资源等的管理；按过程来划分，运动训练管理可分为运动训练计划、运动训练组织实施、运动训练效果评价等的管理；按开展场所来划分，运动训练管理可分为体校、体工队等的管理；按训练者水平的高低，运动训练管理可分为初级、中级、高级运动训练管理；按专业化程度划分，运动训练管理可分为业余、专业、职业运动训练管理，等等。

把握运动训练管理的概念，需要注意以下几方面。

1. 运动训练的最基本管理者是以教练员为核心的运动训练团队。在运动训练过程中，教练员担负着培养运动员的基本任务，教练员与运动员构成运动训练的基本组成部分。随着现代运动训练逐渐向科学化发展的加深、加强，对运动员的文化教育、科学指导、医务监督以及物质技术保障的要求逐渐提高，这就客观上要求运动训练的内容向深度和广度扩展，就必须依靠有关科研人员、领队、文化教员、医师及其他人员的密切配合。

2. 运动训练的管理主体是由在国家体育总局统一领导与指导下，由各运动项目管理中心、各省（市区）体育局等通过专门设立的运动训练管理部门及管理者组成，经费来源主要由国家政府财政拨款，属于集中型的管理体制。

3. 运动训练的管理对象包括运动训练管理系统中所包含的人员、经费、场地设施、仪器器材、以及训练体制、机制等。运动员是最主要的管理对象，因为运动训练及其管理的一切效果最终都要通过运动员反映出来。

4. 运动训练的目的是通过对运动员在生物学、社会学、心理学等方面的有效改造，促使其竞技能力不断提高，从而适应现代竞技体育高水平竞争的需要。因此，运动训练管理就是为促使这一目的实现而开展的活动过程。

（二）运动训练管理的特点

1. 全面性

运动训练实践业已证明，科学训练是提高运动成绩的有效途径。科学训练的内容涉及生物学、社会学、心理学三大领域内的众多因素。运动员竞技能力的构成因素越来越复杂，竞技能力的高低已不再是仅由单一或几个因素的优劣来决定，而是众多因素的交互作用影响。为了改造运动员的这种能力，就必须拓宽运动训练的范围，就产生了对运动员全位的管理活动。这种全面的管理要包括运动员的思想道德、心理、生活方式、家庭生活、婚姻爱情等，任何一方出现问题，都会影响运动员的积极性，继而影响竞技能力的提高。

2. 全程性

现代运动训练的显著特点是推行全年程序化的系统训练，这种训练包括从启蒙训练开始，直至出现高水平的训练成绩的全过程。在每一个训练阶段内都需要有效地进行管理，也只有通过全程性的管理、才能保证训练目标的实现，无论是宏观的训练过程还是微观的训练过程，都应作为一项影响整体效益目标的子系统来看待。

3. 系统性

运动训练本身就是一个复杂的系统，因而运动训练管理活动必然体现出系统性特征（图 8－1）。根据系统原理，每一个运动训练管理的子系统都不是孤立存在、独立产生的，而是相互影响、相互制约、相辅相成。因此，在管理中应把整个管理过程如实作为一个系统，认真分析系统内各种因素的变化发展，综合分析制定最优方案，要兼顾整体利益、避免出现以局部利益的最佳换取全局利益受损的结果。

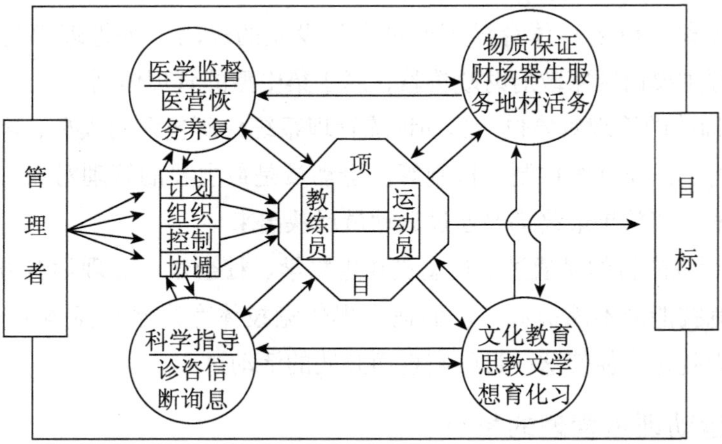

图 8－1　运动训练管理系统模型〔1〕

〔1〕 徐家杰，孙汉超．体育管理学［M］．北京：人民体育出版社，1995.

4. 周期性

管理过程总是按照计划、组织、检查、总结的程序，并运用各种有效的方法手段，围绕管理系统的目标来进行的，由此形成一个周期，而由总结到计划，又意味着第二个周期的开始。这样，一个周期接一个周期，周而复始，螺旋上升，循环前进。

二、运动训练管理体系

（一）运动训练管理体系的层次

我国现行的运动训练管理是依据“思想一盘棋、组织一条龙、训练一贯制”的指导思想所建立的三级训练体制（图 8－2）。这种三级训练体制，在纵向与横向上已经基本上形成了一个立体网络。

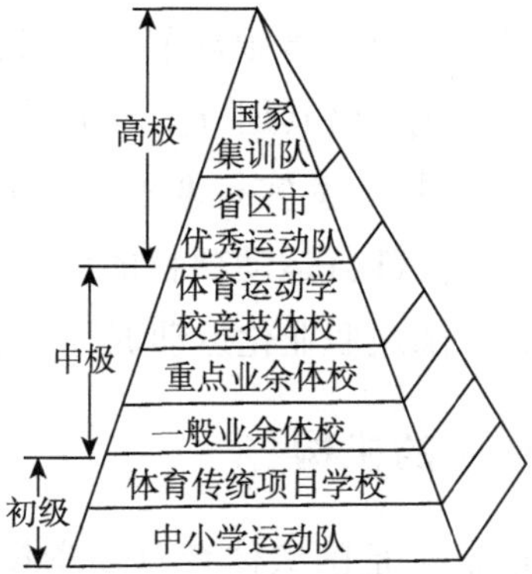

图 8－2　我国现行运动训练管理体制模型〔1〕

1. 纵向层次

在纵向层次上，它可划分为三级。

（1）高级训练形式。国家集训队和各省、市、自治区、解放军与各行业的优秀运动队。它们作为我国竞技体育的一线队伍，担负着培养优秀运动员、攀登世界体育运动技术水平高峰的任务。

（2）中级训练形式。指省（自治区、直辖市）体育运动学校、体育院校附属竞技体校和各类青少年业余体校等。它们是我国竞技体育的二线队伍，其主要任务是

〔1〕 孙汉超，秦椿林．体育管理学［M］．北京：人民体育出版社，1999.

培养和输送优秀运动员后备力量，同时也为社会培养中等体育专业人才。

（3）初级训练形式。指遍布全国城乡的体育传统项目学校和中小学运动队。他们的主要任务是对在体育方面有培养前途的中小学生进行系统的课余训练，打好基础，并将有发展前途的优秀运动员后备人才推荐给业余体校或上一级训练单位。

2. 横向层次

在横向层次上，它又可划分为以下部分。

（1）专业训练体系。它包括国家集训队、省级（包括解放军、各行业）优秀运动队两个方面。随着竞技体育的社会化，省级运动队已逐步在向行业体协和大型企业扩展，部分有条件的高校也在试办这类运动队（如国家体育总局直属体育院校附属竞技体校中所设优秀运动队等），以拓宽我国培养高水平运动员的途径。

（2）业余训练体系。它包括我国三级训练网中的中级和初级两种训练形式，这是我国运动训练管理体制中极为重要的基础环节。在具体组织实施时，又可以根据需要将业余训练体系再进一步细化，将其划分为若干层次。

（3）职业训练体系。主要是指一些实行职业化运作的俱乐部等实体的训练形式。随着20世纪90年代以来我国部分运动项目的职业化改革，我国已有部分项目逐渐走上了职业化发展的道路，随之职业化运动训练体系逐步建立。

（二）运动训练管理体系的机构

管理运动训练的最高职能机构是国家体育总局竞技体育司及相关职能部门等。国家队目前主要由各运动项目管理中心管理。各省（市、区）高水平运动队则由各省（市、区）体育局的竞训处及其他有关处室等职能部门管理，具体管理工作则由有关体工队、运动技术学院、训练基地（训练中心）或运动项目管理中心负责。解放军运动队由中国人民解放军总政治部、总参谋部管理。各行业体协运动队是由各行业体协分管。部分高校高水平运动队是由教育部相关职能部门管理。以下列举出运动训练管理机构的基本职责：

1. 国家体育总局竞技体育司

国家体育总局竞技体育司作为我国竞技体育的职能部门，在我国运动训练管理中处于核心位置。国家体育总局竞技体育司的主要职责是：研究拟定竞技体育发展规划；研究和平衡全同性体育竞赛制度；统筹协调重大同际、同内综合性运动会的竞赛组织；

主办全国运动会和城市运动会。当前，如何更为有效发挥对竞技体育的领导、协调、监督和服务作用，如何理顺运动项目管理中心、单项运动协会和俱乐部之间的关系，以及国家、省、市、区、地在竞技体育方面的关系等都是需要解决的问题。

2. 省、市、自治区体育局运动训练处

各省、市、自治区体育局运动训练处是各省、市、自治区体育局的下属职能部门之一，具体负责国家体育方针政策的落实，地方体育改革的制定、监督和评估，省级体育会的组织和协调，主办省运会，协调省内运动项目管理中心、单项运动协会和俱乐部之间的关系等。

3. 运动项目管理中心

我国对运动项目的管理基本上实施的是“中心指导下的协会制”，其目标就是要建立与社会主义市场经济体制相适应，符合现代体育运动规律，国家调控、依托社会，形成国家办与社会办相结合，集中与分散相结合的管理体系。

4. 单项运动协会

成立单项运动协会，负责该项目运动员的培养、运动训练和比赛，促进该项目在社会的普及，是当前国家发展体育运动的较为普遍的形式。单项运动协会实体化是把竞技体育推向社会的重要举措。要逐步建立健全协会的规章制度，形成依托社会，促进项目发展的良性运行机制。

5. 职业体育俱乐部

竞技体育领域的体育俱乐部有职业运动俱乐部和业余体育俱乐部的两种类型。要积极推进体育俱乐部的发展，以在更多的项目中建立起多种类型、多种所有制形式的具有中国特色的体育俱乐部。

三、运动训练管理的基本内容

（一）运动队管理

运动队由不同的人员组合而成，主要包括领队、教练员、运动员，以及队医、科研人员和后勤保障人员等。其中，运动队最基本的人员就是教练员与运动员，其他成员依运动队的规模及所具备的条件而设。

1. 教练员管理

教练员是运动训练的直接组织者和设计者，同时也是运动员的教育者和指导者。

因此，建设一支高水平的教练员队伍，是加强运动训练管理的一个重要环节。

（1）教练员的选配。选配教练员要从任职条件、文化程度、科研能力、外语水平、工作业绩等五个方面进行衡量，对于不同专业技术职务的教练员，根据其任职条件有不同的要求。在选配教练员时，还应有以下要求：①按照不同层次教练员与运动员之间的限额比例选配教练员。根据国家有关规定，国家队教练员与运动员之间的配备比例应以1:3～5（人）；省、区、市优秀运动队应为1:4～6（人）；竞技体校、体育运动学校应为1:6～10（人）；重点业余体校、体育中学应为1:8～12（人）；普通业余体校不低于1:12；②按照不同层次教练员的高、中、初级专业技术职务之间的结构比例选配教练员。根据有关规定，省、区、市优秀运动队国家级教练员不超过高级职务人数的10%，高级职务教练员不超过教练员职务总数的20%，中级职务不超过教练员职务总数的50%；各类体育运动学校的高级专业技术职务不超过教练员职务总数的15%，中级职务不超过教练员职务总数的50%；③注意优化各项目教练员的整体结构。随着竞技体育的发展，运动训练正不断从教练员的个体指导形式向集体攻关形式转化，因此在选配教练员时，应十分注重其智能结构的整体优化，使不同风格的教练员有机结合在一起，形成“远缘杂交”优势，产生更大的综合活力与效能；④坚持任职条件，克服单纯以个人以往的运动成绩作为唯一选拔依据的倾向，实行教练员持（岗位培训合格）证上岗制度。

（2）教练员的培训。为保证有高质量的教练员队伍，就需要不断更新教练员知识，开阔教练员视野，提高教练员的综合能力。要坚持教练员岗位培训工作，使之成为一项制度并与上岗资格挂钩，另外还要通过考核来加强对教练员的管理。对教练员的岗位培训要以提高教练员思想、业务水平与管理能力为目的，从我国教练员队伍的实际出发，着眼世界竞技体育技术的发展，面向运动训练与竞赛，按不同运动项目的高级、中级、初级教练员职称标准的需求确定培训内容。加强考核是检验教练员工作任务完成情况和促进教练员素质提高的重要措施。同时也有助于管理者及时了解教练员各方面情况的发展变化进而正确地选配和培训教练员。在教练员的考核与晋升工作中，除应遵循人才管理一般性原则之外，还应特别注意贯彻《体育教练员职务等级标准》《教练员管理工作暂行办法》等制度，拟定教练员的考核内容与标准。进行岗位培训和考核的同时，要引进竞争机制和风险机制，鼓励创新人才的产生，使教练员意识到自己的工作职责，从而使我国的教练员队伍整体素质水平得以提高。

（3）教练员的使用。在选定教练员之后，管理工作的关键就在于如何妥善地使用教练员，使之发挥最大的效能，完成运动队的训练目标：①充分信任教练员，推行“主教练负责制”。主教练负责制是加强运动训练业务管理，充分发挥教练员主导作用的一种新型管理制度。其实施办法是，由上级主管部门聘用运动队的主教练，明确其任期及目标责任，赋予相应的权力，并规定必要的奖惩措施，缴纳一定的风险金。然后由主教练提名，成立以主教练为核心，由若干教练员组成的教练员小组。在主教练的主持下，由教练员小组负责运动训练的各项组织和实施工作。实施主教练负责制的运动队，仍可设领队，但领队的主要职责是配合主教练做好运动员的思想政治工作和有关生活管理工作，而对训练业务工作一般不予干预。有的运动队为了既调动主教练的积极性，又发挥领队的作用，试行“领队领导下的主教练负责制”，具体效果有待进一步观察。②扬长避短，人尽其才。人各有长短，用人之道，在于用其长，避其短，人尽其才。为此，教练员的任用也必须遵循这样三个基本要求：其一，不要求全责备；其二，要做到扬长避短；其三，要建设一支优势互补、结构合理的教练员队伍。③破除论资排辈，切实做到量才用人，年龄大、资历深的教练是我们的宝贵财富，他们阅历长，经验丰富，观察分析问题比较深刻。而年轻教练，接受新生事物一般较快，思想比较开放，精力也比较充沛。因此，新老教练各有所长，视运动队的具体要求，均可在训练管理中发挥各自作用。应调动他们的积极性，特别是对脱颖而出的年轻教练，要大胆培养，大胆使用。④重视开发教练员的潜能。对教练员的使用，不仅仅要看其带队比赛的成绩，平时也应采取全面考核、严格审查、定期进修提高等措施，发挥其潜在优势，破除教练员“终身制”。管理部门要对现有教练员的年龄结构、知识结构、业务水平、工作能力等做到心中有数，并在此基础上进行科学分析，制定加强教练员队伍建设的长远规划，做到“着眼未来，积极培养，人尽其才，物尽其用”。⑤关心教练员，帮助他们排忧解难。一种职业社会地位的高低与其政治、经济地位有着密切的联系，因此，有计划地提高教练员的政治、经济地位，是长期稳定教练员队伍的重大战略措施之一。教练员长期训练、比赛在外，领导要尽可能为他们排忧解难，解除他们来自生活、家庭、经济等各方面的后顾之忧，为教练员创造一个良好的社会环境，使他们能集中精力从事运动队的训练、管理工作，为国家培养更多、更好的优秀运动人才。

2. 运动员管理

运动训练管理的最终目标要通过运动员来实现，因此，运动员是从事运动训练的主体，也是运动训练管理最主要的管理对象。随着现代竞技体育的迅猛发展，运动员的竞技能力已发展为涉及生物学、心理学、社会学三维领域内诸多因素构成的复杂体系结构，这使得运动员的管理成为一项十分复杂的系统工程。

（1）运动员的选材管理。①成立办事机构。在体育主管部门领导下，成立选材中心领导小组，全面安排和组织本地区各训练层次的选材工作，如下达研究课题，安排制定选材综合评价标准工作和每年的统一测试，普查和进行有关讲座的时间、内容等，并在人员编制、经费仪器设备等方面给予保证；②建立选材网络。选材工作是一个从初级到高级层层筛选的过程，从业余训练的初级阶段（普通中小学）一直到优秀运动队，应建立不同层次的以教练员、医务人员、科研人员相结合的各级专职选材小组，开展日常工作；③建立选材业务指导制度。科学选材小组负责单位本层次选材工作，并对下一层次的选材网进行业务指导，如统一测试内容、方法、测试细则、测试指标、测试时间等等；④开展选材普查、制定选材标准。普查内容以身高为主，结合发育程度、身体素质、家史等全面了解体育人材资源状况，以便从中择优，为初选做好准备，有条件的可组织生理生化及微量元素、身体成分等指标的测试。根据普查的结果，制定出不同项目运动员的选材标准；⑤初选、复选、精选。初选：做好初选工作，才不会把适合体育运动的人材漏掉，由于进行初选的人数较多，所以初选所应用的指标必须既是客观又易推广的，还要能反映出运动能力。对初选对象进行分析评估的内容可包括：家庭健康史的调查、遗传特征的分析、发育程度、一般身体素质、运动能力等；复选：初选后经过 1 ~ 2 年训练的基础上进行复选，逐步加入专项素质、技术、形态、机能、心理、承受运动负荷能力，运动成绩等指标，逐年进行评价。在此期间必须对运动员发育期高潮持续时间长短分型进行鉴别，对通过训练后机能、素质、专项成绩的进展速度快慢进行评价。对其提高成绩的稳定性和幅度进行评价。此选材阶段一经确认运动员具有运动天赋，将被吸收进入专门的体育运动学校；精选阶段：对在选材育材过程中发现的优秀苗子进行重点跟踪，促进运动员成材，把有限的财力、物力重点放在有发展潜力的运动员身上，向他们提供特殊的营养，完善的医务监督和测试条件，这已成为科学选材工作的战略重点，此时期为优选阶段（年龄可根据项目特点而定），即进入专项深化阶段。按照各项目优秀运动员模式特征来评定运动员的身体和技术训练成绩提高率，此阶段是运动员达到最高成绩的准备阶段。由于青少年正处在成长发育时期，生理上变化大，此阶段测试时间间隔可 3 个月到半年 1 次。

（2）运动员的思想教育管理。运动员的思想教育是运动队管理中一项经常性的工作，思想教育的内涵就是用先进的世界观和方法论，解决运动员的政治立场、思想、观念、人生价值、奋斗目标等认识问题，使运动员提高驾驭自我能力，以调动人的主观能动性，向运动极限冲击。做好运动员的思想教育工作，需要注意以下三点：①帮助运动员树立正确的人生观和世界观。由于运动员的动机、行为不是物质刺激的简单反应，也不是精神刺激引起者简单反应，运动员对外界事物的反应都是通过大脑的分析、综合、归纳、选择后，做出他们个人行为的决策。因此，研究运动员的行为，不是只研究它们对事物的反应，而是先研究运动员内因的形成与发展，即要研究运动员思想的形成和发展，研究他们的人生观与世界观的形成与发展。因此，从运动员人生观、世界观高度分析运动员的各种行为，并实施有效的管理，是对运动员管理的一项基本原则。②用说服教育的方法解决思想问题。在运动员管理的过程中矛盾是普遍存在的。有实际问题，也有思想问题，而思想问题大都是由思想观点方面产生的偏差造成的，这样的问题，只有用说服教育的方法去解决。③运用有效的激励手段，充分发挥运动员的积极性和创造性。在管理中必须注意对运动员进行精神激励，激发他们的精神需求。对运动员可以采用宏观激励和微观激励相结合的方式。宏观激励就是将远大目标、集体的共同目的与共同利益告诉运动员，以开发运动员内在潜力的激励方法。微观激励则是利用目标、责任、奖惩、榜样等方式激励运动员。

（3）运动员的文化学习管理。运动员的文化学习是运动队管理的一项重要内容，加强运动员的文化学习，不仅仅是促进运动员全面发展的一个重要方面，也是训练科学化的客观要求，同时也是运动员智力训练的一项重要内容。①建全文化学习管理机构。运动队要有一名行政领导分管文化教育工作，下设文化教育专门机构，具体负责组织安排，各项目队也要有专人分管这项工作；②建立一整套完整的管理制度，如考勤制度、学籍管理制度、奖惩制度；③采取灵活的方式，科学地安排和落实文化学习时间。要与训练运动和比赛的实际情况结合起来，做到机动灵活见缝插针。

（4）运动员的生活管理。运动员生活管理与训练水平的提高有直接关系，它的管理范围很广，需要各方面管理人员密切配合，共同完成。①建立健全严格的生活制度。对运动员的作息时间、就餐就寝、内务卫生、休假审批、业余生活乃至吸烟喝酒都要做出具体明确的规定，此外，还需订立文明公约、卫生公约等辅助措施，为了保证这些制度实施，还应进行监督检察；②运动员训练后的恢复与营养安排。恢复是运动训练的有机组成部分，由于它大多是在训练以外的时间进行，所以就成为生活管理中一项十分重要的内容，严格遵守生活制度是疲劳快速恢复的重要前提，在此基础上还需采取一些专门的措施与手段才能促进运动员的恢复，如建立药物浴、桑拿浴、按摩室等；③运动员生活管理也应充分考虑到营养安排。由于不同项目、不同年龄、不同性别、不同等级的运动员对营养有不同的要求，营养师应根据每个运动员的情况制定相应的食谱，同时要分别给每个运动员签发营养卡片，要求运动员详细填写进食量、饮水量，以便随时检查运动员的营养摄入情况，并根据运动员营养需要调整食谱。

（5）运动员的参赛管理。运动竞赛是检验训练水平的最主要形式，由于现代竞技体育日益紧张、激烈，在很大程度上是在人体多种能力的极限水平上进行的，因而运动员生理、心理较之日常有很大的变化和反应，这就使运动员参加比赛时的管理也需要相应地在各方面进行一些有别于日常训练的特殊安排，以适应运动竞赛的特殊条件和要求。①对运动员参赛时的思想教育，要特别考虑到运动员的心理负担，采用多鼓励、表扬、少批评或不批评的方式，特别是在临场指导方面，教练员更应倍加注意自己的一举一动，防止运动员受到教练员的情绪感染；②参加比赛时的业务管理，主要分为临场和场下两方面。临场的业务管理效果取决于教练员的指导水平，而场下的业务管理主要指对比赛的准备，它包括科学的安排赛前训练，合理地调节运动负荷，适时地组织准备会，周密地安排竞赛方案，合理的生活管理等；③参赛时的生活管理。此时的日常生活管理要比训练时更严格，特别要注意加强纪律要求，通过严格的生活管理，帮助运动员保持良好的竞技状态，全力以赴争取比赛的胜利，创造优异运动成绩。在这方面还需安排一些心理训练，帮助运动员稳定情绪，以便在比赛中正常地发挥出应有水平，此外在伙食、医务监督、业余活动、恢复、洗浴等方面要注意科学安排，以适应比赛的需要。

（6）优秀运动员的退役管理。做好优秀运动员退役的安置工作，对于解除现役优秀运动员的后顾之忧、稳定运动队伍、提高技术水平有着非常重要的作用。对优秀运动员退役的管理要抓好两个方面：首先，要对优秀运动员在就业方面给予优待。①各级领导尤其是人事部门予以充分的重视和支持，在计划经济向市场经济过渡时期，对退役运动员的就业安置需要政府采取一些特殊的政策措施；②探寻优秀运动员就业的新途径，拓宽就业渠道。如行业与运动队联合，运动员作为行业里的一分子，这样退役后就成为行业里的员工；③加强二次就业前的职业培训工作，使优秀运动员能在激烈的人才市场竞争中有一技之长，以适应社会对各类人才的需求；④扩大优秀运动员到各类院校学习的范围。不仅退役优秀运动员可以通过免试上大学，在役优秀运动员也可根据协议到院校学习，退役后通过毕业分配渠道就业。其次，要对优秀运动员在升学方面给予优待。目前，我国针对著名及优秀运动员的升学问题有这样的规定：年龄在 30 周岁以下的优秀运动员中，奥运会、世界杯、世界锦标赛单项前 3 名获得者或集体项目前 3 名的主力队员以及世界纪录创造者，由国家体育总局会同国家教委和有关高校，免于参加全国高等学校招生统一考试，由高等学校进行必要的文化考核予以录取。因此，各级管理部门应充分贯彻国家有关规定，解决运动员的后顾之忧。

（二）运动项目管理

运动训练管理的主要对象是运动员，运动员的活动必须依托于一定的运动项目，所以对运动员所从事运动项目的管理也是运动训练管理的又一主要内容。运动项目的管理内容主要包括运动项目分类、布局管理和运动项目协会制管理等。

1. 运动项目的分类管理

截止到 1999 年底我国正式开展的体育项目有 96 个。为适应体育运动发展需要，进一步与国际接轨，统一标准，促进竞技体育科学、规范管理，2006 年经国家体育总局批准，对我国正式开展的体育运动项目进行重新分类调整，调整后的运动项目为 78 项。具体如表 8－1。

国内外体育运动管理的实践证明，各地区经济状况和各种内、外环境差异较大，在项目设置上不可能一样，即使经济实力较强的地区，也不宜搞“大而全”或“小而全”。必须在国家统一规划的指导下，在认真总结和论证的基础上，确定各自项目布局的发展模式，集中人、财、物力，重点发展优势和传统项目，形成各省、区、市自己的“拳头”项目。国家在投入和竞赛政策上再给予相应的引导，在这样的基础上，形成全国的优势项目。

表 8－1　我国正式开展的体育运动项目分类

序号	项目		协会名称
001	游泳	游泳	中国游泳协会
		跳水	
		花样游泳	
		水球	
		公开水域游泳	
002	射箭		中国射箭协会
003	田径		中国田径协会
004	羽毛球		中国羽毛球协会
005	皮划艇	激流回旋	中国皮划艇协会
		静水	
006	棒球		中国棒球协会
007	篮球		中国篮球协会
008	拳击		中国拳击协会
009	自行车	场地	中国自行车协会
		公路	
		山地车	
		BMX 小轮车	
010	击剑		中国击剑协会
011	足球	足球	中国足球协会
		五人制足球	
012	手球		中国手球协会
013	马术		中国马术协会
014	曲棍球		中国曲棍球协会
015	柔道		中国柔道协会
016	现代五项		中国现代五项冬季两项协会

续表

序号	项目		协会名称
017	体操	体操	中国体操协会
		艺术体操	
		蹦床	中国蹦床与技巧协会
018	赛艇		中国赛艇协会
019	帆船		中国帆船帆板运动协会
020	射击		中国射击协会
021	排球	排球	中国排球协会
		沙滩排球	
022	垒球		中国垒球协会
023	乒乓球		中国乒乓球协会
024	跆拳道		中国跆拳道协会
025	网球		中国网球协会
026	铁人三项		中国铁人三项运动协会
027	举重		中国举重协会
028	摔跤	摔跤	中国摔跤协会
		中国式摔跤	
029	冬季两项		中国现代五项冬季两项协会
030	冰壶		中国冰壶协会
031	冰球		中国冰球协会
032	滑冰	花样滑冰	中国滑冰协会
		短道速滑	
		速度滑冰	
033	滑雪	高山滑雪	中国滑雪协会
		越野滑雪	
		自由式滑雪	
		跳台滑雪	
		单板滑雪	

续表

序号	项目		协会名称
034	潜水	潜水	中国潜水运动协会
		蹼泳	
035	滑水		中国滑水协会
036	摩托艇		中国摩托艇运动协会
037	救生		中国救生协会
038	健美操	健美操	中国健美操协会
		街舞	
039	技巧		中国蹦床与技巧协会
040	高尔夫球		中国高尔夫球协会
041	保龄球		中国保龄球协会
042	掷球		中国掷球协会
043	台球		中国台球协会
044	藤球		中国藤球协会
045	壁球		中国壁球协会
046	橄榄球		中国橄榄球协会
047	软式网球		中国软式网球协会
048	热气球	热气球	中国航空运动协会
		热气飞艇	
		氦气球	
		氦气飞艇	
		混合式气球	
049	运动飞机	超轻型飞机	
		轻型飞机	
		特技飞机	
		旋翼类	
		模拟飞机	

续表

序号	项目		协会名称
050	跳伞	特技定点	
		造型	
		踩伞	
		低空伞	
		牵引伞	
		花样跳伞	
051	滑翔	滑翔机	
		悬挂滑翔	
		滑翔伞	
		动力滑翔伞	
052	航空模型	自由飞	
		线操纵	
		无线电遥控	
		仿真	
		电动	
		航天模型	
053	车辆模型	非遥控车	中国车辆模型运动协会
		电动公路车	
		电动越野车	
		内燃机公路车	
		内燃机越野车	
		火车模型	

续表

序号	项目		协会名称
054	航海模型	仿真	中国航海模型运动协会
		仿真航行	
		帆船	
		耐久	
		动力艇	
		建筑场景	
055	定向	徒步定向	中国定向运动协会
		滑雪定向	
		轮椅定向	
		山地车定向	
		GPS 定向	
056	业余无线电	业余无线电台	中国无线电运动协会
		无线电测向	
		无线电通信	
057	围棋	围棋	中国围棋协会
		五子棋	
058	国际象棋		中国国际象棋协会
059	中国象棋		中国象棋协会
060	桥牌		中国桥牌协会
061	武术	套路	中国武术协会
		散打	
062	健身气功		中国健身气功协会
063	登山	登山	中国登山协会
		攀岩	
		攀冰	
		山地户外运动	

续表

序号	项目	协会名称
064	汽车	中国汽车运动联合会
065	摩托车	中国摩托运动协会
066	轮滑	中国轮滑协会
067	毽球	中国毽球协会
068	门球	中国门球协会
069	舞龙舞狮	中国龙狮运动协会
070	龙舟	中国龙舟协会
071	钓鱼	
072	风筝	中国风筝协会
073	信鸽	中国信鸽协会
074	体育舞蹈	中国体育舞蹈联合会
075	健美	中国健美协会
076	拔河	中国拔河协会
077	飞镖	中国飞镖协会
078	电子竞技	中国电子竞技协会

目前，我国将运动项目分为以下三大类进行管理。

第一类项目为国家重点投入项目（共 18 项），是我国确定的奥运会优势项目和经过短期努力可达到世界先进水平以及影响大、金牌多的项目。

第二类项目为国家一般性投入的项目（共 20 项），是除优势项目之外的其它奥运会项目和我国具有悠久历史传统、又可以在亚运会上夺取金牌的项目。

第三类为其余的 16 个运动项目，是国家在短期内仍给予一定的经费扶持，但要逐步过渡到主要依靠社会和自我发展轨道上去的一些运动项目。

对这三类项目，在政策、投入和人才、外事、训练、竞赛等的管理上均要予以区别对待。

2. 运动项目的布局管理

国内外竞技体育管理的实践证明，各地区经济状况和各种内、外环境差异较大，在项目的设置上就不可能一样，即使经济实力较强的地区，也不易搞“大而全”或“小而全”，必须在国家统一规划的指导下，在认真总结和论证的基础上，确定不同项目布局的发展模式，对我国竞技体育的项目布局，应该集中人、财、物力，重点发展优势和传统项目、并开辟新的潜在金牌项目。统筹资源的使用，要在不同的省、区、市形成自己的“拳头”项目，努力培养我国竞技体育的“金牌增长点”，力争在社会效益和经济效益上取得双丰收。为此，需要加强以下几个方面的工作：科学制定竞技体育发展战略及规划，合理设置运动项目；通过竞赛有效的整合运动项目的布局；加强单项协会的管理；根据各种条件的变化不断调整，使项目布局始终处于合理状态。

3. 运动项目的协会制管理

当前，我国的运动项目协会制尚处于实践的探索中。“协会制”是指各运动单项协会具有独立负责本项目管理的法人资格，并根据章程履行自己的管理职责和义务，它是国际上特别是体育发达国家对运动项目管理通常采用的做法。体育行政部门是实体协会的业务主管部门，对实体协会实行宏观管理和归口业务指导。其管理职能主要是：审定协会的长远规划、发展战略和有关方针、政策，对训练、竞赛、外事、宣传等项业务进行指导、综合平衡和组织协调；根据一个时期体育工作的需要，对实体协会下达任务，定期或不定期地听取协会工作汇报，研究解决协会工作中的重大问题；根据各运动项目的特点和担负的任务，确定国家拨款的数额，对经费的使用进行监督和审计，在协会实体化的初期，对各运动项目体育事业经费部分的拨款数额按基数原则上三年不变，三年后再根据各项目的具体情况进行必要的调整；负责协会主席、专职副主席、秘书长人选的推荐或资格审查，审批对协会主要领导人的奖惩，以及协会副秘书长以上人选的综合平衡和协调；负责协会常设机构事业和社团编制的审核管理，主要依靠国家拨款的事业型协会实体，其人员编制要严格控制，对已基本实现经费自理的协会实体的人员编制根据工作需要可适当放宽；负责协会以体育行政部门的名义行文的审批；负责协会的成立、变更、注销等事项的审查，以及协会所属经营性实体的申报登记的审批。

运动项目协会制的实施使国家级、省区市级、地市县级项目协会自成体系，国家体育行政部门整合各单项协会。各单项运动协会则按照协会章程、规则管理全国或区域各单项运动训练的开展。我国实行的项目管理协会制与国外的区别在于，我国很多协会尚属于事业单位，在相当长的一段时间内，还兼有某些行政职能，但是，这与以前的事业单位又有所不同：（1）这些事业单位负责协会的管理，通过协会对整个项目实施纵向管理；（2）这些事业单位在一定时期内兼有某些行政职能；（3）这些事业单位与运动训练基地实行有机的结合。

4. 运动项目的组织管理

随着我国体育管理体制改革的进一步深化，政府包办运动训练的体制已向运动项目管理中心、项目协会和俱乐部的社会体育组织机构转换。我国不仅在国家一级成立了各运动项目协会，而且在省（市、自治区和行业）、地（市），甚至县（市）也分别成立了各层次的协会组织机构。各级运动项目协会组织的建立，为我国体育管理职能由政府部门的统包统揽，向以政府管理的宏观调控、监督，以社会组织管理的组织实施奠定了基础。现阶段我国运动训练项目组织管理呈现以下 3 种类型：即由管理中心、单项协会、训练基地、运动队组织成层层负责的金字塔式管理模式；由管理中心和多个单项协会组成，中心只负责协会间的协调；二者的结合。由管理中心直接管理协会、基地、运动队和项目开发、群体活动等。

当前，加强运动项目的组织管理的主要工作是，建立和完善适应我国市场经济条件下的运动项目协会法规、政策和规定，加强政府对运动项目的政策调控力和协调力，强化各协会组织的自主性和灵活性。

（三）运动训练科研管理

1. 运动训练科研管理机构

运动训练的职能机构包括国家体育总局科教司，省、区、市体育局科教处，优秀运动队，体育运动学校的科研处（科）。这些机构自上而下地形成我国运动训练科研管理的组织网络。其主要职责为拟定政策，提出发展方向，制定规则、计划，确定重点课题，掌握分配科研经费，协调、检查科研计划的执行，组织科技人员培训，组织相应层次学术活动的交流等。例如，国家体育总局科教司的主要职责如下。

（1）研究拟定体育科技、教育和反兴奋剂工作的方针政策、规章制度和发展规划。

（2）研究、提出体育科技、教育改革方案并组织实施。

（3）指导全国和直属单位的体育科技工作；组织体育领域重大科学研究和技术

攻关；组织重大体育科技成果的审查、鉴定和推广应用。

（4）管理总局直属体育院校。

（5）组织和指导全国教练员岗位培训和优秀运动队文化教育工作。

（6）组织开展反兴奋剂工作。

（7）承办总局交办的其他事项。

各级各类学术组织是学术方面的评议机构，一般由学术水平较高的专业骨干组成，称之为学术委员会。如国家体育总局体育科学学会主要职责是，负责学会科研发展方向、科研规划审议，学术交流活动的组织、科学普及、科研课题的选题论证、成果鉴定以及科技人员学术水平的评议等工作。

2. 运动训练科研管理的基本要求

运动训练科研管理的内容十分丰富，它包括规划与计划的管理、课题管理、成果管理和科研条件（人员、仪器设备、经费、情报等）管理。在科研管理中需要注意以下方面内容。

（1）强化组织与领导。要形成运动训练科研“一体化”的结构体系。各级体育局应由副主任主管训练与科研，亦可建立联席办公制度。运动队应建立总（主）教练负责下的训练、科研“一体化”，即组织一些综合教研组派往国家队，并形成制度化，作为指令性任务，教练员和科研人员必须严格执行。

（2）加快综合训练科研基地的建设。我国目前体科所多达 30 余个，训练基地近 20 个，但多数科研能力和科学训练能力水平较低。特别是省、区、市体育科研机构，要突出本地区重点运动项目的纵横研究，办出地方特色。

（3）科学确定重点学科、重点项目、重点课题。在我国现阶段人力、物力、财力极为有限的前提下，要尽快提高运动技术水平，关键是要科学地确定运动训练科研工作中的重点学科、重点项目与重点课题，使有限的投入得到最大的产出效益。为此，探讨选择重点的原则和评价的理论，制定各类评价标准和评价方法以确定重点是科研管理工作的前提。

（4）创造有利于科研的学术氛围。除了从经费、设备、人才、信息等各类条件方面予以保证外，要允许科学研究中不同学派的存在。创造充分的学术民主气氛，坚定不移地执行“百花齐放，百家争鸣”的方针政策，是繁荣发展科研工作的保证。

（5）加强运动训练科研信息管理。信息管理就是对信息的收集、加工和利用的综合活动过程。信息管理是科研管理工作的基础和条件，其基本过程包括信息的收集、汇总、加工、处理、分析、储存、传输。体现在我国体育信息系统的任务是：建立有效的文献支持系统；建立完善的检索系统；加强全国体育信息的职能管理；加强国内外体育信息工作的交流与合作。

（四）运动训练经费管理

1. 运动训练经费的来源

（1）政府的财政拨款。我国目前有相当一部分的运动项目训练经费主要来自此渠道。国家对体育事业财政拨款有两种形式：一是直接拨款，即根据我国财政分级管理原则，中央财政预算拨款用于中央管理的体育事业，地方财政预算拨款用于地方管理的体育事业。中央为扶持“老、少、边、穷”后进地区的经费补贴等均属此类拨款；其二是间接拨款，如国务院各部委预算中给予体育活动的拨款，包括国家教育部用于学校体育的拨款等，均属此类拨款。运动训练的耗资是相当大的。在我国目前经济尚不发达的情况下，依靠政府拨款发展体育事业是十分有限的，而这有限的经费中再用于运动训练的部分就显得更为不足。因此，竞技体育要想赶超世界先进水平，必须借鉴国外已成熟的经验，谋求自我发展之路。

（2）经营创收。主要是利用运动训练实体的场地、器材和优秀运动队的自身优势进行经营创收。主要包括场地器材出租、门票、纪念品、体育咨询、兴办实体等途径。随着我国体育市场发育的日渐成熟，运动训练实体的经营创收空间会不断增大，如出售电视转播权、发行体育彩票、股票上市等。

（3）社会集资。主要包括社会集资、企业赞助等形式。随着我国经济体制改革的逐步深入，企业活力的不断增强，企业赞助优秀运动队蕴藏着巨大的潜力，优秀运动队领导应充分利用这些有利条件，主动争取企业的赞助。要积极支持和鼓励社会各种力量办队，扩大体育的社会化程度，以弥补政府独家办队经费的不足。

2. 运动训练经费的使用

运动训练是一个复杂的系统工程，需动用大量的人力、财力、物力。就我国目前国情看，训练经费不足一直是一个实际问题。如何合理分配、使用有限的资金，是运动训练经费管理的一个重要课题。为此，应注意以下方面：要健全和完善财务管理制度；要坚持计划，按规定用款；要确保重点，不断提高经费的使用效益；要严格管理，厉行节约、精打细算。

四、运动训练管理的基本方式

（一）运动训练管理的基本过程

运动训练管理系统中诸多要素并非孤立静止的，而是相互作用、相互影响，处于运动状态。正是这种运动才推动了管理工作的进行，使管理过程成为一种动态过程。运动训练管理的基本过程可以表述为，运动训练的管理者选拔具有适合专项素质的优秀运动员苗子，利用已有的体育器材和设施，在投入一定资金的前提条件下，运用掌握的运动技术，经过一定时间，将优秀运动员苗子培养（训练）成为优秀运动员的过程。这一过程可以简化为如下模型（图 8－3）。

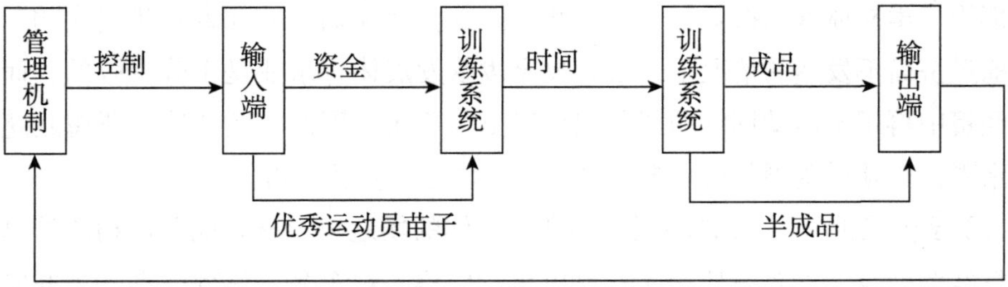

图 8－3　运动训练管理过程示意图

运动训练管理过程是由教练员、管理人员利用设备器材、训练手段等一定的组合方式合成的一个专门系统。这个系统的对象是优秀运动员苗子，在对这些苗子进行训练的过程中需要消耗较多的资金。这个系统生产的产品有两种：一种是成品，即被培养成优秀运动员；一种是“半成品”，即中途退役的运动员。从运动技术水平提高的角度来说，后者是“不合格”产品。

从抽象的模式看，最佳训练方案，就是投入尽可能少的经费，选尽可能多的苗子，即训练系统的输入要尽可能小；反之，要求半成品尽可能少，即保证有效产出尽可能大，也即尽可能降低训练淘汰率，提高成功率。这个过程也称为最佳控制过程。

（二）运动训练管理评估

1. 运动训练管理评估的内容

由于运动训练管理工作是一项复杂的系统工程，因而可以把运动训练管理的评估分为不同层次及要素的单项评估，也可以作为一项整体进行综合评估。例如根据运动训练管理的对象，可以把整个训练管理系统划分为若干个层次，即以遍布全国城乡的中小学校运动队为基层，青少年业余体校和省、市体育运动学校为中层，省级集训队、俱乐部和国家集训队为高层。由于各个层次的目的、任务不同，在整个运动训练管理系统中所处的地位和作用也就不同，对于不同层次所确定的评价内容、指标体系也有所不同。因此，运动训练管理系统中各层次的评价具体内容有所区别，但训练条件、训练过程及训练效益等内容却是几乎所有训练系统评估中均应包括的重要内容。

（1）训练资源。资源是任何活动开展的基本保证，没有一定的资源就不能建立起良好的训练系统，就不能保证运动训练系统的正常运转。训练资源主要包括：人力、财力、物力、技术、信息及科研等，具体包括领导者的素质及能力水平、教练员（教师）的素质及能力水平、运动队（员）梯队、训练场地设施、器材、经费、信息资料、科研等具体内容。

（2）训练过程。训练过程是整个训练系统的中心环节。只有扎实的训练、科学的管理，才能使训练条件产生良好的效益。它主要包括以下几个方面：运动员选材、运动员生活管理与思想教育、运动员文化学习、运动训练计划、训练时数、训练课质量等。

（3）训练效益。训练效益主要包括运动竞赛成绩及名次、队员的思想作风、学习成绩、人才输送情况等。对于国家队、省市级俱乐部的优秀运动队办队的效益，主要是通过它在国内外大型比赛中获得的成绩来反映。而对于各级各类的体育运动学校、中小学运动队等中、初级训练管理层次来说，其训练成果的评价主要是通过向上一级训练层次输送的人才数量、质量及训练的成材率来加以反映。

2. 运动训练管理评估的指标

按照运动训练管理所包括的内容以及评价对象不同，评价指标体系方案也应有所区别的要求，本书制定了一套运动训练管理评估指标体系供参考（表 8－2）。在实际应用中，可根据实际情况对指标权重进行调整以及对某些二级指标进行细分。

表 8－2　运动训练管理评估指标体系示例

序号	一级指标	权重	二级指标	权重	得分	小计分	合计分
一	运动训练组织管理	0.20	组织机构设置	0.3			
			规章制度	0.3			
			训练目标及发展规划	0.2			
			管理人员责、权划分	0.2			
二	运动训练资源	0.30	教练员素质及结构	0.2			
			运动队（员）梯队	0.2			
			训练经费	0.2			
			训练场地设施、器材	0.1			
			信息资料	0.1			
			科研人员	0.1			
			医务监督人员	0.05			
			后勤人员	0.05			
三	运动训练过程	0.30	运动员选材	0.2			
			运动队文化学习	0.15			
			运动员生活管理	0.15			
			运动员思想工作	0.15			
			运动训练计划	0.15			
			训练课质量	0.2			
四	运动训练效益	0.20	竞赛成绩及名次	0.3			
			输送人才情况	0.3			
			精神文明获奖	0.2			
			运动员学习成绩	0.2			

第二节　运动竞赛管理

运动竞赛（Athletic competition）是指在规则允许下，运动员或运动队之间竞技能力的较量行为。运动竞赛可以促进社会经济发展、为国民经济增长起到直接或间接的促进作用，还可丰富人们的社会文化生活，满足人们的高级审美刺激等需求。运动竞赛管理是运动竞赛系统的管理者通过一定方式整合资源，实现运动竞赛目标的活动。

一、运动竞赛管理的概念

竞赛是体育运动的主要特点。早在原始社会就出现了竞技、球赛等竞赛活动，随着人类文化的发达，运动竞赛也得到更加广泛的开展。所谓运动竞赛（Athletic competition）是指在规则允许下，运动员或运动队之间竞技能力的较量行为。运动竞赛的实质是以争取优胜为直接目的，以运动项目（或某些身体活动）为内容，根据规则进行个人或集体的体力、技艺、心理的比赛行为。

针对政府层面而言，通过运动竞赛可以实现以下目的：宣传体育运动，吸引和鼓舞人们参加体育锻炼，推动群众性体育运动的开展；检查教学和训练工作质量，总结交流经验，促进运动水平的提高；使观众受到高尚体育道德作风的熏陶与激励，振奋精神，增添乐趣，丰富和活跃业余文化生活。通过运动竞赛还可加强国内各族人民之间的紧密团结，促进与世界各国人民之间的了解和友谊。

所谓运动竞赛管理是通过一定方式整合资源，以促使运动竞赛目的实现的过程。

二、运动竞赛管理体系

（一）运动竞赛管理的机构

我国运动竞赛管理机构的设置，有其不同的层次和明确的分工，自上而下分为国家体育总局综合司竞训部门，各省、市、自治区体育局综合处、竞训部门和基层业余训练系统的竞训部门三个层次组成。

1. 国家体育总局综合司竞训部门

国家体育总局综合司竞训部门以及带有实体性的各运动项目管理中心是我国竞赛管理体制中最高层次的管理机构。其主要职责如下。

（1）把握竞赛导向，统一全国竞赛管理中的指导思想。

（2）拟定国家的体育竞赛制度和全国竞赛活动的规划。

（3）编写全国竞赛活动的规程，主办并组织全国性比赛，对承办全国性竞赛任务的下属部门进行业务指导。

（4）组织、指导国内区域性竞赛活动，提高我国单项运动技术水平。

（5）为参加国际性竞赛活动，组织好全国优秀人才的选拔和集训工作。

（6）为促进国际体育交往，组织好在国内举办的国际性单项运动竞赛或双边性的竞赛活动。

（7）管理审批全国以上各种运动成绩和记录。

（8）管理审批国家级裁判员等级，负责推荐国际级裁判员并对其进行业务培训和考核。

国家体育局综合司主要负责国际与国内综合性运动会的事务管理。

2. 省、直辖市、自治区体育竞训部门

省、直辖市、自治区体育局的综合训练处、竞赛处等竞赛机构是我国运动竞赛体制上下衔接重要的中间环节。其主要职责如下。

（1）依据本地实际，制定本省、（市或自治区）的竞赛制度和竞赛计划。

（2）拟定本地区的竞赛规程，组织本地区的竞赛活动，检查训练质量并通过比赛为国家发现和选拔体育后备人才。

（3）组织承办国家体育总局下达的竞赛任务。

（4）对承办省市级竞赛活动的下属基层体育局进行业务指导。

（5）审批并管理省市级各项运动成绩和记录。

（6）管理、审批一级裁判员技术等级，负责国家级以上裁判员的推荐工作。

3. 地市、县级体育竞训部门

地市、县级体育局所设的竞赛训练科室，是发现和培养本地区青少年业余体育后备人才的基层部门。其职责如下。

（1）制定本地区竞赛活动计划和规程。

（2）组织本地区中小学生的体育比赛。

（3）管理和审批本地区各项运动成绩和记录。

（4）管理、审批二三级裁判员技术等级，负责推荐一级裁判员。

（5）推荐选拔青少年后备人才。

此外，中华全国体育总会在各省、直辖市、自治区体育总会都设有竞赛部等，各层次社会体育组织中都设有竞赛机构。

（二）运动竞赛的管理制度

运动竞赛的管理制度是指为有效地协调各类竞赛活动，提高运动竞赛管理的规范化和制度化而制定的有关组织竞赛的法规和准则。运动竞赛管理制度的制定为推动竞赛事业的发展起到了积极的协调、导向、规范作用。我国现行的竞赛制度主要包括以下方面。

1. 全国综合性运动会制度

全国综合性运动会是调动地方、行业、部队等各方面的积极性发展体育事业的有力杠杆，是发展重点项目、落实奥运会战略的保障措施。全国性综合运动会只设全国运动会（简称全运会）和全国城市运动会（简称城运会）。它由国家体育总局主办，各省、自治区、直辖市承办。全运会每 4 年举行 1 次，其设置的项目以奥运会项目为主，兼顾非奥运会项目特别是国内优秀项目，以省、自治区、直辖市、解放军和全国一级行业体育协会组成代表团参赛。城市运动会是竞技体育培养、锻炼优秀后备人才的综合性运动会，每 4 年举行 1 次。其项目设置以我国开展的重点项目为基本项目。它以省会（自治区）城市、计划单列市、沿海开放城市、经济特区城市、特别行政区为基本参加单位。

2. 全国行业系统运动会制度

全国行业系统运动会是调动各行业办体育的积极性以推动各行业系统的群众性体育活动的开展、发现优秀运动人才为目的的综合运动会。这种性质的运动会包括全国工人运动会、全国农民运动会、全国少数民族传统体育运动会、全国残疾人体育运动会、全国大学生体育运动会、全国中学生体育运动会。

3. 全国体育运动单项竞赛制度

全国体育运动单项竞赛是锻炼队伍、检验训练成果、促进出成绩、出人才最有效的手段。

（1）单项竞赛的种类。根据我国的具体情况和管理的需要，国家体育总局把单项竞赛分为正式比赛、辅助竞赛两大类。正式比赛主要包括锦标赛、冠军赛、联赛（球类）以及经国家体育总局批准的单项最高水平的比赛。辅助性比赛主要包括达标赛、分区赛、邀请赛、调赛、协作区赛、杯赛、通讯赛、集训赛。

（2）单项竞赛项目分类及竞赛次数和规模。全国开展的运动项目分为四类，并按类别和主次顺序安排竞赛次数和规模。第一类，奥运会比赛项目中的重点项目。这类项目每年安排 2 次全国最高水平的比赛、1 次青年比赛、1 次少年集训赛；第二类，奥运会一般项目。这类项目每年安排 1 ~2 次全国最高水平的比赛，安排 1 次青年比赛；第三类，为非奥运会比赛项目。这类项目每年安排 1 ~2 次全国最高水平比赛。还可以安排 1 次青年比赛。第四类，其他项目。这类项目提倡社会办比赛，形式可以多种多样。

（3）单项竞赛时间及地点。单项竞赛以每年 4 ~11 月为全国夏季运动项目竞赛期。全国各单项竞赛原则上应安排在竞赛期内进行。已经根据项目的特点和国际竞赛需要安排了夏训时间的，原则上不安排全国比赛。冬季可根据项目特点安排竞赛。业余体校的全国单项竞赛以不误上课为原则安排竞赛。竞赛地点和承办单位实行计划与招标相结合的办法予以确定。

（4）参赛单位和参赛办法。全国夏季运动项目的竞赛以省、自治区、直辖市、特别行政区、计划单列市、解放军、全国一级行业体育协会为基本参加单位；冬季项目的竞赛以地、市、州（盟）、解放军、全国一级行业体协为基本参加单位。

4. 全国综合性运动会申办办法（试行）

制定并实施全国综合性运动会申办办法的目的是为了适应我国政治、经济、文化的发展，特别是国际、国内体育竞赛的发展需要。同时还可以充分调动各方面的积极性，提高竞赛的质量和效益，推进竞赛的社会化。目前试行的全国综合性运动会申办办法中对竞赛所属权、申办单位的范围、申办的基本条件、申办单位的权利和义务、申办程序和要求、申办表决方式等内容都作了详细的说明。

5. 运动员参加全国比赛代表资格注册管理办法（试行）

这项管理制度是为了进一步适应体育竞赛改革的要求，促进人才合理流动，加强运动员代表资格的管理而制定的。管理办法确定了负责审查运动员资格和进行注册的管理机构、注册的基本单位、注册的依据和注册的时间等主要内容。

此外还有全国综合性运动会试行工作条例、全国体育竞赛赛区工作条例、体育运动全国纪录审批制度和运动竞赛奖励制度等。

三、运动竞赛管理的基本内容

（一）赛前工作

赛前管理工作主要包括讨论确定组织方案、制定竞赛规程、组建组织机构、拟定具体工作计划和行为准则、编制秩序册等。赛前管理工作在竞赛组委会（或领导小组）正式建立前，由竞赛筹备委员会（或筹备小组）负责。组委会正式建立后，则由组委会负责。

1. 研究确定组织方案

在竞赛计划的统一部署安排下，一项竞赛活动要有步骤地展开，必须首先进行总体设计构思并提出组织方案。竞赛组织方案大体包括以下内容。

（1）比赛名称和目的任务。根据比赛的内容、性质、赛制、时间和规模等因素确定比赛名称；根据比赛性质、项目特点和本地区、本部门的具体要求等，确定比赛的目的任务。

（2）比赛的主办与承办单位。

（3）比赛时间与地点。

（4）比赛规模。包括规定参赛者范围、比赛等级、比赛场馆器材设备的档次要求与数量等。

（5）比赛的组织机构。包括竞赛组织管理各职级机构设置和工作岗位安排以及人员配置的数量等。

（6）经费预算。包括竞赛经费来源与筹资计划、经费使用原则与使用范围、收支计划与增收节支措施等。

（7）工作步骤。确定竞赛整体工作的阶段划分和各阶段的工作重点与具体步骤。

2. 制定竞赛规程

竞赛规程是组织实施某一项（届）运动竞赛的主要政策与规定，对该项竞赛活动的组织管理具有高度的权威性和指导性，是竞赛组织者和参加者都必须遵循的法规。竞赛规程由主管竞赛的部门制定。单项竞赛活动需制定单项竞赛规程，综合性运动会则需同时制定竞赛规程总则（即总规程）和单项竞赛规程。

（1）竞赛规程的主要内容。包括竞赛名称、竞赛时间和地点、竞赛项目及组别、参加单位、运动员资格、参加办法、竞赛办法（采用的竞赛规则和所采取的赛制、团体总分的设置办法、决定名次和计分的办法等）、仲裁委员会的组成以及有关经费的规定。

（2）制发竞赛规程的注意事项。制发竞赛规程是一项非常严肃、细致和慎重的工作，应考虑到以下几个方面的内容。

* 竞赛规程的制定要以竞赛的目的任务和竞赛计划为依据。

* 竞赛规程要与国家颁布的有关方针、政策、法规相适应，并与体育竞赛制度、计划和国际组织的有关规定及国内竞赛的有关规定协调配套。

* 竞赛规程的制定要符合客观实际，既要符合国家、地区的情况和体育项目的实际，又要反映国际、国内体育运动发展的水平和趋势，以及运动员对竞赛的需求状况等。

* 竞赛规程应充分体现公平竞争精神。

* 竞赛规程应提前制发。竞赛规程下发的时间应视情况而定，一般应提前半年到一年。

* 比赛的规模越大，层次级别越高，其执法时间提前量应越大，以便参赛单位和运动员有充分准备。

* 单项规程要与总规程吻合。综合性大型运动会各单项竞赛规程的制定要以总规程为依据，口径一致，不允许有矛盾现象。

* 应具有稳定性。竞赛规程一经审定颁发必须严格执行，不能朝令夕改，变化无常，并尽可能少发补充通知或修改规定。

3. 建立竞赛组织机构

建立竞赛组织机构是运动竞赛组织管理工作的关键环节。各种竞赛的组织机构一般采用委员会制。运动竞赛的组织委员会，是全面领导整个竞赛组织工作的最高机构，其机构编制、人数等没有具体限额，应视比赛性质和规模而定。大型运动会组委会一般由政府一级行政领导担任组委会主任，主办单位的有关领导为副主任，并吸收包括有关体育部门的各职能机构领导，协作单位职能机构的领导，各单位竞赛委员会主任，与本次比赛有关的新闻、服务、公安等单位负责人，以及部分有代表性的参赛单位负责人为委员，使运动会能在各方面的积极支持下顺利进行。竞赛组织委员会一般设主任一名，副主任和委员若干名。地方或基层小规模比赛的组织领导小组，其成员人数应当酌减。

竞赛组织委员会直属职能部门应根据组织竞赛需要完成的各项任务来设置，并与竞赛规模相适应。一般包括办公室、竞赛、宣传（新闻）、保卫、行政、后勤等主要工作机构。另可根据竞赛需要，设外事接待、大型活动、工程、科研、集资等部门。组织机构成立后，应根据精简高效的原则，视实际需要分批借调工作人员，以节约人力、财力。

4. 拟定工作计划和建立规章制度

组织委员会成立后，应根据竞赛规程、组织方案和责任分工，拟定各职能部门的具体工作计划和有关行为规范，如竞赛工作计划、宣传工作计划、大型活动计划、安全保卫工作计划和财务计划，以及工作人员守则、作息制度等，经组委会讨论审定后执行。目前，在运动竞赛的组织管理过程中，除常规制定计划的方法外，较多采用编制计划网络图、工作流程图及各类图表的方法来制定运动竞赛总体规划和各职能部门计划。

5. 编制竞赛秩序册

竞赛秩序册是运动竞赛组织和具体竞赛秩序的文字依据，它由运动会的竞赛部门负责编制，报组委会审定并颁发。综合性大型运动会需要在各单项竞赛秩序册的编制基础上及时汇编总秩序册。各种类型运动竞赛的秩序册都必须提前下发。

竞赛秩序册一般应包括比赛名称、时间、地点，主办与承办单位，竞赛组织机构图，运动竞赛规程和补充规定，大会各部、处、室人员名单，各项目竞赛委员会、仲裁委员会成员和裁判员名单，各代表团名单，运动竞赛总日程表和各项目竞赛日程，分组名单，竞赛场地示意图，最高记录表等内容。此外，基层运动竞赛根据需要，也可将运动员、教练员、裁判员守则及各种评优条例等内容附在竞赛秩序册后。

（二）赛中工作

1. 开幕式的组织

开幕式的程序一般应包括：宣布开幕式开始，裁判员、运动员入场，奏乐（国歌、会歌）升旗，领导人致开幕词，运动员代表讲话（或宣誓），裁判员、运动员退场，开幕式表演开始，宣布开幕式结束。

为了保障开幕式既庄严隆重、热烈欢快，又紧凑精练、完满安全，一般应成立开幕式临时指挥系统，负责控制、指挥开幕式各项活动准确、顺利进行。全国性大型综合性运动会，开幕式现场临时指挥机构一般由大型活动部牵头，组委会及其他部门临时选派有关人员配合组成。根据需要，可以在总指挥部下设置负责开幕式各项具体工作的分指挥部。比如：入场式分指挥部，负责开幕式仪仗队、各代表团队伍、裁判员队伍的组织以及与入场式相配合的奏乐、献花和升旗仪式等组织工作；背景台表演分指挥部，负责背景台表演人员的组织及现场指挥等各项工作；大会宣传分指挥部，负责开幕式大会现场宣传、新闻发布、记者组织、观众教育及会场环境布置等项工作；嘉宾区分指挥部，负责主席台及嘉宾区的各项组织接待工作；大会服务分指挥部，负责会场所需水电、音响设备、电讯、医疗急救以及各类服务保障工作；安全警卫分指挥部，负责开幕式场内外安全保卫、警卫人员配备及交通管理等项组织指挥工作。小型运动会，由于规模小人数少，开幕式的组织工作相对简单，可由组委会任命3～5人，分工合作，组成临时指挥小组具体负责。负责的具体内容可以参照大型运动会的分工和办法进行。

2. 赛事活动的管理

比赛正式开始后，运动会的主要指挥管理人员要深入赛场第一线，对赛事活动实行全面、具体的组织领导。要以果断、及时、准确为原则，严格掌握比赛进程，加强各职能部门之间的互相协调配合，防止比赛出现脱节、漏洞和误差。遇到困难或问题及时召集现场办公会、仲裁委员会或组委会会议，特别注意研究和及时解决比赛中出现的弃权、争议、罢赛、弄虚作假、赛风等方面的问题和各种突发事件，确保赛事活动顺利进行。

3. 人员管理

竞赛期间的人员管理，主要包括对裁判员、运动队（员）及观众的教育和管理工作。

（1）裁判员的管理。运动竞赛能否顺利进行，与裁判员队伍的水平高低密切相关。要抓好裁判员的职业道德教育，把“公正、准确、严肃、认真”八字方针贯彻到裁判员工作的始终，杜绝“私下交易”、本位主义等不良裁判作风；要在赛前组织裁判员认真学习竞赛规程、规则和裁判法，统一认识，统一尺度，周密研究可能出现的问题和处理办法；重要岗位的裁判员要反复训练，并组织必要的考核；要开好赛前裁判员准备会，合理分工，重要场次比赛要提前认真研究，慎重安排水平较高的裁判员担任临场工作，对抗性强的项目和评分项目，尽量安排与参赛队无关的裁判员，确保万无一失，公正准确；要及时认真地组织每一场比赛的赛后裁判总结与讲评，做到裁判工作天天有小结，阶段有总结，全程有评比，不断提高裁判工作质量。

（2）参赛运动队（员）的管理。较正规的运动竞赛应事先拟定运动队（员）的管理教育计划，采取分级管理办法，即大会抓各队，提出统一要求和具体规定，并做好各队之间的协调工作，定期召开联席会议，听取意见，处理问题，改进工作；领队、教练员抓队员，负责全队运动员的管理。通过严格、切实有效的管理，使各队自觉做到公正竞赛、团结拼搏、文明礼貌、互相尊重，保持良好的竞技状态，创造优异成绩，不断提高运动竞赛的综合效益。

（3）观众的管理。观众是体育比赛的重要参与者，特别是当比赛处于紧张激烈地竞争之时，若对观众的组织管理不当，很可能影响比赛的顺利进行，甚至破坏社会的安定。因此，加强对观众的组织管理，既是保证比赛顺利进行的必要措施，又是充分发挥竞赛积极功能的客观要求。为此，竞赛组织者应该从人们的社会心理承受能力和赛场的特殊氛围出发，寻求防患于未然的系统预防治理方法。

4. 后勤管理

竞赛期间的后勤管理工作包括认真检查比赛场地、设备和器材的布置与使用管理情况，落实运动员、裁判员的住宿、用餐、沐浴、交通和安全保卫工作，监督运动竞赛的各项预算执行情况，以及医务方面的伤病防治和临场应急准备等项具体工作。

5. 闭幕式的组织

在各项竞赛活动结束后，根据事先确定的闭幕式组织方案，闭幕式的各项组织工作必须提前准备完毕。闭幕式的基本程序是：宣布运动竞赛闭幕式开始，裁判员、运动员入场（也可不入场），宣布比赛成绩和获奖者名单，发奖，致闭幕词，宣布大会闭幕，闭幕式表演开始，宣布闭幕式全部结束等。闭幕式的组织工作和指挥系统由开幕式指挥系统负责，大型综合性运动会一般由大型活动部牵头。

（三）赛后工作

- 办理各队离赛的各种手续，确保及时离去。
- 借调的有关人员返回原单位。
- 用于比赛的场地、器材、服装、用具等物资设备的及时归还、转让、出售和处理工作。
- 竞赛财务决算。
- 汇编、寄发比赛成绩册和其他技术资料。比赛成绩册的编制，应根据各项竞赛规程中有关录取名次和计分方法的规定。成绩册的主要内容依次为：破记录情况，各单项名次情况，获其他奖励名单及各项目比赛成绩表。
- 填报等级运动员和破记录成绩。
- 移交、整理有关文档资料。
- 向新闻单位发布运动竞赛的有关情况。
- 竞赛工作总结，上报当地党政机关和上级体育部门。属于承办全国竞赛的赛区，还须填报赛区情况统计表。
- 评比表彰工作。对参与大会工作的单位和个人、支持与协助大会的单位和个人，以及竞赛的各级组织者、指挥者和工作人员进行表彰，表示致谢。

四、运动竞赛管理的基本方式

（一）运动竞赛管理的基本过程

1. 运动竞赛管理的计划

运动竞赛管理的计划（Athletic competition plan）是指在竞赛目标的导向下，预先对竞赛内容所做的筹划与安排。运动竞赛计划是科学有效地开展竞赛活动的理论依据，运动竞赛计划制定的科学与否将会直接影响运动竞赛管理的效果。

（1）运动竞赛计划的种类与内容。运动竞赛计划按照不同的标准可以分为多种类型，常用的划分方法有：按照计划的范围可分为全国运动竞赛计划、地方运动竞赛计划和基层运动竞赛计划；按照计划的期限可分为长期、中期和短期运动竞赛计划；按照竞赛的主体和竞赛业务可分为竞技体育计划、群众体育竞赛计划、学校体育竞赛计划。一项完善的运动竞赛计划大致由以下几个内容构成：运动竞赛的目标和任务；运动竞赛的种类与规模；运动竞赛工作的步骤、程序与工作要求；运动竞赛的日程安排。主要包括竞赛名称、参加对象、竞赛日期、竞赛承办单位和竞赛地点、备注等各项内容；竞赛工作负责人、主办单位、承办单位、协办单位及部门。

（2）运动竞赛计划的制订。①运动竞赛计划制订的程序。我国运动竞赛计划采取自上而下的制订程序，最高层全国体育运动竞赛计划由国家体育总局有关业务部门和各单项运动协会根据中国体育运动发展方针、既定的体育运动竞赛制度和国际比赛活动的规律和国内体育发展的实际而定，经全国体育工作会议讨论确定后颁布实行。各省、自治区、直辖市体育局根据各地（市）、县体育部门及各项单项运动协作则根据上一级竞赛计划，并结合本地区本项目实际需要、逐级制订并颁布；②运动竞赛计划制订的步骤：A. 明确运动竞赛的目标。一般来说，我国运动竞赛的目标主要有迎接上一级比赛组织运动队；促进运动技术水平的提高；检查训练效果；活跃群众文化生活，推动基层群众体育活动开展等。制定运动竞赛的目标时，要对运动竞赛系统面临的外部环境及内部条件进行全面的调整分析，以确保目标的客观性；B. 制订运动竞赛方案。运动竞赛目标确立后，应拟定各项竞赛多个具体方案以供选择，使竞赛目标落到实处。竞赛方案的具体内容主要包括确定比赛形式，即组织竞赛的任务、竞赛的范围、参赛者的年龄和竞赛项目的数量等因素；确定比赛时间，即上一级竞赛活动的日程、比赛的常规时间、比赛地点的气候状况、竞赛持续时间及节假日等因素。此外，随着运动竞赛职业化、商业运作的发展，在安排社会影响较大的竞赛活动时应考虑到电视、新闻媒体的需要以吸引更多的企业、商家进行商业宣传，充分利用和挖掘社会资金办竞赛，提高竞赛的经济效益；确定比赛地点和承办单位，即各类比赛的举办地点应具备场地设施与交通、接待条件以及当地的经济、文化和欣赏水平等。综合性运动会通常采用组织申办的方式确定承办单位和比赛地点；C. 优选运动竞赛方案。对竞赛方案进行优选是提高竞赛计划科学性的必要程序，优选竞赛方案要采取系统的综合分析方法，将各种实际因素系统考虑，最后决定出最佳方案；D. 确定方案，编制计划。备选方案拟定以后，决策者必须仔细分析各个方案的优劣长短，通过各种比例关系的协调统一，提高竞赛计划的整体性对竞赛计划进行综合考虑和汇总后报请有关决策机关审定、批准，再作为正式计划文件下达各部门、各地区和基层单位贯彻实施。

2. 运动竞赛的组织

运动竞赛组织（Athletic competition organization）是运动竞赛组织管理工作的关键环节。就运动会的规模和层次而言，可分为规模较小的运动会、大型运动会、规模较大的综合性运动会。各种竞赛的组织机构一般采用委员会制，运动会的组织委员会是指全面领导整个竞赛工作的最高机构，其机构编制、人数没有具体限额，应视比赛的性质和规模而定。大型运动会组委会一般由政府一级行政领导担任组委会主任，主办单位的有关领导为组委会副主任，吸收包括体育部门各职能机构的领导、各单项竞赛委员会主任，与本届运动会有关的新闻、服务、公安等单位负责人，以及部分有代表性的参赛单位负责人为委员。组委会一般设正主任一名，副主任若干，委员若干。几种不同规模层次的竞赛组织机构分别如图 8－4～图 8－6 所示。

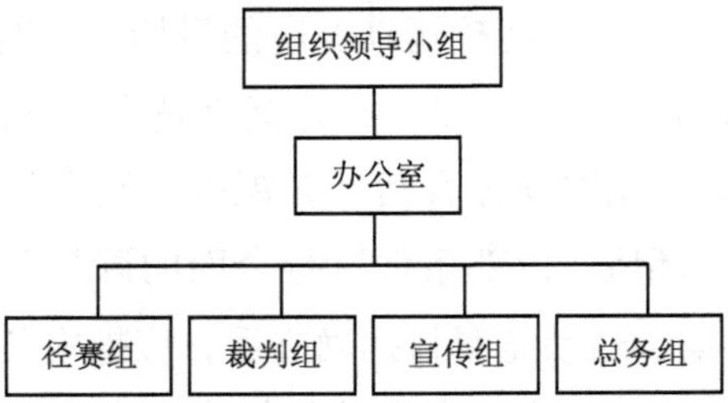

图 8－4　规模较小的竞赛组织机构

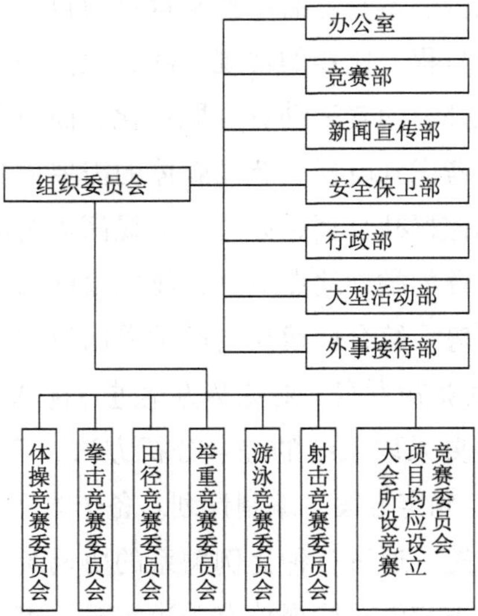

图 8－5　规模较大的竞赛组织机构

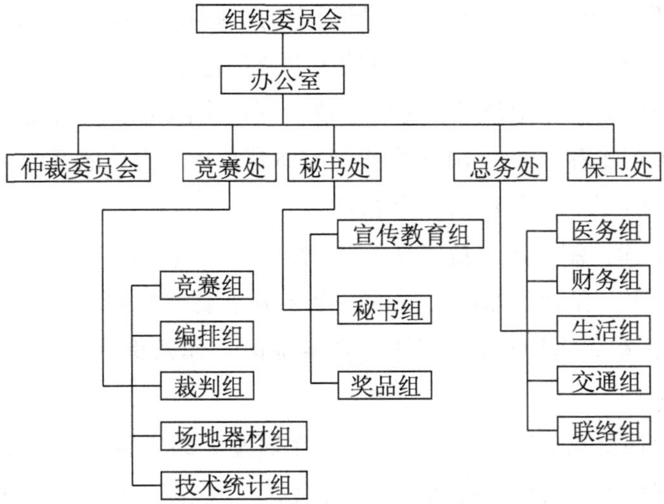

图 8－6　大型综合性运动会的组织结构

3. 运动竞赛的控制

运动竞赛的控制是确保竞赛顺利实施的关键环节，通常包括以下方面。

（1）竞赛纪录管理。运动竞赛全国纪录是运动员在竞赛中创造、经有关机构按法定条件和程序审查确认的某一体育项目的全国最好成绩。为鼓励运动员在体育竞赛中顽强拼搏，争创佳绩，国家制定了《体育运动全国纪录审批制度》，运动竞赛纪录管理的主要内容有：①设立运动竞赛全国纪录的体育项目。设立或撤消全国纪录项目须经国家体育总局批准。我国已设立全国纪录的有田径（包括室内田径）、游泳（包括短池）、举重、射击、射箭（包括室内双轮）、赛车场自行车、速度滑冰、室内短道速度滑冰、飞机跳伞、滑翔、航空模型、蹼泳、滑冰、航海模型、摩托车共 15 项；②申请运动竞赛全国纪录的条件和程序。凡是在国家体育总局，省，自治区、直辖市体育局，中国人民解放军、各系统全国一级体育协会主办或认可的正式竞赛中，严格执行国家体育总局审定的运动竞赛规则，有符合规定名额的该项国家级或国际级裁判员执行裁判工作，运动成绩刷新全国纪录者；运动员在参加正式国际竞赛中运动成绩刷新全国纪录者，均可申请为创全国纪录。其中，射击、室内短跑道速度滑冰的各个项目，必须是在国际比赛、全国竞赛中，运动成绩刷新全国纪录者方可申请为创全国纪录。竞走的各个项目，必须是在国际竞赛，省、自治区、直辖市竞赛或相当于省级以上单位举办的竞赛（包括国家体育总局批准的由省级主办的邀请赛），并且有国家体育总局指定的裁判在场担任主要裁判工作的竞赛中，运动成绩刷新全国纪录者，方可申请为创全国纪录。青少年运动员刷新全国青少年纪录，同时刷新全国纪录者，可以申请为创造全国纪录。创造新的全国纪录的申请，必须在该项竞赛结束后 10 天内报国家体育总局。出访的运动队，必须在回国 10 天内办完申请手续，并报国家体育总局。

（2）竞赛纪律控制。运动员（队）、裁判员在比赛中端正赛风，严守纪律，赛出风格，赛出水平，是建设精神文明的一个十分重要的方面。《关于争取赛风根本好转的决定》和《关于违反 < 全国体育竞赛赛区工作条例 > 的纪律规定》中明确规定：

——运动员违反竞赛纪律的，应根据情节轻重，给予警告、严重警告、取消该次比赛资格、取消若干场比赛资格、停止半年或一年参加比赛资格直至撤消运动员技术等级称号的处分。

——运动队在赛区发生严重违反纪律的事件，都要追究教练员和领队的责任。属于教练员和领队参与、怂恿或不予制止而发生的，应根据其情节轻重，给予教练员警告、停止半年或一年不得带队参加全国比赛的处分，对领队应按照《国务院关于国家行政机关工作人员的奖惩暂行规定中几个问题的解答》给予行政处分。

——裁判员违反竞赛纪律，应根据情节轻重，给子警告、严重警告、取消该次比赛或若干场比赛、停止半年或一年比赛裁判工作、降低或撤消裁判技术等级的处分。

——在比赛期间运动员饮酒，教练员、裁判员酗酒的，应给予批评教育甚至处分，裁判员不得安排执行裁判任务。

——运动员、教练员、裁判员衣着、仪表不整，不遵守社会公共秩序，不遵守赛区规定，经教育不改的不得参加比赛，不得安排执行裁判任务。

——凡损坏公物和场馆设备的须照价赔偿，有意损坏的应严肃处理。

——凡将淫秽的画报、书刊、录音、录像带到赛区的，一律没收送交有关部门处理。

——凡调戏妇女的，应给予处分。参与观众寻衅闹事、起哄、扰乱秩序的，应给予纪律处分，严重的应按照《中华人民共和国治安管理处罚法》处理。

——凡受到赛区纪律处罚的，年终应降低评定奖励等级；受到取消该次比赛资格或行政记过以上处罚的，年终不得参加评奖。

（3）竞赛仲裁。仲裁也称为公断，指当事人双方在争议发生前或争议发生后达成协议，自愿将争议交由第三者裁决，承担裁决决定，双方负有义务自动履行的一种解决争议的方式。①体育仲裁的范围。首先，体育纠纷是指因禁用药物、运动员流动、参赛资格等体育专业纠纷；其次，只适用于竞技体育活动中发生的纠纷；再次，体育纠纷不包括赛场上的具体技术争议和其他一般性纠纷。因此《体育法》中的仲裁机构不同于体育赛事中临时设立的仲裁委员会；②体育仲裁机构。由于仲裁的民间性，首先，体育仲裁机构是由法律、体育和技术等方面的专家组成的民间机构；其次体育仲裁机构的仲裁活动根据国家法律及仲裁规则进行，不受任何机关、团体和个人的干预。另外，由于体育仲裁所涉及的体育纠纷的专业性、竞技体育管理体制的特殊性，根据《体育法》规定，体育仲裁机构设立办法和仲裁范围，将由国务院根据仲裁理论、仲裁制度和我国体育实践的具体要求另行规定。

（4）禁用药物和方法的管理。禁用药物和方法是指国际奥委会和其他有关国际体育组织确定的禁用药物和方法，俗称“兴奋剂”。使用禁用的药物和方法是指运动员应用任何形式的药物，或者以非正常量，或者通过不正常途径摄入生理物质的方法，企图以人为的和不正当的手段提高竞赛能力。我国体育界一贯采取明确的态度反对这一国际体育公害，为此国务院体育行政部门对此做出了一系列详细规定，主要内容是：在体育运动中严令禁止、严格检查、严肃处理使用兴奋剂的行为，维护体育运动的纯洁性；国家体育总局对全国的反兴奋剂工作实行统一的领导，由中国奥委会反兴奋剂委员会组织实施，各级体育行政部门、各有关体育组织和体育事业单位应有相应的机构或指定专人负责管理本地区、本系统、本单位的反兴奋剂工作；禁止运动员以任何形式或理由使用兴奋剂，禁止强迫、指使、诱导、欺骗、指导、配制、试用、销售、购买、有偿或无偿提供兴奋剂的行为，或者为上述目的筹集或提供经费；运动员应按照规定接受体育竞赛内和竞赛外的兴奋剂检查。检查由禁用药物检测机构按照有关规定进行。目前我国的禁用药物检测机构是指国家体育总局兴奋剂检测中心。

（5）运动竞赛风险控制。大型运动竞赛参与人员众多，涉及利益主体多元，因而时刻面临不可预知风险。只有依靠全面、完善的风险管理计划的实施和管理，才能达到尽可能减少事故以保证众多的参与者和观众等免于人身伤害的目的。这一计划有两个主要目的：一是防范，二是干预。常见的风险控制方法包括：①风险回避法。即在组织任何竞赛前分析该活动是否存在有重大事故的隐患和发生的可能性。如果答案是肯定的而且活动组织者不能或不愿意承担相关事故责任，就应该取消该活动或采用其他活动代替。②风险转移法。指可以通过购买保险、签署合同等方式将风险尽可能转移给其他组织与个人的方法。③减小风险法。应充分认识到风险的存在，并采取各种有效的、合法的预防措施和处理方法，从而减小伤害事故发生的可能性和因事故造成的负面影响和损失。具体内容包括加强员工的安全教育与培训，全面检修、维护场地器材、加强安全监督与管理等。

4. 运动竞赛管理的收尾

收尾是运动竞赛管理的最后环节。运动竞赛收尾工作主要包括对赛事的评价和管理收尾工作。

（1）评价是指对运动竞赛实施观察、测量和监视，以便正确评估结果的过程。运动竞赛评价可以提供竞赛的基本轮廓和重要的统计结果，不仅可为竞赛活动参与者提供反馈，评价结果还可以为新闻媒体服务，通过新闻媒体的报道宣传竞赛活动所取得的成效，为未来可能再出现的重复体育赛事在计划和寻求赞助上打下良好的基础。运动竞赛评价可以分为事前评价（可行研究），实施过程评价（人力资源管理的评价、风险评价等）和事后评价（经营绩效评价、财务评价等），可以运用数据收集、观察、反馈会议、调查问卷和测量等手段达到评价目的。

（2）管理收尾主要针对运动竞赛管理要素的清理方面，主要集中在对后勤工作和竞赛工作的收尾上。例如，场馆内的拆卸和清理工作；器材、设备的收藏与保管；归还所借的器材设备；有关赛事运营管理部门的财务结算；办理各队离赛的各种手续；用于比赛的场地、器材、服装、用具等物资设备的及时归还、转让、出售和处理工作；竞赛财务决算；汇编、寄发比赛成绩册和其他技术资料。比赛成绩册的编制，应根据各项竞赛规程中有关录取名次和计分方法的规定。成绩册的主要内容依次为：破记录情况，各单项名次情况，获其他奖励名单及各项目比赛成绩表。填报等级运动员和破记录成绩；移交、整理有关文档资料；竞赛工作总结，上报当地党政机关和上级体育部门；评比表彰工作等。

（二）运动竞赛管理评估

1. 运动竞赛管理评估的基本内容

由于运动竞赛管理工作本身是一个复杂的系统工程，对其评估的内容和指标体系的建立也是一个复杂的过程。从管理的角度，对以下几个方面的内容进行评价。

（1）竞赛组织管理工作评估。竞赛组织管理工作评估内容主要包括：①设立竞赛的各类管理组织机构和指挥系统情况；②竞赛前期筹备工作情况，按计划进展，逐一落实情况；③硬件、软件、活件的运行情况；④大型活动的组织管理是否正常有序，包括开、闭幕式、场内外各项活动的组织管理与协调配合、观众的组织管理等；⑤运动员、教练员以及其他有关人员对生活、比赛、交通和工作环境以及服务质量的评价；⑥科学高效完成竞赛工作的程度。包括比赛日程的安排和比赛环境是否符合运动项目的客观规律，是否符合运动员的心理状态，是否有利于运动员竞技状态的形成与发展，以及在不违反科学规律的前提下能否以最短的时间完成比赛任务等；⑦选派、调用裁判员的级别、使用管理、执裁等情况；⑧赛风赛纪以及创造优异成绩的环境和氛围情况；⑨对兴奋剂等国家明令禁止的有关规定的执行情况；⑩突发事件的发生率以及处理事故的效率及效果；⑪赛后管理工作的执行情况。

（2）社会效益的评估。运动竞赛的社会效益一般反映在以下几方面：丰富社会文化生活，培养人们高尚、健康的审美情趣，发扬社会良好风气；促进城市建设，改善城市的环境、交通、通讯设施等条件；造就大量就业机会；促进对外交流，营造良好的国际环境，提升国家声誉、形象和信誉度；弘扬爱国主义，增强民族凝聚力。运动竞赛社会效益的评估内容主要包括：①比赛的宣传效果以及赛事活动与节假日的合理安排情况。②观众的参与状况；③竞赛活动的开展促进城市建设、社会经济、对外交流、民众凝聚力的增强等情况；④对推动或带动群众体育发展的促进情况；⑤观众及竞赛秩序的保障情况。

（3）经济效益的评估。运动竞赛的经济效益可以用举办竞赛的投入与举办竞赛的收入的比值来衡量。举办竞赛的投入越小，取得的经济效益就越高，举办大型运动会的投资，一般有三个方面：①直接竞赛投资，包括场地、器材的损耗、住宿费、伙食补贴、裁判员费用、交通、奖励、保卫、办公、广告性宣传费用等。②竞赛场地设施基建投资；③竞赛所需的市政建设，如交通、通讯投资。在收入方面一般有电视转播费、门票收入、商业赞助等。现代奥运会投入、开支情况。

2. 运动竞赛管理评估的指标体系

对于不同类型、不同竞赛条件、不同竞赛目标的运动竞赛活动而言，其评估的内容及指标体系也是不一样的。竞赛管理部门应从竞赛实际情况出发，制定符合自身实际情况的评估内容与指标体系。表8－3是一般常规运动竞赛管理工作综合评估内容及指标体系的示例供参考。

表8－3　运动竞赛管理综合评估指标体系示例

序号	一级指标	权重	二级指标	权重	得分	小计分	合计分
一	运动竞赛组织与管理	0.30	竞赛组织机构设置	0.3			
			规章制度、竞赛文件	0.2			
			竞赛规划	0.2			
			管理人员责、权划分	0.15			
			领导重视	0.15			
二	运动竞赛管理过程	0.40	赛前计划安排及筹备工作情况	0.2			
			竞赛资源保障情况	0.2			
			开、闭幕式的组织及运行情况	0.2			
			选拔、调用裁判员队伍情况	0.1			
			赛区环境及竞赛秩序管理情况	0.1			
			突发事件处理情况	0.1			
			赛后事宜处理	0.05			
			兴奋剂检查处理情况	0.05			
三	运动竞赛效益	0.30	竞赛宣传力度、效果	0.2			
			观众参与情况	0.15			
			赛事活动对推动和带动群体工作情况	0.15			
			观众及竞赛气氛情况	0.15			
			竞赛对促进城市建设、社会经济、对外交流、民众凝聚力等情况	0.15			
			竞赛总投入与总收入的比值	0.2			

第九章 体育产业管理

体育产业是指从事体育产品生产及经营活动的集合。发展体育产业的目的是为满足人们的体育需求。体育产业中最活跃的部分是竞赛表演业，而竞赛表演业的基本组织形式是职业体育俱乐部。一个国家或地区职业体育俱乐部的数量、规模和种类反映了该国或地区竞赛表演业的水平；体育赛事具有多方面价值，它是体育产业管理及开发中的重要活动内容，同时也是竞赛表演业的“载体”及表现形式；随着现代体育职业化、社会化、商业化进程的加快，体育经纪人的活动作为沟通体育服务生产部门和体育服务消费者的桥梁作用日益突出。本章对体育产业的基本概念、分类、体育市场，以及职业体育俱乐部等内容进行了介绍。

第一节 体育产业管理概述

体育产业（Sport industry）作为国民经济的一个组成部分。体育产业不仅在国民经济中占有重要地位，而且对促进国民经济的发展，带动相关产业的发展，改善经济结构，以及吸纳社会就业等方面都具有十分重要的作用。市场作为商品经济运行的基础和基本形式，是经营活动的场所、对象和载体。体育经纪活动离不开体育市场，只有认真研究体育市场、分析体育市场，才能根据体育市场需求，开展体育经纪活动，并取得良好的经济效益。

一、体育产业的概念

（一）体育产业的含义

体育作为一项产业活动是随着近代西方产业革命的兴起而开始萌芽并发展起来

的。时至今日，西方发达国家依然是当今全球体育产业最活跃和最发达的地区。20世纪中后叶以来，体育运动与经济发展的密切关系超过了以往的任何一个时期。体育产业的发展进入了一个前所未有的高峰期，其影响扩展到全球。也就在这个时期，随着我国改革开放政策的推行、经济和社会的飞速发展以及人民生活水平的迅速提高，我国体育产业也得到了相应的发展。

长期以来，我国体育事业按照福利事业的性质和模式运作，国家对体育事业的管理主要采取行政的方式，而缺乏经济的手段。随着我国国民经济持续、快速、稳定的发展，人民物质生活水平的不断提高，人们对精神文化生活的需求也日趋多元化。人们对体育的需求日益增长，这些需求可以是参与型（如健身锻炼）和欣赏型（如竞赛、表演），也可以是实物（如体育服装）和服务（如体育信息）的形式。作为一项能满足人们健身、健美、观赏、娱乐等多种需求的社会活动，在需求决定供给的市场机制条件下，现代体育日益分化为提供体育产品的生产部门和享受体育产品的消费者群体，市场机制也逐渐开始在配置体育资源中发挥重要作用，这为我国体育产业的发展壮大提供了基本条件。

作为国民经济的一个组成部分，体育产业（Sport industry）不仅在国民经济中占有重要地位，而且对促进国民经济的发展，带动相关产业的发展，改善经济结构，以及吸纳社会就业等方面都具有十分重要的作用。体育产业所具有的文化、教育、娱乐、休闲等多种正向累积价值，使其成为促进社会进步与发展、提升文明水准的重要力量。

1985 年国务院颁布的《国民生产总值计算方案》第一次运用 3 次产业分类，将体育部门列入第三产业中的第三层次，即“为提高科学文化水平和居民素质服务的部门”。1991 年国务院将体育列入第三产业 18 个主要行业之一，翌年国家发布《关于加快发展第三产业的决定》之后，体育领域兴起了发展体育产业的热潮，尤其是 1995 年全国体育工作会议将“体育产业”作为主要议题，明确提出“形成国家与社会共同兴办体育事业的格局，走社会化、产业化的道路”。自国家《中华人民共和国国民经济和社会发展“九五“计划和 2010 年远景目标纲要》颁发以来，我国体育产业的理论研究与管理实践进入了一个崭新发展阶段。2010 年 3 月 24 日，国务院办公厅发布《关于加快发展体育产业的指导意见》（国办发〔2010〕22 号），这是我国首份在国家层面上对中国体育产业进行规划梳理并提出目标任务的政策性指导意见。2014 年 10 月 20 日，国务院发布《关于加快发展体育产业促进体育消费的若干意见》（国发〔2014〕46 号），首次将全民健身上升为国家战略，把体育产业作为绿色产业进行扶持，以体育产业和大健康作为代表的现代服务也释放出巨大的经济活力。该意见提出到 2025 年，基本建立布局合理、功能完善、门类齐全的体育产业体系，体育产品和服务更加丰富，市场机制不断完善，消费需求愈加旺盛，对其他产业带动作用明显提升，体育产业总规模超过 5 万亿元，成为推动经济社会持续发展的重要力量。该意见为我国体育产业未来发展指明了方向，也为体育产业提供了新的发展机遇和发展空间。

本书认为，所谓体育产业是指从事体育产品生产及经营活动的集合。发展体育产业的目的是为满足人们的体育需求。体育需求是源自于人们追求享受、发展基础之上的一种需求。体育需求是体育产业存在、发展直至壮大的最大资源。体育产品即是满足人们体育需求的物品。由于人们的体育需求是多种多样的，在市场需求的源动力促生下，为了满足体育市场消费者的不同需要，各种各样的体育产品便应运而生。体育产品既包括了有形的物质产品，如体育服装、器材、饮品等，也包括了如体育信息咨询、体育指导、审美观赏等以服务为主的非物质产品（通常称之为体育服务）。我国体育产业的基本组成部分体育竞赛表演业、体育健身娱乐业、体育培训业、体育旅游业、体育科技信息业、体育旅游业、体育广告业、体育用品业、体育中介业、体育彩票业、体育医疗保健业、体育无形资产业等等。

（二）体育产业的分类

产业分类又称国民经济部门分类，是指按照一定的原则对经济活动进行分解和组合而形成的多层次的产业概念。

2008 年 6 月 18 日，国家统计局和国家体育总局正式颁布了《体育及相关产业分类（试行）》，这是迄今为止我国体育行业首个具有约束力的国家统计标准。《体育及相关产业分类（试行）》以体育管理部门关于体育及相关产业的政策及改革精神为指导，以我国现阶段体育产业发展状况和发展方向为依据，以国民经济行业分类为产业基础，以活动的同质性和体育自身特征为原则，根据其概念和活动范围，将体育及相关产业划分为 3 个层次。第一层分为 8 个大类，主要体现部门管理和体育及相关产业活动的基本特征。第二层对每个大类再进一步细分，共分为 24 个中类，主要体现体育及相关产业的产业链的上下层关系。第三层是《体育及相关产业分类（试行）》的具体活动类别层，共57个小类。该小类全部为《国民经济行业分类》中从事体育及相关产业活动的行业类别，也是第三层次所包括的行业类别层次（表9－1）。

表9－1　体育及相关产业分类（试行）

一、体育组织管理活动	1. 体育行政、事业组织管理活动	社会事务管理机构 * —体育社会事务管理机构 体育组织（指专业从事体育比赛、训练、辅导和管理的组织的活动） —各种职业体育俱乐部 —各种运动队 —各种群众性体育组织 —各种专项性体育管理组织（如体育协会、中心）
	2. 其他体育组织管理活动	专业性团体 * —体育社会团体服务 其他社会团体 * —体育基金会 —其它未列明的体育社会团体
二、体育场馆管理活动	1. 体育场馆管理活动	体育场馆（指可供观赏比赛的场馆和专供运动员训练用场地的管理活动） —综合体育场 —综合体育馆 —体育训练基地 —游泳比赛场馆 —足、篮、排场馆 —网球、羽毛球、乒乓球场馆 —棋牌比赛场馆 —其他未列明比赛场馆

续表

三、体育健身休闲活动	1. 体育健身休闲活动	休闲健身娱乐活动（指主要面向社会开放的休闲健身娱乐场所和其他体育娱乐场所的管理活动） —综合性体育娱乐场所（游泳、保龄、球类、健身等一体的综合性健身中心） —保龄球馆 —健身中心（馆） —台球室、飞镖室 —高尔夫球场 —射击、射箭馆（场） —滑沙、滑雪以及模拟滑雪场所的活动 —惊险娱乐活动场所（跳伞、滑翔、蹦极、攀岩、滑道等） —娱乐性军事训练 —体能训练场所 —其他未列明的休闲健身娱乐活动
四、体育中介活动	1. 体育商务服务	其他未列明的商务服务 * —运动员的个人经纪代理活动 —体育赛事票务代理活动 —运动会筹备、策划、组织活动 —其他未列明的体育商务服务
	2. 体育经济咨询服务	社会经济咨询 * —体育经济咨询活动
	3. 体育经纪服务	其他体育 —体育经纪服务
五、其他体育活动	1. 体育培训服务	职业技能培训 * —武术培训服务 —其他体育项目培训服务
	2. 体育科研服务	社会人文科学研究与试验发展 * —体育科学研究服务
	3. 体育彩票服务	其他娱乐活动 * —体育彩票

续表

五、其他体育活动	4. 体育传媒服务	图书出版 * —体育图书出版服务 期刊出版 * —体育类杂志出版服务 音像制作 * —体育类录音制品制作服务 —体育类录像制品制作服务 音像制品出版 * —体育录音制品出版服务 —体育录像制品出版服务 广播 * —体育类广播节目制作服务 —体育类广播节目播出服务 电视 * —体育类电视节目制作服务 —体育类电视节目播出服务 —体育类电视节目出口服务 —体育类电视节目进口服务
	5. 体育展览服务	会议及展览服务 * —体育用品展览服务
	6. 体育市场管理服务	市场管理 * —体育用品市场管理服务
	7. 体育场馆设计服务	工程勘察设计 * —体育馆房屋建筑工程设计服务 —健身用房屋建筑工程设计服务 —室外体育设施设计服务
	8. 体育场所保洁服务	其他清洁服务 * —体育场所保洁服务
	9. 体育文物及文化保护服务	文物及文化保护 * —民族体育运动保护服务

续表

六、体育用品、服装、鞋帽及相关体育产品的制造	1. 体育用品制造	球类制造 体育器材及配件制造 训练健身器材制造 运动防护用具制造 其他体育用品制造
	2. 体育服装及鞋帽制造	纺织服装制造 * —运动类服装 制帽 * —各种运动帽制造 皮鞋制造 * —皮运动鞋靴 橡胶鞋制造 * —布面运动胶鞋 塑料鞋制造 * —塑料制运动鞋靴
	3. 相关体育产品制造	游艺用品及室内游艺器材制造 * —台球桌及其配套用品 —保龄球设备及器材 —投镖及投镖板 —沙壶球桌 绳、索、缆的制造 * —体育项目用网（兜） 皮箱、包（袋）制造 * —运动包 茶饮料及其他软饮料制造 * —运动用饮料 武器弹药制造 * —运动枪 机械化农业及园艺机具制造 * —运动场地滚压机 —运动场机动割草机 汽车车身、挂车制造 * —高尔夫球机动车 脚踏自行车及残疾人座车制造 * —竞赛型自行车 车辆专用照明及电气信号设备装置制造 * —足球场、体育场等用的显示器

续表

七、体育用品、服装、鞋帽及相关体育产品的销售	1. 体育用品、服装、鞋帽及相关产品批发	体育用品批发 服装批发 * —运动服装批发服务 鞋帽批发 * —运动休闲鞋帽批发服务 图书批发 * —体育类书籍批发服务 报刊批发 * —体育类杂志批发服务 音像制品及电子出版物批发 * —体育类激光视盘批发服务 —体育类录像带批发服务 —体育类电子出版物批发服务 其他文化用品批发 * —台球器材批发服务 —飞镖器材批发服务 —沙壶球器材批发服务
	2. 体育用品、服装、鞋帽及相关产品零售	体育用品零售 鞋帽零售 * —运动鞋专门零售服务 服装零售 * —运动服装专门零售服务 百货零售 * —体育百货零售服务 超级市场零售 * —体育类产品超级市场零售
	3. 体育产品贸易与代理服务	贸易经纪与代理 * —体育用品国际贸易代理服务 —体育用品国内贸易代理服务
八、体育场馆建筑活动	1. 体育馆房屋工程建筑	房屋工程建筑 * —体育及休闲健身用房屋建筑
	2. 体育场工程建筑	其他土木工程建筑 * —体育场地设施工程 —室外体育用设施

注：

1. “*”表示该行业类别仅有部分活动属于体育及相关产业。《国民经济行业分类》是按照活动的同质性原则划分的，但从体育的角度观察，有些行业小类不完全是体育及相关产业活动。为了在统计和管理中准确区分不属于体育及相关产业的活动，特在《体育及相关产业分类（试行）》中对这类行业做标记（*）。

2. 类别前加横线“-”表示行业小类的延伸层。《体育及相关产业分类（试行）》对第3层划分较粗的行业小类增设了延伸层，其目的是科学、准确、完整地描述这类行业所包括的体育活动。延伸层的类别不设代码和顺序号，在类别前用横线“—”表示。

《体育及相关产业分类（试行）》作为体育产业统计的分类标准，它阐述了在国民经济活动中哪些活动属于统计上观察的文化活动，并对这些活动进行了重新组合和分层，以便社会各界根据不同需求来观察体育活动。这种分类还可组合成供分析决策用的体育产业核心层、体育产业外围层和相关体育产业层三个板块（表9－2）。

表9－2 体育及相关产业分类与层次对应表

层次	行业分类
体育产业核心层	体育组织管理活动 体育场馆管理活动 体育健身休闲活动
体育产业外围层	体育中介活动 其他体育活动
相关体育产业层	体育用品、服装、鞋帽及相关体育产品的制造 体育用品、服装、鞋帽及相关体育产品的销售 体育场馆建筑活动

《体育及相关产业分类（试行）》为完善体育及相关产业统计制度奠定了基础，为全面、准确地获取体育及相关产业统计数据提供了前提，也为各级政府有关部门科学制定体育及相关产业发展政策，积极培育体育消费市场，促进体育及相关产业可持续性展提供了科学的依据和参考。这对于科学制定体育产业发展政策，积极培育体育消费市场，促进我国体育产业可持续性发展，具有重要理论与现实意义。

二、体育市场的概念

（一）体育市场的含义

市场（Market）的原始概念是指买者和卖者在一定时间聚集在一起进行商品交换的场所或地点。这是从其外在形式来描述的市场。经济学的市场是指以交换过程为纽带的现代经济体系中的经济关系的总和，这是从其内在联系或本质来描述的市场。从市场营销学的角度来研究市场，市场是指某种商品的现实购买者和潜在购买者需求的总和。从经营管理角度来认识市场，市场是具有一定购买力水平的消费者群体。从市场概念的外延来看，市场既可以指一定区域而言，如国际市场、国内市场。又可以指一定商品范围而言，如服装市场、汽车市场、体育市场等。市场不仅可以围绕着有形商品而形成，也可以围绕着某种无形的（如服务）或其他任何有价值的东西而形成。例如，劳动力市场，它是由愿意提供自己劳动力来换取工资或产品的人们所构成的。为了促使这一市场的运行，各种各样的机构，如职业介绍所、就业咨询机构等都围绕劳动力市场而形成和发展。金融市场的出现是为了适应人们贷款、储蓄及保管钱财的需要。体育市场则是在为满足人们对健身、娱乐、提高运动能力以及社交等诸多方面需要的前提下而出现的，它是以体育服务为宗旨，具有显著体育特征的专门市场。

本书认为，体育市场（Sport market）是体育产品交换关系的总和。体育市场不仅包括体育服务等无形产品的交换活动，还包括和体育有关的有形产品的交换活动，同时还包括一些体育资源要素的交换活动，如体育资金、体育人才等。体育市场不仅包括具体的交换场所，而且还包括所有卖者和买者实现商品交换活动的过程。体育产业的发展为社会提供了丰富多彩的体育产品，满足着各类群体不同层次的体育需求。然而在市场经济条件下，为保证体育产品的供给能满足居民的体育需求，需要建立一种使体育产品的生产与居民的体育需求能直接联系的机制，即体育产品的供给和需求机制。由于体育产品价值必须通过市场交换才能实现，所以，体育产品供求机制的建立是通过体育市场而得以实现的。可见，体育市场不仅是连接体育产业与体育消费的纽带和桥梁，还是体育产业与体育消费得以互动的场所。

体育市场要素包括：（1）体育产品消费者。体育产品消费者就是购买体育产品的人。观看体育比赛、欣赏体育表演的人可称为观赏型体育产品消费者。购买体育器材、服装等实物型产品的人可称为实物型体育消费者。参加体育锻炼、接受体育技能培训的人可称为参与型体育消费者。（2）体育产品的生产者。体育产品的生产者是从事体育产品生产的人及各种组织等。体育产品的生产是创造价值及使用价值的过程，它包括体育有形产品和体育无形产品的生产。（3）体育市场中介组织。体育中介组织能预测体育市场行情的变化，为体育市场供需双方寻求利益共同点，促使体育市场的良好发育。（4）体育市场法规体系。体育市场法规体系是体育市场各种法律、制度、条例等的总和。体育市场只有在一定的法规体系保障下，才能实现公平、公正的竞争，促使其朝着健康、繁荣的方向发展。

（二）体育市场的分类

按照内容、特点和考察角度的不同，体育市场可做如下分类。

1. 从供应商数目、产品差别程度及对价格的控制力方面来划分

根据这一标准，可将市场划分为完全竞争、完全垄断、垄断竞争和寡头垄断四种不同的体育市场类型。

（1）完全竞争的体育市场。完全竞争的体育市场，指体育市场上存在为数众多的体育经营单位，每一个体育经营单位相对于整个体育市场规模来说都比较小。对整个体育市场来说，只有一种完全相同的体育商品，且体育产品没有差异。体育市场信息透明度大，体育经营单位较易进入或退出体育市场。体育市场中的体育培训、体育健身娱乐等市场属于较为典型的完全竞争的体育市场。

（2）完全垄断的体育市场。完全垄断的体育市场是指整个体育市场上只有一个体育经营单位面临着整个体育市场需求的情况。体育市场中的体育彩票市场就是属于较为典型的完全垄断的体育市场。

（3）垄断竞争的体育市场。垄断竞争的体育市场是指，在同一体育市场上，体育商品稍有差别而不是完全相同，体育经营单位在自己体育商品的销售上是垄断的，但可以在经营地点、营业时间、服务质量、价格水准等方面和其他体育经营单位展开竞争。一般体育市场上的小型乒乓球馆、羽毛球馆、健身健美中心等体育经营单位均属于垄断竞争市场内的体育经营单位。

（4）寡头垄断的体育市场。寡头垄断的体育市场是指体育市场上少数体育经营单位垄断了一个体育市场，它们生产和经营相同的体育商品。典型的就是体育竞赛市场中的足球市场、篮球市场和其他球类市场。

2. 从体育消费品与体育生产要素的不同功能来划分

根据这一标准，可把体育市场划分为 3 大类：即体育劳务或服务消费品市场、体育实物消费品市场以及体育要素市场（图 9－1）。

（1）体育劳务或服务消费品市场。体育劳务或服务消费品市场，就是指以活劳动形式存在的体育劳务商品市场。主要由体育产业部门的劳动者向体育消费者提供的各种体育劳务或服务产品所构成，如运动竞赛、体育表演、体育培训、体育场馆服务等。

（2）体育实物消费品市场。体育实物消费品市场，就是指以实物形态存在的体育商品市场。主要是由和体育有关的工业部门的劳动者向体育消费者提供的各种有形的体育产品所构成，如运动服装、运动饮料、运动器材、体育信息产品等。

- 体育劳务或服务消费品市场
  - 体育健身休闲娱乐市场
  - 运动竞赛体育表演市场
  - 体育咨询体育培训市场
  - 体育医疗体育康复市场
  - 体育旅游市场
- 体育实物消费品市场
  - 体育运动器材市场
    - 训练比赛器材
    - 健身器材
    - 康复体疗器材
    - 体育科研器材
    - 体育教学仪器设备
  - 体育保健食品市场
    - 营养品市场
    - 运动饮料市场
    - 营养及能量补剂
  - 体育运动用品市场
    - 运动鞋
    - 运动服装
    - 保健用品
    - 体育旅游用品
  - 体育保健药品市场
    - 创伤药品
    - 保健药品
  - 体育信息产品市场
    - 体育报纸杂志图书画册市场
    - 体育音像制品市场
- 体育要素市场
  - 体育资金市场
    - 体育广告市场
    - 体育彩票市场
    - 体育债券市场
    - 体育股票市场
    - 体育比赛电视转播权转让市场
    - 体育无形资产交换市场
  - 体育人才市场
    - 运动员转会市场
    - 教练员招聘市场
  - 体育技术产品市场
    - 承担科研项目
    - 进入科研咨询
    - 出售科研成果
    - 转让科研专利
    - 开展科技服务
    - 研制科研用品

图 9－1　体育市场体系示意图

资料来源：钟天朗．体育经济学概论［M］．上海：复旦大学出版社，2004.

（3）体育要素市场。体育要素市场，是指以各种体育发展所必不可少的要素所组成的体育市场，这些基本要素主要由体育资金、体育人才及体育科学技术等构成。

三、体育产业管理的含义

所谓体育产业管理是指通过一定方式整合资源，以促使体育产业目的实现的过程。理解这一定义，需要注意以下几点。

（一）体育产业的管理主体是多元的，既有政府行为主体，又有市场行为主体。在我国，各级政府有发展体育产业的职责和任务，国务院要求各级政府要将发展体育产业、促进体育消费纳入国民经济和社会发展规划，纳入政府重要议事日程，要建立发展改革、体育等多部门合作的体育产业发展工作协调机制（参见《国务院关于加快发展体育产业 促进体育消费的若干意见》，国发〔2014〕46 号，以下简称《意见》)。体育产业的市场行为主体则主要是各类体育企业。

（二）体育产业的目的是为满足体育需求。由于不同体育产业组织的主体不同，决定了发展体育产业的目的是不同的。对于国家而言，《意见》指出，发展体育产业是提高中华民族身体素质和健康水平的必然要求，有利于满足人民群众多样化的体育需求、保障和改善民生，有利于扩大内需、增加就业、培育新的经济增长点，有利于弘扬民族精神、增强国家凝聚力和文化竞争力。对于市场导向的体育产业组织而言，发展体育产业的主要目的则是在满足人们体育需求基础上实现营利。概括来看，对于不同的体育产业组织而言，发展体育产业的目的主要是为提供能满足人们需求的体育产品，并实现其经济效益的最大化和一定的社会效益。

（三）体育产业管理既包括对我国体育产业结构的控与优化，体育市场的培育与发展，体育产业政策的制定与实施，有关体产业法规的制定，对各类体育产业部门进行协调和监督的宏观管理，还包体育产业部门内部经营活动的微观管理。

（四）体育产业管理目标的实现必须充分整合资源。随着体育产业开发的不断深入，市场机制对体育资源配置的范围越来越广，体育资源在内容、形式、时间和空间等方面得到拓展，从而要求体育产业部门在体育产业开发中，不仅要注重体育人才、体育资金、体育物资、体育场馆以及与体育相关的时间、信息等有形体育资源的充分利用，提高其使用效率，而且要求注重对体育无形资源的开发和利用。

四、体育产业管理的基本内容

体育产业管理的内容非常丰富，例如从具体管理对象上可分为职业体育俱乐部管理、体育赛事管理、体育经纪人管理、体育场馆经营管理等；从领域上可分为体育竞赛表演业、体育健身娱乐业、体育用品业、体育旅游业、体育彩票业、体育中介业、体育培训业、体育科技信息业、体育广告业等的经营管理；从要素上可分为体育经营环境、体育市场、体育市场调研与预测、体育消费者行为研究、体育经营决策与经营战略、体育促销手段及途径等内容；从管理的层面上可分宏观体育产业管理、中观体育产业管理和微观体育产业管理；从管理的主体上可分为国家体育体育产业管理、部门部门体育产业管理、单位体育产业管理等。

（一）体育产业对象管理的基本内容

1. 职业体育俱乐部管理

职业体育俱乐部的经营管理是指职业体育俱乐部通过一定方式整合资源，以实现职业体育俱乐部目的的活动。职业体育俱乐部是职业体育发展的产物，它是为满足人们体育竞赛表演的观赏需要，将职业体育竞赛及其相关产品作为商品组织生产经营并追求营利、自主经营、自负盈亏、具有独立法人资格的体育经济实体。由于是以商业性经营为目的，所以需要按照体育产业的发展规律和市场开发的经营模式来管理。职业体育俱乐部管理的基本内容详见本章有关内容。

2. 体育赛事管理

体育赛事管理是指通过一定方式整合资源，以实现体育赛事目的的活动。随着体育市场化、产业化进程的加快，体育赛事的市场化运作已成为当代体育赛事运营的重要方式。体育赛事管理是在举办赛事的整个过程中，对各种与开展体育比赛活动有关的要素和资源（如人、财、物）等进行合理的计划、协调与控制，以充分利用这些资源的潜力，实现体育赛事目的的活动。体育赛事管理一方面通过组织各类赛事，为社会提供高水平的体育服务产品，满足广大体育消费者观赏和精神的需求；另一方面又通过充分挖掘体育赛事的商业价值，积极引导和规范各类体育赛事的市场化运作。体育赛事管理的基本内容详见本章有关内容。

3. 体育经纪人管理

体育经纪人在我国是一种新兴的现代职业，在体育经纪人发展比较迅速和成功的国家，以及管理富有成效的体育组织都已形成了一套比较成熟的对本国或本项目的经纪人管理的模式。运动员经纪、体育赛事经纪、体育组织经纪是体育经纪人的3大传统经纪活动领域。体育经纪人管理的基本内容详见本章有关内容。

4. 体育场馆经营管理

体育场馆经营管理是一项复杂的综合性工作，要围绕如何充分发挥体育场馆的设施功能，开发体育场馆的各种资源，不断提高其经济效益和社会效益展开各项工作。体育场馆经营管理涉及的内容非常多，主要包括赛事协调、市场营销、维护保养和后勤工作、安全保卫、财务管理和风险管理等。体育场馆的经营者不仅需要有渊博的知识，包括预算、成本控制、市场策划等，还要有熟练的管理技能，熟悉服务产品的经营特点和经营模式。

（二）体育产业领域管理的基本内容

1. 体育竞赛表演业管理

体育竞赛表演业是体育产业中的支柱产业。体育竞赛表演业是从事体育竞赛表演生产及经营活动的集合。《体育法》第四十四条规定，“对体育竞赛与表演应当按照国家有关规定加强管理和监督”。体育竞赛表演业管理的基本内容包括：（1）推进竞赛管理体制机制改革。体育竞赛表演业的管理必须推动竞赛体制的改革和运行机制的转换，积极引导和规范各类体育竞赛的活动，通过市场机制积极引入社会资本承办赛事。推行政社分开、政企分开、管办分离，加快推进体育行业协会与行政机关脱钩，将适合由体育社会组织提供的公共服务和解决的事项，交由体育社会组织承担。使体育竞赛和表演向产业化、社会化、法制化方向发展。（2）完善竞赛管理制度。在完善体育竞赛招标制度的基础上，积极试行重大体育竞赛的申办制度，逐步建立各种体育竞赛中介服务经济实体和体育竞赛经纪人制度。（3）推进职业体育改革。拓宽职业体育发展渠道，鼓励具备条件的运动项目走职业化道路，支持教练员、运动员职业化发展。完善职业体育的政策制度体系，扩大职业体育社会参与，鼓励发展职业联盟，逐步提高职业体育的成熟度和规范化水平。完善职业体育俱乐部的法人治理结构，加快现代企业制度建设。改进职业联赛决策机制，充分发挥俱乐部的市场主体作用。（4）开发体育竞赛表演市场。引导规范各类体育竞赛和体育表演的市场化运作。探索完善全国综合性运动会和单项赛事的市场开发和运作模式；根据当地自然人文资源特色举办体育竞赛活动，鼓励企业举办商业性体育比赛，积极引进国际知名的体育赛事，努力打造有影响、有特色的赛事品牌。

2. 体育健身娱乐业管理

体育健身娱乐业是从事身体锻炼、康复锻炼、娱乐休闲产品生产及经营活动的集合。体育健身娱乐业管理的基本内容包括：（1）体育健身组织的管理。引导和鼓励社会各界投资兴办经济实体，从事体育健身娱乐方面的各类经营活动。规范对各种晨（晚）练点、体育指导站的管理，积极引导，合理收取费用。加强对体育经营场所的监督和管理。（2）体育场地设施的管理。以安全、卫生、标准为出发点，加强对健身娱乐场馆设施的监督与管理，制定体育场馆设施管理标准，定期对各营业场所进行检查、评定；立足于实际，建立场馆设施的收费标准；加大新建小区体育设施的建设与管理。（3）健身娱乐组织人员的管理。明确健身娱乐组织管理人员的责、权、利，提高其经营管理水平。（4）体育健身娱乐法规建设。完善健身娱乐组织管理法规、场馆设施标准管理条例、健身娱乐市场经营管理条例、社会体育指导员管理条例等各项法规、条例及制度，使健身娱乐业向正规化、市场化方向发展。

3. 体育用品业管理

体育用品业是从事体育用品生产及经营活动的集合，它主要包括运动服、运动鞋、运动器材及相关体育产品的制造和销售活动。体育用品业管理的基本内容包括：（1）体育用品标准建设。积极推进标准化工作，制定完善国家标准和行业标准，加强涉及强制性标准体育用品质量监管，加强体育用品产品的认证工作。（2）体育用品品牌建设。积极体育用品的品牌建设，增强体育用品的国际市场竞争力。打造体育用品博览会。（3）体育用品业创新。探索体育用品业创新发展，采用新工艺、新材料、新技术，提升传统体育用品的质量水平，提高产品科技含量。

4. 体育旅游业管理

体育旅游业是从事体育旅游产品生产及经营活动的集合。体育旅游业是体育产业与旅游产业交叉渗透产生的一个新的经济领域，不仅是我国体育产业的一个重要组成部分，也是旅游市场中的一种新型项目和旅游业发展的一个新亮点。体育旅游业的构成住主要包括：体育旅游餐饮住宿业、交通运输通讯业、旅行业务组织部门、游览场所经营部门、目的地旅游组织部门。体育旅游业管理的基本内容包括：（1）体育旅游资源开发。多渠道开发体育旅游资源，政府在政策上应给予保证，在宏观上加强管理监督。（2）体育旅游人力资源培育开发。体育旅游人力资源主要包括体育旅游经营管理人员及体育导游等。人力资源水平对体育旅游服务的质量起着重要的作用。（3）体育旅游设施的管理。规范对体育旅游设施的管理对各种体育旅游设施（如水上运动场、大型射击场、国际高尔夫球场、休闲俱乐部等）加强管理和监督，一方面在政策上给予扶持，鼓励各地兴建体育旅游设施；另一方面要对其经营管理加强监督，强化安全意识，提高环保意识，并对体育旅游设施的规格标准、卫生及收费标准等进行定期检查。

五、体育产业管理的基本方式

（一）体育产业管理的基本要求

1. 效益为核心

追求经济效益是体育产业组织的重要目的。体育作为一种新兴的产业，有其独特的市场，同时也受着市场规律的制约，没有市场效益的体育产业是一种无益的劳动。但是片面追求市场效益也是一种不理智的行为，因为市场效益一方面受价值规律的制约，另一方面也受供求关系的影响。不注重社会效益的结果是一种短视行为，一旦市场不再需要这种产品，必将造成能源和资源的极大浪费。

2. 市场为导向

市场作为一只指导经济的无形的手，对市场的发生、发展、健全起着导向作用。体育产业作为市场经济的一部分因素，也必然受这只无形之手的控制。体育产业管理理应坚持以市场为导向，注重市场信息反馈，以市场需求为依托，确立投资方向，调整经营战略。

3. 法律为保障

市场经济是法制经济，法律对市场经济的发展起着保驾护航的作用。体育产业作为市场经济的必然产物，依法经营管理是其发展的客观要求。我国体育产业起步较晚，目前体育产业发展中存在许多不足，如市场发育不成熟，市场机制不完整，市场规则不健全，体育中介市场混乱等等，为了使体育产业能健康、顺利地发展，体育产业管理应强化法制观念，逐步建立和完善各项体育市场管理法规，以法律为准绳，维护体育市场秩序，促进体育市场良性发展。

4. 服务为核心

只有树立良好的服务意识，才能不断提高为体育市场服务的能力，才能鼓励和引导社会、企业、个人增加对体育产业和体育市场的投资，才能为经营者营造一个良好的市场环境，保护体育消费者和经营者的合法权益，提高体育市场的产品质量，使广大消费者在体育市场中获得有品质保障的精神产品和服务。

5. 经济方法为主导

体育产业管理的首要目的是获得良好的经济效益。因此，体育产业管理活动应以经济方法为主要手段，体育产业管理目标要和经济利益挂钩，建立利益激励机制，多劳多得，奖优罚劣，通过各种经济方法的灵活运用，调动劳动者的积极性，以提高体育产业管理的效率。

（二）体育产业管理的基本措施

根据2010年3月24日，国务院办公厅发布的《关于加快发展体育产业的指导意见》（国办发〔2010〕22号），我国体育产业管理的基本措施如下。

1. 加强对体育产业发展的规划

各级政府要高度重视促进体育产业的发展，把体育产业发展纳入经济与社会发展规划，制定和组织实施体育产业发展规划。加强对体育产业发展的区域布局，根据不同地区的比较优势和经济社会发展的实际情况，合理规划，促进形成体育产业发展的聚集区、示范区和城市发展功能区。协调不同地区的体育产业发展。完善体育产业统计体系，建立体育产业信息发布制度，为宏观调控提供信息支持。坚持政企分开、政事分开、政社分开、营利性与非营利性分开原则，充分发挥市场在体育资源配置中的基础性作用，消除和防止对体育市场资源的限制和垄断。

2. 加大投融资支持力度

拓宽体育产业发展资金来源渠道，政府可以通过安排补助资金等方式促进体育产业发展。支持有条件的体育企业进入资本市场融资，通过发行债券、股票，以及项目融资、资产重组、股权置换等方式筹措发展资金。积极鼓励民间和境外资本投资体育产业，兴建体育设施。鼓励金融机构适应体育产业发展需要，开发新产品，开拓新业务。研究探索体育彩票市场发展规律，不断丰富体育彩票新品种。完善体育彩票市场管理制度，健全发行销售监督机制。加强对彩票公益金使用的监管，提高使用效益。鼓励社会资本进入体育产业领域，建设体育设施，开发体育产品，提供体育服务。推广和运用政府和社会资本合作等多种模式，吸引社会资本参与体育产业发展。政府引导，设立由社会资本筹资的体育产业投资基金。有条件的地方可设立体育发展专项资金，对符合条件的企业、社会组织给予项目补助、贷款贴息和奖励。鼓励保险公司围绕健身休闲、竞赛表演、场馆服务、户外运动等需求推出多样化保险产品。

3. 完善税费优惠政策

符合条件的体育类非营利组织的收入，可按税法有关规定，享受企业所得税相关优惠政策。企业发生的符合条件的广告费支出，可以按照税法规定扣除。鼓励社会捐赠体育事业，对企业、个人和其他社会力量向公益性体育事业的捐赠，符合税法有关规定的部分，可在计算企业所得税应纳税所得额时扣除。

4. 加强公共体育设施建设和管理

各级政府要立足国情、面向社会、服务群众，合理规划和布局公共体育设施，切实加强城乡公共体育设施的建设和管理，提高设施综合利用率和运营能力，充分发挥公共体育设施在提供社会体育服务、满足群众体育需求方面的作用。认真做好政府投资建设的公共体育场馆及其配套设施的监管工作，防止闲置浪费或挪作他用。公共体育设施应当根据其功能、特点向公众开放，并在一定时间和范围内，对学生、老年人和残疾人优惠或者免费开放。对露天体育场，要创造条件免费开放；已经免费开放的，不得改为收费经营。有条件的学校体育场馆应当向社会开放，鼓励机关、企事业单位的体育设施创造条件向社会开放，实现体育资源社会共享。完善政策，健全机制，探索运营管理的新模式。多渠道投资兴建体育设施，加强中小型体育场馆和体育服务设施建设，特别要大力加强农村基础体育设施建设。大幅度增加群众性体育场所的数量。政府对用于群众健身的体育设施日常运行和维护给予经费补助，并根据其向群众开放的程度，在用水、用气、用电、用热等方面给予政策优惠。

5. 支持和规范职业体育发展

职业体育是体育发展的重要组织形式之一。积极探索中国特色职业体育发展道路，对于拓宽体育发展渠道、扩大体育社会参与、发展大众体育具有积极意义。要从国情和项目特点出发，借鉴国际经验，鼓励引导、规范发展足球等职业体育赛事。完善职业体育的政策、制度和管理体系，严格职业体育俱乐部准入和运行监管，扶持职业体育俱乐部建设，健全职业联赛赛制，促进规范健康发展，不断提高职业体育水平。

6. 加强体育无形资产开发保护

加强对体育组织、体育赛事和活动名称、标志等无形资产的开发，依法保护知识产权。完善中国奥委会、中华全国体育总会、全国性单项体育协会等群众性体育组织的市场开发模式，理顺和明确各相关主体在市场开发活动中的身份及其相互关系。强化知识产权对各类体育企业的导向作用，提升体育产业的知识产权创造、运用、保护和管理水平。在引进国外先进技术和管理经验的同时，加大自主研发和科研成果转化，开发科技含量高、拥有自主知识产权的产品。加强体育产品品牌建设，推动体育企业实施商标战略，增加体育产品商标内涵，提高产品附加值，提升体育产品的市场竞争力。

7. 加快体育市场法制化、规范化建设

建立、健全相关法规，完善监督管理机制，明确监管主体及其管理职能和各类市场主体的权利义务，规范体育市场主体行为，维护市场秩序，促进体育市场规范发展。

加强体育经营活动的安全监管，对于高危险性体育项目的经营活动，依法确定严格、规范、公开、透明的准入和开放条件、技术要求和服务规程，加强技术指导和安全保护，加强日常监督检查及产品质量检测，确保设施设备和管理服务符合要求，确保消费者人身安全。推行体育服务质量认证制度，建立和完善体育服务规范，提高体育服务水平。开展体育行业特有职业技能鉴定工作，提高体育服务从业人员的服务意识和专业水平。经营单位和活动组织者应当根据情况，提供相关的安全保险。

8. 加快体育产业管理人才培养

鼓励多方投入，开展各类体育教育培训，多渠道培养既懂经济又懂体育的复合型体育产业管理人才。有关高等院校要积极推进教育教学改革，优化专业和课程设置，培养适应体育产业发展需要的专门人才。

9. 鼓励支持群众性体育组织发展

改革和创新体育社会团体管理模式，在加强业务指导和依法监管的同时，完善体育社团法人治理机制，充实体育社会团体业务职能，发挥体育社会团体服务功能。提高体育社团自我发展、自我管理、自我服务和自律规范的能力。鼓励支持社会力量兴办体育类民办非企业单位，促进体育事业健康发展。

第二节　职业体育俱乐部管理

作为现代体育的基本组织形式，俱乐部在职业体育的发展中扮演着重要的角色。

职业体育俱乐部是职业体育发展的产物。职业体育俱乐部的管理通过一定方式整合资源，以促使职业体育俱乐部目的实现的过程。本节主要阐述职业体育俱乐部的管理体系、内容和策略等问题。

一、职业体育俱乐部管理的定义

（一）职业体育俱乐部的含义及特点

职业体育是以提供竞赛表演产品为目的的体育。职业体育业是当今体育产业中最活跃、最积极的因素，正是由于职业体育的存在带动了体育产业领域不断发展壮大，引起连锁的经济效应。职业体育业的形成离不开市场的需求。全世界数以亿计的运动迷造就了广阔的市场，是职业体育产业不断发展最坚固的基石，是职业体育业形成的最根本原因。职业体育通过赛事的运作在全世界产生了巨大的影响力，让职业体育业的发展充满了诱人的前景。

职业体育俱乐部是指从事体育竞赛表演产品生产及经营活动的体育经济组织，其根本目的在于营利。职业体育俱乐部是职业体育的基本组织形式，它是由投资者、经营者、管理者、运动员和教练员组成的利益共同体。由于职业体育俱乐部在扩大体育影响、促进运动成绩提高和满足广大体育爱好者的观赏需要、促进国民经济发展等方面发挥了巨大作用，因而近年来发展迅速。

从国际范围来看，现代职业体育俱乐部的基本特点表现为以下方面。

1. 提供高水平竞赛表演是俱乐部生存的基本条件

职业体育俱乐部以人们观赏体育竞赛需要为生存发展空间，从事创造体育竞赛观赏价值的生产经营活动，并通过一系列服务手段在市场上与消费者交换，使商品价值得到充分体现，获得相应的利益回报，以此维持俱乐部的正常运作。因此，职业体育俱乐部生存与发展的基本条件是向社会提供高水平的体育竞赛表演产品，主要是依靠运动员在竞技场上激烈的竞争与对抗、高超的运动技能展示及表演吸引观众。

2. 按市场规律运作是职业体育俱乐部生存发展的前提

职业体育俱乐部属于经济组织的一种，因此，职业体育俱乐部须严格按照市场经济的竞争、价格和供需规律来经营职业体育活动。任何投资办职业体育俱乐部的投资者都要考虑俱乐部的经济利益，以使资本在运作过程中不断增值作为俱乐部的运作目标，由此形成了企业化的经营管理方式，建立起特有的运行机制。

3. 以无形资产的开发利用作为职业俱乐部经营的主要内容

职业体育俱乐部的主要经营内容是俱乐部的无形资产。职业体育俱乐部的无形资产涉及到俱乐部冠名权、电视转播权、场地、队服、球星的广告开发权、俱乐部标志物的使用权等等。职业体育俱乐部无形资产的高低，是以市场需要为基础来判断的。俱乐部社会形象越好，社会知名度越高，无形资产的市场价值也越高。绝大多数职业体育俱乐部的无形资产开发利用的获利远远超过其它收入，反映出俱乐部经营的一个显著特点，那就是不断提高俱乐部无形资产的开发与利用程度。

4. 职业俱乐部有为明确的法人地位

职业体育俱乐部是经注册登记的、具有独立法人资格的团体，拥有明确的产权及其生存发展所必需的其它各种权利，自主经营、自负盈亏，有权利、有能力以自己的名义从事各种活动，并承担相应的民事责任。

（二）职业体育俱乐部管理的含义

职业体育俱乐部管理是指通过一定方式整合资源，以促使职业体育俱乐部目的实现的过程。

职业体育是一种追求竞技比赛票房价值、以商业牟利为目的竞技体育活动。职业体育俱乐部是以股东利益最大化目的导向的企业，都已注册成立俱乐部有限责任公司或俱乐部股份有限公司，具有独立法人资格。职业俱乐部为了实现自身的延续的根本目的，必须依靠市场经济规律运作，以获取最大的经济利益。

由于职业体育俱乐部是由多方利益共同体构成的体育经济组织，因此，职业体育俱乐部的管理者是多元的。对于企业性质的职业体育俱乐部，政府也有管理的责任，并将其纳入体育市场的管理范畴，依法加强监督和管理。各级各类单项运动协会也通过章程和有关规章制度，在章程规定的范围内发挥对职业体育俱乐部的管理职责。职业体育俱乐部的投资者和管理者一起工作，寻求和维持与球迷、赞助商、广告商、其他俱乐部、项目协会、地方政府、金融家之间的交易和关系，共同为实现俱乐部的最终目的而努力。

职业体育俱乐部实现营利的途径主要包括门票销售、俱乐部相关产品销售、企业赞助和转播权收益等。为了实现俱乐部营利的最终目的，职业体育俱乐部的管理者需要整合各种资源，以确保上述营利途径的顺利实施。

二、职业体育俱乐部管理体系

（一）职业体育俱乐部的外部管理体系

国外职业体育俱乐部的外部管理体系有多种，大多数国家采取三级管理的管理体系，即由全国单项体育协会、职业体育联盟（亦称联合会、联赛，代表下属各个俱乐部的整体利益）、职业体育俱乐部（以市场需求为依据，以最大利益为目标）组成。它们的关系一般表现为“伙伴关系”，既各自独立、互不干涉，又彼此依存、相互合作，共同维护职业体育的正常运转，他们的运营完全遵循市场化原则。职业体育联盟对俱乐部和联赛的管理形式，也完全依靠健全的法规和市场机制行事。职业体育的法规一般包括合同制、转会制、限薪制、选秀制和新建俱乐部的条件以及对教练员、运动员、俱乐部的各种奖惩制度等。

一般而言，国外政府对职业体育俱乐部的管理较为宽松，政府不直接控制职业体育俱乐部，各类职业体育俱乐部大多为私人拥有，自主经营，自行管理；政府不设立职业体育俱乐部的专门管理机构，由项目协会、联赛、联盟等职业体育的民间管理机构来协调各俱乐部、各职业体育项目之间的关系，调节职业体育与市场、社会之间的关系。国外经济发达国家的政府对职业体育俱乐部的管理通常具有以下特征。

1. 社会办职业体育俱乐部

政府不直接控制职业体育俱乐部，各类职业体育俱乐部大多为私人拥有，自主经营，自行管理。政府不设立职业体育俱乐部的专门管理机构，由项目协会、联赛、联盟等职业体育的民间管理机构来协调各俱乐部、各职业体育项目之间的关系，调节职业体育与市场和社会之间的关系。

2. 市场调节政策

政府将职业体育俱乐部更多的是作为企业、商业机构等经济组织来对待，一般不予以资助，也不给予享受减免税收的待遇，俱乐部在市场中运作，由此证明自身存在的价值。适者生存、优胜劣汰是政府对职业体育俱乐部的基本态度。但当职业体育俱乐部整体经济面临巨大危机、职业体育出现自身难以克服的矛盾等一些特殊情况时，政府会适度干预。如美国政府在职业体育电视转播权、俱乐部联盟球员罢工等问题上曾给予一定的行政干预。

3. 依法宏观管理

职业体育俱乐部的法律地位为自主经营的独立经济实体，在运作中必须依法办事，政府颁布的社会立法、经济立法均适用于职业体育俱乐部、职业体育管理机构。各国政府虽无专门针对职业体育俱乐部的法律，但对职业体育俱乐部运作产生影响或约束的法律条款却难以计数。如德国的“卡特尔法案”就适用于体育俱乐部的经营和体育传媒领域。根据德国劳工法中的雇工条款，职业运动员的合同雇用期不得超过 18 个月，且同一运动员在合同中连续固定也是非法的。

我国已基本形成职业体育俱乐部管理体系，运动项目管理中心兼具政府、事业、企业、社团的功能（图 9 -2）。这种管理体系尚属于向市场经济过渡的阶段，很难适应市场经济体制下的职业体育俱乐部发展，还需不断完善管理制度、转换经营机制，以不断强化我国职业体育俱乐部的经营管理水平。

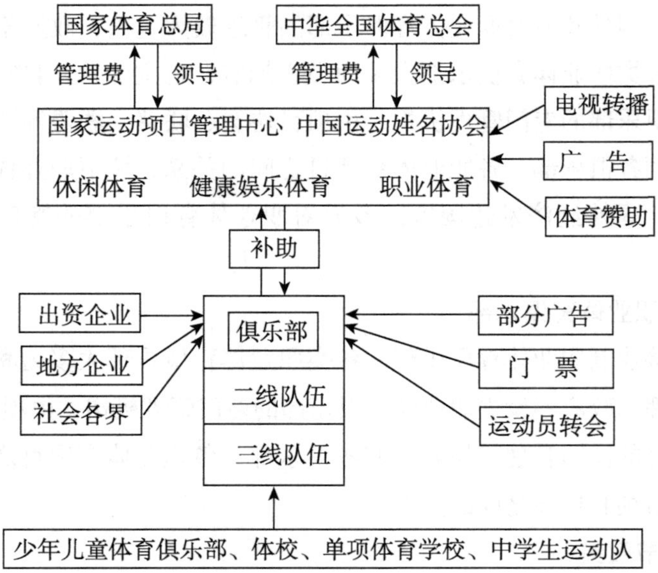

图 9 -2 我国职业体育俱乐部管理体系示意图

资料来源：左庆生．体育管理学［M］．北京：北京师范大学出版社，2010.

（二）职业体育俱乐部的内部管理体系

职业体育俱乐部的内部管理体系通常采用委员会的组织形式，其成员由各俱乐部业主或代表组成，并成为最高决策机构。委员会推选或聘任俱乐部主席（或称总裁、总干事等）作为代表负责处理涉及俱乐部的各项事务，根据其管理职责设置若干职能部门或办事机构，如日本职业足球联赛的管理机构为指导委员会，内设裁判、法律等6个专门委员会，指导委员会下设商业、球员等9个办事机构，指导委员会主席由全体成员推举产生。一般情况下职业体育俱乐部的组织领导为：俱乐部主席领导俱乐部董事会，俱乐部总经理管理运动员、经营部、财务部、办公室等部门，并直接对董事会负责。

俱乐部董事会主要由俱乐部投资者或代表组成，对俱乐部发展的重大问题做出决策。俱乐部主席由董事会推选或指派，通常由出资最多的一方或由其指定代表担任。董事会聘请总经理负责俱乐部的日常事务和运作。俱乐部设有主管具体业务活动的职能部门，并对总经理负责。行政管理部主要负责俱乐部财务方面的工作，宣传公关部主管宣传、公共关系、广告业务等，运动管理部负责俱乐部球队的竞赛训练工作，办公室主管俱乐部的行政性事务，市场开发部负责俱乐部的经营开发，会员部负责俱乐部与球迷之间的联系（图9－3）。

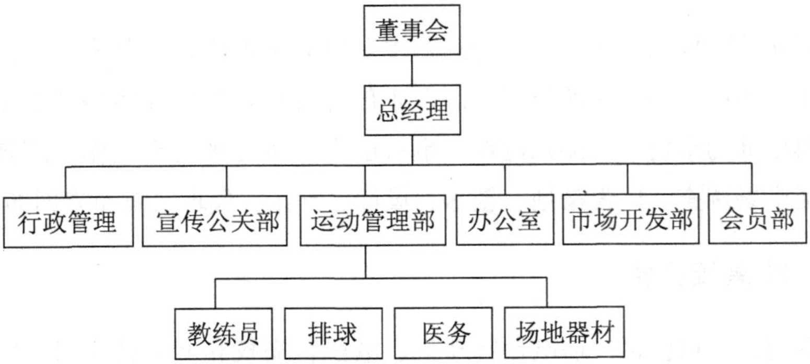

图9－3 职业体育俱乐部内部管理体系示意图

三、职业体育俱乐部管理的基本内容

职业体育俱乐部管理的基本内容包括门票、冠名权、广告、转播权、球员转会、标志产品和赞助经营等方面。

（一）门票经营

门票收入在中外职业体育俱乐部收入中都是十分重要的财源，其经营状况的好坏直接关系到俱乐部财政收支的盈亏。职业体育俱乐部的门票经营管理内容除了一般意义上的门票销售外，还有两项十分重要的经营内容，一是豪华订座，即职业体育俱乐部在自己的主场设置一些豪华包厢，并向消费者进行推销；二是座位许可，也称永久坐位许可，是指消费者购买季票、套票的权利以及选择座位的权利。

（二）冠名权经营

冠名权是指在某种事物前面加上自己名号的权利，通俗地说，就是商家为某项活动（如比赛、义演等）出资赞助，取得用自己的商标或品牌为活动命名的权利。冠名权经营是职业体育俱乐部经营的一项重要内容，其实际是职业俱乐部寻找冠名赞助商的过程。对冠名赞助商的开发需要动用多种资源，如除了要考虑经济因素外，还要考虑各种非经济因素，以吸引赞助商的投资热情。

（三）广告经营

对于职业体育俱乐部而言，广告经营主要针对场地广告和队服广告的经营。这种经营实质上是广告特许权的经营，即俱乐部寻找广告赞助商的经营活动。广告经营既可由俱乐部的市场开发部来运作，也可由中介机构来代理运作。广告经营的主要内容包括市场调查、广告策划、创意、设计、制作、代理或发布方面的服务等。

（四）转播权经营

体育活动转播权包括广播电台转播权、电视转播权和网上转播权。由于电视在当前的媒体中居主导地位，因此人们谈体育赛事转播权，主要是指电视转播权。电视转播是电视台以广大观众精神文化的需求为市场，投资向赛事组织者买断某一赛事的电视转播权，向地区、全国乃至全世界进行赛事的现场直播的一项经营活动。电视转播的介入不仅可以增加赛事的经济收人，还具有扩大赛事的宣传、树立赛事的品牌、扩大体育迷的群体等效应。

（五）球员转会经营

球员转会的经营主要是指俱乐部根据自己的经营目标和球队成绩的实际状况，以最合理的价格买入和卖出球员的经济活动。球员转会经营最重要的是科学确定转入或转出球员的市场价格，力争以最小的投入买入最好的球员，以最优的价格卖出转会球员。对俱乐部而言，球员转会经营最重要的是要清楚转入或转出球员价格的估算方法，并以此为底价设计谈判方案，争取以最合理的价格与对方俱乐部达成协议。

（六）标志产品经营

标志产品是职业联赛的经营者将赛事标志、队徽标志、球星形象制作成各种适应体育迷需求的产品，以商品的形式有偿转让给某一企业的一种商业行为。虽然标志产品与竞赛本身没有直接联系，但它的市场状态却与竞赛的水平有着必然联系。高质量的竞赛是树立联赛形象的根本，也必将推出一批深受体育迷们喜爱的明星运动员，而高质量竞赛的观赏性和明星运动员的精彩技艺必然吸引众多的体育迷，围绕赛事和明星们将会形成一个相对稳定的体育迷群体。通过设计、制造和发行带有赛会标志的运动服、帽、纪念章、球星卡等标志产品，可以满足体育迷们对赛事和明星的认同感。因此，标志产品的经营既是创造经济效益的渠道，也是树立赛事品牌，扩大球迷群体的一个有效手段。

（七）赞助经营

职业体育中的赞助主要是指以联赛为对象的赞助。体育赞助是赞助双方的事情，双方各有其利益。就被赞助方的职业体育经营者而言，是扩大财源、增强活力、扩大影响的重要手段，主要解决生存和发展的问题。就赞助方而言，通过冠名、赛场广告、电视现场转播等手段，可以提高企业知名度、美化企业形象、增强和目标顾客及社会接触机会，以利于扩大产品销售等。职业体育赞助的形式是多样的，可以是对赛事的赞助，也可以是对俱乐部的赞助或是对明星运动员的赞助等。但无论何种形式，比赛都是核心，只有高质量的竞赛，才可能吸引赞助商。

四、职业体育俱乐部管理的基本方式

（一）提高俱乐部核心产品的水平

赛事作为职业体育俱乐部的核心产品，其水平高低不仅会影响观众的观赏兴趣，还会影响俱乐部的收入。从某种程度上说，正是由于比赛场上结果的不可预测或者说体育比赛结果的这种偶然性更具有吸引力，所以才能够吸引越来越多的观众，最终使得职业体育俱乐部赢得更好的市场。为此，必须牢牢把提高俱乐部比赛的精彩程度作为俱乐部生存发展的核心要义，以创造高水平的产品满足消费者的欣赏需求实现俱乐部的持续发展。

（二）打造俱乐部服务的质量

职业体育俱乐部以人们观赏体育竞赛需要为生存发展空间，从事创造体育竞赛观赏价值的生产经营活动，并通过一系列服务手段在市场上与消费者交换，使商品价值得到充分体现，获得相应的利益回报，以此维持俱乐部的正常运作。俱乐部要以市场需求为杠杆，以满足观众的需要，围绕竞赛去经营开发，赚取票房收入及建立在此基础上的广告、电视转播、企业赞助、转会和彩票活动为生存基础。为达到这一目的，必须千方百计提高俱乐部服务质量，要从竞赛规则、赛事组织到赛场服务、经营策略都要建立市场意识、服务意识。

（三）抓好职业运动队伍的管理

职业运动队是职业体育俱乐部的基础和核心。职业体育俱乐部的社会效益和经济效益全都来自职业运动队。职业体育俱乐部的所有工作都是围绕着职业运动队而开展的。因此，职业运动队的建设和管理对职业体育俱乐部来讲具有重要意义。

1. 职业运动队的人员构成

职业运动队的人员构成少而精。除运动员外，一般还有下列工作人员：经理（有的国家也称做领队）1 人，主、副教练各 1 人，经理助理 1 人，按摩师 1 人，后勤 1 人。

经理。是职业运动队的实权人物，掌管全队的管理和财务大权，负责和教练员及运动员签订合同，确定和发放比赛奖金，签发全队的各项开支。运动员的进出，主教练可以提出个人意见，但最后决定权掌握在经理手里。经理还负责对外联系，包括与赞助商商谈和签订合同，对外联系商业性比赛事宜，签订租赁体育场合同等。此外，还负责公关和新闻发布等工作。总之，整个运动队除训练和比赛以外的一切事务，均由经理来谋划和主管。

主教练。负责全队与训练和竞赛有关的一切事务，包括物色、选拔和淘汰运动员；制定比赛和训练规划和计划；设计和实施技术、战术、身体素质、心理和智能等方面的训练；确定比赛战略和战术以及参赛运动员的人选，并进行现场指导；负责运动员的恢复以及必要的生活管理和监督。

经理助理。协助经理处理各项具体工作，兼管运动队的文秘和档案工作。

副教练。根据主教练的旨意，协助完成与训练及比赛有关的一切具体工作。包括布置训练器材，做些现场统计、记录等工作。

按摩师。主要负责运动员训练和比赛后的身体按摩，促进其恢复。同时还负责运动员在赛场上的伤病处理，配置运动饮料以及一般性的医务监督。此外，运动员和按摩师之间的关系一般都比较融洽。因此，按摩师大都身兼运动心理师，利用按摩的机会对运动员做些心理疏导工作。

上述人员构成情况只属一般中、小型职业运动队的最低要求。由于国情、运动项目和运动队规模的不同，在人员种类和数量方面会有一定差异。

2. 职业运动员的管理

职业运动员是职业运动队的基础和灵魂，其水平与质量直接影响职业运动队以及职业体育俱乐部的命运。因此，各个职业体育俱乐部和运动队无不把运动员看成是自己的生命线，下大力气抓好运动员的管理，使之发挥最大效益。国外对职业运动员的管理一般均遵循下列几个方面。

（1）进行法制管理。所谓法制管理是指严格按照法律、规章、制度和合同来进行管理，使这些法律、规章、制度和合同起到引导、规范和保障作用。首先，通过宪法或其他专项法律来规范和保障职业运动员的合法地位和权益，使他们的职业合法化。其次，各主管运动协会都通过法规对职业运动员的资格、就业、转会、参赛条件、合同、奖金及纠纷处理等问题做出明确规定，一方面为了确保职业运动员的质量，另方面也是为了规范和保障他们的义务和权利；第三，职业体育俱乐部和职业运动员之间签订合同；第四，职业体育俱乐部通过严明的纪律规章来进行管理。

（2）按照价格法则激励运动员。职业运动员的工资和奖金是其运动水平和业绩的标志。水平越高，业绩越好，所获得的报酬就越多。主要做法是：首先，提高工资起点。由于职业运动员所创造的票房价值和广告价值均很高，加上运动员是一项既比较危险，从业年龄又较短的职业，他们伤、病的概率较高，导致终生残疾甚至夭折的事例时有发生，因此，他们的收入理应高于一般职业；其次，拉开差距，突出明星的地位。著名球星是场上的灵魂和核心，他们的出现，不但对本队起组织、指挥和稳定军心的作用，对对方起牵制和威慑作用，而且还是吸引观众和赞助及广告、提高球队档次和知名度的法宝。因此，他们的工薪高出一般队员许多倍；第三，奖金浮动，真正体现多劳多得，立功受奖；第四，鼓励运动员通过广告活动提高知名度；第五，杜绝“铁饭碗”，坚持优胜劣汰，人才流动。

3. 职业教练员的管理

教练员是运动队训练与比赛的设计者、指导者和指挥者。其水平、能力与态度均和运动队的成绩有着直接而密切的关系。国外在职业队教练员的管理方面有下列几个主要特点：一是十分注意教练员的任职资格。国外不但普遍重视教练员的任职起始资格，而且还十分强调业务进修；二是实行合同制。俱乐部和教练员之间普遍实行合同制。合同一方面赋予教练员指挥训练与比赛的全权，其中包括任何时候都可以淘汰他认为不合适的运动员的大权。但同时又对教练员自身的工作和任期目标有严格的规定。

（四）做好无形资产的开发利用

无形资产是指不具有独立实体，对生产经营与服务能持续发生作用并能带来经济利益的一切经济资源。绝大多数职业体育俱乐部的无形资产开发利用的获利远远超过其他收入，因此，必须不断提高俱乐部无形资产的开发与利用程度。职业俱乐部的无形资产涉及俱乐部冠名权、电视转播权、场地、队服、球星的广告开发权、俱乐部标志物的使用权等等。即使是俱乐部实物产品、门票销信也与俱乐部无形资产有联系。俱乐部的无形资产代表的就是俱乐部的社会形象与声誉，现代职业体育俱乐部已不再局限于几场门票的经营，而更加关注与包括媒体在内的社会各界建立广泛联系，树立俱乐部品牌形象，构建球迷对俱乐部的归属感。俱乐部社会形象越好，社会知名度越高，无形资产的市场价值也越高。

（五）重视体育后备人才的培养

吐故纳新是职业体育俱乐部生存和发展的根本之道，因此，每一个俱乐部都十分重视后备人才的培养和选拔。其主要途径大致如下。

1. 俱乐部自己培养

欧洲国家大都采用这一办法。而且许多国家都把培养后备人才看成是职业体育俱乐部的先决条件之一。例如德国足协规定，每个职业足球俱乐部必须至少拥有10个青少年足球队。而实际上，几乎每个俱乐部所拥有的青少年足球队，都大大超过这一要求。

2. 俱乐部成立专项学校

南美洲足球大都采用这一形式。这一形式和上述欧洲普遍采用的形式差不多。不同的只是学员不能自由参加，而是需要经过考核甄别，只有达到一定标准的人才能被录取。学员们也按年龄分组进行训练和比赛。例如，阿根廷从12岁起到20岁，一岁一个年龄组。该国还规定，甲级足球俱乐部，每个年龄组都必须设置代表队参加所在城市和地区的各年龄组锦标赛。

3. 从学校代表队中选拔

在美国，学校是美国体育的摇篮。该国从小学到大学普遍重视体育教学和课外业余训练及竞赛。因此，各个项目校内、班级内和班际的比赛，以及校际间的比赛常年连绵不断。

4. 成立预备队

许多国家的职业体育俱乐部均设预备队，成员大都为本俱乐部的青年精英，也有一些是通过球探从其他俱乐部物色来的新秀。一般只有极少数人有幸留下来签约成为正式队员，其余被淘汰的人或转入俱乐部成人业余队继续从事业余足球训练和比赛或另谋出路。为了避免有的俱乐部垄断过多的优秀青少年选手造成积压和浪费，一般都对预备队的成员数量有严格限制。

（六）扩大会员队伍

职业体育俱乐部与会员之间有着鱼水关系，因此，各个俱乐部都十分重视扩大会员队伍的工作。除了采取前述业余体育俱乐部的一些相应措施外，还采取下列一些办法来巩固和扩大会员队伍：如通过代购门票，提供赠票和优惠票等方式，保证会员们能看到一些重大比赛。以提供队服、队旗和在交通、住宿方面提供方便以及优惠的方式鼓励会员随队到外地或国外去观看比赛，不但满足他们的观赏欲望，还可扩大“啦啦队”的阵容；以优惠价向会员出售年票、季票和月票等长期门票，使会员们在价格上享受优惠，也保证了每场比赛的基本观众和基本门票收入；采用减收会费的方式来吸引外地和郊区球迷入会。

第三节　体育赛事管理

体育赛事管理（Sport event management）是促使体育赛事目的实现的活动过程。随着体育市场化、产业化进程的加快，体育赛事的市场化运作已成为当代体育赛事运营的重要方式。本节将对体育赛事及体育赛事管理的概念、管理体系、内容及方式等问题进行分析。

一、体育赛事管理的定义

（一）体育赛事的概念与特点

1. 体育赛事的概念

所谓体育赛事是对以体育比赛为核心的一系列活动的总称。体育赛事的核心是“比赛”（竞赛）。在澄清体育赛事的概念之前，有必要明确体育比赛（竞赛）的概念。“比赛”和“竞赛”作为体育的一种活动形式，可以溯源到原始社会，人类在旧石器时代就有胜负的比赛意识，开始一些竞技活动，到新石器时代就具有了比较成熟的竞赛形式。体育比赛随人类社会文明的发展而不断发展与完善，它逐渐演变为人们主动安排的按一定规则所从事的竞技较量活动。现代意义上的体育比赛是在裁判员的主持下，运动员依据统一规则而实施的竞技较量活动。因此，所谓体育比赛是对在一定比赛规则下进行的体育对抗活动的总称。体育比赛的基本属性，如观赏性、刺激性、娱乐性等，使比赛除了具有基本的竞技价值之外，还有极大的商业价值。体育比赛的种类繁多，形式多样。一场规模较大的体育比赛往往是一项融合诸多要素的综合性竞技活动，如组织机构设置、市场开发、人力资源管理、比赛实施等方面。

体育赛事与体育比赛的概念近似，但体育赛事的外延要大于体育比赛。传统意义上的体育比赛侧重于赛场的竞技较量过程，而体育赛事是一项复杂的社会活动，它不仅包括体育比赛的筹备、规划、实施、控制及收尾等各项活动，而且还涉及到比赛的门票促销、运动员包装、媒体推广、赞助与广告策划、标志品开发等众多活动。

体育赛事的种类繁多，形式多样。依据不同标准，可建立不同的体育赛事分类体系。

- 依体育赛事的社会属性可将体育赛事分为公益性体育赛事和商业性体育赛事。
- 依比赛参加者的年龄可分为儿童、青少年、成年人和老年人体育赛事。
- 依参赛者的行业可分为职工、农民、军队和学生体育赛事。
- 依比赛所包含的项目数量可分为综合性和单项赛事。
- 依比赛的地域可分为世界性的和地区性的赛事。
- 依比赛的季节可分为夏季和冬季赛事。
- 依比赛的组织形式可分为集中组织的赛事和分散组织的赛事。
- 依比赛的性质、任务可分为运动会、冠军赛或锦标赛、对抗赛、邀请赛、选拔赛、等级赛、友谊赛、表演赛、达标赛等。
- 依比赛的规模可分为综合性赛事（如奥运会、亚运会）、大型体育赛事（如城运会、体育大会）、一般体育比赛（如单项锦标赛、CBA 联赛）和小型体育赛事。
- 依比赛的级别可分为基层、地区、全国性、洲际、国际赛事。
- 依比赛的竞技水平可分为业余水平比赛和专业（职业）水平赛事。
- 依体育比赛的市场化开发程度可分为职业性商业赛事（如各种大奖赛、巡回赛、明星赛）和半职业性商业赛事（如全国性的单项锦标赛、杯赛）。

目前在我国开展的运动项目约有近百个，各项目大型比赛类别及我国参加的大型国际赛事可如图 9 – 4 所示。

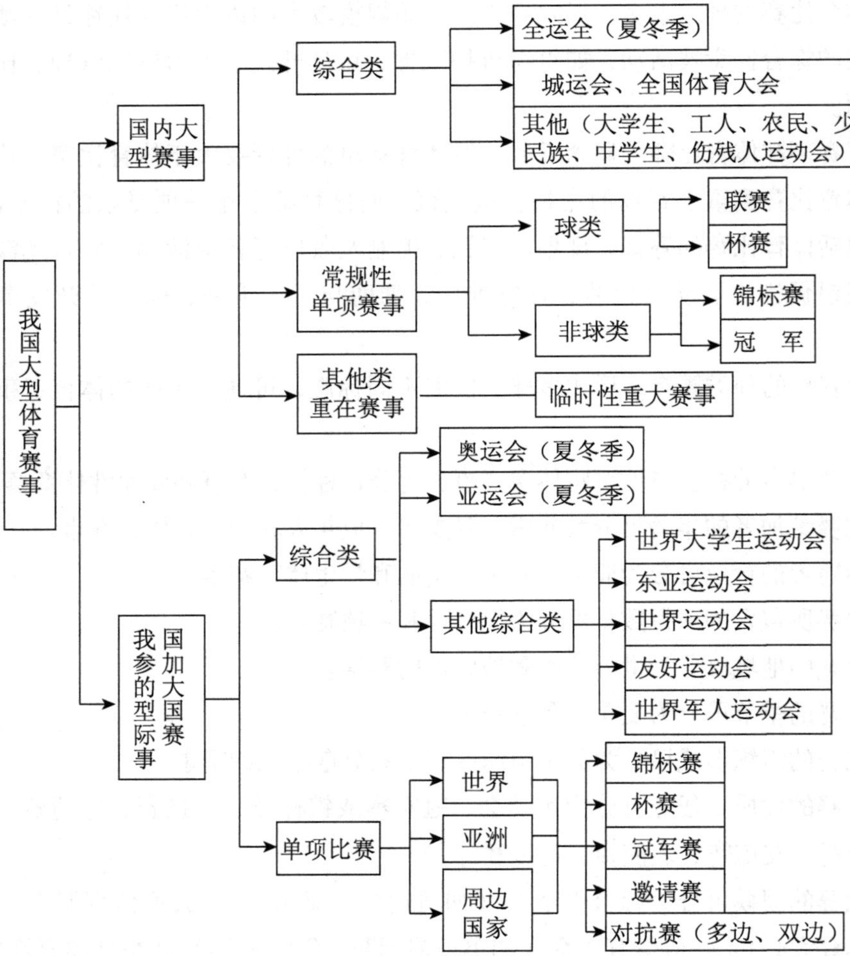

图 9－4　国体育赛事的类型

2. 体育赛事的特点

（1）竞赛性。体育赛事的核心是竞赛，只有运动员参赛才使体育赛事有存在意义，也是体育赛事区别其它特殊事件所具有的独特内容。体育赛事竞赛性特征体现在通过参赛选手的竞技过程和结果来达到体育赛事的核心目的，体育赛事的其它构成要素围绕竞赛主题运作，利用成功竞赛达到满足不同的需要和达到不同的诸如市场营销、推广和公关等目的。

（2）项目性。体育赛事的项目特征表现在以下方面：①过程性。任何一项体育赛事均具有明确的开始、运行及结束过程，符合作为项目性质的基本特征。一项体育赛事往往要涉及体育赛事的构想、启动、计划、实施、控制与收尾等过程；②一次性。运作一个体育赛事，无论是全球瞩目的奥运会还是一场CBA比赛，它都有明确的起点和终点，它可以借鉴以往的体育赛事运作过程，但是绝对没有可以完全照搬的先例，也不会有完全相同的复制。因此，一次性是运作体育赛事与其他重复性运行或操作工作的最大区别；③独特性。运作每一个体育赛事都具有自己的独特性，不同项目的比赛本身之间就存在差异。即使是相同项目的比赛，也会因为时间、地点、人物等客观条件和体育赛事主办者主观愿望的不同而存在差异，因此可以说，每一场比赛都是独一无二的。

（3）风险性。风险是指由于各种难以预测因素的影响，使行为主体的期望目标与实际状况之间发生了差异，从而给行为主体造成损失的可能性。与其他行业不同的是，体育赛事活动有其特殊性，向社会提供的主要产品是体育竞赛、体育表演及相关服务，这些都属于无形产品，其生产过程与销售过程同步进行，在生产的同时也是提供服务的过程。体育赛事中不确定性风险直接影响到提供的服务质量、水平和顾客的满意度。

（4）文化性。体育赛事是一种社会文化现象。体育赛事本身就蕴涵着丰富的文化内涵，它是人类文化的重要组成部分。一项历史悠久的体育赛事可以形成自己所特有的体育赛事文化，为人们所接受。使人们一想起这项运动就自然地联想到这项体育赛事。不同区域、不同内容、不同性质的体育赛事均体现出的较强的文化特征。

（5）产业性。现代体育赛事中单纯为了比赛而比赛的现象已不多见，任何一场体育赛事均要进行产业运作。现代体育赛事是满足人们体育文化需求而产生的社会活动，因而有效体育需求是体育赛事发展的最大源泉，这就注定了体育赛事是作为一种产品出现在市场及不同需求的展台上的，产业性特征促使体育赛事以最大程度地满足人们的体育需求获得自身发展作为根本动力。

（6）多元性。由于体育赛事的项目、规模和目的的不同，体育赛事产品出现了多元化的特征：例如，体育赛事的竞赛产品可以分为：综合性体育赛事、单项体育赛事、职业联赛、商业比赛。体育赛事的服务产品可以分为食宿服务、交通服务、旅游服务、广告服务、信息服务等。

（7）多样性。体育赛事是一种复杂的社会活动，由于体育赛事参与者的身份不同，造成了不同的参与目的，也就形成了体育赛事的目的多元性特征。

（二）体育赛事管理的含义

体育赛事管理是指通过一定方式整合资源，以促使体育赛事目的实现的过程。

举办体育赛事的目的依体育赛事管理管理主体的不同而不同，例如，对政府发展大型体育赛事的目的而言，体育赛事可以达到扩大国家的政治影响、促进经济发展、促进文化的交流与互动、促进举办地综合实力的提高以及促进国民素质的提高等多种目的。对于赞助商而言，可以达到企业推广产品和销售的目的；对于媒体（电视、电台、报纸和互联网）而言，可以达到提高收视和点击率，借此可以提升自己的品牌价值、增加广告收入的目的，等等。

体育赛事管理是管理者对管理客体通过实施安排、控制等职能实现既定目标的活动过程。为保证体育赛事的正常进行，在举办赛事的整个过程中，管理者要对各种与开展体育比赛活动有关的要素和资源，如人、财、物等进行合理的计划、协调与控制，以求充分利用这些资源的潜力，实现体育赛事成功的总体目标。

二、体育赛事管理体系

（一）国际体育赛事的管理机构

体育赛事尤其是大型体育赛事的管理是一项较为复杂的系统工程，往往涉及经济社会生活的诸多方面。由于赛事所涉及的很多工作，仅靠赛事组委会这一临时性的组织是无法完成的，不论在西方发达国家还是在发展中国家，在大型体育赛事的经营管理中都离不开政府的必要作用，政府在赛事公共关系与政策、财政保障、赛事交通管理、赛事安全保卫工作的筹办和运行等方面，发挥了应有的支持和协调作用。赛事组委会是承担赛事主要筹办工作的另一主要责任主体，是实现体育赛事筹办和举办工作的主要能动组织载体。赛事组委会主要负责赛事筹办工作中那些与赛事运行直接相关的工作，以及与政府之间的协调工作。国外大型体育赛事的组委会一般具有公司化性质，以独立法人实体身份组织和管理赛事筹办需要开展的各项任务。相应的组织机构设置也就体现公司化的特点。

国际体育赛事通常由不同的赛事组织负责经营管理，例如，奥运会由国际奥委会主办。世界大学生运动会由世界大学生体育联合会主办。各单项世界杯赛、世界锦标赛分别由各国际单项体育组织主办。洲际综合性运动会由各洲的体育联合会或理事会主办。五大洲的奥林匹克组织或主要的综合性体育组织及其赛事见表9-3所示。

表9-3　五大洲的奥林匹克运动组织及其赛事

名称	成立时间	成员国数量	主要赛事
欧洲奥委会	1975	46	地中海运动会、欧洲小国运动会
亚奥理事会	1982	42	亚运会、东亚运动会、东南亚运动会、泛阿拉伯运动会、伊斯兰妇女运动会等
大洋洲国家奥委会联合会	1981	11	南太平洋运动会、南太平洋小型运动会、泛海洋国家运动会
泛美体育组织	1948	38	泛美运动会、中美洲和加勒比海运动会
非洲国家奥委会总会	1989	46	非洲运动会

国际奥林匹克委员会简称国际奥委会，为非政府、非营利，并具有法律地位的国际综合性体育组织，总部设在瑞士洛桑。1981年瑞士联邦政府承认国际奥委会法人地位，享受半外交使团待遇，可不交纳税收。奥林匹克运动的经济基础是奥林匹克象征的商业权利。奥林匹克宪章规定，奥运会完全属于国际奥委会，国际奥委会拥有其一切权利。奥林匹克象征是国际奥委会的无形资产，包括奥林匹克运动会、奥林匹克五环标志、奥林匹克旗、奥林匹克格言、奥林匹克徽记、奥林匹克会歌、奥林匹克圣火和奥林匹克火炬。国际奥委会具有奥林匹克象征的经营权，各国奥委会拥有本国奥委会象征的经营权，并在本国范围内进行商务开发。奥林匹克象征的使用权因奥林匹克周期也具有周期性。奥林匹克周期是指从夏季奥运会开始直到下届夏季奥运会开幕为止的连续4年为1个奥林匹克周期。国际奥委会可以销售连续几个周期的电视转播权。区域性奥林匹克组织从属于国际奥委会，协助国家奥委会解决本地区的体育事宜。

除了综合性国际体育组织之外，还有国际单项体育组织，它为国际奥委会代理各项目的奥运会预赛和决赛，其中预赛委托给洲际单项运动组织代理。洲单项运动组织的会员是国家单项运动组织，也从属于国际单项运动组织。下面主要通过国际影响较大的足球、网球、田径、游泳、体操和拳击项目简要介绍世界、洲际和国家的单项运动组织，各单项洲际杯赛、洲际锦标赛分别由各洲的单项体育组织主办。部分国际单项组织及其赛事如表9－4、表9－5所示。

表9－4　部分国际单项运动组织及其赛事

名称	成立时间	总部	主要赛事
国际足球联合会	1904	瑞士苏黎世	奥运会、世界杯、世界青年锦标赛、女足锦标赛等
国际网球联合会	1912	英国伦敦	奥运会、戴维斯杯（男子国际网球锦标赛）、联合会杯（女子国际网球团体赛）等
国际业余田径联合会	1912	摩纳哥蒙特卡洛	奥运会、世界锦标赛、世界室内锦标赛、世界青年锦标赛、国际田径大奖赛系列赛等
国际业余游泳联合会	1908	美国依阿华	奥运会（游泳、跳水、水球、花样游泳）、世界锦标赛、世界杯赛
国际体操联合会	1881	瑞士穆蒂埃	奥运会（体操、艺术体操、蹦床）、世界锦标赛、技巧世界杯赛等
国际业余拳击联合会	1946	主席所在国	奥运会、世界锦标赛、世界杯、世界少年锦标赛等

表9－5　部分亚洲单项运动组织及其赛事

名称	成立时间	总部	主要赛事
亚洲足球联合会	1954	马来西亚吉隆坡	亚运会、亚洲杯、亚洲青年锦标赛、世界杯预选赛等
亚洲网球联合会	1970	中国香港	亚运会、亚洲锦标赛、亚洲杯（团体三赛）
亚洲田径联合会	1973	菲律宾马尼拉	亚运会、亚洲锦标赛等
亚洲游泳联合会	1978	孟加拉达卡	亚运会、亚洲锦标赛等
亚洲体操联盟	1964	日本东京	亚运会、亚洲锦标赛、亚洲青年锦标赛
亚洲拳击联合会	1962	泰国曼谷	亚运会、泰国长拳杯赛、印度尼西亚总统杯赛、菲律宾市长杯赛、中国国际拳击邀请赛

在我国境内举办的重要国际赛事或纳入国际体育组织管理的国际邀请赛等，主要由相关的国际体育组织主办，由我国的有关单项运动协会和有关部门承办或协办。这类比赛要向国际体育组织交纳一定的管理费；在我国境内举办的未纳入国际体育组织管理的一般国际邀请赛，主要由地方政府（体育部门和外事部门联合）举办。

我国参加的大部分国际综合赛事（如奥运会等）均由中国奥委会派出队伍，只有世界军人运动会为全军体育指导委员会派出队伍参赛；我国参加的国际常规单项比赛由单项运动协会派出队伍参赛；我国参加的临时性国家间邀请赛，可由相应体育主管部门（世界、亚洲、国家、地方单项体育协会、俱乐部等单项体育组织）派队参赛。

根据奥运会、足球世界杯赛等国际赛事的惯例，拥有赛事主办权的机构同样拥有赛事的管理、经营权；联合拥有赛事主办权的机构可共享赛事的管理、经营权。

（二）我国体育赛事的管理机构

我国体育赛事管理体系是政府领导下的条块结合的管理体制，主要表现为以各级体育行政负责部门管理为主，同时发挥发挥单项运动项目协会等的辅助管理。就国内赛事而言，一般的大型赛事的主办方都是国家体育总局。在我国举办的大型体育赛事如奥运会、亚运会、全运会、大运会等，一般都是政府发挥主导作用，地方政府和体育行政部门负责具体承办赛事。近年来，在运作方式上逐步采用市场化运行手段。2010 年广州亚运会的组委会就是在广州市政府的大力支持下，积极开发市场，通过市场化、社会化融资渠道，获得了超过 30 亿元的赞助额，是多哈亚运会的 5 倍、釜山亚运会的 3. 5 倍，被公认为是一个市场开发获得巨大成功的体育盛会。

随着我国市场经济体制改革的不断深入，依据我国行政管理体制改革的要求，协会实体化成为一种趋势，协会成为办赛主体日益凸显出来。例如，目前上海市体育竞赛管理中心主要负责全国性比赛，只有少量国际性比赛由其负责，如网球大师杯、F1 中国大奖赛（属于纯商业模式，政府不予资助）、国际田径黄金联赛（上海市体育局之外的公司负责运作）、斯诺克大师赛。2014 年上海市为促进“管办分离”，把体育赛事承办权真正交给市场主体来办，拟将上海市体育竞赛管理中心撤销。上海市体育局竞赛处主要负责制定体育竞赛制度，指导和协调体育竞赛工作；负责对赛事信息的全面掌控，从场地协调、竞赛组织、接待保障等方面及时跟进，全力提供保障服务。对赛事组织工作进行针对性的指导，帮助赛事承办单位理顺关系，协调配合有关部门解决赛事筹办组织过程中遇到的问题，保证各项赛事有序进行。

北京奥运会后，一些单项体育赛事的举办逐渐由以政府为主体过渡到以体育经纪公司为主体的办赛模式。如在世界斯诺克中国公开赛举办之初，赛事的所有协调工作均由北京市政府主持召开协调会，以协调公安、交通、场馆、属地等各方关系。随着我国体育竞赛业环境的改善，体育经纪公司已大量涌现。从2009年开始，政府已基本脱离该项赛事，由北京时博国际体育赛事有限公司全方位运作该项赛事。场馆自主办赛事也是近年出现的一个新事物。例如。上海东亚集团开创了以体育场馆为主体直接办赛的先河。

在我国，不同的赛事一般由不同的组织机构举办（主办或承办），具体如下。

1. 大型综合性全国赛事

大型综合性全国赛事包括每4年举行一次的全国运动会、全国城市运动会；全国体育大会等，由国家体育总局主办。

2. 一般行业系统的综合性全国赛事

主要有全国工人运动会、全国农民运动会、全国大学生运动会、全国中学生运动会、全国少数民族运动会、伤残人运动会等，由全国总工会、农业部、教育部、国家民委、中国残联会同国家体育总局共同举办。

3. 全国单项比赛

主要是各运动项目的单项全国比赛，以及近年来发展的职业联赛，如足球、篮球、排球、乒乓球、围棋全国联赛等。这些比赛由国家体育总局授权各全国性单项运动协会主办。

4. 群众性体育比赛

群众性体育比赛种类繁多，分别由社会体育指导中心、各单项协会、各地方体育局、体总、社团、学校、社区、街道等举办。

三、体育赛事管理的基本内容

体育赛事的经营管理活动是一个复杂的系统，根据不同的分类标准，可以产生不同的管理内容。项目管理的一般过程是项目启动、规划、实施和结尾，据此，体育赛事管理可分为体育赛事的启动、体育赛事的计划、体育赛事的组织与实施、体育赛事的控制与体育赛事的收尾等内容；体育赛事资源包括人、财、物、信息、技术等，这些资源是实现不同体育赛事组织目标的重要条件及保障。据此，体育赛事管理可分为对上述资源管理的内容；从体育赛事核心要素的角度，体育赛事可分为生产（体育竞赛管理）与推广（体育赛事营销）两个主要环节，据此，体育赛事管理的基本内容可分为体育竞赛管理与体育赛事营销管理的内容。除此外，还有诸多其他分类，在此不一一列出。

（一）体育赛事过程的管理

1. 体育赛事的启动

体育赛事启动阶段的主要内容是通过对体育赛事所涉及的领域、投资的效益、技术可行性、环境情况、融资措施等问题进行全方位的评估及论证，从而明确体育赛事的投资价值以及在技术上、经济上的可行性。

2. 体育赛事的计划

体育赛事计划是对未来体育赛事实施过程的理论规划及设计。体育赛事计划在体育赛事运作中占有非常重要地位。体育赛事计划的目的在于指明体育赛事的方向，减少各种非确定因素的干扰和冲击，同时，为未来体育赛事的运行设定控制的标准。体育赛事计划主要涉及计划的类型、内容、格式，计划制定及具体领域赛事策划等内容。

3. 体育赛事的组织与实施

体育赛事的组织与实施是对体育赛事计划的执行过程。建立组织是体育赛事实施的基础。体育赛事的组织实施过程涉及体育赛事组织的建立、人力资源管理、后勤服务管理、赛事营销管理、赛事控制管理、竞赛过程管理等内容。

4. 体育赛事的收尾

体育赛事的收尾是体育赛事项目管理的最后环节。体育赛事的收尾工作主要包括对赛事的评价和管理收尾工作。体育赛事收尾主要涉及体育赛事评价、绩效评价及结束管理等内容。

（二）体育赛事资源的管理

1. 人力资源

人既是体育赛事的管理者，又是体育赛事的组织和实施者，同时还是参与者，因此，人力资源要素既是体育赛事构成要素的基本要素，又是“第一”要素。体育赛事的人力资源包括以下 4 种。

（1）竞赛参与者。竞赛参与者对体育赛事具有直接影响和制约作用。竞赛参与者任何举动的中断和脱节，都会对整个竞赛造成不小的影响，其不仅要蒙受经济损失，还会破坏自己的信誉。所以体育赛事管理者选择竞赛参与者的原则是能够提供高质量、精彩有趣的体育竞赛。

（2）竞赛中介。竞赛中介是指参与为体育赛事提供全面、必要服务条件的经营组织或个人，主要是向体育竞赛提供观赏信息、咨询服务、付清债务和税务等有关法律手续的部门，如体育竞赛服务部门、体育经纪人、广告公司等。体育竞赛市场化，其一切活动都应离不开竞赛中介这一环节的衔接。体育赛事管理者应积极发挥中介组织的作用，以更好地利用这一资源。

（3）公众观赏者。公众观赏者是体育赛事的消费者，是市场的主体。公众观赏者的变化则意味着市场的获得与丧失。体育赛事的品牌创建构成中，需要了解这一消费者市场，如此才能以恰当的产品和服务来占领自己的目标市场，任何一个体育竞赛只能满足特定的目标市场需求。因此，在市场运作中可根据某一竞赛的固有优势，以迎合一部分消费者心理为目标开展品牌营销，占据市场。

（4）组织协办者。组织协办者是指对一个组织实现其目标的能力，具有实际或潜在利害关系和影响力的一切团体和个人。精明的组织协办者都会设法通过体育竞赛展开卓有成效的宣传，借此建立自己的形象和信誉。体育赛事的组织协办者有以下几种：媒介协办者。主要指报纸、杂志社、广播电台和电视台等媒体组织。体育竞赛的管理者应充分利用各种传播媒介来对体育竞赛作出详细的宣传报道，从而有利于体育竞赛品牌创建的顺利进行；政府协办者。指负责管理体育竞赛经营活动的有关政府机构。体育竞赛要与各个管理部门打交道，如体育竞赛要受到公安、消防、环卫、税务等有关部门的监督和管理等。因此，必须充分考虑政府当前工作的方针和政策，避免可能出现的问题；企业协办者。指体育竞赛的赞助企业，体育竞赛的意义和规模越是重大，体育竞赛的价值品位越高，企业协办者也就越舍得投资。

对上述赛事人力资源管理的基本内容是人员的选聘、培育、开发、激励、配备、利用，以及团队建设等。

2. 物力资源

体育赛事本身所具有的独特性导致了它在物力需求方面的特殊性。物力资源是体育赛事必须具备的条件，不同规模的体育赛事需要的物力资源是不同的，物力资源的完善与否直接影响体育赛事举办的效果。体育赛事的物力资源包括：运动竞赛设施和设备、交通运输设施、安全保卫设施、医疗卫生设施和设备、餐饮住宿设施和和媒体转播设施和设备。对赛事物力资源管理的基本内容包括：物力资源的技术管理（选择体育物力资源、安排使用体育物力资源、建立物力资源管理制度、维修和检修、物力资源的扩建和改造等）和物力资源经济管理（对固定资产的增减管理、固定资产折旧管理等）。

3. 财力资源

经济是基础，任何事物的发展都是以经济的发展作为基础的，因此体育赛事的顺利举办也同样不能与经济基础相脱离。体育赛事的财力资源管理基本内容包括资金筹措管理、预算管理、风险管理、使用管理过程管理（包括资源的配置，成本、费用的预算以及费用的控制等）。

4. 技术资源

现代科学技术的飞速发展在体育赛事中得到了充分的运用和发展。体育赛事越来越离不开高科技的支持，一次体育赛事的成功与否在一定程度上是由技术要素决定的。现代化的体育赛事无不需要网络、计算机以及无线通讯的有力支持。通过大量的高科技设备，不但使广大观众在第一时间内欣赏到了比赛现场的精彩画面，而且给体育赛事组织者带来极大的便捷，如运动员的电子信息确认、运动员的兴奋剂检测以及比赛记时设备等，现代科技为体育赛事带来极大的便利。技术资源要素主要包括：网络技术、通信技术和相关软件技术等。管理的基本内容包括技术规范、技术使用、技术维护管理等。

（三）体育竞赛与营销的管理

1. 体育竞赛管理

（1）确定竞赛规程。竞赛规程是比赛实施的指导性文件，是所有参赛队必须照章执行的法规文本。其中主要包括参赛运动员资格、要求，报名时间、地点、迎接，食宿安排、标准，参赛费用，技术及裁判规则，比赛方式及裁判员的委派，比赛时期，名次的确定、奖励，最佳奖项的评选等。

（2）设计秩序册。秩序册一般是在竞赛规程的范围内，表述体育赛事的组织管理工作和比赛具体日程的法规性文件。其中包括体育赛事的组织委员会、竞赛委员会、仲裁委员会、裁判监督委员会，以及财务、场地、医务、安全等部门的人员名单，名次的确定及奖励，最佳奖项的评选方法，比赛的日期、场次、轮次、时间，各参赛队的领队、教练、运动员名单，总裁判长、裁判长和裁判员名单等。

（3）接待工作。接待工作包括运动队、裁判员、组织管理人员的接送、食宿和观光旅游安排等方面。在接待工作的经营策划方面，可以招标或出售体育赛事的无形资产使用权，例如以指定旅游或交通公司、宾馆饭店、食品公司、旅游景点等形式为赞助商做宣传沟通。

（4）开幕式。开幕式标志着比赛的正式开始，既是体育赛事的文化仪式，又是宣传体育赛事的良好手段。开幕式的主题、内容和形式皆因体育赛事的性质、运动项目特点、承办地的经济和文化等因素而异。大型体育赛事开幕式的主要内容基本相似，主要包括体育赛事组委会主席致开幕词，宣布大会开始，运动员入场，火炬传递，点燃赛会圣火，升会旗、奏会歌，运动员及裁判员宣誓，运动员退场，文艺表演，宣布开幕式结束等。

（5）闭幕式。闭幕式是赛会结束的标志，也是宣传体育赛事，扩大体育赛事影响的良好方式。虽然赛会闭幕式的内容和形式各有千秋，但一般都具备一些基本的内容。其中主要包括体育赛事组织委员会主席致闭幕辞；宣布赛会结束；奏会歌、降会旗；向下届赛会承办地组织委员会交接会旗；文艺表演；宣布闭幕式结束等。

2. 体育赛事营销

通过营销组合及其他营销方式的运用，可以实现体育赛事及其衍生产品的交易，从而满足体育赛事价值补偿以及盈利的需要。体育赛事的市场营销主要包括以下内容。

（1）电视转播权。体育组织或体育机构主要采取相互协商，广告置换、招标、集中销售、中介运作、一揽子计划等销售渠道及促销方式。

（2）体育赛事赞助。体育赞助是指向某一体育资产（体育赛事、体育场馆、公益性体育活动等）付出一定数额的现金或实物，作为与该体育资产合伙参与开发，以达成各自组织目标的一种特殊商业行为。

（3）标志性产品的生产与销售。体育比赛注册商品的生产与销售是指印有该项比赛标记、名称等各种纪念品的生产与销售。据有关统计，只有大型的、有转播的、持续数天以上并且有较高知名度和广泛群众基础的体育比赛，才能通过生产和销售标志性商品而获得商业上的利益。

（4）体育赛事门票销售。电视转播权的出售、商业性广告收入和专有权的开发，虽然降低了体育赛事门票收入所占的比重，但其仍然是一个重要的营销渠道收入。

四、体育赛事管理的基本方式

（一）合理计划体育赛事

计划体育赛事的目的是使组织在产生、安排和组织实施竞赛时，稳妥有序，不致在比赛的性质、时间和经费等方面的产生冲突。赛事计划的内容包括赛事名称、性质、项目设置、选手资格、赛期、比赛方式或赛制（如分站积分制、主客场联赛积分制、分区淘汰制，以及适应难度类和个人项目的赛会制等）、周期、资金、商务计划和竞赛规程等。赛事计划的任务是形成吸引选手和观众参与，既有益于项目的发展，又有利于市场开发的赛事。在计划赛事时应注意以下方面。

1. 根据财力和社会需要举办赛事

举办赛事需要资金，赛事的资金流包括筹资和支出。赛事筹资是体育组织运行的重要保障，筹资渠道包括政府和体育组织的资助、竞赛表演服务及其无形资产销售，以及社会捐助等。赛事支出包括比赛场馆的建造和租用，运动员、教练员和裁判员的差旅和食宿费，组织管理者、裁判员、设备管理者的劳务费，开幕式、闭幕式及文化活动支出，安全、通讯及设备维修，以及比赛期间的交通费用等。筹资必须保证体育组织的行政开支和赛事资金。例如，国际奥委会将奥运会经营收入的49%交给主办城市，其余用于行政支出及奥林匹克团结基金。

2. 制定合理的竞赛规程

当一项赛事被确定后必须制定竞赛规程。竞赛规程是赛事计划的重要组成部分，是指导一次具体比赛的法规性文件，是竞赛的组织者和参加者必须共同遵循的法则。单项比赛要制定单项竞赛规程，综合性比赛既要制定竞赛的总规程，又要制定单项竞赛规程。竞赛规程的主要内容包括竞赛的名称、时间、地点、项目、参赛资格、比赛方式（采用的竞赛规则和赛制）、仲裁委员会的组成和有关的参赛经费要求等。制定竞赛规程应遵循以下原则。

（1）根据竞赛的性质，确定参赛资格、设置项目及比赛方式。

（2）尽量采用现行的国际比赛规则。

（3）体现公正的原则。

（4）根据运动技术发展的要求，调整比赛规则、比赛方式和计分办法等，但是要保持相对的稳定性，一般不宜变动过多过快。

（二）遴选合适的赛事承办地

体育赛事一般由体育赛事组织主办，会员组织承办。重大赛事往往有多个成员要求承办，确定承办者或者承办地主要有两种方法：其一，是有条件的成员轮流依次承办比赛；其二，是会员组织申请承办或投标，由体育组织按照一定的规则和程序确定承办者。

遴选承办地的目的是确定最适宜的承办者。对申办者的考察包括赛事组织管理能力、该国家或城市的经济和文化背景、体育设施条件，以及通讯和宣传能力等。遴选承办地必须制定科学的竞选规则，避免申办过程中的舞弊现象；本着发展竞赛表演事业的原则，公平合理地选定承办者和承办地。遴选承办地的意义在于既保证赛事的顺利实施，又有利于体育组织及其赛事在有关地区获得有效的宣传和发展。承办地必须是政治和社会稳定、经济实力充足以承受比赛的消耗、社会文化健康向上，还必须具备与比赛规模相适应的运动设施设备，以及相应的交通、通讯和安全能力。申办者要注重宣传申办活动，使申办城市乃至申办国的全体民众对申办活动和该项赛事的内容及意义家喻户晓，形成一定时期和一定地域的一种社会文化，以满足承办地必要的文化环境。

对于国内比赛，由于体育组织对地方成员所在地的社会、经济、文化、体育设施等情况都比较了解，通常根据赛事在各成员之间安排的频率，比较均衡地在成员之间轮流举办比赛。或者采取招投标的方式确定比赛的承办地。综合性国际大赛一般实行申办制度，即按照体育组织制定的申办条例，依照法定程序，逐一审核申办者及其城市的各项指标。最终由体育组织的最高权力机构以无记名方式投票确定承办城市。

（三）将赛事融入社会文化

任何组织及其事业只有符合社会发展需要，成为社会文化的一部分才能获得持续发展。将赛事融于社会文化可从以下方面入手。

1. 组织章程要融汇社会主流文化

体育文化是社会文化的组成部分，体育文化之所以产生，是因为它发挥了重要的社会功能，即可以满足社会在健身、娱乐、表现自我和交往等方面的需求。因此体育组织的文化应该符合社会文化意识，组织章程必须与能够反映特定历史阶段的社会价值取向、精神追求和行为规范的社会主流文化相融合，能够反映社会需求发展方向，从而保证组织的生存和发展。

国际奥林匹克运动组织之所以能够发展到当今的水平，就是因为奥林匹克宪章反映了现代人类社会对和平、友好、合作和公平竞争意识的认同和需求。奥林匹克文化力图展示人类社会一切美好的事物，要求个人全面和谐地发展、社会进步、国际间团结协作。例如《奥林匹克宪章》对奥林匹克思想的表述是：将身心的各种品质结合起来，表现和谐的人生哲学。以体育运动实现人的全面发展，将体育运动与文化教育融为一体。建立以奋斗为乐趣的生活态度，以优秀奥林匹克选手作为教育的楷模，遵循基本社会伦理。奥林匹克精神是相互理解、友谊、团结和公平竞争。奥林匹克格言是“更快、更高、更强”。“重在参与，而非取胜”虽然不是奥林匹克格言，却经常出现在奥林匹克运动的宣传活动中，与奥林匹克格言形成对立统一关系，两者相辅相成，和谐地衬托出奥林匹克的精神宗旨。

2. 赋予竞赛表演文化内涵

体育组织不但在组织章程中要反映出时代文化，而且在主办具体赛事时使比赛赋予时代的文化特质。现代奥运会的创始人顾拜旦认为，只有把现代奥运会办成一个神圣的体育祭坛，办成一个多种文化形式融会在一起的盛大文化节日，才能使奥运会获得长足的发展。因此，现代体育组织较为注重赛事的文化内涵。体育组织采用的文化形式基本上包括规范文化、物质文化、精神文化和智能文化。

（1）规范文化。体育组织及其竞赛表演的规范文化是指在章程指导下，以组织的性质、功能和目标为原则，根据组织管理的要求所制定的组织规章，主要包括制度、礼仪和成员的自我约束等。体育组织在经营管理赛事的过程中，必须形成专门的组织机构（如竞赛的筹委会、组委会、仲裁和裁判委员会等）；制定技术规则；确定比赛规程；举行特定的仪式等。其中最主要的象征文化活动是竞赛过程中的各种仪式。现代奥运会已经形成了一整套庄严而隆重仪式，包括奥运会圣火传递、开幕式、入场式、圣火点燃、放飞和平鸽、运动员和裁判员庄严宣誓、授奖授勋仪式和闭幕式等。

（2）物质文化。体育组织及其赛事的物质文化主要包括设施设备及其装饰，标志、徽章和吉祥物的材质和工艺，以及管理者和参赛人员的专门服装和用品等。为具体赛事设计和制作这些实物用品时，既要考虑举办地的文化背景，也要考虑前来参赛的不同国家或地区的文化背景。

（3）精神文化。体育组织及其赛事的精神文化是指体育组织或举办赛事中执行或表现的宗旨和竞赛精神，特别是体育组织的价值观、信仰和审美观等。奥林匹克的宗旨和格言等构成了奥林匹克运动崇高的精神文化。

（4）智能文化。体育组织及其赛事的智能文化是指体育组织或举办赛事所采用的科学技术。主要表现在竞赛的成绩评判系统、监督系统、通讯系统和大型文艺活动的技术支持系统等。例如，近几届奥运会中，LED 显示屏都是奥运比赛场馆不可或缺的主要设施。2008 年北京奥运会新建和改建的体育场馆数量众多，规模空前，奥运场馆均采用了大量 LED 显示屏作为比赛实况播放和计分显示的设备，显示屏产品以全彩色、高分辨率、数字化等为主。可以说，2008 年北京奥运会所采用的 LED 显示产品从数量到技术水平以及应用方面都达到了一个新的里程碑。

（四）创造精彩赛事产品

创造精彩赛事是体育组织的重要任务，精彩赛事既可以提升体育组织的市场形象，又可增强体育组织的社会认可度。创造精彩赛事既可以从比赛性质方面创新，也可以对比赛进行包装。

1. 比赛性质创新

（1）提高比赛级别。提高比赛级别有两种基本方式：其一，规定参赛选手或参赛队的级别，如超级联赛、甲级联赛；其二，在已有的比赛中产生争霸赛。如丰田杯就是欧洲冠军杯赛冠军和南美解放者杯冠军的对抗赛，世界田径“飞人”大赛等。

（2）提高比赛难度。提高比赛难度主要是对比赛的规则作调整，使比赛条件难于一般赛事。例如，飞行表演中的钻桥孔特技飞行、柯受良飞越黄河等都是在一般赛事中没有的表演。

（3）创新赛制。运动竞赛通常是在相同的项目之间进行比赛，使用共同的竞赛规则。如果在性质或形式相同的不同项目之间进行比赛，就必须重新制定专门的规则。这种赛制的创新，往往能够产生轰动效应。例如，中国武术和美国拳击争霸赛、中国武术和泰拳对抗赛、中国武术和日本空手道对抗赛等，都是在不同项目和规则之间寻找共同点进行比赛。比赛精彩，引人入胜。

（4）赋予比赛意义。比赛的某种内涵可以增强社会对比赛的关注。例如，国家队之间的对抗，一定程度地涉及国家的荣誉，引起国民对赛事的关注。此外，高水平的比赛具有娱乐意义，增加了文化的内涵，同样引人入胜。例如，美国 NBA 大使队访华，与中国国家队进行表演赛。这种比赛本身不是正式的国际赛事，加之双方在实力上就有一定差距，观众把这类比赛作为了解国际文化的窗口，所以比赛的娱乐意义较强，吸引了许多观众、媒体和厂商的参与。

2. 包装比赛

（1）营造场内热烈氛围。当今的观众来到比赛现场已不仅仅是为了观赏运动员精湛的技艺和精彩的赛事，还有消闲娱乐的需求。因此，许多赛事中增强了喧嚣的气氛，突出现场的热烈氛围。例如，组建球迷会、组织拉拉队、进行中场文艺表演、举行观众和选手对话，以及抽奖博彩等活动。

（2）满足观众接触明星的需求。特别是青少年观众，对运动明星非常崇拜，观看比赛的目的之一就是要观看这些明星。比赛组织者往往会安排球迷和明星进行接触。例如，进行对话、签名和联谊活动，安排训练营，在青少年中普及该项运动。

（五）积极创建品牌赛事

品牌是用来识别不同生产者或销售者的产品或服务的商业名称或标志，内含一定时代、地域和企业的文化，代表了品牌拥有者与消费者之间的协议，即为消费者提供质量、价值和产品满意方面的保证，也代表着顾客的忠诚，增强了企业经营的稳定性和竞争力，具有极高的市场价值。商标是品牌的一部分，商标具有法律意义，品牌更具市场价值和经营的战略意义。经营者必须具备品牌战略意识，要精心设计品牌赛事的标志，同时对赛事进行准确定位，逐步培养目标市场的偏好度和美誉度。在形成品牌资产的基础上再进行品牌延伸，逐渐形成品牌赛事系列，培育品牌文化、建立品牌忠诚。随着品牌赛事的无形资产增值，将稳定地占有市场份额，为体育组织带来良好的经营收益。在培养品牌赛事的过程中还必须注意以下方面。

1. 注重赛事质量

高质量的比赛给观众留下美好的记忆，并希望能够再次体验这种情境。因为高质量的竞赛表演服务能够产生附加价值。附加价值是指附加于产品功能特性之外的，消费者使用产品的感受。也就是消费者观赏比赛后产生的愉悦，以及合作伙伴因良好的宣传效果和经济效益而产生的积极情绪。创造品牌赛事，组织者首先必须要求各成员要努力提高竞技水平，培养世界一流选手。欧洲足球五大联赛、四大国际网球公开赛，以及 NBA 等都是国际著名的品牌赛事，都是建立在高超的竞技水平之上，其中不乏世界杯和奥运会冠军加盟。这是形成品牌赛事的专业基础。

2. 保持赛事的连续性

实践证明品牌赛事都经历了长期的市场演练，因此，组织者在设计和推出赛事时，就要考虑到赛事的周期及其连续性。偶发而不定期的比赛难成品牌，上述品牌赛事无不是经历了十几年甚至几十年的历史而形成，这是形成品牌赛事的历史文化基础。

3. 实施转播

品牌赛事是大众所熟知的，因此要创造品牌必须进行广泛的社会宣传，尽量做到家喻户晓。除了一般的宣传手段，广播电视转播是最直接生动的宣传渠道。竞赛表演现场直播可以使社会直接感知赛事的规则、水平和明星的信息，这是形成品牌赛事的宣传要素。

4. 保证合作伙伴的利益

现代体育比赛的资金来源于政府拨款、商业赞助和社会捐助，商业赞助是主要的资金渠道。因此，体育组织既要向社会奉献精彩的竞赛表演服务，还必须为营造文明进步的社会环境创造条件，同时还要为商业伙伴带来良好的经济利益，保持长期合作关系。这是形成品牌赛事的经济基础。

（六）开发竞赛表演市场

竞赛表演服务业是以经营“竞赛”为核心，带动网络电视转播权，冠名权、广告专有权、代理权、标志产品的生产许可证等的开发，吸引消费者和中介组织的介入来扩大市场容量和规模，并通过这种模式来促进无形资产的价值生成。体育赛事的竞赛表演市场包括：体育组织（或授权赛事组织者），电视媒体，赞助商，广告商，保险公司，网络公司，体育赛事经纪人等。图9－5是以篮球竞赛为例的竞赛表演业市场体系的构成。

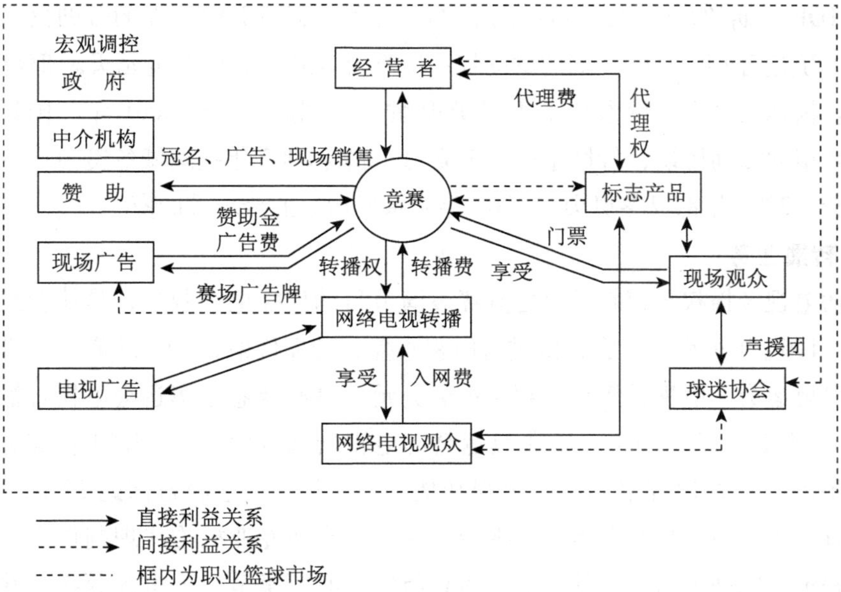

图9－5 竞赛表演市场体系示意图

一般而言，体育赛事的竞赛表演市场开发需要把以下方面作为开发重点。

1. 门 票

竞赛表演服务是为观众和商业合作伙伴提供观赏和商业利益的过程。门票是获得竞赛表演服务的许可证。门票销售是体育组织资金的重要来源，如1988年汉城奥运会的门票销售额达2.9亿美元；2000年悉尼奥运会的门票销售额达7.8亿美元。门票销售越多，竞赛表演的影响面越广，合作伙伴的市场回报越大，体育组织的经营业绩越佳。门票，销售情况关系到体育组织的存续，因此门票销售计划及销售方式是竞赛表演经营管理过程中的重要环节。赛事的管理者在尽力推销门票的同时，往往还赠送门票，以提高上座率。即使是奥运会，相当一部分门票被分发给各成员国、赞助商、饭店和旅行社。2002年韩日世界杯足球锦标赛的门票分配比例为：国际足联150万张，日韩两国130万张，其他国家38万张。国际足联之所以把握着大部分门票，主要是为了能够根据门票的销售情况及时地调整门票在世界各地的配置。

2. 广告业务

广告业务是体育组织经营收入的重要来源。国际奥委会于1985年推出TOP赞助计划，要求赞助企业购买为期4年的奥运会广告机会。可口可乐公司以2500万美元买断TOP一期的赞助权；1989年以3 000万美元买断TOP二期的赞助权；1993年以4 000万美元买断TOP三期的赞助权；1997年又以5 000万美元买断TOP四期的赞助权。柯达公司在连续参加了4届TOP赞助计划后，又于2001年和国际奥委会签署了8年的赞助协议，价格超过1亿美元，成为2002年盐湖城冬奥会、2004年雅典奥运会、2006年都灵冬奥会和2008年北京奥运会的全球赞助商。

3. 转播业务

广播电视转播权经营就是出售竞赛表演节目的广播电视版权，是体育组织的重要财源。1964年东京奥运会首次进行电视直播，转播价格为140万美元。到了1984年洛杉矶奥运会，电视转播权达到3.6亿美元。2000年悉尼奥运会电视转播权销售额达到12.6亿美元。2004年雅典奥运会的电视转播权收入为14.94亿美元。2010温哥华冬奥会和2012伦敦奥运会电视转播权打包销售，总收益高达39亿美元。国际上体育组织一般委托承办地的电视台作为主播台或专业机构代理制作赛事的电视节目，并负责电视节目信号的传送。体育组织拥有赛事节目的电视版权，并向购买了转播权的广播电视机构提供电视信号或密码。广播电视机构可购买新闻采访报道权、精彩画面集锦权和转播权。

4. 特许经营权

特许经营权是指体育组织将商业权利转让给厂商，如代理门票销售，在体育场馆内获得销售商品的权利，允许制作和销售体育组织及赛事的标志、象征物、纪念品、队服、专用器材和明星肖像等。

5. 相关信息的使用和出版权

体育组织具有商业价值的信息主要包括优秀运动员的训练数据、体育组织及其经营者的经营方式方法，以及运动名人轶事等。

6. 运动员转会

运动员转会是因运动员的竞技能力具有使用和交换价值，在俱乐部或协会之间变更运动员的使用权。一方面可以调剂体育组织的竞技力量，另一方面可以创造经营收益。

（七）积极进行社会宣传

体育组织要弘扬奥林匹克精神，发展竞技体育事业，筹集赛事经费都需要得到社会的认可和支持。因此，必须广泛宣传体育组织的宗旨和使命，获得社会的理解，吸引社会关注，争取观众，赢得市场。体育组织的宣传沟通主要包括四种方式，即新闻手段、发展观众组织、塑造选手形象、方便消费。

1. 新闻手段

（1）正式的宣传报道。体育组织一般都与新闻界保持密切的联系，尽量方便新闻采访，并专门或定期召开新闻发布会，公布组织及其赛事的新闻。例如，奥运会申办投票程序和比赛现场的直播，较高级别或重大比赛后的新闻发布会等。

（2）新闻炒作。通过报道极具悬念或不确定因素的新闻吸引社会关注。例如报道竞赛组织的人事变动，如撤换教练、球员转会、协会主席的选举和介绍等；事件处理，如假球、黑哨、行贿受贿及球场骚乱等；队伍分析，如主力、阵容、战绩和伤病缺阵等；选手的花边新闻，如教练和球员的癖好、婚姻、爱情、休闲方式、伤病治疗和训练追踪；甚至是故意创造悬念，如拳手在新闻发布会上就开始互相蔑视，甚至拳脚相加。

2. 发展观众组织

发展观众组织是体育组织特别是职业俱乐部市场开发的重要手段。通过对会员在门票和客场观战等方面给予优惠和相应的管理，使观众容易接近和了解组织及其赛事，培养忠实观众。在稳定基本观众的同时，进一步发展新会员，扩大市场占有率。发展会员组织的工作包括：会员登记入会，享受优惠待遇；举办讲座；组织或资助群众性比赛，以培养内行的观众和忠实的追随者。

3. 塑造选手形象

选手是体育组织的重要成员，其公众形象直接影响体育组织及其赛事的形象。一个心理健康、行为规范、道德优良的选手，将强化社会对组织及其赛事的积极印象。反之，将损害组织的声誉。例如，乔丹的公众形象对 NBA 具有极其重要的价值。

4. 方便消费

方便观众、广播电视机构和厂商观看比赛、电视转播和广告宣传活动，是体育组织沟通的手段之一。特别是大型体育赛事，经营者尽量方便观众去赛场的交通和泊车，改善道路，增加公共交通线路。在场内引导观众入席、增强座位舒适感、场内设置大屏幕、甚至在座位上设置可重放的电视系统等。另外，增加售票渠道，方便购票。对于将比赛作为广告时空的厂商和将赛事作为经营媒介的新闻机构，尽量方便采访和转播，保证厂商的广告宣传效果。

第四节　体育经纪人管理

体育经纪人（Sport agent）是一种新兴的现代职业，在体育经纪人发展比较迅速和成功的国家，以及管理富有成效的体育组织都已形成了一套比较成熟的对本国或本项目的经纪人管理的办法。运动员经纪、体育赛事经纪、体育组织经纪是体育经纪人的三大传统经纪活动领域。

一、体育经纪人管理的定义

（一）体育经纪人的概念

1. 体育经纪人的含义

我国很早就出现了经纪人，从西周的“质人”到西汉的“驵侩”（最早见诸文字记载），从唐朝的“牙人”到清朝的“买办”，都印证了中国古代商品交换的繁荣景象。经纪人作为一种社会分工，是从商品生产和商品交换实际需要中产生的。经纪人的活动加速了信息的传播和交流，促进了商品的流通，有利于资源的合理配置，有利于降低社会生产成本。经纪业作为一种服务业，不仅提供了市场组织化程度，促使市场有序运行，而且提高了市场交易效率，降低了市场交易费用，进一步扩大了商品交换的广度和深度，促进了社会资源配置的优化，从而促进了市场经济的发展，因此经纪业在市场中蓬勃发展起来。随着市场经济的日趋繁荣，经纪人作为生产和消费之间的桥梁和纽带，在市场经济中的作用越来越显著，经纪人职业也因市场的发展而逐步细分，文化、体育、房地产、汽车等各行各业的经纪人纷纷“出炉”，并逐渐成为职场中倍受关注的新职业。

《中国经济大辞典》对经纪人的注释是："经纪人，中间商人，旧时称掮客，处于独立地位，作为买卖双方的媒介，促成交易以赚取佣金的中间商人。"1994 年，我国国家工商行政管理局就以"经纪人"的名义颁布了首部《经纪人管理办法》。2004 年 8 月 28 日国家工商行政管理总局第 14 号令又公布了新修改后的《经纪人管理办法》。根据《经纪人管理办法》的规定，经纪人"是指在经纪活动中，以收取佣金为目的，为促成他人交易而从事居间、行纪或者代理等经纪业务的自然人、法人和其他经济组织"。目前经纪人涉及到行业有证券、保险、期货、房地产、科技、产权、汽车、文化、体育等几十个领域。市场中较为活跃的主要是房地产经纪人、文化经纪人、体育经纪人、证券经纪人、汽车经纪人等，他们不仅拥有令人羡慕的职业，更有令人羡慕的收入。20 世纪 60 年代以来，随着体育商业化、职业化的不断深入，体育经济和体育产业在世界范围内有了较大程度的发展。在许多发达国家，体育产业在经济中所占比例明显上升，有的已成国家的支柱产业。其中体育经纪人作为体育市场发展的行为主体之一，直接参与体育比赛、体育经济活动及运动员流动等经纪活动，在运动员、俱乐部、运动协会、赞助商、广告商之间牵线搭桥，成为活跃在体育市场，促进体育事业发展不可缺少的积极因素。

2006 年 4 月，在劳动和社会保障部公布的我国第六批 14 个新职业中，体育经纪人有了一席之地。2006 年 6 月体育经纪人成为新职业并列入我国体育行业特有职业范围。2007 年 7 月 20 日，由劳动和社会保障部、国家工商行政管理总局、国家体育总局等相关职能部门和研究体育经纪领域的资深专家学者共同审定通过的《体育经纪人国家职业标准（试行）》将体育经纪人分为 3 个等级：国家职业资格一级（最高级）、国家职业资格二级、国家职业资格三级。《标准》确定了体育经纪人的定义，明确了体育经纪人职业范围、工作内容和具体要求。该标准的出台标志着体育经纪人将纳入国家职业资格证书体系进行规范管理。

从法律的角度来看，体育经纪人是指在体育经纪活动中，以收取佣金为目的，为促成他人交易而从事居间、行纪或者代理等经纪业务的自然人、法人和其他经济组织；从职业推广的角度来看，所谓体育经纪人是指在体育市场中为运动员、活动、组织等提供中介服务的人员（肖林鹏，2009）。根据《体育经纪人国家职业标准》的规定，体育经纪人的职业能力特征为具备一定的识别、策划、沟通、整合、执行能力。

体育经纪人从事的工作主要包括：（1）运动员经纪，包括代理运动员转会、参赛、表演、无形资产开发与经营以及日常事务管理等；（2）活动经纪，包括策划、包装、推广体育赛事、表演以及旅游等活动；（3）组织经纪，包括代理体育组织的市场开发与推广、无形资产开发与经营以及非体育组织介入体育事务等；（4）其他经纪，包括代理教练员等人员流动、体育保险、体育赞助以及体育广告等。

2. 体育经纪人的分类

（1）按经营主体形式划分。①个体体育经纪人。拥有体育经纪人资格证书的人可以自成一体，成为个体体育经纪人，在工商上属于人个独资的法人。有一些协会要求以这种身份代理运动员的转会和参赛，比如 FIFA（国际足联）、田径经纪人协会等。②合伙体育经纪人。具有体育经纪资格证书的两人以上合伙，以经纪人事务所的方式或其它合伙形式从事经纪业务。合伙人须订立合伙协议，共同出资，合伙经营，共享利益，同时必须符合法律规定的条件并依法登记注册。合伙人依出资比例或协议约定，以各自的财产承担责任，对经纪人事务所的债务承担无限责任。③ 经纪公司。依据《公司法》成立的从事经纪业务，负有限责任的企业法人，按登记机关核准的经营范围从事经纪活动。通常这样的公司实力比较雄厚，既从事运动员经纪业务，更多的是推广赛事，包装球队，或代理体育组织等。

（2）按经纪活动内容分类。① 运动员经纪人。专门从事运动员经纪活动的体育经纪人，主要代理运动员转会、运动员参加比赛、管理运动员日常事务等。近年来，随着体育商业化的影响，运动员经纪人的业务范围已经扩大到帮助开发运动员的无形资产、代理运动员投资和代理运动员解决纠纷等。② 体育赛事经纪人。推广体育比赛一般都是有一定规模的体育经纪公司，主要进行体育比赛和体育表演的筹划、组织、宣传、推广，包括电视转播权开发，广告代理，冠名权等特许使用权开发，纪念品开发等。除了推广已有的体育赛事外，有实力的经纪公司还策划组织新的赛事，举办商业性比赛，以获取更多的利益；③ 体育组织经纪人。从事俱乐部、运动队或体育组织有关事务代理活动的体育经纪人。这是新出现的体育经纪活动领域，包括包装和代理运动队，为运动队争取赞助，参与俱乐部资产重组，代理体育组织，帮助其协调或解决有关的问题、争端，为其获取有关信息，提供订约机会，进行商业性开发等。

（3）按职业特点划分。① 体育推广人。“推广”一词来自英文“Promote”，表示体育经纪人相对于现时回报而言更看重对体育市场的培育及未来的发展，带有很强的投资意味，而且赛事经纪人确实可以通过多种渠道获取资金使赛事顺利举行。因此，体育推广商的最终目的还是为了获取利益，实质上还是体育经纪人。只是相对于中国未成熟的体育市场而言，这种称谓在现阶段更易为人们所接受。② 体育经纪公司。在人们的日常口语中，体育经纪人多指个人而言。但从规范的法律意义来讲，体育经纪人既可以是个人，也可以是组织。作为名词或概念，体育经纪人实际上包括了自然人、法人和其他的经济组织，因此经纪公司实际上是“体育经纪人”组织形式的一种。③ 体育代理人。从法理上讲，代理和行纪行为是应该严格区分的。但在实践中往往混在一起，难以分开，而且国外的经纪行为往往包括了代理。1995 年国家工商局颁布的《经纪人管理办法》在经纪人的定义中明确提出，代理与居间、行纪同属于经纪活动的方式。说明经纪的外延中含有代理，而体育代理实际上是体育经纪活动的一种具体形式，亦起到中介的作用。因此，体育代理人应属于体育经纪人。

（二）体育经纪人管理的含义

体育经纪人管理是指通过一定方式整合资源，以发挥体育经纪人的作用，促使体育经纪组织目标实现的过程。2014 年 10 月国务院《国务院关于加快发展体育产业促进体育消费的若干意见》（国办发〔2010〕22 号）的发布，意味着新时期国家对加快发展体育产业提出了新的要求，同时也对相关体育组织的目标有了明确指向。加强对体育经纪人的管理，可以有效发挥体育经纪人的价值，有助于体育组织发展体育产业发展目标的实现。

概括起来，体育经纪人的价值主体现在五个方面：（1）规范市场行为，保护公平竞争。面向市场是发展体育产业的根本途径，体育经纪人作为市场中介，其公平、公正、客观的运作有助于规范体育市场行为，促进良好市场秩序的形成，避免由于行政职能部门干预过多而造成不公平的行业竞争，减少国有资产的无谓浪费；（2）联络市场主体，改进主体决策。体育经纪人可以为体育市场的各个主体牵线搭桥，创建合作交易的平台，从而促进体育的社会化和产业化。体育经纪人还可通过信息的收集和分析、市场调研和预测等科学手段，降低成本，加快速度，使供求双方均获得最大利益，从而促进体育资源的优化配置；（3）提高交易效率，保证交易质量。将有关工作委托给体育经纪人完成，进行专业性的市场操作，可以简化程序，加快速度，提高交易效率，而且交易的质量也得到了专业的保证，这对运动员和体育组织来说均不失为上策；（4）开发无形资产，推动产业发展。体育无形资产包括知识产权、技术秘密、经营秘密和特许经营权等。体育无形资产开发利用的程度越高，运动员、体育组织、体育竞赛的市场价值也就越大。因此，合理地开发体育无形资产，对于加快我国体育产业的发展有着至关重要的意义；（5）增进国际交流，促进体育发展。体育经纪人在国际体育交流与合作中发挥着不可缺少的作用，世界上有许多国际体育组织规定，只有持有其颁发的体育经纪人执照，才能组织其认可并授权的比赛；同时，运动员若要以个人名义参加国际比赛，往往由经纪人代理报名，确定出场费、奖金等事宜。鉴于国际交流的重要性，体育经纪活动的逐步发展将对我国体育事业起到非常积极的作用。

体育经纪人在我国是一个新型职业，我国体育经纪人主要分布在经济较为发达，体育市场较好的大中型城市。我国拥有 13 多亿人口，是潜在的庞大体育消费市场。随着国内体育市场的日益规范与成熟，以及我国体育产业发展的客观需要，社会对体育经纪人数量的需求必将持续飙升。同时应当看到，目前我国体育经纪市场有待进一步规范，体育经纪人的素质良莠不齐。因此，将体育经纪人的管理纳入标准化、制度化、规范化的轨道，对于体育经纪人队伍的建设，以及我国体育市场的健康快速发展具有极其重要的现实意义。

二、体育经纪人管理体系

（一）国外体育经纪人的管理体系

国外各国由于国情不同，体育经纪人管理的方式也不同，对体育经纪人的管理主要包括政府和社会团体两部分，其中政府主要通过法律法规和市场经济规律对体育经纪人事务进行宏观管理，发挥监督和调控作用，而社会团体包括体育组织则主要对体育经纪人进行行业管理。美国的体育经纪人管理即是采用各州政府和各职业体育联盟以及全国大学体育联盟共同管理的方式，由此形成政府与社会管理的两类体系。

1. 政府管理体系

美国对体育的管理属于分权型体制，联邦政府不设专门的主管行政机构，直接管理任务由各体育单项协会、体育联合会、大学生体协等体育社会团体共同完成。运动员工会、大学生体联等纷纷在各自管辖范围内制定了体育经纪人管理办法。美国各州政府已有多个州在体育经纪人管理上制定了专门条例，并设置了四类体育经纪人管理机构：劳工会、行业管理部门、州政府专门秘书处、立法委员会法律办公室，并指定了相应的注册机构。州政府的规定主要针对目前体育经纪活动的各种违规行为，从法律的角度，规定了从事体育经纪人的基本条件、业务等级、从业资格和工作质量的标准。由于各州之间、各体育联盟之间管理规定的不同，而体育经纪行为又常常是跨州活动，造成管理上的混乱。所以早在20世纪80年代中期，众多社会组织就一直在努力争取能够从更高一级政府的角度就体育经纪的一系列问题进行立法，但由于各种原因，美国联邦政府尚未颁发关于体育经纪活动的专门法律。

2. 社会团体管理

（1）运动员工会。美国四大职业体育联盟——篮球、棒球、橄榄球、冰球的运动员协会要求，经纪人必须在协会注册后方有资格代理运动员的合同谈判。运动员工会是一个在国家劳工法的指导下运作的机构，由于它在与管理经营者的劳资谈判中一直充当体育运动员的代表，因此它对经纪人的资格具有当然的审批权。但是，运动员协会只在集体谈判中代表全体会员，却从不插手个体运动员与其经纪人的合同谈判。每一运动员工会对运动员代理都有其特殊规定，这些法规与州立法规相似，规定了登记注册的条件但不包括对文化程度和身体条件的要求（约耳，2005）。

（2）大学生体协。作为管理美国各大学体育运动的专门组织，大学生体协对美国绝大多数大学生运动员具有相当的管制力和约束力。一方面通过设立运动员职业咨询小组，为大学生运动员提供职业咨询建议，提高他们的自我保护能力；另一方面通过取消参赛资格和给予经济罚款对违规成员实施处罚。

（3）单项体育组织。国家体育组织或单项协会对从事本行业（项目）经纪活动的经纪人实施直接或间接的管理。在各个单项体育组织对其体育经纪人进行管理是国际体育组织的主要管理办法。例如，国际篮联制定的《国际篮联篮球经纪人管理办法》；国际乒协制定的《国际乒联经纪人管理条例》等条例或者办法对行业内体育经纪人进行宏观的管理和指导。美国职业篮球、棒球、橄榄球等运动员工会为保护运动员的利益不受损害，相继推出了体育经纪人管理条例。美国国家橄榄球联盟运动员联合会于1983年首先实行经纪人管理办法，它明确规定了体育经纪人的业务范围和合同顾问的条件，并规定："除非按照本联盟的规定被认定具有经纪人的资格，任何个人（甚至运动员本人）不允许代表运动员，或者以美国橄榄球联盟的合同顾问名义，从事个人合同的谈判。"篮球、棒球运动员工会也相继于1986和1988年公布了自己的有关规定，各工会在管理办法上大体一致。又如国际田径经纪人联合会，它是一种相对松散的经纪人自律性国际管理组织，它在组织上独立于国际田联，但实际上与国际田联和各国田协有着千丝万缕的联系。它也制定了有关的管理条例和制约监督机制，进行资格审定，以保障国际田径界经纪人的正常运作和经纪人的合法利益，但它对经纪人的约束力不及国际足联，有待更多国家田协的承认和合作。该组织目前已有60余名田径经纪人注册。国际网球经纪人联合会的情况与此类似。

（二）我国体育经纪人的管理体系

1. 当前我国体育经纪人管理体系

我国体育经纪人的管理体系是由国家工商行政管理部门、体育行业主管部门，以及行政事业单位及司法、物价、审计等各类监管机构等部门构成，这构成我国目前体育经纪人管理的基本体系。

目前，我国体育经纪人是由代表中央层面的国家体育总局和国家工商总局，以及地方层面的人民政府政府，体育局和工商行政管理部门共同进行管理。体育行政管理部门是体育经纪人的行业管理部门，工商行政管理部门是体育经纪人行为的执法监督部门。国家体育总局和国家工商行政管理总局共同进行体育经纪人的培训和考核、核发或由其授权的机构核发体育经纪资格证书，在各自职权范围内依据法律、法规对体育经纪人的日常经纪活动进行监督检查，并依据情况进行处理。

国家体育总局目前对体育经纪人的管理内容主要包括培训和鉴定工作。体育经纪人的培训工作暂由几个省级试点培训单位进行，尚未在全国大规模铺开。目前的鉴定工作由国家体育总局体育职业技能鉴定指导中心、各省级体育职业技能鉴定（站）负责。体育职业技能鉴定指导中心是职业技能鉴定工作的组织实施、指导协调机构。主要职责是按照国家制定的职业技能鉴定规划、政策、标准和有关规定，在同级劳动保障行政部门的指导下，组织、实施、指导协调职业技能鉴定工作，推行国家职业资格证书制度。限于职责划分，各级体育职业技能鉴定部门只负责对体育经纪人的职业资格认证事宜实施管理，我国体育经纪人职业的日常监管、行业组织自律管理尚处于缺位状态。作为一个行业应有的自律组织体育经纪人协会在我国仅有个别省市建立。

工商行政管理部门作为体育经纪人行为的执法监督部门，其职责主要依照工商行政管理法规维护统一的经纪市场秩序。1995 年 10 月由国家工商行政管理总局发布的《经纪人管理办法》等一系列重要的管理规章对经纪从业人员的条件、培训、考核、资格认定等提出了具体要求。对从事工商经营活动的个体经纪人、合伙经纪人、公司经纪人实行注册登记管理，并对登记注册的条件予以明确规定，这些规定是工商行政管理部门进行经纪人管理包括体育经纪人管理的基本依据。同时，体育经纪人还接受当地税务部门、物价审计部门的监督、检查和管理。

2. 体育经纪人行业管理体系的设计

作为体育行业特有职业，在国家的层面上，针对体育经纪人的行业管理可以分为国家体育总局体育人力资源开发中心、运动项目管理中心、体育经纪人协会三个层次。

国家体育总局体育人力资源开发中心对体育经纪人管理的主要内容应该包括：组织制定和推行有关政策法规；授权体育职业技能鉴定指导中心对体育经纪人的资格认定和签发体育经纪人资格证书；指定体育经纪人培训和考试部门并指导培训和考试的实施；对体育经纪活动进行管理和监督；扶持成立有关组织如体育经纪人协会；对各项目管理中心的体育经纪人工作进行统筹管理和协调，等。

运动项目管理中心对体育经纪人管理的内容主要应该包括：负责对本项目经纪人活动的全面管理，承担总局委托的具体工作和职能；制定本项目经纪人管理制度和规章，特别是对运动员转会、代理、资产开发以及本项目资产开发等制定出明确的管理规定和办法；审查和批准本项目经纪人的资格；组织本项目经纪人的教育、培训和考核；对行业经纪人的行纪行为进行监督管理，保护公平竞争；创造条件开发培育经纪人市场，推动本项目经纪人事业的发展。

体育经纪人协会应该成为今后我国体育经纪行业管理的实体，其对体育经纪人管理的主要内容应该包括：进行体育经纪人的培训和考试、经纪纠纷的裁决、自律性规章制度的制定、信息的收集和交流等工作。

各省（区、市）可据此设计相应的体育经纪人管理体系。

三、体育经纪人管理的基本内容

（一）职业资格

体育经纪人职业资格是指被允许从业的经纪人应达到的基本标准。只有在取得经纪人资格后才被允许开展经纪业务，否则，属于违法行为，要受到相应的制裁。体育经纪人资格的取得，必须要经过一定程序的审查。只有先取得体育经纪资格，才能合理合法地从事体育经纪活动。体育经纪资格包含两个层面：一是从事体育经纪活动的人员的资格，一是经营体育经纪业务的主体资格。两者的认定结果不同，前者需要获得体育经纪资格证书，后者是需要获得经营体育经纪业务的许可。

1. 体育经纪从业人员的资格认证

对经纪从业人员的培训、考核及经纪资格证书的核发工作，就是经纪资格认定工作，国家工商行政管理局在1995年底发布的《经纪人管理办法》中作了原则性的规定，即经纪资格认定工作由县以上工商行政管理机关组织实施。1997年初又颁布了《关于进一步贯彻实施〈经纪人管理办法〉的通知》。对于经纪资格认定等工作又作了更明确具体的规定。《通知》要求各地工商行政管理部门要根据当地的具体情况组织安排好体育经纪从业人员的培训、考试工作。培训、考试的基本科目定为“经纪人概述”“法律知识”“市场营销”及工商行政管理法规等。从事房地产、技术、信息、劳动力、运输、产权、文化、广告、体育、旅游等方面经纪活动的，除进行基本科目的考试外，还要进行相应专业知识的考试。

根据国家工商行政管理部门颁布的《经纪人管理办法》以及《体育经纪人国家职业标准（试行）》，体育经纪从业人员的职业资格认定一般包括申请、培训、考核、发证四个环节。

（1）申请。申请的对象是从事或准备从事体育经纪职业的人员。

①国家职业资格三级（具备以下条件之一者）：

连续从事本职业工作6年以上。

具有大学体育类各专业专科及以上学历证书。

具有相关专业大学专科及以上学历证书。

具有其他专业大学专科及以上学历证书，连续从事本职业工作1年以上。

具有其他专业大学专科及以上学历证书，经本职业国家职业资格三级正规培训达规定标准学时数，并取得结业证书。

②国家职业资格二级（具备以下条件之一者）：

连续从事本职业工作13年以上。

取得本职业三级职业资格证书后，连续从事本职业工作5年以上。

取得本职业三级职业资格证书后，连续从事本职业工作4年以上，经本职业国家职业资格二级正规培训达规定标准学时数，并取得结业证书。

取得相关专业大学本科及以上学历证书后，连续从事本职业工作5年以上。

具有相关专业大学本科及以上学历，取得本职业国家职业资格三级证书后，连续从事本职业工作4年以上。

具有相关专业大学本科及以上学历，取得本职业国家职业资格三级证书后，连续从事本职业工作3年以上，经本职业国家职业资格二级正规培训达规定标准学时数，并取得结业证书。

取得研究生学历或硕士以上学位证书后，连续从事本职业工作2年以上。

③国家职业资格一级（具备以下条件之一者）：

连续从事本职业工作19年以上。

取得本职业国家职业资格二级证书后，连续从事本职业工作4年以上。

取得本职业国家职业资格二级证书后，连续从事本职业工作3年以上，经本职业国家职业资格一级正规培训达规定标准学时数，并取得结业证书。

取得相关专业大学本科及以上学历证书后，连续从事本职业工作13年以上。

具有研究生学历或硕士以上学位证书，连续从事本职业工作10年以上。

（2）培训。在符合基本条件的情况下，即申请被认可之后，要参加体育主管部门和工商行政管理部门统一组织的体育经纪人知识和技能课程培训。为保证体育经纪人的质量及其行为规范，并帮助他们通过考试，体育主管部门和工商行政管理部门将授权相关机构进行体育经纪人的培训，内容包括职业道德、基础知识、体育经纪运作知识等。

（3）考试。分为理论知识考试和专业能力考核。理论知识考试和专业能力考核采用闭卷或上机考试的方式。理论知识考试和专业能力考核均实行百分制，成绩皆达60分及以上者为合格。二级、一级体育经纪人还须进行综合评审。

理论知识考试和专业能力考核考评人员与考生配比为 1∶20，每个标准教室不少于 2 名考评人员。综合评审委员不少于 3 人。

理论知识考试时间不少于 90 分钟，专业能力考核时间不少于 90 分钟。综合评审时间不少于 20 分钟。

理论知识考试和专业能力考核在标准教室进行。

（4）发证。体育经纪资格证书的发证机关是体育主管部门和工商行政管理部门（或其授权的机构），证书由两者统一制定并核发。符合申请条件，参加了体育经纪人培训，并通过了考试者可以获得体育经纪资格证书。如从事某个运动项目的经纪活动，还需参加该专项运动协会组织的培训和考试，以获得该运动项目的经纪活动资格。

资格证书实行年度检验制度，由体育主管部门和工商行政管理局授权的机构办理。无故不参加年审或年审不合格者，其体育经纪资格证书将自动失效。有的项目经纪人要求在资格考试合格后，交付一定的保证金。如中国足协对申请“中国足球协会球员经纪人许可证”的人员，应在规定的时间内将 35 万元人民币的责任保证金汇入中国足协指定的银行帐户。

2. 国外体育经纪从业人员资格认定

在现代体育全球化发展趋势下，跨地区、跨国界的体育经纪活动已十分普遍。体育经纪人的从业范围也已不限于国内。体育经纪人除了需要了解和遵守国内有关法律法规和规章制度之外，还必须了解并遵守国际规则，必须获得国际体育组织的有关资格认定。获得国际体育组织经纪人的资格也要通过一定的程序：申请、考核和发证。与此同时，有相当一部分国际体育组织还提出了保证金的要求。

通常情况下，国际体育组织对申请人的基本条件要求并不十分严格，主要是考察申请人的信誉度。比如国际足联要求申请人必须附上可以证明其信誉的文件材料。此外，国际体育组织为避免出现垄断和作弊行为，要求申请人不能在相应的体育组织内任职、也不能与这些体育组织存在任何伙伴关系。体育组织官员或雇员如果要成为该组织认可的体育经纪人，必须要在原工作结束一定时间后才能提出申请。

满足上述条件后，体育组织会向申请人发出考核通知。考核可以是书面笔试，也可以是口头面试。有时国际体育组织并不直接对申请人进行考核，而是委托其成员协会对其管辖地区的申请人进行考核。比如国际足联规定，由各国足球协会按照国际足联发布的考核大纲，分别对本国的国际足联经纪人进行面试。经纪资格认定，即获取许可证的考试一般每年都要进行，合格者颁发证书，有效期通常为2～5年。

除资格审核外，一些国际体育组织还制定了保证金制度，要求申请人在申请注册的同时还需要交纳一定数量的保证金或在指定的银行存入一定数额的保证金，作为押金来约束经纪人履行义务。如国际足联要求足球经纪人申请人向其所在国家的保险公司交纳职业责任保险，申请人要将保单送交国家足协，保险的金额要根据球员经纪人营业额来确定，同时，职业保险契约还包括保单过期后对在保险期内发生事项的赔偿。如果球员经纪人不能按规定在交付职业责任保险，他可以出示10万瑞士法郎的银行保证金，保证金应由瑞士银行提供并不可撤回忆，只有国足联有权使用该保险金。

国际足联比赛经纪人也要求出示5万瑞士法郎的银行担保书，银行担保书应由瑞士银行出具，并不可撤回。保证金用来支付由经纪人引起的，签订合同的任何一方所造成损失的赔偿，但赔偿金额不受银行保证金数目限制。保证金只有在比赛经纪人向国际足联正式提出终止活动后至少三个月，方可退还。

（二）职业培训

体育经纪人必须具备较高的业务素质和能力，如交流能力、协调能力、适应能力和应变能力等。许多体育组织和经纪人联合会在举行经纪资格考试前，要组织申请人进行相应的培训，培训内容集中在相关法律法规、市场营销、经济合同、公共关系和行业规范等多个方面，使得申请人初步具备从事经纪活动所需要的知识和技能。体育经纪人的培训可以规范国内的体育经纪人市场，保护公平竞争，从而从总体上促进体育经纪人和体育事业的发展。对经纪人而言，接受继续教育也是体育经纪人保留从业资格的必备条件和提高方式，通过经常参加年度培训，可以了解运动员收入的发展趋势、新出台的相关法律、重大经纪案件的审议等与从事体育经纪业务密切相关的信息，从而提高业务水平、工作效率。

根据《体育经纪人国家职业标准（试行)》的要求，我国体育经纪人培训管理的内容主要包括以下几个方面。

1. 培训期限

全日制职业学校教育，根据其培养目标和教学计划确定。晋级培训期限：三级体育经纪人不少于160标准学时；二级体育经纪人不少于120标准学时；一级体育经纪人不少于80标准学时。

2. 培训教师

培训三级体育经纪人的教师应具有本职业二级及以上职业资格证书或体育学、经济学、管理学、法学等相关专业中级及以上专业技术职务任职资格；培训二级体育经纪人的教师应具有本职业一级职业资格证书或体育学、经济学、管理学、法学等相关专业高级专业技术职务任职资格；培训一级体育经纪人的教师应具有本职业一级职业资格证书3年以上或体育学、经济学、管理学、法学等相关专业高级专业技术职务任职资格。

3. 培训场地设备

具有满足培训需要的标准教室。

4. 培训内容

主要涉及基础知识部分和不同级别体育经纪人培训的专题，具体包括体育经纪人职业道德、体育经纪人基础知识、体育经纪业务调研、体育经纪业务权利获取、体育经纪业务谋划、体育经纪业务实施和体育经纪业务总结等内容。

（三）注册登记

随着体育竞赛的国际化，各国之间的体育交往也越来越频繁，体育经纪活动所涉及的范围和包含的内容越来越广。体育经纪人的管理就表现在两个层次上：一是对国际体育组织对体育经纪人的登记注册管理；二是各国对体育经纪人的登记注册管理。

1. 国际体育组织的体育经纪人登记注册

由于发展水平不同，一些职业化程度比较高的项目，如足球、篮球、排球、网球、田径等项目的国际体育组织，都成立了体育经纪人管理机构。而一些尚未实行职业化的项目，则还没有体育经纪人及其管理机构。综合性国际体育组织，如国际奥委会等，一般不直接管理体育经纪人。即使是职业化程度比较高的项目，由于各自的职业化和发展程度不尽相同，以及项目本身的特点和规律，体育经纪人的管理模式也不同。国际体育组织对体育经纪人的管理主要有国际体育组织直接管理和通过经纪人自律性组织进行间接管理两种方式。

（1）单项体育组织登记注册管理。田径、网球、拳击、高尔夫等项目的经纪人人数有限，通过经纪人自律性组织经纪人联合体比较容易进行集中管理。但是足球、篮球待等运动项目的情况则完全不同，这些项目发展规模大，经纪人数量最多，也是最具市场开拓前景的运动项目。尤其是足球项目，国际足联设立了专门的经纪人管理部门，并制定了相应的管理条例，对全行业的经纪人进行宏观管理和指导。其主要职责是，制定本项目经纪人管理条例，包括对所属各自国家协会的经纪人管理提出要求，并具有很强的约束力；负责国际间即不同国家协会间运动员转会和比赛事务的经纪人的管理，包括对所属各国家协会的经纪人管理提出要求，并具有很强约束力；负责国际间即不同国家协会间运动员转会和比赛事务的经纪人的管理，包括明确经纪人、运动员和俱乐部各方的权利和义务，实施监督和裁决等。但国际足联不具体颁布发经纪人执照，从事国际转会和比赛经纪事务的经纪人必须向各国家足球协会提出申请，由各国家足球协会决定所受理的申请是否合格，并对申请者进行面试。申请者经批准获得执照后，到国际足联注册以获得国际足联许可证。根据国际足联的规定，只有获得国际足联许可证的足球经纪人才有资格从事球员间的国际转会的经纪活动。国际足联还规定，申请球员经纪人许可证的个人在任何情况下不应在任何足球组织、俱乐部或此类相关机构中任职。

国际足联既管理运动员经纪人，也管理比赛经纪人，并分别制定了管理条例。运动员经纪人通常以个体经纪人即自然人（相对于法人）的身份注册。目前经国际足联批准的有资格从事国际间运动员经纪活动的个体经纪人已达 500 多人，分布在 40 多个国家和地区，其中英国最多为 67 人，西班牙、德国、意大利、法国等都在 30 ~ 50 人之间，亚洲的中国、日本、韩国、沙特、阿联酋等国也都有国际足联批准的经纪人。

（2）体育经纪人行业协会登记注册管理。随着体育商业化和国际化程度的不断深入，体育经纪人（主要是指个体经纪人）已意识到，只凭个人的力量不能全面地掌握体育市场信息，不能有效地保护自己及委托人的商业利益，必须进行联合，建立自己的行业协会，形成日益强大的经纪人联合体。

体育经纪人联合会是一种相对较为松散、协会性质的自律组织，是由一些有共同职业、共同利益的经纪人组成的联合体，有一定的自发性，虽然不同项目的经纪发展状况各不相同，但是这些组织的基本职能都在于保护经纪人的切身利益，维护经纪人应有的权益，监督经纪人严格遵守职业道德准则，对经纪人进行职业再教育以提升其竞争力等。

目前在欧洲，最有影响力的经纪联合体是国际田径经纪人联合会和国际网球经纪人联合会，参加这些组织的所有成员都是运动员的个体经纪人，而不是公司经纪人。目前国际田径经纪人联合会有60多名注册田径经纪人，他们各自代理着十几名到几十名不同等级的世界著名运动员的多项事务，全世界最优秀的田径运动员中的90%都由他们掌握。国际田径经纪人联合会曾经就运动员的奖金问题与国际奥委会和国际田联公开对抗，甚至威胁抵制世界田径锦标赛。

国际田径经纪人联合会在组织上独立于国际田联，但实际上与国际田联和各国田协有着千丝万缕的联系，联合会执行秘书长詹宁斯也同时是国际田联的秘书长，由国际田联发给薪水。该经纪人行业协会性质的组织制定了有关的管理条例和制约监督机制，主要行使以下方面的管理职能：进行田径经纪人资格审定，负责确定田径经纪人的佣金标准，负责经纪人的行业规范，负责对违反有关规定经纪人进行处罚，甚至有权将违规的经纪人从其组织中除名。该组织每年还要评选年度世界最佳田径经纪人，意在规范经纪人的行为，维护经纪人的声誉。国际田径经纪人联合会对经纪人的约束力不及国际足联，还有待更多国家田协的承认和合作。国际网球经纪人联合会的情况与此类似。

2. 国外体育经纪人的登记注册

由于各国体育管理体制和政治制度不同，体育经纪人的管理机构也不同。但大都是通过政府市场部门管理和社会组织进行管理。其中政府主要通过体育经纪的政策、法规和市场经济的有关法规对体育经纪人进行宏观管理，发挥监督和调控作用。而体育组织和社会体育机构对体育经纪人的管理，主要是通过行业自律和体育经纪人业务进行管理。

（1）政府机构登记注册管理。美国对体育经纪人的管理分为两个方面：一是政府的宏观管理，主要是通过各种法律、法规来进行宏观管理；二通过是社会组织，如各项目运动员工会管理职业体育，大学生体联管理业余体育等。但无论是政府组织或社会团体，主要是按照市场经济的要求，在保证经纪人市场公平、有效的基础上，以法律手段为主，对体育经纪人进行整合和管理。美国目前已有24个州制定了体育经纪人管理的专门条例，并指定了相应的注册管理机构。各州设置的体育经纪人管理机构主要有四类：劳工部、行业管理部门、州政府专门秘书处和立法委员会法律办公室。

在欧洲，不少国家的民法和商法中对经纪人管理都有专门的论述，一些国家还制定了专门的经纪人法。有些国家还在体育法中增加了针对体育经纪人的规定。尽管政府部门一般不直接对微观的中介活动进行管理，但许多国家的政府对涉及到劳资关系的经纪活动非常重视，因为劳资关系处理不当，往往会导致劳动者罢工，影响国家的稳定。所以，一些国家的劳工法和反垄断法也往往对体育经纪活动有着非常重要的影响，法院也经常处理这些方面的纠纷。

（2）体育组织登记注册管理。各国体育组织或单项协会对从事本行业（项目）经纪活动的经纪人实行直接或间接的管理。如美国的职业篮球、棒球、橄榄球等各项目运动员工会为保护职业运动员的利益不受损害，相继推出体育经纪人管理条例。美国全国橄榄球运动员工会于1983年首先开始实行经纪人管理办法。篮球、棒球运动员工会也相继于1986和1988年公布了自己的有关规定。各工会在管理办法上大体一致。

一些国家的足球协会根据本国实际情况依据国际足联的有关规定，建立了国内经纪人队伍主要负责国内球员的转会，同时制定了具有约束力的经纪人管理条例，包括经纪人条件及活动范围，组织管理，中介行为准则，佣金标准，违章处罚等。如英格兰足球经纪人由英国足球协会竞赛委员会管理，1998年度在这里注册从事英格兰各俱乐部之间球员转会的足球经纪人为26人。在职业足球开展得最为成功的意大利，由意大利足协负责足球经纪人的管理。意大利足协制定了《经纪人管理条例》，批准足球经纪人名单，并成立了由包括经纪人协会的代表等多方面人员组成的专门的经纪人事务委员会管理具体事务。

还有一些国家则通过各运动项目自律性的经纪人协会进行具体管理工作。这些协会往往与该国的单项协会密切合作，参与经纪人的资格认定、资格考试、争议仲裁等，在经纪人的管理中起着十分重要的作用。

（3）我国体育经纪人的登记注册管理。根据我国目前的管理体制，体育经纪人是由体育行政管理部门和工商部门共同管理，他们负责对此进行统一指导和统一立法。体育行政管理部门作为体育经纪人行为的执法监督部门，在各自的职权范围内行使管理权。双方的侧重点是，体育部门对体育经纪人的专业资格和能力进行监督，并且依照体育法律法规对体育经纪人进行指导和管理，而工商部门主要是维护统一的经纪市场秩序，并且依照《经纪人管理办法》及有关法规，对体育经纪人进行规范和管理。

由于我国体育经纪人的人数有限，体育经纪人的地位还有待于提高，体育行业经纪人协会在短时期内还很难成立。体育经纪人的管理主要是依靠政府体育组织和各运动项目协会。《经纪人管理办法》第五条规定：各级工商行政管理机关负责对经纪人进行监督管理，在我国管理体制中，各级实际上包括中央、省市区、地市、县四级工商行政管理部门，即我国工商行政管理部门实行的垂直管理，而体育管理体制是按分层管理进行，相应的体育经纪人的经纪行为则是纵横交错，体育经纪活动必然与我国体育管理体制和工商管理法规相冲突，造成了体育经纪人各省市与中央之间各自为政，互不承认。目前这种管理局面，将不利于体育经纪人的健康发展。

3. 我国体育经纪人的登记注册

符合法律规定条件的经纪人事务所、经纪公司、人体经纪人和兼营经纪业务的经济组织，经资格认定后，应当向所在地工商行政管理机关申请登记注册或者变更登记。工商行政管理机关应当在受理登记注册或者变更登记之日起30日内，做出核准登记注册或者不予核准登记注册的决定。按体育经纪组织从进入市场到退出市场的过程，可分为开业登记、变更登记及注销登记。

根据《经纪人管理办法》的规定，从事经纪业务活动的个人和组织，必须到工商行政管理机关注册登记后才能成为合法的市场经营主体，其登记注册主要表现为个体经纪人、合伙经纪企业（经纪事务所）、经纪公司等三种形式。工商行政管理机关针对经纪行业的特殊性，着重在经纪人的设立条件上作了明确具体的规定。从事体育经纪业务的须直接到工商行政管理机关申请注册登记，才能成为合法市场主体。

（1）个体经纪人的设立条件。个体经纪人以自己的名义独立从事经纪活动，并以个人全部财产承担无限责任。国家工商局颁发的《经纪人管理办法》对个体经纪人的设立条件作了明确的规定。根据《体育经纪人管理办法》规定，符合下列条件的人员，可以申请领个体工商户《营业执照》，成为个体经纪人：有固定的业务场所；有一定的资金；取得经纪资格证书；有一定的从业经验；符合《城乡个体工商户管理暂行条例》的其他规定。

（2）合伙经纪组织的设立条件。在我国，合伙经纪组织一般体现为经纪人事务所。经纪人事务所是由具有经纪资格证书的人员合伙设立，是由合伙人按出资比例或者协议约定，以各自的财产承担责任，合伙人对经纪人事务所的债务承担连带责任。国家工商行政管理局颁发的《经纪人管理办法》中，明确规定设立经纪人事务所应当符合下列条件：有固定的业务场所；有一定的资金；由二名以上具有经纪资格证书的人员作为合伙人发起成立；兼营特殊行业经纪业务的，应当具有二名以上取得相应专业经纪资格证书的专职人员；专门从事某种特殊行业经纪业务的，应当具有四名以上的取得相应专业经纪资格证书的专职人员；合伙人之间订有书面合伙协议；法律、法规规定的其他条件。

国家工商行政管理局在 1997 年 1 月 2 日颁发的《关于进一步贯彻实施〈经纪人管理办法〉的通知》中进一步明确了组织应具备的条件，根据该《通知》规定，除设立从事消费品和生产资料方面经纪业务的经纪人事务所外，设立从事房地产、技术、信息、劳动力、运输、产权、文化、广告、体育、旅游等方面经纪活动的经纪人事务所，无论专营或兼营，都应当具有四名以上持相应项目经纪资格证书的专职人员。

（3）经纪公司的设立条件。经纪公司是以公司为组织形式的，从事经纪的，负有限责任的企业法人。国家工商行政管理局颁发的《经纪人管理办法》中，规定设立经纪公司应当符合下列条件：具有相应的组织机构和固定的业务场所；注册资金在十万元以上；有与其经营规模相适应的一定数量的专职人员，其中取得经纪资格证书的不得少于五人；兼营特殊行业经纪业务的，应当具有二名以上取得相应专业经纪资格证书的专职人员；专门从事某种特殊行业经纪业务的，应当具有四名以上取得相应专业经纪资格证书的专职人员；《公司法》及有关法规规定的其他条件。

此外，根据国家工商行政管理局在 1997 年 1 月 2 日颁发的《关于进一步贯彻实施 <经纪人管理办法> 的通知》，除设立从事消费品和生产资料方面经纪业务的经纪人事务所外，设立从事房地产、技术、信息、劳动力、运输、产权、文化、广告、体育、旅游等方面经纪活动的经纪公司，无论专营或兼营，都应当具有四名以上持有相应项目经纪资格证书的专职人员。

（四）经纪行为

体育经纪人活跃在体育各领域、各项目，体育经纪行为是复杂多样的，并且具有一定的隐蔽性。因此，对体育经纪人经纪行为的管理必须是综合性的、具有权威的管理。对体育经纪人的管理除了要依法确认其资格，更重要的是要对体育经纪人大量的、经常性的经纪行为进行监管，依法保护体育经纪人和当事人的权益，打击违法经纪行为。对体育经纪人的经纪行为管理主要包括以下方面。

1. 业务范围和活动方式

个体体育经纪人从事运动员个人委托的业务，主要内容为：代理运动员与体育组织、广告公司、商品生产经营企业及其他单位进行交易谈判；代办运动员财务管理、保险等个人事务；运动员形象策划与开发；安排运动员表演和比赛；其他事务。个体体育经纪人从事经纪业务必须向运动员出示《营业执照》（副本）和《体育经纪人资格证书》。《体育经纪人资格证书》通过体育行政部门及工商行政管理部门年检的才有效。个体体育经纪人不得接受体育组织委托从事体育经纪活动，不得从事有关体育竞赛和体育表演的经纪活动。个体体育经纪人不得在体育经纪人事务所和经纪公司执业。

体育行政管理部门规定体育经纪人事务所、体育经纪公司可以从事和开展以下业务：接受运动员个人委托的体育经纪活动；接受体育组织委托的体育经纪活动；接受委托从事有关体育竞赛和体育表演的经纪活动；组织、推广体育竞赛和体育表演的活动。另外，还规定：体育经纪人事务所、经纪公司统一对外接受委托，收取佣金；其业务人员不得以个人名义对外接受委托从事体育经纪活动。体育经纪人事务所、经纪公司业务人员从事经纪业务必须出示单位授权委托书和本人的“体育经纪人资格证书”，该证书只有通过体育行政管理部门及工商行政管理部门年检的才能视为有效。

2. 保证金

由于经纪人行为具有一定的隐蔽性，容易滋生经纪活动中的欺诈行为，通过保证金制度这种经济手段，可以约束和规范体育经纪人的经纪行为。保证金制度要求申请人在申请注册的同时还需要交纳一定数量的保证金或在指定的银行存入一定数额的保证金，作为押金来约束经纪人履行义务。如国际足联要求足球经纪人申请人向其所在国家的保险公司交纳职业责任保险，申请人要将保单送交国家足协，保险的金额要根据球员经纪人营业额来确定，同时，职业保险契约还包括保单过期后对在保险期内发生事项的赔偿。如果球员经纪人不能按规定交付职业责任保险，可以出示 10 万瑞士法郎的银行保证金，保证金应由瑞士银行提供并不可撤回，只有国际足联有权使用该保险金。国际足联比赛经纪人也要求出示 5 万瑞士法郎的银行担保书，银行担保书应由瑞士银行出具，并不可撤回。保证金用来支付由经纪人引起的，签订合同的任何一方所造成损失的赔偿，但赔偿金额不受银行保证金数目限制。保证金只有在比赛经纪人向国际足联正式提出终止活动后至少 3 个月方可退还。

3. 体育经纪人的义务

体育经纪人开展业务活动必须履行以下义务：设立账簿并如实填写，保存原始凭证、业务记录、账簿和经纪合同 3 年以上；如实、及时向当事人介绍有关情况，为当事人保守商业秘密；接受体育和工商行政管理部门对其日常经纪行为的监督检查，提供检查所需要的文件、凭证、账簿及其他资料；收取佣金和费用应当向当事人开具发票，并依法缴纳税费。

4. 体育经纪合同和佣金

个体体育经纪人、体育经纪机构接受委托从事体育经纪活动必须签订书面委托合同、行纪合同或居间合同，双方协商选择使用合同示范文本。体育经纪活动双方可以约定按比例提取佣金，个体体育经纪人、体育经纪机构接受运动员个人委托提取佣金的比例应在经纪业务金额 15% 以下，接受其他委托提取佣金的比例应在经纪业务金额的 25% 以下；双方也可以约定采取一定数额的固定佣金。另外，个体体育经纪人、体育经纪机构接受委托管理运动员个人和体育组织的财务，必须与自身财务分账管理。妥善保管财务凭证和账簿，定期向当事人汇报，接受审查和监督。当事人隐瞒事实真相，体育经纪人有权拒绝或中止为其提供经纪服务。

5. 体育经纪人禁止的行为

体育经纪人在经营过程中不得有下列行为：不准隐瞒与经纪活动有关的重要事项；不允许超越其核准的经纪业务范围；不得向当事人收取佣金以外的酬金和物品；不得仿造、涂改交易文件和凭证；不得采取欺诈、胁迫、贿赂、恶意串通手段损害当事人利益。不得通过诋毁其他体育经纪人或者支付介绍费等不正当手段承揽业务；不得有违反法律、法规禁止的其他行为。

6. 体育经纪人的法律责任

体育经纪人违反法律、法规等相关规定，给当事人造成经济损失的，应当承担赔偿责任。个体体育经纪人承担的赔偿金和行政罚款可从其营业保证金中划扣。个体体育经纪人营业保证金不足时必须及时补足。经纪人与委托人发生争议时，可协商解决，也可以依照双方约定或者事后达成的仲裁协议向仲裁机构申请仲裁；未作约定，事后又未达成仲裁协议的，可以向人民法院起诉。体育、工商行政管理部门在各自职权范围内依据法律、法规对体育经纪人的日常经纪活动进行监督检查，并依情况进行处理：未经登记注册、擅自从事体育经纪活动的，由工商行政管理部门予以取缔，并依照有关法律和法规没收非法所得；对于违反登记注册、广告、反不正当竞争、消费者权益保护等法律、法规及规章的行为，按有关规定处理。

（五）佣金

1. 佣金的类型

体育经纪人所获得的佣金是委托人依照法律规定或者双方约定，因体育经纪业务而支付给体育经纪人的报酬。国家法律承认体育经纪人在体育经纪活动中收取佣金为合法行为，同时也保护体育经纪人收取佣金的权利。体育经纪人在开展体育经纪业务时需要投入资金，付出劳动，同时承担一定的风险。因此，体育经纪佣金就其性质而言，具有劳动性、风险性和经营性。

佣金由成本和利润两个部分构成。佣金的成本包括“牵线搭桥”的直接费用（差旅费、车船费、资料费、电讯费、打印费等）和长期知识积聚费用的折扣率。根据国家法律和有关规定，佣金的成本和利润可以分开计算，也可以合并计算和收取。

佣金分为法定佣金和自由佣金两种。法定佣金是指经纪人从事特定经纪业务时，按照国家对特定经纪业务规定的佣金标准获得的佣金。这种佣金具有强制效力，当事人各方都必须接受，不得高于或低于国家规定的佣金费率标准。在发展比较成熟、专业化程度比较高的证券、期货和保险市场上，有关法规、规章及规范性文件对经纪人佣金的收付标准都有明确规定。这些规定所包含的一般原则，是按经纪人经纪中介成交金额的一定比例提取的，成交金额越大佣金比例越低。法定佣金在经纪活动中只适用于分工明确、专业性强、经纪活动耗费固定的经纪业务种类，如证券经纪、期货经纪、保险经纪，采用的就是法定佣金。

自由佣金是在国家法律、规章及规范性文件没有明确规定佣金费率标准的市场上，按经纪人与委托人协商确定的佣金标准获得的佣金，并写入委托合同之中。这种由当事人之间协商确定的费率，标准一经确定，即对双方具有约束力，违约者要承担违约责任。在社会经济生活中大量的是自由佣金。

由于佣金是经纪人提供经纪中介服务的一种特殊价格，所以自由佣金就和商品的市场价格一样，由供求双方协商确定。自由佣金按经纪中介成交额的一定比例提取，数量标准相差很大，经纪中介成交额越大，提取比例越低。比例可以分阶段确定，逐阶段递减。如果成交额非常大、也可以采取封顶的办法，明确规定最多只能收取多少佣金。如果成交额较小，也可以采取保底的办法，明确规定最低应该支付多少佣金。所以说佣金的数额多少要取决于所交易商品的价格。

此外，还可以采取包价的形式确定佣金，经纪人代理委托人进行交易时必须满足委托人规定的最低价，超出最低价的部分，经过测算，得到委托人认可，才可以作为佣金。这里说的包价，不是指差价，一般来说，是不允许用差价作佣金的。

2. 佣金的支付和获取

佣金的支付人是经纪业务的委托方。体育经纪合同中规定的体育经纪业务委托方有义务支付佣金。佣金可以用现金、转账结算或其他方式来支付。体育经纪人收取佣金应当开具发票，并缴纳税收和行政管理费。除法律、法规、规章另有规定外，支付佣金的时间应按照经纪人与委托人合同签订的合同确定。一般情况下，佣金往往是在经纪活动成功后由委托人支付给体育经纪人，但有时委托人会提前支付经纪人部分佣金，待中介成功、买卖双方签订合同后，再支付剩余部分佣金。比如，因经纪活动费用过高需要大量的前期投入，或佣金数额较大，或者委托人认为经纪业务的难度太大，需要提前支付部分佣金以激励经纪人等。为避免在支付佣金上与委托人发生纠纷，体育经纪人在签订经纪合同时，应将佣金的数量、支付方式、支付期限及中介不成功时中介费用的负担等方面明确写入经纪合同中。

在体育经纪实践当中，体育经纪人被甩的现象时有发生。尤其是在法制不健全，管理不完善的情况下被甩的现象更为严重。体育经纪人通过自己的劳动为交易双方达成协议，理应获得正当合法的收入。为有效维护自身的合法权益，体育经纪人在事前应采以相应的办法和措施，防止“劳而无获”的被甩后果。

3. 佣金的比例

由于体育经纪人所经纪的对象具有特殊性，如比赛、运动员、体育组织、俱乐部等等，其价值的估计远比商品困难得多，因而佣金标准的制定也更为复杂。如果没有一定的体育无形资产评估作为基础，就很容易出现哄抬和狂跌现象，形成价格和价值的倒挂，从而扰乱了体育市场的政策秩序。因此，体育经纪佣金的限制和管理是必不可少的。但目前我国还没有出现体育经纪佣金方面的规章和管理规定。

在国外，一些体育经纪活动发展较早、较成熟的国家，体育经纪佣金已经形成了一定的标准，但也是在不断地体育经纪实践中约定俗成的。按比例收取佣金的方式最为常见。由于体育经纪业务的对象不同，如社会团体、公司法人、个人等各类经济组织；经纪的内容不同，如电视转播权、广告赞助权、个人形象开发权、以及代理体育组织举办比赛、代理运动员转会等；经纪的体育项目不同，如集体项目篮球、足球、排球，个人项目田径、网球、拳击、滑冰等，体育经纪人收取佣金的比例标准也会有所不同。通常情况下，各类体育经纪活动的佣金比例为：（1）代理运动员与俱乐部或职业体育组织进行劳资谈判的佣金比例较低，通常为运动员收入的0.5%～5%；（2）负责运动员的财务管理一般收取总额的5%；（3）比赛奖金提取10%；（4）代理运动员与体育组织以外的自然人或法人进行运动员名字或形象的商业开发，包括广告、赞助和电视转播合同等，佣金比例较高，足球经纪人这方面的佣金可达5%～15%，网球经纪人是10%～25%，田径经纪人是15%～30%。

不同的经纪业务采用不同的佣金标准，一方面有助于建立职业体育中较为稳定的劳资关系，保护运动员的职业体育组织的利益；另一方面也能鼓励经纪人积极开发运动员的商业价值。近年来，在足球经纪人的实际操作中，越来越多的运动员与经纪人经过协商，根据获益情况，确定基本佣金和激励佣金两个不同标准，以调动经纪人进行商业操作的积极性。如果由经纪人公司代理，佣金提成比例则更大。一些田径经纪人公司代理运动员劳资谈判会收取运动员收入的40%～45%，国际管理集团代理网球运动员谈判出场费和奖金的佣金标准是25%。

在美国除按比例收费外，还有其他的体育经纪佣金收费方式，如按时间收费。这是由于美国有许多律师在从事体育经纪人的业务，从而保留了律师收费的习惯。还有将比例收费与时间收费结合起来计算的综合收费方式，以及不计谈判耗费的时间及合同款数额，按事先谈好费用收取的固定收费方式。

为了更好地监督和管理体育经纪人的佣金收取，有些体育管理机构甚至制定出适用于自身的佣金限制。比如，美国橄榄球运动员工会规定：橄榄球经纪人前三年只能拿劳资协议所定最低薪金的5%，小时收费不超过125美元，合同固定收费不超过 2000 美元。篮球运动员工会则实行了篮球经纪人收费记账管理制度，要求各篮球经纪人将全年的收费记录在册，以备运动员工会随时检查。

随着我国体育经纪活动和逐步开展和繁荣，体育经纪人管理制度的日益完善，体育经纪佣金的限制和管理必然会越来越受到重视。合法的经纪人应严格按照国家规定的结算和支付方式进行佣金的支付工作，并依法照章纳税。

四、体育经纪人管理的基本方式

(一) 制定体育经纪人发展规划

当前，在国家大力发展体育产业的新形势下，我国体育经纪人行业尚缺乏明确、具体、专门的法律规划，尚缺少针对体育经纪人发展的定位、目标、任务、重点、举措等内容的设计。体育经纪人的发展应该纳入国家体育产业发展的系统规划之中，如果缺少对体育经纪人的专门规划，势必对体育产业的发展产生不利影响。做为一种行业的健康持续发展，管理部门必须科学制订体育经纪人发展的发展战略，继续深化体育产业政策改革，促进体育市场进一步开放。要依据体育经纪发展情况，制定符合实际的体育经纪人发展政策。

(二) 理顺体育经纪人的管理体制

对于体育经纪人的政府管理体制，体育部门应对体育经纪人的专业资格和能力进行监管，并且依照体育法律法规对体育经纪人进行指导和管理。工商行政管理部门的工作侧重点主要是维护统一的经纪市场秩序，并且依照工商行政管理法规进行管理。具体到体育行业内部，目前我国体育管理体制还处于从计划经济体制向市场经济体制转变的过程中，在这个过程中很多关系还没有理顺，在很多情况下，体育协会甚至是政府占据了经纪人发展的空间。为此，要适时成立体育经纪人协会，由协会加强自律管理，政府主要是依法管理，对一些具体事务不过多介入。要不断规范政府机构的体育事业管理体制，明确主管机构，加强审核监督，创造良好内部运行机制，推动体育经纪人市场健康发展。项目协会可以从自己的专业角度提出一些专业要求，对自己初步认可的、有合作意向的经纪人进行一定的专业培训，使其了解并遵守体育经纪规范。

（三）健全体育经纪人的管理制度

体育经纪人市场的健康发展，需要国家相应的体育经纪法律法规保障。制定体育经纪人管理办法，保护公开的、正当的竞争，规范体育市场是非常有必要的。当前我国体育经纪人法律法规体系不完善，1995 年国家工商行政管理总局颁布的《经纪人管理办法》，是针对全国各个行业经纪人的规范性文件。目前国家对体育经纪人还未出台专门的管理办法，由此导致体育经纪市场无法可依，致使体育经纪人利益得不到保障，行为得不到监督，体育经纪市场秩序发生混乱，制约着我国体育经纪人市场的健康发展。为此，有必要从国家及部门层面出台专门的体育经纪人办理办法，对体育经纪人进行法制化管理，使体育经纪活动有法可依，有章可循。

（四）建立体育经纪人行业性组织

随着我国政府职能的转变，过去许多由政府部门承担的工作需要通过市场中介组织来承担，这是历史赋予经纪人协会的使命。经纪人协会应成为经纪人和政府监管部门之间的纽带和桥梁，成为经纪人和政府监管部门之间的纽带和桥梁，成为经纪人自我管理、自我约束的自律组织。同时，经纪人对开展业务活动中遇到的各类政策、法律、监管等问题，也需要经纪人协会协调向政府部门反映。可见，体育经纪人组织的建立对规范体育经纪人活动、加强行业自律、保护经纪人合法权益、促进体育经纪业健康发展起到积极作用。

（五）建立体育经纪人的信用体系

我国目前还属于非信用制度国家，尚未培育出市场化程度比较高的信用主体，这对于体育经纪人这一市场主体而言极为不利，极易造成体育经纪人素质良莠不齐，混乱体育市场。为此，要建立符合我国体育经纪市场经济要求的体育经纪人信用制度。用法律来保障体育经纪人经纪行为的所有信息公开透明，要建立对体育经纪人失信的惩戒机制。

参考文献

[1] 泰罗．科学管理原理［M］．北京：中国社会科学出版社，1980.

[2] 占部都美．现代管理论［M］．北京：新华出版社，1984.

[3] 刘则渊．发展战略学［M］．杭州：浙江教育出版社，1988.

[4] 乌尔里希．企业经济组织论［M］．北京：中国经济出版社，1990.

[5] 国际奥林匹克委员会．奥林匹克宪章［M］．北京：奥林匹克出版社，1992.

[6] 厉以宁．市场经济大辞典［M］．北京：北京新华出版社，1993.

[7] 徐家杰，孙汉超．体育管理学［M］．武汉：武汉工业大学出版社，1993.

[8] 刘俊生．现代管理理论与方法［M］．中国政法大学出版社，1995.

[9] 和丕禅，徐立幼．管理原理与现代企业管理学［M］．北京：中国农业出版社，1996.

[10] 魏礼群．1999—2010 年我国社会全面发展战略研究报告［M］．沈阳：辽宁人民出版社，1996.

[11] 秦椿林，李新华．体育管理学学科体系框架的初步设计［J］．北京体育大学学报，1996，19（2）：1－7.

[12] 李成勋．1996—2050 年我国经济社会发展战略［M］．北京：北京出版社，1997.

[13] 芮明杰．管理创新［M］．上海：上海人民出版社，1997.

[14] 国务院研究室科教文卫司，国家体委政策法规司．体育经济政策研究［M］．北京：人民体育出版社，1997.

[15] 吴培良，郑明身，王凤彬．组织理论与设计［M］．北京：中国人民大学出版社，1998.

[16] 中国群众体育现状调查课题组．中国群众体育现状调查与研究［M］．北

京：北京体育大学出版社，1998.

［17］于冬红，彭和平．组织行为学［M］．北京：中共中央党校出版社，1999.

［18］孙汉超，秦椿林．体育管理学［M］．北京：人民体育出版社，1999.

［19］伍绍祖．中华人民共和国体育史（1949～1998）综合卷［M］．北京：中国书籍出版社，1999.

［20］孙汉超，秦椿林．体育管理学［M］．北京：人民体育出版社，1999.

［21］芮明杰．管理学——现代的观点［M］．上海：上海人民出版社，2000.

［22］编写组．体育科学学科发展现状与未来［M］．北京：北京体育大学出版社，2000.

［23］周三多．管理学［M］．北京：高等教育出版社，2000.

［24］芮明杰．管理学——现代的观点［M］．上海：上海人民出版社，2000.

［25］李宗浩，曲天敏．体育管理学 体育经济学［M］．桂林：广西师范大学出版社，2001.

［26］王子平，冯百侠，徐静珍．资源论［M］．石家庄：河北科学技术出版社，2001.

［27］Parkhouse，B. L. （2001）. The management of sport：Its foundation and application（3 rd ed.）. New York：McGraw Hill. Pitts，B. G.

［28］于显洋．组织社会学［M］．北京：中国人民大学出版社，2001.

［29］秦椿林，张瑞林．体育管理学［M］．北京：高等教育出版社，2002.

［30］李福海．管理学新论［M］．成都：四川大学出版社，2002.

［31］林志扬．管理学原理［M］．厦门：厦门大学出版社，2002.

［32］许庆瑞．管理学［M］．北京：高等教育出版社，2002.

［33］尚东．体育事业管理百科［M］．第三版．长春：吉林音像出版社，2003.

［34］纪康宝．体育俱乐部市场化运作与现代化管理实务手册［M］．长春：吉林电子出版社，2003.

［35］张福墀，杨静．管理哲学［M］．北京：经济管理出版社，2003.

［36］罗珉．管理理论的新发展［M］．成都：西南财经大学出版社，2003.

［37］熊茂湘．体育环境导论［M］．北京：北京体育大学出版社，2003.

［38］詹姆斯·托马，劳伦斯·查里普．国际体育管理［M］．王艳，仁成阁，

张继忠，等，译．北京：人民体育出版社，2003.

[39] 伯尼·帕克豪斯．体育管理学——基础与应用 [M]．秦椿林，李伟，程红译．北京：清华大学出版社，2003.

[40] 郑杭生．社会学概述新修 [M]．第三版．北京：中国人民大学出版社，2003.

[41] 陈云开．体育赛事经营管理概述 [M]．上海：复旦大学出版社，2003.

[42] 朱国云．公共组织理论 [M]．南京：南京大学出版社，2003.

[43] 凌平，何正兵．美国职业体育管理体制初探 [J]．体育与科学，2003，24 (1)：5 -7.

[44] 王明辉，岳亚辉．组织发展及其研究新进展 [J]．河北理工学院学报：社会科学版，2003，1 (3)：20 -23.

[45] 杨铁黎．职业篮球市场论 [M]．北京：北京体育大学出版社，2003.

[46] 加雷思·琼斯，珍妮弗·乔治，查尔斯·希尔．当代管理学 [M]．北京：人民邮电出版社，2003.

[47] 詹姆斯·托马，劳伦斯·查里普．国际体育管理 [M]．北京：人民体育出版社，2003.

[48] 罗珉．管理理论的新发展 [M]．成都：西南财经大学出版社，2003.

[49] 伯尼·帕克豪斯．体育管理学——基础与应用 [M]．第三版．北京：清华大学出版社，2003.

[50] 孙汉超，秦椿林．实用体育管理学 [M]．北京：人民体育出版社，2004.

[51] 刘兵．新编体育管理学教程 [M]．上海：复旦大学出版社，2004.

[52] 编写组．体育科学研究现状与趋势 [Z]．2004.

[53] Robert N，Lussier，David Kimball．(2004)．Sport Management：Principles，Applications，Skill Development，Thomson/South - Western.

[54] 李怀祖．管理研究方法论 [M]．第二版．西安：西安交通大学出版社，2004.

[55] 张保华．现代体育管理学 [M]．广州：中山大学出版社，2005.

[56] 杨文轩，杨霆．体育概论 [M]．北京：高等教育出版社，2005.

[57] 芮明杰．管理学——现代的观点 [M]．第二版．上海：上海人民出版

社，2005.

［58］杨文轩，杨霆. 体育概论［M］. 北京：高等教育出版社，2005.

［59］教军章，侯丽岩，吴永忱，等. 公共行政组织论［M］. 黑龙江：黑龙江出版社，2005.

［60］芮明杰. 管理学：现代的观点［M］. 第二版. 上海：复旦大学出版社，2005.

［61］韩春利. 体育人力资源开发与管理［M］. 上海：复旦大学出版社，2005.

［62］喻旦辉，孙曼林，张韵君，等. 管理学［M］. 广州：中山大学出版社，2006.

［63］林根祥. 管理学基础［M］. 武汉：武汉理工大学出版社，2006.

［64］曾旗. 管理学原理［M］. 武汉：武汉理工大学出版社，2006.

［65］谈留芳. 管理学原理［M］. 第二版. 武汉：华中科技大学出版社. 2006.

［66］贾书章. 组织行为学［M］. 武汉：武汉理工大学出版社，2006

［67］梁晓龙，鲍明晓，张林. 举国体制［M］. 北京：人民体育出版社，2006.

［68］程文广. 管理学中的定性与定量方法比较研究［J］. 商场现代化，2007（31）：160－161，101.

［69］吴亚平. 管理学原理教程［M］. 武汉：华中科技大学出版社，2007.

［70］王波涛. 管理学概述［M］. 北京：对外经贸大学出版社，2007.

［71］段万春. 组织行为学［M］. 第二版. 重庆：重庆大学出版，2007.

［72］程立茹. 组织行为学教程［M］. 北京：对外经济贸易大学出版社，2007.

［73］李慧. 实证方法在管理学科问题研究中的科学运用［J］. 科学学与科学技术管理，2008（5）：34－38.

［74］张瑞林，秦椿林. 体育管理学［M］. 第二版. 北京：高等教育出版社，2008.

［75］徐子健. 管理学［M］. 第二版. 北京：对外经济贸易大学出版社，2008.

［76］Lisa P. Masteralexis（Author），Carol Barr（Author），Mary Hums.（2009）. Principles And Practice Of Sport Management. Aspen Publishers，Inc.

［77］肖林鹏. 体育资源概论［M］. 北京：人民体育出版社，2009.

［78］肖林鹏. 现代体育管理［M］. 北京：北京体育大学出版社，2005.

[79] 肖林鹏. 现代体育管理：第二版 [M]. 北京：北京体育大学出版社，2009.

[80] 肖淑红. 体育服务运营管理 [M]. 北京：首都经济贸易大学出版社，2009.

[81] 高雪峰，刘青. 体育管理学 [M]. 北京：人民体育出版社，2009.

[82] 卢元镇. 体育社会学：第三版 [M]. 北京：高等教育出版社，2010.

[83] 王斌，马红宇. 体育组织行为学 [M]. 武汉：华中师范大学出版社，2010.

[84] 肖林鹏. 体育管理学 [M]. 北京：北京师范大学出版社，2011.

[85] 刘青. 体育场馆的经营与管理 [M]. 北京：人民体育出版社，2012.

[86] 傅浩坚，杨锡让. 社会体育指导 [M]. 北京：高等教育出版社，2012.

[87] 张国华，陈雪红，彭春江. 社会体育活动方案设计与组织 [M]. 北京：北京师范大学出版社，2012.

[88] 杨文轩，陈琦. 体育概论 [M]. 第二版. 北京：高等教育出版社，2013.